KB177533

임동석중국사상100

전 국 책

戰 國 策

劉向 編 / 林東錫 譯註

"상아, 물소 뿔, 진주, 옥. 이런 진괴한 물건들은 사람의 이목은 즐겁게 하지만 쓰임에는 적절하지 않다. 그런가 하면 금석이나 초목, 실, 삼베, 오곡, 육재는 쓰임에는 적절하나 이를 사용하면 닳아지고 취하면 고갈된다. 그렇다면 사람의 이목을 즐겁게 하면서 이를 사용하기에도 적절하며, 써도 닳지 아니하고 취하여도 고갈되지 않고, 똑똑한 자나 어리석은 자라도 그를 통해 얻는 바가 저마다 그 자신의 재능에 따라주고, 어진 사람이나 지혜로운 사람이나 그를 통해 보는 바가 저마다 그 자신의 분수에 따라주되 무엇이든지 구하여 얻지 못할 것이 없는 것은 오직 책뿐이로다!"

《소동파전집》(34) 본 《眞寶》(後集) 099 〈이씨산방장서기〉에서, 구당(丘堂) 여원구(呂元九) 선생의 글씨

책 머 리 에

내가 《전국책》에 관심을 가지고 자료를 모으고 손을 대기 시작한 지는 이미 30년 가까이 된다.

70년대 중반 유학을 떠나기 전 국내 자료를 모으다가 대만臺灣에 이르러보니 그 원본을 쉽게 볼 수 있을 뿐 아니라 백화어 초역본抄譯本이 책방마다 즐비한 것을 보고 놀라움과 흥분을 감추지 못하였던 기억이 새롭다.

그리하여 박사과정 학업 중 틈틈이 이를 번역하고 정리하여 학위취득 후 귀국하여 《전국책》이라는 이름으로 출간한 적이 있다.

그러나 그 책은 전체의 반 정도 분량이었고 나아가 재미있고 널리 알려진 문장만을 대충 간추려 역주한 것으로 학문적 성과나 본격적 연구에는 너무나 미흡하였다. 그리하여 다시 국내외 자료를 모으기 시작하여 일찍이 이미 작업을 마쳤으나 여러 사정으로 인하여 이를 출간하지 못한 채 미루고 있었다. 나아가 다른 역주작업에 매달려 일찍이 손으로 원고지에 작성한 방대한 분량의 뭉치는 먼지를 뒤집어쓴 채 어디엔가 방치되어 세월을 삭이고 있었다.

이를 근래 총서로 내기로 하고 찾아내어 다시 정리하며 보았더니 시대가 변하여 문체가 달라지고 내용 표현 또한 오류와 미진함이 이루 말할 수 없었다. 이에 이를 고치고 조정하였으나 역시 누조漏粗하고 소략疏略하기는 마찬가지일 것이다. 무엇보다 연구자나 독자들께서 편달과 질책 있기를 바란다.

《전국책》은 중국 전국시대 나라별 사료의 총집으로 중국뿐 아니라 우리나라에도 널리 알려진 중국고전 연구의 필수적인 자료이다. 서한西漢 성제成帝 때 유향劉向이 정리하여 12개국 역사 고사를 33권으로 편정하였다. 대체로 전국 말기까지의 각 나라 책사策士의 유세 기록, 역사 고사와 국별 흥망의 대사, 천자로부터 서인에 이르기까지의 일사逸事 등이 총망라된 500여 장의,

비교적 방대한 잡저이다. 동한東漢의 고유高誘가 이 책에 대하여 주를 붙인 후, 북송北宋에 이르러 유향의 정리본과 고유의 주가 잔실殘失되자 증공曾鞏이 이를 교정하여 새로운 연구와 정리가 시작되었고, 남송南宋 초에 드디어 요굉姚宏이 증공의 교보校補를 근거로 《전국책교주戰國策校注》가 간행되었으며, 동시에 포표鮑彪가 교주를, 다시 원대元代에 이르러 오사도吳師道가 중교重校를 거쳐 지금의 면모를 갖추게 되었다.

〈사고전서四庫全書〉에는 『사학史學』의 잡사류雜史類에 소속시켰으며, 《전국책주戰國策注》(33권7책), (한漢)고유주高誘注, 그리고 《포씨전국책주鮑氏戰國策注》 4책冊, 원元, 포표찬鮑彪撰, 《전국책교주戰國策校注》, 10권8책, 원元, 오사도찬吳師道撰 등 3종이 들어 있다. 그리고 《한서漢書》 예문지藝文志 제자학諸子學 종횡가縱橫家에는 소진蘇秦과 장의張儀 등 본 《전국책》의 주요 활동인물의 저작이 서명 명칭만 전하고 있다.

《전국책》의 주된 내용은 전국시대 모신, 책사들의 논쟁과 정치주장, 국제간의 분쟁해결과 부국강병의 약육강식의 처절한 현실을 그대로 반영한 것으로서 역사기록 못지않게 처세술과 논리적 논쟁의 문제를 일깨워주는 교양서로서도 가치를 지니고 있다.

한편 학술적인 면에서는 본 내용이 《사기》의 전국시대 부분에 거의 모두 반영되었으며 이후 각 학술과 문학면에 끊임없이 인용되어 그 활용도와 중국 고전 산문 연구에 귀중한 자료가 되고 있다.

한문학에서도 본 《전국책》 내용이 한대 이후 시, 산문, 희곡 등 각 방면에 주제로 재창조되고 각색되어 중국학의 중요한 전거로 광범위하게 인용되고 있어 국내에서의 원전에 대한 완벽한 역주와 정리는 실로 시급한 상황이었다.

이처럼 《전국책》은 후대 문학에 심원한 영향을 주고 있으며, 특히 한초漢初의

가의賈誼, 조착晁錯과 사마천司馬遷은 모두 이의 영향을 받았고, 사마천은 직접 이 사료를 《사기》에 반영하여 그 가치를 인정하고 있다. 더구나 송대 소순蘇洵, 소식蘇軾, 소철蘇轍을 위시한 당송팔대가의 "고문운동"은 직접 이 《전국책》의 문체를 본받고자 하였다.

한편 1973년 호남성湖南省 장사長沙 마왕퇴馬王堆 3호 한묘漢墓에서 출토된 백서帛書 중에 전국종횡가의 저작 27편이 나타났다. 그 중 11편은 지금의 《전국책》과 거의 비슷하나 나머지 16편은 전혀 새로운 기록으로 학계에서는 《전국책》의 일문逸文으로 보고 있다. 이에 이를 흔히 《백서전국책帛書戰國策》, 혹은 《전국종횡가서戰國縱橫家書》라 하여 이 방면의 연구에 귀중한 자료로 평가받고 있다.

우리 한국에서는 《전국책》을 원전으로 한 고사와 일화의 원문이 중고등학교 한문교과서는 물론 대학의 한문교재 등에 널리 실려 있고, 일상 언어생활에서도 《전국책》 출전의 고사(蛇足, 狐假虎威 등)를 사용하고 있어, 이에 대한 원전의 번역과 주석은 매우 가치있는 작업이라 할 수 있다. 이처럼 고한문의 해독에 필수적인 활용서인 이 《전국책》은 당송산문이 한국의 한문 해독의 기본 단계인 현실에 맞추어 기본 한학교재로서 그 가치는 널리 알려져 있었다. 이렇게 보면 이 《전국책》은 정확한 판본과 누락됨이 없는 번역과 상주는 반드시 선행되어야 한다.

이에 역자는 일찍이 급한 대로 《전국책》을 낸 적이 있지만 그 번역서는 이미 20년 전의 일이며 그 당시 국내 여러 가지 사정으로 평역본에 가깝게 단순하게 출판한 것이다. 더구나 총 500여 장의 내용 중에 200여 장의 초략본으로 번역 형식도 원문, 역문 외에 간단한 주석으로 학술적 면모를 충분히 반영하지 못하였으며, 지금 살펴보면 오역과 누소함에 부끄러움을 감출 수 없었다.

게다가 당시의 대본도 일정하게 고정시킨 것이 아니라 국내에 알려진 일화를 알리기 위한 조략粗略한 상태로 출간되었다. 이에 금번 역주는 전체 완역을 기본으로 고유 주까지 참작하여 축자축구식으로 완정본으로 출간함을 기본으로 하였다.

특히 고전 전적은 완역과 주의 적확한 처리, 기존 연구서의 적극적인 반영 등이 필수불가결이다. 아울러 국내 각 도서관에 소장된 고장서 중에《전국책》 (15종 이상)을 점검하여 중국판본과의 차이점, 조선시대 국내 연구 동향까지도 자료를 제시하고자 하였다.

그러다가 근년에 전통문화연구회의 도움으로 강독본講讀本 교재로써《역주 전국책譯註戰國策》(I. II. 각 2002년과 2004년)을 내기도 하였다. 그 책은 순전히 고문학습을 위한 원전 해독용으로 원문과 원문에 대한 간단한 역주, 그리고 해석 중심으로 이루어졌으며, 지면 관계로 그 동안 심혈을 기울여 작업해 두었던 세주細註와 「참고 및 관련 자료」, 그리고 「부록」의 중요한 각종 학술 자료는 싣지 못하여 안타까움을 이루 말할 수 없었다. 그러나 그나마 실제 큰 성과였던 셈이며 지금도 전통문화연구원 여러분들께 감사함을 느끼고 있다.

한편《전국책》의 원출전의 여러 가지 고사성어(蛇足, 漁父之利, 鷄鳴狗盜, 戰國四公子, 狡兎三窟, 奇貨, 徙木, 狐假虎威 등)와 주요 어휘는 물론, 역사적 연관관계를 정확한 고증과 전거를 밝힘으로써 이를 인용한 한문 교학에 이바지할 수 있게 될 것이며, 무엇보다 참고란에 관련 자료를 원문으로 제시함으로써 한학계와 중국문학계의 원전 활용에 도움을 줄 수 있지 않을까 기대한다.

苗浦 林東錫이 負郭齋에서 적다

일러두기

1. 이 책은 《전국책戰國策》 고유高誘 주 및 문연각文淵閣 사고전서四庫全書 《전국책》과 기타 현대 백화어 역본 등을 널리 참고하여 전체를 모두 역주한 것이다.
2. 구체적으로 《전국책고씨주戰國策高氏注》(四部刊要本 3책, 世界書局 印本 臺灣)을 저본底本으로 삼고, 요굉본姚宏本과 포표본鮑彪本의 주注 등을 모두 모은 황비열 黃丕烈의 〈사례거총서본士禮居叢書本〉을 점교點校하여 활자본으로 정리한 《전국책戰國策》(上海古籍出版社, 1998)을 대조하여 참고하였다.
3. 번역은 원의에 충실하도록 노력하였다. 그러나 문장이 워낙 난해하고 역사적 배경이 복잡한 부분은 의역, 또는 보충역을 가하였다.
4. 중국 현대 백화어 번역문을 참조하되 서로 다른 부분은 기존 연구가들의 주석을 참고하는 것으로 기준을 삼았다.
5. 원문의 표점은 현대 중국의 문장 부호법을 원용하였으며 번역문의 문장부호는 우리의 한글표기법을 따랐다.
6. 전체 일련번호(001~500)를 부여하고 다시 ( ) 안에 33책의 책장번호와 그 책 내의 일련번호를 넣어 찾아보기 쉽게 하였다.
7. 각 장의 제목은 우선 전체 내용을 알 수 있도록 하였으나 일부는 그 문장 내의 주된 표현이나 중요한 문장 일부를 제시한 것도 있다.
8. 한글 제목 다음의 한문제목은 중국 고판본의 일반적인 장 명칭名稱으로 널리 인용되고 있으므로 본서에서도 역시 원문의 첫머리 한 구句를 내세웠다.
9. 한글 역문 다음에 주요 어휘, 인명, 지명, 구절, 역사적 내용 등을 주註로 처리하였다.
10. '참고 및 관련자료' 난을 설정하여 본문 해석에서 충분히 다루지 못한 내용을 보충 설명하였으며, 이어 다른 전적典籍이나 기록의 관련 자료 원문으로 실어 연구와 비교에 도움이 되도록 하였다.

11. 부록에는 전국시대 상황과 《전국책》 전체에 대한 해제, 그리고 《전국책》의
    서지적書誌的 문제 등을 다루었다. 아울러 마왕퇴馬王堆 출토의 《전국종횡가서
    戰國從橫家書》(일명 帛書戰國策)의 원문과 설명 등을 실었으며 우리나라 조선시대
    《전국책》 관련 기록을 제시하였다. 그리고 자료편에는 인본류印本類와 중국
    역대 《전국책》에 대한 서문序文, 식어識語, 해제解題, 발문跋文, 제요提要 등
    관련 자료를 폭넓게 실어 이 방면의 연구자에게 도움이 되도록 하였다.

참고문헌

1. 《戰國策注》四庫全書本（文淵閣）

2. 《鮑氏戰國策注》四庫全書本（文淵閣）

3. 《戰國策校注》四庫全書本（文淵閣）

4. 《戰國策高氏注》四部備要本

5. 《戰國策》廣文書局本

6. 《帛書戰國策》馬王堆出土本

7. 《戰國策》士禮居本

8. 《戰國策》中華書局聚珍倣宋版印本

9. 《戰國策》惜陰軒叢書本

10. 《戰國策正解》河洛圖書印本

11. 《戰國策高氏注》四部刊要本(上中下) 世界書局(印本) 1975 臺北

12. 《白話戰國策》(上中下) 馮作民譯註 星光出版社 1981 臺北

13. 《新譯戰國策》(上下) 溫興隆 三民書局 1996 臺北

14. 《戰國策全譯》王守謙, 喻芳葵, 王鳳春, 李燁 貴州人民出版社 1992 貴州

15. 《戰國策》明, 閔齊伋(裁注) 烏程閔氏刊朱墨藍三色套印本 中國子學名著
    集成 78

16. 《帛書戰國策》馬王堆出土本 河洛圖書出版社 1977 臺北

17. 《戰國策》高誘(注) 廣文書局(印本) 1972 臺北

18. 《戰國策注釋》(上中下) 何建章 中華書局 1990 北京

19. 《戰國策新校注》(上下) 繆文遠 巴蜀書社 1987 四川(成都)

20. 《戰國策校釋二種》王念孫, 金正煒 首都師範大學出版社 1994 北京

21. 《讀書雜志(戰國策)》王念孫 首都師範大學出版社 1994 北京

22. 《戰國策補釋》金正煒 首都師範大學出版社 1994 北京

23. 《戰國策》陳鉞 1982 正言出版社 臺南

24. 《戰國策研究》 鄭良樹 臺灣學生書局 1975 臺灣

25. 《國策精華》 秦同培 世界書局 1975 臺北

26. 《戰國策詳註》 吳縣 郭希汾(輯註) 臺灣時代書局(印本) 1975 臺北

27. 《戰國策》 葉玉麟 北一出版社 1976 臺南

28. 《戰國策初探》 張正男 臺灣商務印書館 1984 臺北

29. 《戰國人物》 余宗瑜 興豐印刷廠 1978 臺北

30. 《戰國策正解》 橫田雄孝 河洛圖書(印本) 1976 臺北

31. 《戰國策》(上中下) 全釋漢文大系 近藤光男 集英社 소화57(1982) 東京

32. 《Intrigues(戰國策)》 Studies of the Chan-kuo Ts'e. J.I.Crump, Jr. The University of Michigan. 1964

33. 《戰國策》 林東錫 1986 敎學硏究社 서울

34. 《戰國策》 劉向(漢)編, 鮑彪(宋)校注, 吳師道(元)重校, 肅宗11年(1685) 7冊(零本), 活字(戊申字) 34.4×22.2cm. 跋: 至順四年(1333)……吳師道. 所藏本: 卷3(1冊)缺. 奎章閣 中國본 1698

35. 《戰國策》(漢)劉向 定著, (宋)鮑彪校注. 中國木板本. 10卷8冊, 24.8×15.6cm 標題紙書名: 宋鮑彪先生戰國策全註. 序: 萬曆九年辛巳(1581) ……(明)張 一鯤. 紹興十七年丁卯(1147) ……(宋)鮑彪. 國立圖書館 일산 古 2225-9

36. 《戰國策》(漢)劉向撰, (宋)鮑彪校注, (元)吳師道重校, 戊申字本(肅宗末年) 10卷7冊, 33.2×21.8cm. 序: 萬曆九年辛巳(1581) ……(明)張一鯤. 校注序: 至正十五年(1355)……(元)陳祖仁. 國立圖書館 일산 古 2225-8.

37. 《戰國策》(漢)劉向撰. 中國木板本. 光緒23(1897) 5冊. 24.5×15.1cm. 國立圖書館 古 2225-13.

38. 《戰國策》(漢)劉向著, (宋)鮑彪校注, (元)吳師道重校. 中國木板本, (1581). 33卷8冊, 26×16cm. 國立圖書館 승계 古 2225-14.

39. 《戰國策》(漢)劉向著, 朝鮮 張維(編) 寫本 46張, 30.5×18.5cm. 國立圖書館
   한 31-487.

40. 《戰國策》(漢)劉向著, (宋)鮑彪校注, (元)吳師道重校. 古活字本(戊申字),
   10卷 6册, 33×21.3cm. 刻序: 萬曆九年辛巳(1581) ……張一鯤. 序: 紹興
   十七年丁卯(1147) ……鮑彪. 國立圖書館 한-56-다3.

41. 《戰國策》(南宋)鮑彪校注, 庚子字本. 1卷. 35mm, 마이크로필름(포지티브),
   序: 紹興十七年丁卯(1147)……(南宋)鮑彪. 國立圖書館 古 M2225-4.

42. 《戰國策》第5. (漢)劉向著, 中國木板本刊, 1册, 25.5×16.5cm. 國立圖書館
   승계, 古 2225-15.

43. 《戰國策》卷7-8. (漢)劉向撰, 戊申字本(肅宗年間), 21册. 31.5×20.7cm.
   國立圖書館 일산 古 2225-7.

44. 《戰國策》鮑彪(宋)校注, 吳師道(元)重校, 戊申字板(肅宗年間, 1675-1720),
   10卷 8册, 33.5×21.5cm. 線裝. 序: 嘉靖改元(1522)鼠日儀封王廷相子
   衡序. 藏書閣 2-331.

45. 《戰國策詳註》(漢)劉向著, 新活字本, 上海文明書局, 1册(卷19-23),
   19.5×13.0cm. 國立圖書館 古 2225-34.

46. 《戰國策抄》劉向(漢)編. 1册(50張), 寫本. 28.7×17cm. 古320. 952-Y91j.

47. 《戰國策抄選》(漢)劉向撰, 筆寫本, 100張, 30.8×21.5cm. 國立圖書館
   한56-다8)

48. 《戰國策》劉向著, 寫者未詳, 寫年未詳, 1册, 筆寫本. 25.5×16.5cm. 四周無邊,
   無郭無界, 行字數否定, 無魚尾. 古 222.037 建國大 圖書館所藏.

49. 《戰國策》劉向著(年紀未詳), 零本1册(76張), 木板本, 15×25cm. 左右雙邊,
   半匡, 12×17.8cm. 9行20字. 版心: 上黑魚尾. 古 222.037 建國大 圖書館所藏.

50. 《戰國策》文盛堂, 1746(乾隆11年) 33卷10册, 中國木板本, 16×25㎝. 四周單邊, 半匡, 20.3×13㎝. 9行19字, 版心: 上黑魚尾. 印: 朴漢益印. 古 222.037. 建國大圖書館所藏.

51. 《戰國策》鮑彪注, 吳師道校, 年紀未詳, 零本3册, 木板本. 25×15㎝. 四周單邊, 半匡, 17.8×11.6㎝. 9行20字. 版心: 上黑魚尾. 222.037. 建國大圖書館所藏.

52. 《戰國策詳解》劉向著, 郭希汾輯註, 王懋校訂, 上海文明書局, 刊年未詳, 3册, 石版本(中國本). 20×13.4㎝. 四周單邊. 半郭, 16.5×11㎝. 有界. 14行字數否定, 上黑魚尾. 222.037. 建國大圖書館所藏.

54. 文淵閣 四庫全書 406: 臺灣商務印書館影印
   ① 《戰國策》漢 高誘 注, 宋 姚宏續注(1. 東周)
   ② 《鮑氏戰國策注》宋 鮑彪 注(1. 西周)

55. 文淵閣 四庫全書 407: 臺灣商務印書館影印 《戰國策校注》(卷首) 宋 鮑彪 原注, 原 吳師道 補正(1. 西周)

56. 四部備要本(史部) 《戰國策》上海中華書局據士禮居黃氏覆剡川姚氏本校刊, 中華書局印本, 1989 北京. (1. 東周)

57. 高誘주 《戰國策》上海書店(國學基本叢書選印, 1934년 商務印書館本 復印) 1987, 상해

58. 《國語, 戰國策》(古典名著普及文庫) 岳麓書社 1988 長沙

59. 《戰國策校注》(吳師道重校) 四部叢刊初編史部(46) 商務印書館 1926년本 重印. 上海書店, 1989, 上海

60. 《國策精華》(四部精華, p27-53) 北京古籍出版社 1988, 北京

61. 《戰國策》(상중하) 西漢 劉向集錄, 上海古籍出版社. (編著者 표시없음) 1988 上海.

62. 林東錫(譯) 《戰國策》教學研究社 1986

63. 李相玉(譯)《戰國策》明文堂 2000

64.《戰國策》劉向(漢)編, 鮑彪(宋)校注, 吳師道(元)重校, 肅宗11年(1685)
   7冊(零本), 活字(戊申字). 奎章閣, 中國本(1698)

65.《戰國策》(漢)劉向 定著, (宋)鮑彪校注. 中國木板本. 10卷8冊. 1581),
   國立圖書館 일산 古 2225-9

66.《戰國策》(漢)劉向撰, (宋)鮑彪校注, (元)吳師道重校, 戊申字本(肅宗末年)
   10卷7冊, 國立圖書館 일산 古 2225-8.

67.《戰國策》(漢)劉向撰. 中國木板本. 光緒23(1897) 5冊. 國立圖書館
   古 2225-13.

68.《戰國策》(漢)劉向著, (宋)鮑彪校注, (元)吳師道重校. 中國木板本, (1581).
   33卷8冊, 國立圖書館 승계 古 2225-14.

69.《戰國策》(漢)劉向著, 朝鮮 張維(編) 寫本 國立圖書館 한 31-487.

70.《戰國策》(漢)劉向著, (宋)鮑彪校注, (元)吳師道重校. 古活字本(戊申字),
   10卷 6冊, 國立圖書館 한-56-다3.

71.《戰國策》(南宋)鮑彪校注, 庚子字本. 1卷. 國立圖書館 古 M2225-4.

72.《戰國策》第5. (漢)劉向著, 中國木板本刊, 1冊, 國立圖書館 승계,
   古 2225-15.

73.《戰國策》卷7-8. (漢)劉向撰, 戊申字本(肅宗年間), 21冊. 國立圖書館
   일산 古 2225-7.

74.《戰國策》鮑彪(宋)校注, 吳師道(元)重校, 戊申字板(肅宗年間, 1675- 1720),
   10卷 8冊, 藏書閣 2-331.

75.《戰國策詳註》(漢)劉向著, 新活字本, 上海文明書局, 1冊(卷19-23), 國立
   圖書館 古 2225-34.

76.《戰國策抄》劉向(漢)編. 1冊(50張), 寫本. 古320. 952-Y91j.

77. 《戰國策抄選》(漢) 劉向撰, 筆寫本, 100張, 國立圖書館 한56-다8)

78. 《戰國策》劉向著, 寫者·寫年未詳, 1冊, 筆寫本. 古 222.037 建國大 圖書館 所藏.

79. 《戰國策》劉向著(年紀未詳), 零本1冊(76張), 木板本, 古 222.037 建國大 圖書館所藏.

80. 惜陰軒叢書本 《戰國策》

81. 司馬遷 《史記》 鼎文書局(活字本) 1972 臺北

82. 王延棟(編) 《戰國策詞典》 南開大學出版社 2002 天津

83. 點校本 《戰國策》(上下) 上海古籍出版社 1998

84. 陳鉞 《戰國策》 1982 正言出版社 臺南

85. 鄭良樹 《戰國策研究》 臺灣學生書局 1975 臺灣

86. 秦同培 《國策精華》 世界書局 1975 臺北

87. 吳縣 郭希汾(輯注) 《戰國策詳註》 臺灣時代書局(印本) 1975 臺北

88. 葉玉麟 《戰國策》 北一出版社 1976 臺南

89. 張正男 《戰國策初探》 臺灣商務印書館 1984 臺北

90. 余宗瑜 《戰國人物》 興豊印刷廠 1978 臺北

91. 近藤光男 《戰國策》(上中下) 全釋漢文大系 集英社 昭和57(1982) 東京

92. 林秀一 《戰國策》(上中下) 新釋漢文大系 明治書院 平成13. 東京

93. 元, 曾先之 《十八史略》

기타 二十五史, 十三經 및 辭典類, 工具類 서적은 생략함.

〈고대 수레 모습〉(漢, 畫像磚)

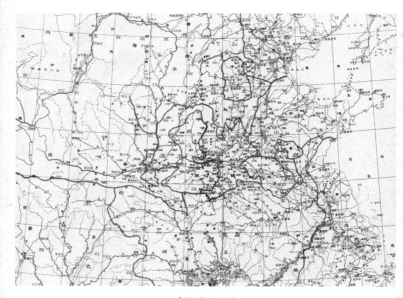

전국 주요부분

명나라 홍치 18년 건축한 만리장성 八達嶺

차 례

❖ 책머리에
❖ 일러두기
❖ 참고문헌
❖ 부록

戰國策 三

권20. 조책趙策(三) (총23장)

권21. 조책趙策(四) (총19장)

권22. 위책魏策(一) (총27장)

권23. 위책魏策(二) (총18장)

권24. 위책魏策(三) (총11장)

권25. 위책魏策(四) (총27장)

권26. 한책韓策(一) (총25장)

戰國策 上

권1. 동주책東周策 (총28장)

권2. 서주책西周策 (총17장)

권3. 진책秦策(一) (총13장)

권4. 진책秦策(二) (총16장)

권5. 진책秦策(三) (총18장)

권6. 진책秦策(四) (총10장)

권7. 진책秦策(五) (총8장)

권8. 제책齊策(一) (총17장)

戰國策 上

권9. 제책齊策(二) (총8장)

권10. 제책齊策(三) (총12장)

권14. 초책楚策(一) (총20장)

권17. 초책楚策(四) (총13장)

권18. 조책趙策(一) (총17장)

권19. 조책趙策(二) (총7장)

戰國策 卷

권27. 한책韓策(二) (총22장)

권28. 한책韓策(三) (총24장)

권29. 연책燕策(一) (총15장)

권30. 연책燕策(二) (총14장)

권31. 연책燕策(三) (총5장)

권32. 송宋·위책衛策 (총15장)

권33. 중산책中山策 (총10장)

부록

戰國策

유향(劉向)

권20 조책趙策 (三)

총23장(246~268)

戰
國
策

간장검으로 고기를 자른다면

조趙나라 혜문왕惠文王 30년에 재상 도평군(都平君, 安平君) 전단田單이
조사趙奢에게 말하였다.

"제가 장군의 병법에 대해 즐거워하지 않는 것은 아니지만 승복할
수 없는 것이 있다면, 홀로 장군만 군사의 수가 많아야 한다고 하는
것입니다.

많은 숫자의 병사를 채우기 위하여 백성으로 하여금 농사도 제대로
짓지 못하게 하고 식량운반 등도 제대로 공급되지 못하게 하고 있습니다.
이것은 앉아서 스스로 자기 망하기를 바라는 길입니다. 저 같으면 그러한
방법을 고집하지 않겠습니다. 제가 듣기로는 제왕帝王의 병사는 3만이
넘지 않았지만 천하가 항복하였다고 합니다. 그런데 지금 장군께서는
반드시 10만, 20만이 있어야 용병할 수 있다고 하니 이것이 저로서는
승복할 수 없는 점입니다."

마복군(馬服君, 趙奢)이 말하였다.

"그대는 용병의 방법도 모를 뿐 아니라 시세도 모르는구려. 오吳나라의
간장검干將劍을 봅시다. 이 칼로 고기를 자른다면 우마牛馬도 절단할 수
있고, 쇠를 시험해 보면 그릇이나 반이盤匜같은 그릇도 자를 수 있습니다.
그러나 다만 기둥에다 이를 때려 보면 세 동강이가 나고, 돌에 때려
보면 수백 개의 조각이 되고 맙니다. 지금 3만 군사로 강적과 대적한다는
것은 마치 그 칼로 기둥이나 돌을 때리는 것과 같습니다. 게다가 오나라
간장검은 그 재료를 얻기가 어렵다고 해서 그 칼의 등을 두껍게 하지
않는다면 찔러도 들어가지 못할 것이며, 비장처럼 얇은 부분을 없이
한다면 그 칼날이 들지 않을 것입니다. 그러나 다시 칼이 이러한 두
가지 장점을 모두 가지고 있다고 해도 손잡이 앞의 고리, 칼자루 칼집,
칼 줄의 편리한 부분이 없이 맨손으로 그 칼끝 예리한 곳을 잡는다면
상대방을 찌르려고 하기도 전에 먼저 자기 손이 끊어지고 말 것입니다.

귀하에게 10만, 20만의 병사도 없고, 그러한 칼의 고리·칼자루·칼집·

칼 끈의 편리함이 없이 한갓 3만의 병사만 가지고 천하를 휘젓고자 한다면 어찌 능히 해낼 수가 있겠습니까? 하물며 옛날에는 천하가 만국으로 나뉘어져 있어서 성이 크다고 해야 3백 장丈을 넘지 않았고, 인구가 많다고 해야 3천 가구를 좌우할 뿐이었습니다. 이에 3만 병이 가서 대적한다면 무슨 어려움이 있겠습니까? 그러나 지금은 고대의 그 만국을 서로 취하여 전국칠웅戰國七雄으로 나뉘어져 있습니다. 능히 수십 만을 갖추고 있어야 가히 적과 장구한 시간을 두고 수년의 지구전을 벌일 수 있는 것이니, 이것은 당신 제齊나라가 연燕에게 포위되었을 때의 상황이 바로 그렇습니다. 제나라가 20만이나 되는 무리로 초楚나라를 쳤으나 5년만에야 끝났고, 우리 조趙나라가 20만의 대군으로 중산中山을 공격하였을 때도 5년만에야 돌아올 수 있었습니다. 지금 제나라와 한韓나라가 서로 대적하여 나라를 둘러싸고 공격하고 있는데, 어찌 감히 내가 3만 병으로 이를 구원하겠다고 나설 수 있다는 것입니까? 지금은 성들이 1천 길이나 되고, 인구도 만가의 읍이나 되는 것들이 서로 마주 볼 정도로 즐비한데, 3만 병으로 이를 둘러싼다면 그 천 길 높은 성벽의 한 귀퉁이도 채울 수 없습니다. 게다가 야전野戰에는 사용해 볼 수도 없으니 그대라면 장차 이를 어떻게 하겠습니까?"

전단田單은 위연히 크게 감탄하며 말하였다.

"저는 당신을 따를 수 없습니다."

趙惠文王三十年, 相都平君田單問趙奢曰:「吾非不說將軍之兵法也, 所以不服者, 獨將軍之用衆. 用衆者, 使民不得耕作, 糧食輓賃不可給也. 此坐而自破之道也, 非單之所爲也. 單聞之, 帝王之兵, 所用者不過三萬, 而天下服矣. 今將軍必負十萬·二十萬之衆乃用之, 此單之所不服也.」馬服(君)曰:「君非徒不達於兵也, 又不明其時勢. 夫吳干之劍, 肉試則斷牛馬, 金試則截盤匜; 薄之柱上而擊之, 則折爲三; 質之石上而擊之, 則碎爲百. 今以三萬之衆而應强國之兵, 是薄柱擊石之類也. 且夫吳干之劍材難, 夫毋脊之厚, 而鋒不入; 無脾之薄, 而刃不斷. 兼有是兩者, 無鉤罕鐔蒙須之便, 操其刃而刺, 則未入而手斷. 君無十餘·二十萬之衆, 而爲此鉤罕鐔蒙須之便, 而徒以三萬行於天下, 君焉能乎? 且古者, 四海之內, 分爲萬國. 城雖大, 無過三百丈者; 人雖衆, 無過三千家者. 而以集兵三萬, 距此奚難哉! 今取古之爲萬國者, 分以爲戰國七, 能具數十萬之兵, 曠日持久, 數歲, 卽君之齊已. 齊以二十萬之衆攻荊, 五年乃罷. 趙以二十萬之衆攻中山, 五年乃歸. 今者, 齊·韓相方, 而國圍攻焉, 豈有敢曰, 我其以三萬救是者乎哉? 今千丈之城, 萬家之邑相望也, 而索以三萬之衆, 圍千丈之城, 不存其一角, 而野戰不足用也, 君將以此何之?」
都平君喟然太息曰:「單不至也!」

【惠文王】武靈王의 아들, 이름은 何, 재위 33년.
【都平君】齊나라의 安平君 田單을 말한다. 平都君으로 쓰인 곳도 있다. 田單은 齊의 疏族으로 卽墨이 燕나라에 포위되었을 때 이를 물리치고 제나라를 수복하여 천하에 현달하였다. 安平君에 봉해졌으며 襄王을 도왔다. ≪史記≫ 樂毅田單列傳 참조.
【趙奢】趙나라 대부, 平原君 때에 장군이 되었다. 馬服君의 봉을 받았다.
【吳干之劍】≪荀子≫注에 "吳干將之劍"이라 하였고, ≪吳越春秋≫에 "吳將, 吳人, 莫邪, 干將之妻, 干將作劍, 莫邪斷髮剪爪, 投於爐, 金鐵乃濡, 遂以成劍, 陽曰干將, 陰曰莫邪"라 하였다. 그러나 ≪新譯戰國策≫에는 吳·干을 각각의 나라이름으로 보았다.
【釣罜鐔蒙須】釣는 鉤, 칼 손잡이의 環. 罜은 咢, 즉 鍔. 칼등부터 칼날까지의 부분. 鐔은 손잡이 부분, 蒙須는 劍繩이라 한다.
【卽君之齊已】그때 齊나라가 燕나라의 공격을 받아 莒와 卽墨이 5년간 포위되었던 일을 말함.

참고 및 관련 자료

1. ≪史記≫ 趙世家의 기록에 의하면 田單이 趙나라 재상이 된 것은 趙 孝成王 2년(B.C. 264년)이다. 또 惠文王 30년은 바로 알여지전(閼與之戰, 249장)의 이듬해이다.

2. 鮑本의 총평

『至, 猶及也, 言慮不及此. 彪謂: 兵不期少多, 商敵爲數耳. 單也以少擊衆, 奇兵也. 奢也以衆敵衆, 正兵也. 論兵者當以正爲常, 而用之則務出奇. 奇不可論也. 單也狃於卽墨之勝, 欲以奇爲常而廢正, 此其論所以屈也. 補曰: 兵不期少多, 商敵爲數, 此論是矣. 而有所未盡, 以其論兵而不論將也. 單之破燕, 蓋乘衆之憤懈, 而設奇 駭之. 奢之救閼與, 曰「道遠險狹, 猶兩鼠鬪穴中, 將勇者勝.」其後卒以計敗秦. 而長平之役, 括以四十五萬之衆, 而不免於白起. 將善則能以少而勝, 不善則雖多 而亦敗爾. 雖然, 人知少之害而未知多之累. 曹操以八十萬而敗于赤壁, 將非不善也. 故韓信之論高帝曰「不過能將十萬」, 而多多益善, 獨信能之. 論兵者可以不知 將哉?』

247(20-2) 趙使机郝之秦
요청을 들어주지 않을 경우

조趙나라가 궤학机郝을 진秦나라로 보내어 위염魏冉을 진나라 재상으로 삼을 것을 요청하였다. 그러자 송돌宋突이 궤학에게 말하였다.

"만약 진나라가 요청을 들어 주지 않을 경우, 지금 재상 누완累緩이 틀림없이 그대를 원망하게 될 것입니다. 그러니 누완에게 먼저 몰래 이렇게 말하십시오. '진왕에게 급히 위염을 재상으로 삼지는 말도록 청하십시오'라구요. 진왕이 조나라의 위염 추천이 급한 것이 아니라고 여기게 되면 그대의 요구를 듣지 않을 것입니다. 그러면 그대의 임무는 성공하지 못하였지만 결국 위염은 진실로 그대를 고맙게 생각할 것입니다."

趙使机郝之秦, 請相魏冉. 宋突謂机郝曰:「秦不聽, 樓緩必怨公. 公不若陰辭樓子曰: 『請無急秦王.』秦王見趙之相魏冉之不急也, 且不聽公言也, 是事而不成, 魏冉固德公矣.」

【机郝】趙나라 사신. ≪史記≫ 및 276·284장에는 仇液. 019장에는 机赫으로 되어 있다.
【魏冉】秦昭王의 어머니 宣太后의 胞弟·穰侯·陶公·冉子 등으로도 불린다. 073·077~081·083~086·133·157장 등 참조. 魏나라 출신.
【宋突】齊나라 빈객. ≪史記≫에는 宋公으로 되어 있다. 276장 참조.
【樓緩】당시의 秦나라 재상.
【秦王】秦昭王.

참고 및 관련 자료

1. ≪史記≫ 穰侯列傳
昭王七年, 樗里子死, 而使涇陽君質於齊. 趙人樓緩來相秦, 趙不利, 乃使仇液之秦, 請以魏冉爲秦相. 仇液將行, 其客宋公謂液曰:「秦不聽公, 樓緩必怨公. 公不若謂樓緩曰『請爲公毋急秦』. 秦王見趙請相魏冉之不急, 且不聽公. 公言而事不成, 以德樓子; 事成, 魏冉故德公矣.」於是仇液從之. 而秦果免樓緩而魏冉相秦.

2. 鮑本의 평어

『補曰: 史, 趙人樓緩來相秦, 數不利, 乃使仇液云云. 於是仇液從之, 而秦果免樓緩, 而魏冉相.』

〈綏德鳥蓋曲頸銅瓠壺〉

248(20-3) 齊破燕
단독 행동은 위험한 짓

제齊나라가 연燕나라를 깨뜨리자 조趙나라가 연나라를 도우려하였다. 그러자 악의樂毅가 조왕趙王에게 말하였다.

"지금 다른 제후들과 아무런 약속도 없이 제나라를 치게 되면 제나라가 조나라에 원한을 가질 것임에 틀림없습니다. 그러니 조나라의 하동河東 땅을 제나라가 점령한 연나라 땅과 바꾸자고 제나라에게 제의하느니만 못합니다. 그렇게 하여 조나라는 그 하북河北 땅을 갖고 제나라는 자기에게 가까운 하동 땅을 갖게 되면 연나라는 틀림없이 조나라와는 다투려 하지 않을 것이며, 오히려 연·조 두 나라는 친해지게 될 것입니다. 하동 땅을 강한 제나라에 주고 연나라와 우리 조나라가 서로 친한 사이가 되면, 천하 제후들이 모두 제나라를 미워하여 조왕 당신을 섬기면서 제나라를 치자고 할 것입니다. 이는 천하를 근거로 하여 제나라를 쳐서 깨뜨리는 것입니다."

왕이 말하였다.

"좋소."

그리고는 하동 땅으로써 제나라에게 바꾸자고 제의하였다. 과연 초楚·위魏 두 나라가 제나라의 강대해짐을 미워하여 요골淖滑과 혜시惠施를 조나라에 보내어 제나라를 쳐서 연나라를 돕자고 요청해 왔다.

齊破燕, 趙欲存之. 樂毅謂趙王曰:「今無約而攻齊, 齊必讎趙. 不如請以河東易燕地於齊. 趙有河北, 齊有河東, 燕·趙必不爭矣. 是二國親也. 以河東之地强齊, 以燕以趙輔之, 天下憎之, 必皆事王以伐齊, 是因天下以破齊也.」王曰:「善.」乃以河東易齊, 楚·魏憎之, 令淖滑·惠施之趙, 請伐齊而存燕.

【樂毅】魏나라 장수 樂羊의 후예. 燕나라의 장수가 되어 齊나라를 쳐서 큰 공을 세웠으나, 田單의 간계로 물러났다. 燕나라에서 받은 봉호는 昌國君. 뒤에 趙나라로 도망하여 望諸君에 봉해졌다. ≪史記≫ 樂毅田單列傳 참조. 160·453·461·466장 참조. 본장은 樂毅가 趙나라에 있을 때였다.

【趙王】 趙나라 武靈王.

【河東】 당시 趙나라 땅. 지금의 山東省 臨淸縣 서쪽 지역.

【河北】 이전의 燕나라 땅. 齊나라에게 점령당하였다. 燕나라의 黃河 이북 지역.

【淖滑】 楚나라 신하. 卓滑·召滑로도 쓴다. 185·213장 참조.

【惠施】 魏나라 신하. 원래 宋나라 사람. 魏惠王을 도와 재상을 지낸 적도 있다. 名家로 유명한 인물이다. 莊子와 교분이 두터워 ≪莊子≫ 天下篇에 "歷物之意十條"라는 학설이 소개되어 있다. 320·323·325~327장 참조.

참고 및 관련 자료

1. 燕王 噲가 자신도 堯舜처럼 되겠다고 나라를 재상인 子之에게 물려주었다. 이때 장군 市被가 불만을 품고 太子 平을 옹립하고 내란을 일으킨다. 그러자 齊宣王(≪史記≫는 湣王)이 이 틈을 이용, 燕나라를 공격하여 B.C. 314년에 燕나라 전체를 점령하고 만다. 본장은 이때의 이야기이다.

2. 鮑本의 평어

『補曰: 大事記, 按樂毅傳, 毅賢好兵, 趙人擧之. 及武靈王有「沙丘之亂」, 乃去趙適魏. 毅嘗事趙也. 又云: 趙納公子職于燕, 世家不書其立, 蓋燕人不受也.』

249(20-4) 秦攻趙
약속대로 땅을 내놓으라

진秦나라가 조趙나라를 공격하여 인藺·이석離石·기祁 땅을 점령해 버렸다. 이에 조나라는 공자公子 오郚를 진나라에 인질로 보내어 초焦·여黎·우호牛狐의 성을 바치는 대신 인·이석·기 땅을 조나라에 돌려 줄 것을 요청하였다. 그러나 조나라는 진나라에 대한 이 약속을 어기고, 초·여·우호를 주지 않았다. 진왕이 노하여 공자公子 증繒을 조나라에 보내어 약속대로 땅을 내놓으라고 요구하였다. 조왕은 정주鄭朱라는 신하를 대신 내세워 공자 증에게 이렇게 말하도록 하였다.

"무릇 인·이석·기의 땅은 조나라에서는 너무 멀고 귀국 진나라에는 아주 가까운 곳입니다. 저의 선왕과 선대의 신하들은 영명하고 능력이 있어 이제껏 우리가 보유하고 있었습니다. 그런데 지금 과인은 그들에게 미치지 못하여 사직도 제대로 거두지 못하는 판에 어찌 인·이석·이 땅을 돌볼 수 있겠습니까? 저의 신하 중에 명령을 제대로 듣지 않는 자가 있어 일이 벌어진 것입니다. 과인은 감히 알지 못하는 바입니다."

그리고는 끝내 진나라의 요구를 거절해 버렸다. 진왕은 크게 화가 났다. 그리하여 위호이衛胡昜를 시켜 조나라를 치게 하여 알여閼與를 공격하였다. 조사趙奢가 이를 구하러 나섰다. 위魏나라도 조나라를 돕기 위하여 공자公子 구씀에게 예병銳兵을 주어 안읍安邑에 군대를 주둔시킨 다음, 두 나라 군대가 진나라를 협공하였다. 결국 진나라는 알여에서 패하자 공격을 바꾸어 위나라의 기幾 땅을 향하였다. 그러자 이번에는 조나라 장수 염파廉頗가 나서서 위나라를 구원하여 진나라를 크게 패배시켰다.

秦攻趙, 藺·離石·祁拔. 趙以公子郚爲質於秦, 而請內焦·黎·牛狐之城, 以易藺·離石·祁於趙(秦). 趙背秦, 不予焦·黎·牛狐. 秦王怒, 令公子繒請地. 趙王乃令鄭朱對曰:「未藺·離石·祁之地, 曠遠於趙, 而近於大國. 有先王之明與先臣之力, 故能有之. 今寡人不逮, 其社稷之不能恤, 安能收恤藺·離石·祁乎? 寡人有不令之臣, 實爲此事也, 非寡人之所敢知.」卒倍秦.

秦王大怒, 令衛胡易伐趙, 攻關與. 趙奢將救之. 魏令公子咎以銳師居安邑, 以挾秦. 秦敗於關與, 反攻魏幾, 廉頗救幾, 大敗秦師.

【藺】趙나라 땅. 지금의 山西省 경내 離石縣 근처.

【離石】지금의 山西省 離石縣.

【祁】지금의 山西省 祁縣.

【公子 郚】趙나라의 公子.

【焦·黎·牛狐】역시 모두 趙나라의 땅 이름.

【秦王】秦나라의 昭王

【公子 繒】秦昭王의 公子.

【鄭朱】趙나라 惠文王의 신하. 257장 참조.

【衛胡易】秦나라의 客卿,《史記》秦本紀에는 '胡傷'으로 되어 있다.

【關與】趙나라 땅. 지금의 山西省 和順縣 서쪽.

【趙奢】趙나라 장군 馬服君.

【公子 咎】魏나라 공자

【安邑】魏나라의 도시. 지금의 山西省 解縣 동북. 182장 참조.

【幾】魏나라의 地名, 지금의 河北省 大名縣 동남 지역.

【廉頗】趙나라의 장수. 유명한 '刎頸之交', '兩虎相鬪' 등의 고사를 남긴 인물. 《史記》廉頗藺相如列傳 참조. 473장 참조.

참고 및 관련 자료

1. B.C. 284년 燕將 樂毅가 齊나라를 칠 때(160·453장) 秦나라는 마침 燕나라와 결맹을 맺고 있었기 때문에 그 틈에 齊나라의 陰 땅을 얻을 수 있었다. 그러나 그 사이에 위나라가 가로놓여 이 땅을 진나라 본토와 잇기 위해 이듬해(B.C. 283년) 魏나라 수도 大梁을 공격하였다. 그러나 이때 燕·趙 두 나라가 魏나라를 구원하여 실패하고 말았다. 이에 秦나라는 다시 韓나라를 위협하여 끌어들인 다음 함께 趙나라를 쳐서 藺·祁·離石을 점령한다. 한편 齊나라는 B.C. 279년 燕나라를 몰아내고 국권을 회복(160장)하게 되었고, 秦나라는 그 기회를 틈타 趙나라를 자신의 민지(澠池)로 불러 강화를 맺은 다음, 이번에는 楚나라를 집중 공략하게 된다. 그리하여 B.C. 278년에 楚나라 수도 鄢郢을 초토화시킨 다.(212장) 남방의 우환이 없어진 진나라는 다시 魏나라를 공격하였지만 위나라가

멸망될 경우 中原이 남북으로 단절되어 그 화가 자신에게까지 미치리라는 것을 알게 된 韓·楚·燕·趙 등 네 나라가 연합하여 秦나라와 대치하게 된다. 그러자 진나라는 다시 약한 韓나라를 위협하여 趙나라를 공격, 이에 알여(閼與)에서 싸움이 발생한 것이다. 이것이 閼與之戰의 배경이다.

2. 鮑本의 평어

『補曰: 按西周策, 蘇厲謂周君曰: 敗韓·魏, 殺犀武, 攻趙, 取藺·離石·祁者, 皆白起. 則此擧乃起將也. 按顯王四十一年, 秦敗趙, 殺趙相, 取離石. 赧王二年, 秦拔趙藺, 虜趙莊藺引. 而此言取二城, 在伊闕戰後, 史載於赧王三十四年. 豈戰國地里不常, 後復屬趙, 而今爲秦所拔歟? 赧王三十四年, 當惠文十八年. 前一年秦拔我兩城, 是年秦拔我石城. 豈卽此三邑, 而石城卽離石邪? 末言戰閼與攻幾事, 皆因此. 按史, 趙奢攻秦閼與, 在惠文二十九年, 廉頗攻幾, 在惠文二十三年. 今策戰閼與而後攻幾, 前後不同. 大事記謂: 幾本屬魏, 廉頗取之, 自是遂屬趙. 秦師旣爲趙奢所敗, 師還, 因擊幾, 故下文稱救幾也. 又按秦紀, 中更胡傷攻趙閼與, 在趙奢破秦次年. 年表, 秦擊我閼與, 城不拔, 是再攻閼與也. 與策亦舛. 大事記從史書之而不辨, 當詳之.』

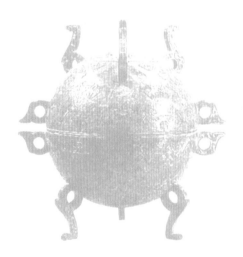

250(20-5) 富丁欲以趙合齊魏
한 번 행동으로 두 땅을 취할 수 있다

부정富丁은 조趙나라를 제齊·위魏 두 나라와 연합시키려 하고, 누완樓緩은 조나라가 진秦·초楚 두 나라와 결합되기를 원하고 있었다. 부정은 주부(主父, 武靈王)가 누완의 말을 듣고 진·초 두 나라와 연합하게 될까 심히 걱정이었다. 이때 사마천司馬淺이 부정을 위하여 주부에게 이렇게 말하였다.

"조나라는 제나라를 따르느니만 못합니다. 지금 우리가 제나라와 결합하지 않은 채 진나라를 치면, 진나라는 곧 초나라와 결합하여 한韓·위를 칠 것입니다. 한·위 두 나라는 급한 나머지 제나라에게 구원을 요청할 것입니다. 제나라는 진나라를 치고 싶어하지 않습니다. 그들은 그 때문에 틀림없이 우리 조나라 핑계를 댈 것이요, 그렇게 되면 우리 때문에 진나라를 치지 않는 것이 되며, 한·위 두 나라는 틀림없이 우리 조나라를 원망하게 됩니다. 제나라가 서쪽의 진나라를 치지 않으면 한나라는 반드시 진나라 말을 듣고 제나라를 배신할 것입니다. 이렇게 제나라를 위배하고 진나라와 친하게 되면, 그 병화를 입는 것은 바로 조나라가 될 것입니다.

지금 우리가 제나라와 결맹을 맺고도 서쪽 진나라를 공격하지 않고 있으면 한·위 두 나라는 틀림없이 제나라와 절교할 것이요, 제나라와 절교하고 나면 그들은 우리 조나라 말을 듣게 됩니다. 하물며 설령 우리가 제나라와 연합한다고 해도 제나라는 서쪽 진나라로 출병할 의사가 없는 상태입니다. 지난날 누완이 위나라에 3개월간 머물러 있었지만 결국 제·위 두 나라의 결맹을 와해시키지는 못하였습니다. 지금 우리 조나라가 제나라와 연합하고, 제·위 두 나라가 과연 서쪽으로 병력을 진출시킨다면 이는 제나라는 피폐해지고, 진나라도 약화시키는 것입니다. 그때는 조나라의 천하에 중요한 위치로 올라가는 것입니다."

주부는 이렇게 말하였다.

"우리가 세 나라와 합해 진나라를 치게 되면 모두가 함께 지치게 됩니다."

사마천은 이렇게 반박하였다.

"그렇지 않습니다. 왜냐하면 우리 조나라가 세 나라와 군사동맹을 맺은 후 이를 진나라에게 알리고, 중산中山과는 강화를 맺지 않고 있습니다. 삼국이 과연 진나라를 치고 싶으면 반드시 우리의 의견을 들어야 하고 우리와 화합해야 합니다. 중산국이 우리의 요구를 들어주면 우리는 세 나라와의 관계를 들어 중산을 흔들어 그 땅을 얻을 수 있고, 중산이 들어주지 않으면, 세 나라가 우리 대신 중산을 치게 되면 중산은 고립되고 말 것입니다. 또 삼국이 우리와 중산의 강화를 못마땅히 여길 경우 우리는 적은 병력일지라도 일을 도모할 수 있습니다. 우리가 군대를 나누어 중산을 고립시켜도 중산은 틀림없이 망하고 맙니다. 그렇게 우리가 중산을 멸망시킨 다음, 나머지 병사를 모아 삼국과 함께 진나라를 공격하면, 우리는 한 번 행동으로 진나라와 중산의 두 땅을 취할 수 있게 되는 것입니다."

富丁欲以趙合齊‧魏, 樓緩欲以趙合秦‧楚. 富丁恐主父之聽樓緩而合秦‧楚也. 司馬淺爲富丁謂主父曰:「不如以順齊. 今我不順齊伐秦, 秦‧楚必合而攻韓‧魏. 韓‧魏告急於齊, 齊不欲伐秦, 必以趙爲辭, 則(不)伐秦者趙也, 韓‧魏必怨趙. 齊之兵不西, 韓必聽秦違齊. 違齊而親, 兵必歸於趙矣. 今我順而齊不西, 韓‧魏必絶齊, 絶齊則皆事我. 且我順齊, 齊無而西. 日者, 樓緩坐魏三月, 不能散齊‧魏之交. 今我順而齊‧魏果西, 是罷齊敝秦也, 趙必爲天下重國.」主父曰:「我與三國攻秦, 是俱敝也.」曰:「不然. 我約三國而告之秦, 以未構中山也. 三國欲伐秦之果也, 必聽我, 欲和我. 中山聽之, 是我以王因(三國)饒中山而取地也; 中山不聽, 三國必絶之, 是中山孤也. 三國不能和我, 雖少出兵可也. 我分兵而孤樂中山, 中山必亡. 我已亡中山, 而以餘兵與三國攻秦, 是我一擧而兩取地於秦‧中山也.」

【富丁】 趙나라 사람의 유세객. 정객.
【樓緩】 秦나라 재상으로 趙나라 출신. 247장 참조.
【主父】 趙나라 武靈王이 퇴위한 이후에 부르는 칭호. '주보'로도 읽는다.
【司馬淺】 趙나라 신하.

【三國】 齊・韓・魏 세 나라.
【饒中山】 王念孫은 '饒'를 '撓'자로 보아야 한다고 하였다.
【孤樂中山】 鮑彪는 '樂'을 연문으로 보았다.

参고 및 관련 자료

1. 趙나라 武靈王(主父)이 퇴위하고 죽은 것은 B.C. 299~295년 사이이며, 樓緩이 秦나라 재상으로 있었던 기간은 B.C. 298~295년이다. 그리고 趙나라가 中山을 멸망시킨 것은 B.C. 296년의 일이다. 따라서 이 일은 이 시기에 있었던 사건으로 볼 수 있다.

251(20-6) 魏因富丁且合於秦
둘 모두에게 이로운 행동

위魏나라가 부정富丁을 내세워 장차 진秦나라와 연합하려 하자 조趙나라는 두려운 나머지 땅을 위나라에 주면서, 위나라 재상 설공薛公 전문田文의 의견대로 듣겠다고 나섰다. 이에 부정은 조나라 사람 자해子欬를 시켜 조나라 재상 이태李兌에게 이렇게 전하도록 하였다.

"조나라가 위·진 두 나라의 연횡이 이루어질까 두려워 토지를 위나라에 떼어 주면서 모든 것을 설공의 말에 따르겠다고 하였다 합니다. 그러나 귀하께서는 주부主父에게 말씀하셔서 그 땅을 주최周最에게 주고, 위나라에게 그를 재상으로 삼도록 하느니만 못합니다. 주최는 천하 제후의 힘을 믿고 진나라를 모욕할 것입니다. 그가 위나라 재상이 되기만 하면 위나라와 진나라는 틀림없이 끊어지고 맙니다. 제齊·위 두 나라가 비록 강한 나라이기는 하나 진나라의 도움 없이는 우리 조나라를 다치게 하지 못합니다. 위왕이 귀하의 말을 듣게 되면 이는 제나라가 가벼워지는 것입니다. 또 진·위 두 나라가 비록 강하다고는 하나 제나라 없이는 우리 조나라를 차지하지 못합니다. 이는 조나라에게도 이롭고 주최에게도 유리한 것입니다."

魏因富丁且合於秦, 趙恐, 請效地於魏而聽薛公. 敎子欬謂李兌曰:「趙畏橫之合也, 故欲效地於魏而聽薛公. 公不如令主父以地資周最, 而請相之於魏. 周最以天下辱秦者也, 今相魏, 魏·秦必虛矣. 齊·魏雖勁, 無秦不能傷趙. 魏王聽, 是輕齊也, 秦·魏雖勁, 無齊不能得趙. 此利於趙而便於周最也」

【富丁】趙나라 출신의 유세객, 정객. 250장 참조.
【薛公】田文. 孟嘗君. 이때 魏나라의 재상이 되어 있었다.
【子欬】趙나라 사람. 金正煒는 '李欬'의 오기로 보았다.
【李兌】趙나라 재상.
【主父】武靈王의 퇴위 후 칭호. '주보'로도 읽는다.
【周最】周나라의 公族. 당시 魏나라에 와 있었다.

252(20-7) 魏使人因平原君請從於趙
이익을 사양하겠다는 꼴

위魏나라가 평원군平原君에게 사람을 보내어 조趙·위 두 나라가 합종할 것을 청해 왔다. 평원군이 이를 세 번이나 왕에게 청하였지만 조왕趙王은 허락하지 않았다. 평원군이 나오다가 우경虞卿을 만났다.

"들어가시거든 나를 위해 임금께 합종을 설득해 주시오."

우경이 들어가 임금을 만나자 왕이 먼저 입을 열었다.

"지금 평원군이 위나라를 위해 합종을 맺자고 청하고 있소. 나는 허락하지 않았소. 선생의 생각은 어떠시오?"

우경은 이렇게 대답하였다.

"위나라가 잘못하고 있습니다."

그러자 왕은 수긍하였다.

"그렇지요. 그래서 내가 허락하지 않은 것입니다."

우경은 때를 놓치지 않고 다시 왕에게 아뢰었다.

"대왕 역시 잘못하고 있습니다."

왕이 물었다.

"무슨 뜻이오?"

우경은 이렇게 설명하였다.

"무릇 강한 자와 약한 자 사이에 일어나는 일은 강한 자가 그 이익을 누리고, 약한 자는 피해를 입게 마련입니다. 지금 위나라가 먼저 합종을 청하고 있는데 왕께서 거절하시니 이는 위나라는 손해를 보겠다고 하고 대왕께서는 이익을 사양하겠다는 꼴입니다. 그래서 저는 위나라도 잘못하였고 대왕도 잘못하였다고 한 것입니다."

魏使人因平原君請從於趙. 三言之, 趙王不聽. 出遇虞卿曰:「爲入必語從.」虞卿入, 王曰:「今者, 平原君爲魏請從, 寡人不聽. 其於子何如?」虞卿曰:「魏過矣.」王曰:「然, 故寡人不聽.」虞卿曰:「王亦過矣.」王曰:「何也?」曰:「凡強弱之擧事, 強受其利, 弱受其害. 今魏求從, 而王不聽, 是魏求害,而王辭利也. 臣故曰, 魏過, 王亦過矣.」

【平原君】 趙勝. 趙 孝成王의 叔父. 전국사공자 중의 하나. ≪史記≫ 平原君列傳
  참조.
【趙王】 趙 孝成王.
【虞卿】 趙나라의 重臣. ≪史記≫ 虞卿列傳 참조.

참고 및 관련 자료

1. ≪史記≫ 虞卿列傳에도 실려 있으며 邯鄲之戰(B.C. 251년, 256·258장 참조)
이후로 볼 수 있다.

2. ≪史記≫ 虞卿列傳
居頃之, 而魏請爲從. 趙孝成王召虞卿謀. 過平原君, 平原君曰:「願卿之論從也.」
虞卿入見王. 王曰:「魏請爲從.」對曰:「魏過.」王曰:「寡人固未之許.」對曰:
「王過.」王曰:「魏請從, 卿曰魏過, 寡人未之許, 又曰寡人過, 然則從終不可乎?」
對曰:「臣聞小國之與大國從事也, 有利則大國受其福, 有敗則小國受其禍. 今魏
以小國請其禍, 而王以大國辭其福, 臣故曰王過, 魏亦過. 竊以爲從便.」王曰:
「善.」乃合魏爲從.

3. ≪新序≫ 善謀(上)
魏請爲從, 趙孝成王召虞卿謀, 過平原君. 平原君曰:「願卿之論從也.」虞卿入見.
王曰:「魏請爲從.」對曰:「魏過.」王曰:「寡人固未之許.」對曰:「王過.」王曰:
「魏請從, 卿曰魏過; 寡人未之許, 又曰寡人過, 然則從終不可邪?」對曰:「臣聞:
小國之與大國從事也, 有利, 大國受福; 有敗, 小國受禍. 今魏以小請其禍, 而王以
大辭其福, 臣故曰王過, 魏亦過. 竊以爲從便.」王曰:「善」乃合魏爲從. 使虞卿久
用於趙, 趙必霸. 會虞卿以魏齊之事, 棄侯損相而歸, 不用, 趙旋亡.

4. 鮑彪의 평어
『彪謂: 虞卿之言, 爲皆不倍道, 非反覆揣摩爲人緩頰人也. 從之利害正爾. 雖微平
原之說, 卿亦必云爾. 終之趙利魏亦利矣. 惟不能必趙聽己, 從而先有輕發, 則是
有受害之形也.』

253(20-8) 平原君請馮忌
공격할 이유를 찾지 못하여

평원군平原君이 풍기馮忌에게 말하였다.

"내 지금 북쪽으로 상당上黨을 치고 군대를 출동시켜 연燕나라를 공격하려 하오. 그대 생각은 어떻소?"

풍기가 만류하였다.

"안 됩니다. 무릇 진秦나라 장수 무안군武安君 공손기公孫起가 일곱 번 싸워 승리한 위세를 업고, 우리 조나라 마복군馬服君 조사趙奢의 아들 조괄趙括과 장평長平에서 전투를 벌였습니다. 그때 우리 조나라 군사는 크게 패하였고, 무안군은 그 나머지 병사를 이끌고 우리 서울 한단邯鄲까지 포위하고 말았습니다. 우리 조나라는 그때 패망한 나머지 무리를 수습하고 다 깨어진 군대를 겨우 모아 지키고 있었습니다. 그러나 진나라 군대는 그때 우리 한단 성 아래에서 지친 채 조나라가 지키고 있는 이 성을 더 이상 함락시킬 수 없었으니, 그 이유는 바로 공격은 어렵고 수비는 쉽기 때문이었습니다.

지금 우리 조나라는 무안군처럼 일곱 번 싸워 이긴 위세도 없고, 연나라는 장평에서 우리가 졌을 때와 같은 피폐함도 없습니다. 더구나 지금 우리 조나라는 그 일곱 번이나 입은 전쟁의 참화도 아직 회복되지 않은 상태입니다. 그런데 이처럼 피폐한 조나라가 강한 연나라를 공격하는 것은 마치 약한 조나라로 하여금 강한 진나라를 공격하는 것과 같고, 강한 연나라로 하여금 약한 조나라를 상대로 수비하라는 것과 같습니다.

게다가 강한 진나라는 군대를 휴식시키면서 조나라가 피폐해지기를 노리고 있습니다. 이는 바로 옛날 강하였던 오吳나라가 망하고 약하였던 월越나라가 패자가 된 이유와 같습니다. 그러므로 신은 연나라를 공격할 만한 이유를 아직 찾지 못하고 있습니다."

평원군이 말하였다.

"그렇군요!"

平原君請(謂)馮忌曰:「吾欲北伐上黨, 出兵攻燕, 何如?」馮忌對曰:「不可.
夫以秦將武安君公孫起乘七勝之威, 而與馬服之子戰於長平之下, 大敗趙師,
因以其餘兵, 圍邯鄲之城. 趙以亡敗之餘衆, 收破軍之散守, 而秦罷於邯鄲
之下, 趙守而不可拔者, 以攻難而守者易也. 今趙非有七克之威也, 而燕非
有長平之禍也. 今七敗之禍未復, 而欲以罷趙攻强燕, 是使弱趙爲强秦之所
以攻, 而使强燕爲弱趙之所以守. 而强秦以休兵承趙之敝, 此乃强吳之所
以亡, 而弱越之所以霸. 故臣未見燕之可攻也.」平原君曰:「善哉!」

【平原君】趙勝. 趙 孝成王의 叔父. 전국사공자의 하나.
【馮忌】趙나라의 辯士. 279·280장 참조.
【上黨】韓나라와 趙나라의 북쪽에 있는 땅. 韓나라의 上黨郡에는 17개 현이
  있었고, 趙나라의 上黨郡에는 24개 현이 있었다. 지금의 山西省 동남부 일대와
  太行山脈 고원 지역.
【武安君】公孫起. 즉 秦나라 장수 白起. ≪史記≫ 白起王翦列傳 참조.
【馬服君之子】馬服君은 趙나라 장수 趙奢를 가리키며 그의 아들은 趙括이었음.
【長平】趙나라 上黨郡에 속한 邑. 지금의 山西省 高平縣 서북. 長平之戰은
  B.C. 260년의 일로 전국시대 가장 큰 전투로 진나라가 조나라 패군 40만을
  생매장하였음. 089·134·232·255·257장 등 참조.
【邯鄲】趙나라 수도.
【强吳·弱越】처음에는 吳王 夫差가 강하였으나 뒤에 越王 勾踐이 강해져서
  결국 오나라를 명말시켰음. 춘추 말기의 일.(B.C. 473년)

254(20-9) 平原君謂平陽君
부귀는 기약하지 않더라도 거만이 따라다니고

평원군平原君이 그 아우 평양군平陽君에게 말하였다.

"위魏나라 공자公子 모牟가 진秦나라에 갔다가 동쪽으로 되돌아올 때 응후應侯에게 작별을 고하자 응후가 이렇게 물었단다. '그대는 장차 떠나려 하시는군요. 제게 특별히 가르쳐 주실 만한 것은 없으신지요?' 그러자 공자 모는 이렇게 말하였다더라. '장차 귀하께서 제게 묻지 않더라도 진실로 귀하에게 본받을 말을 한 마디 해드리려던 참이었습니다. 무릇 귀한 자는 부富를 기약하지 않더라도 그 부유함이 스스로 찾아오는 법이오. 부유한 자가 귀한 음식이나 고기를 원하지 않아도 그 귀한 음식이 저절로 이르는 법입니다. 마찬가지로 귀한 음식을 먹는 자가 교만과 사치를 기대하지 않아도 저절로 그 교만과 사치가 찾아와 결국 몸에 배는 것이요, 교만과 사치가 몸에 밴 자가 망하기를 기약하지 않아도 그 사망이 찾아드는 것입니다. 오랜 옛날 이전부터 이런 데에 걸려든 자가 수없이 많았지요.' 이에 응후는 '그대께서 가르쳐 주신 말씀이 너무나 절실합니다'라 하였단다. 내가 이 말을 듣고 마음속에서 잊은 적이 없단다. 원컨대 너도 잊지 않기를 바란다."

평양군이 말하였다.

"깊이 새기겠습니다."

平原君謂平陽君曰:「公子牟游於秦, 且東, 而辭應侯. 應侯曰:『公子將行矣, 獨無以教之乎?』曰:『且微君之命命之也, 臣固且有效於君. 夫貴不與富期, 而富至; 富不與粱肉期, 而粱肉至; 粱肉不與驕奢期, 而驕奢至; 驕奢不與死亡期, 而死亡至. 累世以前, 坐此者多矣.』應侯曰:『公子之所以教之者厚矣.』僕得聞此, 不忘於心. 願君之亦勿忘也.」平陽君曰:「敬諾.」

【平原君】趙勝.
【平陽君】趙豹, 平原君의 동생.

【公子牟】魏나라의 公子. 이름이 牟. 261・436장 참조. 그러나 中山國의 公子
牟가 아닌가도 여겨진다. 鮑本에 "魏公子. 卽下魏牟. 若莊子所稱中山者, 不與
應侯同時. 正曰: 按莊子: '中山公子牟謂瞻子'下云: '魏牟, 萬乘之公子也.' 是中
山公子牟, 卽魏牟, 非二人也"라 하였다.
【應侯】秦나라의 재상. 范雎.

참고 및 관련 자료

1. ≪說苑≫ 敬愼篇
魏公子牟東行, 穰侯送之曰:「先生將去冉之山東矣, 獨無一言, 以敎冉乎?」
魏公子牟曰:「微君言之, 牟幾忘語君, 君知夫官不與勢期, 而勢自至乎? 勢不
與富期, 而富自至乎? 富不與貴期, 而貴自至乎? 貴不與驕期, 而驕自至乎?
驕不與罪期, 而罪自至乎? 罪不與死期, 而死自至乎?」穰侯曰:「善, 敬受明敎.」
2. 鮑彪의 평어
『彪謂: 此言者, 富貴之金石也. 有能書諸紳, 銘之几杖, 勒之盤盂, 則何亡國敗家
之有? 補曰: 魏牟嘗言身居江海, 心在魏闕. 瞻子告以重生則利輕, 則曰雖知而未
能自勝, 於是又得夫重傷之說焉. 故莊子許其雖未至道, 可謂有其意, 其人可知矣.
所以告范雎者, 亦以富貴驕奢警之. 是時, 雎方擅秦權, 廣身封, 快意恩讎, 沈於富貴.
公子特自其所急者言之, 其微旨固非雎所得聞也.』

255(20-10) 秦攻趙於長平
아녀자에게만 잘 해준 아들

진秦나라가 조趙나라를 장평長平에서 공격하여 크게 깨뜨리고는 철수하여 돌아갔다. 그리고는 사신을 조나라에 보내어 6개성을 바치면 강화에 응하겠다고 나섰다. 조나라가 아직 결정을 하지 못하고 있던 참에 누완樓緩이 진나라에서 돌아왔다. 조왕趙王이 그와 의논하였다.

"진나라에게 성을 주면 결과가 어떻겠으며, 성을 주지 않으면 어떤 결과가 오리라 예상하오?"

누완은 사양하면서 이렇게 말을 피하였다.

"이는 제가 능히 알 바 못 됩니다."

왕이 청하였다.

"비록 그렇다 할지라도 사사로운 견해일지라도 말해 주오."

누완은 이렇게 설명하였다.

"왕께서는 공보문백公甫文伯의 어머니 이야기를 들어보셨겠지요. 공보 문백이 노魯나라에서 벼슬을 하다가 병으로 죽었습니다. 그러자 방에서 그를 따라 죽은 처첩이 16명이나 되었습니다. 그 어머니가 이야기를 듣고 조금도 울려고 하지 않자, 상실相室이 그 이유를 물었습니다. '자식이 죽었는데 어찌 곡을 하지 않습니까?' 그러자 공보문백의 어머니는 이렇게 대답하였습니다. '공자孔子는 현인이다. 그가 노나라에서 쫓겨날 때 내 아들은 그를 따르지 않았다. 그런데 지금 그 녀석이 죽자 따라 죽은 부인이 16명이나 된다. 이렇게 보면 내 아들은 성인은 마구 모시고, 아녀자에게는 후하게 해준 녀석임을 알 수 있다.'

그러므로 어머니로서 이 말을 하였기 때문에 그는 문득 현모로 칭함을 받게 되었습니다. 만약 따라 죽지 않은 어느 부인에게서 이 같은 말이 나왔다면 그는 바로 질투심 많은 여자라는 소리를 면치 못하였을 것입니다. 그러므로 말은 하나지만 말한 자에 따라서 사람의 판단이 달라지는 겁니다.

지금 제가 진나라에서 막 돌아와서 땅을 주지 말라고 하면 이는 옳은 계책이 아닐 것이요, 주라고 하면 내가 진나를 위하여 그렇게 하는 것처럼 여겨질 것입니다. 그래서 감히 대답을 못한 것이거니와 왕을 위해서라면 제 생각으로는 주는 것이 좋을 것 같습니다."

왕이 말하였다.

"그렇군요."

우경虞卿이 이를 듣고 들어와 왕을 만났다. 왕은 누완의 말을 우경에게 들려주었다. 그러자 우경이 입을 열었다.

"이는 꾸민 말입니다. 진나라는 이미 한단邯鄲의 포위를 풀고는 조왕에게 입조하라 하고 조학趙郝을 강화사절로 보내어 진나라를 섬기라 하며 육현六縣을 떼어 주면 강화를 하겠다고 하고 있습니다."

왕이 말하였다.

"그렇소. 그런데 무슨 말이오?"

우경이 다시 물었다.

"진나라가 공격하다가 지쳐서 철수하였다고 보십니까? 아니면 힘은 아직 남아 있는데 왕을 사랑해서 후퇴해 주었다고 보십니까?"

왕이 대답하였다.

"진나라가 우리를 공격하다가 그 여력을 모두 잃었소. 틀림없이 지쳐서 물러났을 것이오."

우경은 이렇게 설명하였다.

"그렇다면 진나라가 온 힘을 다하여 공격해도 얻지 못하고 지쳐 돌아간 것인데도 왕께서는 힘으로 빼앗기지 않는 땅을 그냥 준다고 하면 이는 진나라를 도와 자기 자신을 공격하는 것입니다. 내년에 다시 진나라가 공격해 온다면 더 이상 자구책이 없게 됩니다."

이렇게 되자 왕은 우경의 말을 다시 누완에게 고하였다. 누완이 말하였다.

"우경은 진나라의 힘을 정말 다 알고 있답니까? 진실로 진나라의 힘이 아직 그렇게 메마르지 않았다는 것을 알면서도 총알만큼 작은 땅을 주지 않았다가 진나라가 내년에 다시 공격해 온다면 대왕께선 국내 깊숙이 있는 더 큰 땅을 떼어 주어 강화를 하겠다고 계획하시는 것은 아니겠지요?"

왕이 다시 물었다.

"정말 그대의 말을 따라 땅을 떼어 줄 테니 내년에 다시 공격해 오지 않는다는 보장을 해줄 수 있겠소?"

누완은 이렇게 대답하였다.

"그건 제가 감히 책임질 약속이 아닙니다. 옛날에 3진(한·위·조)이 모두 진나라와 친했었으나, 지금 진나라는 한·위 두 나라는 그냥 두고 오직 우리 조나라만을 공격하고 있으니 이는 대왕이 진나라를 섬기는 것이 틀림없이 한·위 두 나라만 못하기 때문일 것입니다.

지금 제가 왕을 위해 친교를 배반하였다는 이유로 당하고 있는 공격을 해제해 주고, 예물왕래를 재개하며, 한·위 두 나라처럼 나란히 진나라를 섬기게 해주었는 데도 내년이 되어 진왕이 마음에 들어 하지 않는다면 그건 그때도 왕께서 진나라를 섬기는 것이 틀림없이 한·위 두 나라에 뒤지기 때문일 것입니다. 그러니 제가 어찌 책임지겠습니까?"

왕은 이 말을 다시 우경에게 고하였다. 우경이 말하였다.

"누완의 말이 지금 땅을 떼어 주어 강화하지 않았다가 내년에 공격을 받으면 그때는 국토의 안쪽 더 큰 땅을 주어도 강화할 수 없다고 하더니, 지금 강화를 한다 해도 내년에 진나라가 다시 공격하더라도 책임을 지지 못하겠다고 하지 않습니까? 그럼 비록 땅을 떼어 준들 무슨 이익이 있겠습니까? 내년에 다시 공격해 오면 힘써 공격해도 그들이 얻지 못하는 바로 그 땅을 가지고 강화를 하면 되지요. 이것은 스스로 지치게 하는 방법입니다. 강화할 필요가 없습니다. 진나라가 아무리 공격을 잘한다 해도 여섯 개의 성을 단번에 빼앗아 가지는 못할 것이요, 우리 조나라가 아무리 수비를 못한다 해도 여섯 개의 성을 한꺼번에 잃지는 않을 것입니다. 그러다 진나라가 지쳐 돌아가면 그 군대는 피폐해 있을 것입니다. 우리는 그때 다섯 개 성을 천하 제후들에게 나누어주고는 그들을 모아 지쳐 있는 진나라를 공격하면 됩니다.

이렇게 되면 천하 제후에게 잃은 땅을 진나라에게서 보상받게 되는 것입니다. 그래도 우리에게는 오히려 이익이 되는 것입니다. 가만히 앉아서 땅을 떼어주어 우리는 약해지고 진나라를 강하게 해주는 것과 비교하면 어떻습니까? 누완이 '진나라가 한·위 두 나라와는 친하면서 우리 조나라를 공격하는 것은 대왕의 진나라를 섬기는 것이 그들 두 나라만 못하기 때문이다'라 하였다는데, 이는 왕에게 해마다 여섯 개 성을 진나라에게 바치라는 소리입니다. 이는 가만히 앉아서 나라를 다 끝날 때까지 바치는 것입니다. 만약 내년에 다시 진나라가 공격해 와서 땅을 요구하면 왕께서는 그때도 주실 것입니까? 만약 주지 않아 보십시오. 그러면 앞서 이미 준 땅의 효력도 없어지는 겁니다. 오히려 진나라의 화환禍患만 입는 꼴이 되지요. 그렇다고 준다고 해보십시오. 더 이상 줄 땅도 없어집니다. 속담에 '강한 놈은 공격에 뛰어나고, 약한 놈은 스스로 지켜내지도 못한다'는 말이 있습니다.

현재 앉아서 진나라의 말을 들어주게 되면 진나라 군대는 조금도 피폐함 없이 많은 땅을 얻게 됩니다. 이는 진나라는 점점 강해지고 조나라는 점점 약해지는 결과만 되지요. 강한 진나라를 더 강하게 하기 위해 약한 조나라를 더 약하게 만들려 하신다니 이런 계책은 그칠 날이 없게 됩니다.

게다가 진나라는 호랑과 같은 나라, 예의염치도 없는 데다가 욕구도 끝이 없습니다. 대왕의 땅은 한계가 있습니다. 이 끝이 있는 땅으로 끝이 없는 요구를 들어주다 보면 그 형세로 보아 조나라는 흔적도 없어질 겁니다. 그래서 처음 그의 말을 그릇된 것이라 하였던 것입니다. 왕께서는 땅을 떼어줄 필요가 없습니다."

왕이 말하였다.

"옳습니다."

이번에는 누완이 이를 듣고 들어왔다. 왕이 다시 우경의 말을 전해 주자 누완은 이렇게 말하였다.

"그렇지 않습니다. 우경은 하나만 알지 둘은 모르는 사람이군요. 무릇 진나라와 조나라가 싸움에 휘말리자 천하의 제후들이 다 즐거워하였습니다. 무슨 까닭이겠습니까? 모두들 '장차 강한 자 편을 들어 그 틈에 약한 자를 공격하리라'라고 여겼기 때문입니다. 지금 조나라 군사는 진나라에게 시달려 있으니, 천하가 이긴 자라고 여겨 축하하는 쪽은 틀림없이 모두 진나라 쪽에 기울어 있습니다. 그러니 급히 땅을 떼어 주어 강화를 하여 천하가 의심을 갖도록 하며 진나라를 위로하고 안심시켜야 합니다. 그렇게 하지 않으면 각국이 장차 진나라의 노기에 편승하고, 또 조나라의 피폐한 것을 틈타 연합 공격하여 조나라를 분할해 버릴 것입니다.

조나라가 그렇게 망해 버리고 나면 진나라와 무슨 도모를 하겠습니까? 왕은 빨리 결단을 내리십시오. 다른 계획을 꿈꾸지 마십시오."

우경이 이를 듣고 다시 들어와 아뢰었다.

"위험 천만입니다. 누완은 완전히 진나라 편입니다. 우리 조나라 군대가 진나라에 지칠 대로 지친 지금 다시 땅을 떼어 강화를 해보십시오. 이는 천하가 더욱 조나라가 약하다고 의심할 뿐이지 어찌 진나라 마음을 달래는 것이겠습니까? 이는 우리의 약함을 천하에 크게 알리는 것이 아니겠습니까? 또 제가 땅을 주지 말자한 것도 주지 않고 그만이라는 것이 아닙니다. 진나라가 요구하고 있는 여섯 개 성 중에서 5성을 제齊나라에게 뇌물로 주는 겁니다. 제나라와 진나라는 깊은 원한이 얽힌 사이이기 때문에 성을 얻으면 힘을 합해 서쪽으로 진나라를 공격해 줄 것입니다.

제나라가 왕의 말을 들으면 말이 끝나기도 전에 좋다고 응락할 것입니다. 이와 같이 하면 대왕께서는 제나라에게 주었던 땅을 진나라에게 보상받을 수 있을 뿐 아니라 일거에 제·한·위 세 나라들과 친밀한 관계를 맺을 수 있습니다. 진나라와의 관계는 처지가 뒤바뀌는 것입니다."

왕이 말하였다.

"옳습니다."

그리고는 드디어 우경을 사절단으로 동쪽 제나라에 보내어 함께 진나라를 칠 계획을 짰다. 그러나 과연 우경이 아직 돌아오기도 전에 진나라에서는 먼저 사자를 조나라에 보내어 와 있었다. 누완은 이 소식을 듣자 어디론가 줄행랑을 쳐버렸다.

秦攻趙於長平, 大破之, 引兵而歸. 因使人索六城於趙而講. 趙計未定. 樓緩新從秦來, 趙王與樓緩計之曰:「與秦城何如? 不與何如?」樓緩辭讓曰:「此非人臣之所能知也.」王曰:「雖然, 試言公之私.」樓緩曰:「王亦聞夫公甫文伯母乎? 公甫文伯官於魯, 病死. 婦人爲之自殺於房中者二八. 其母聞之,不肯哭也. 相室曰:『焉有子死而不哭者乎?』其母曰:『孔子, 賢人也, 逐於魯, 是人不隨. 今死, 而婦人爲死者十六人. 若是者, 其於長者薄, 而於婦人厚.』故從母言之, 之爲賢母也; 從婦言之, 必不免爲妬婦也. 故其言一也, 言者異, 則人心變矣. 今臣新從秦來, 而言勿與, 則非計也; 言與之, 則恐王以臣之爲秦也. 故不敢對. 使臣得爲王計之, 不如予之.」王曰:「諾.」

虞卿聞之, 入見王, 王以樓緩言告之. 虞卿曰:「此飾說也」秦旣解邯鄲之圍, 而趙王入朝, 使趙郝約事於秦, 割六縣而講. 王曰:「何謂也?」虞卿曰:「秦之攻趙也, 倦而歸乎? 王以其力尚能進, 愛王而不攻乎?」王曰:「秦之攻我也, 不遺餘力矣, 必以倦而歸也.」虞卿曰:「秦以其力攻其所不能取, 倦而歸. 王又以其力之所不能攻而資之, 是助秦自攻也. 來年秦復攻王, 王無以救矣.」

王又以虞卿之言告樓緩. 樓緩曰:「虞卿能盡知秦力之所至乎? 誠知秦力之不至, 此彈丸之地, 猶不予也, 令秦來年復攻王, 得無割其內而媾乎?」王曰:「誠聽子割矣, 子能必來年秦之不復攻我乎?」樓緩對曰:「此非臣之所敢任也. 昔者, 三晉之交於秦, 相善也. 今秦釋韓·魏而獨攻王, 王之所以事秦必不如韓·魏也. 今臣爲足下解負親之攻, 啓關通敝, 齊交韓·魏. 至來年而王獨不取於秦, 王之所以事秦者, 必在韓·魏之後也. 此非臣之所敢任也.」

王以樓緩之言告, 虞卿曰:「樓緩言不媾, 來年秦復攻王, 得無更割其內而媾. 今媾, 樓緩又不能必秦之不復攻也, 雖割何益? 來年復攻, 又割其力之所不能取而媾也, 此自盡之術也. 不如無媾. 秦雖善攻, 不能取六城; 趙雖不能守, 而不至失六城. 秦倦而歸, 兵必罷. 我以五城收天下以攻罷秦, 是我失之於天下, 而取償於秦也. 吾國尚利, 孰與坐而割地, 自弱以强秦? 今樓緩曰:『秦善韓·魏而攻趙者, 必王之事秦不如韓·魏也.』是使王歲以六城事秦也, 卽坐而地盡矣. 來年秦復求割地, 王將予之乎? 不與, 則是棄前貴而挑秦禍也; 與之, 則無地而給之. 語曰:『强者善攻, 而弱者不能自守.』今坐而聽秦, 秦兵不敝而多得地, 是强秦而弱趙也. 以益愈强之秦, 而割愈弱之趙, 其計固不止矣. 且秦虎狼之國也, 無禮義之心. 其求無已, 而王之地有盡. 以有盡之地, 給無已之求, 其勢必無趙矣. 故曰: 此飾說也. 王必勿與.」王曰:「諾.」

樓緩聞之, 入見於王, 王又以虞卿言告之. 樓緩曰:「不然, 虞卿得其一,未知其二也. 夫秦·趙構難, 而天下皆說, 何也? 曰:『我將因强而乘弱.』今趙兵困於秦, 天下之賀戰者, 則必盡在於秦矣. 故不若亟割地求和, 以疑天下, 慰秦心. 不然, 天下將因秦之怒, 秦趙之敝而瓜分之. 趙且亡, 何秦之圖? 王以此斷之, 勿復計也.」

虞卿聞之, 又入見王曰:「危矣, 樓子之爲秦也! 夫趙兵困於秦, 又割地爲和, 是愈疑天下, 而何慰秦心哉? 是不亦大示天下弱乎? 且臣曰勿予者, 非固勿予而已也. 秦索六城於王, 王以五城賂齊. 齊, 秦之深讎也, 得王五城, 并力而西擊秦也, 齊之聽王, 不待辭之畢也. 是王失於齊而取償於秦, 一擧結三國之親, 而與秦易道也.」趙王曰:「善.」因發虞卿東見齊王, 與之謀秦. 虞卿未反, 秦之使者已在趙矣. 樓緩聞之, 逃去.

【樓緩】유세객. 먼저 趙나라에 벼슬하였다가 뒤에 秦나라로 가서 相國이 되었다.

【趙王】孝成王. 이름은 丹이며 惠文王의 아들이다. 재위 21년.

【公甫文伯之母】'公甫'는 '公父'라고도 쓰며 姓氏. ≪史記≫ 索隱에 "(公甫文伯母)季康子從祖母, 文伯, 名歜, 桓子從父兄弟"라 하였다. ≪說苑≫·≪新序≫·≪韓詩外傳≫ 등 참조.

【虞卿】유세객. 姓은 虞, 이름은 未詳. 趙成王에게 잘 보여 上卿 벼슬을 얻었다. 그 때문에 虞卿이라 칭하며 著書에 ≪虞氏春秋≫가 있었다 한다.

【此節說也】≪史記≫에는 "此節說也, 王愼勿予"라 하였다.

【趙郝】趙나라 신하. ≪史記≫ 集解에 "郝音釋, 徐廣曰一作赦"라 하여 '조석'으로 읽도록 되어 있다.

【爲足下解負親之攻】≪史記≫ 索隱에 "爲足下解其負擔而親自攻之也"라 하였다.

【結三國之親】三國은 齊, 韓, 魏를 가리킨다.

【齊王】이름은 建. 襄王의 아들이며 제나라 마지막 임금으로 秦나라로 도망하여 諡號가 없다.

【秦之使者已在趙矣】秦나라가 齊·趙 두 나라의 연합이 두려워 미리 와서 강화를 맺자고 서두른 것이다.

1. ≪史記≫ 虞卿列傳

虞卿者, 游說之士也. 躡蹻檐簦趙孝成王. 一見, 賜黃金百鎰, 白璧一雙; 再見,
爲趙上卿, 故號爲虞卿. 秦趙戰於長平, 趙不勝, 亡一都尉. 趙王召樓昌與虞卿曰:
「軍戰不勝, 尉復死, 寡人使束甲而趣之, 何如?」樓昌曰:「無益也, 不如發重使爲媾.」
虞卿曰:「昌言媾者, 以爲不媾軍必破也. 而制媾者在秦. 且王之論秦也, 欲破趙之
軍乎, 不邪?」王曰:「秦不遺餘力矣, 必且欲破趙軍.」虞卿曰:「王聽臣, 發使出重
寶以附楚·魏, 楚·魏欲得王之重寶, 必內吾使. 趙使入楚·魏, 秦必疑天下之合從,
且必恐. 如此, 則媾乃可爲也.」趙王不聽, 與平陽君爲媾, 發鄭朱入秦. 秦內之.
趙王召虞卿:「寡人使平陽君爲媾於秦, 秦已內鄭朱矣, 卿以爲奚如?」虞卿對曰:
「王不得媾, 軍必破矣. 天下賀戰勝者皆在秦矣. 鄭朱, 貴人也, 入秦. 秦王與應侯必
顯重以示天下. 楚·魏以趙爲媾, 必不救王. 秦知天下不救王, 則媾不可得成也.」
應侯果顯鄭朱以示天下賀戰勝者, 終不肯媾. 長平大敗, 遂圍邯鄲, 爲天下笑.
秦旣解邯鄲圍, 而趙王入朝, 使趙郝約事於秦, 割六縣而媾. 虞卿謂趙王曰:「秦之
攻王也, 倦而歸乎? 王以其力尙能進, 愛王而弗攻乎?」王曰:「秦之攻我也, 不遺
餘力矣, 必以倦而歸也.」虞卿曰:「秦以其力攻其所不能取, 倦而歸, 王又以其力
之所不能取以送之, 是助秦自攻也. 來年秦復攻王, 王無救矣.」王以虞卿之言告
趙郝. 趙郝曰:「虞卿誠能盡秦力之所至乎? 誠知秦力之所不能進, 此彈丸之地弗予,
令秦來年復攻王, 王得無割其內而媾乎?」王曰:「請聽子割矣, 子能必使來年秦
之不復攻我乎?」趙郝對曰:「此非臣之所敢任也. 他日三晉之交於秦, 相善也.
今秦善韓·魏而攻王, 王之所以事秦必不如韓·魏也. 今臣爲足下解負親之攻,
開關通幣, 齊交韓·魏, 至來年而王獨取攻於秦, 此王之所以事秦必在韓·魏之
後也. 此非臣之所敢任也.」王以告虞卿. 虞卿對曰:「郝言『不媾, 來年秦復攻王,
王得無割其內而媾乎』. 今媾, 郝又以不能必秦之不復攻也. 今雖割六城, 何益?
來年復攻, 又割其力之所不能取而媾, 此自盡之術也, 不如無媾. 秦雖善攻, 不能
取六縣; 趙雖不能守, 終不失六城. 秦倦而歸, 兵必罷. 我以六城收天下以攻罷秦,
是我失之於天下而取償於秦也. 吾國尙利, 孰與坐而割地, 自弱以彊秦哉? 今郝曰:
『秦善韓·魏而攻趙者, 必(以爲韓魏不救趙也而王之軍必孤有以)王之事秦不
如韓·魏也』, 是使王歲以六城事秦也, 卽坐而城盡. 來年秦復求割地, 王將與之乎?
弗與, 是弃前功而挑秦禍也; 與之, 則無地而給之. 語曰:『彊者善攻, 弱者不能守』.
今坐而聽秦, 秦兵不檞而多得地, 是彊〈秦〉而弱趙也. 以益彊之秦而割愈弱之趙,

其計故不止矣. 且王之地有盡而秦之求無已, 以有盡之地而給無已之求, 其勢必
無趙矣.」趙王計未定, 樓緩從秦來, 趙王與樓緩計之, 曰:「予秦地(何)如毋予,
孰吉?」緩辭讓曰:「此非臣之所能知也.」王曰:「雖然, 試言公之私.」樓緩對曰:
「王亦聞夫公甫文伯母乎? 公甫文伯仕於魯, 病死, 女子爲自殺於房中者二人. 其
母聞之, 弗哭也. 其相室曰:『焉有子死而弗哭者乎?』其母曰:『孔子, 賢人也,
逐於魯, 而是人不隨也. 今死而婦人爲之自殺者二人, 若是者必其於長者薄而於
婦人厚也.』故從母言之, 是爲賢母; 從妻言之, 是必不免爲妒妻. 故其言一也,
言者異則人心變矣. 今臣新從秦來而言勿予, 則非計之;言予之, 恐王以臣爲爲秦也;
故不敢對. 使臣得爲大王計, 不如予之.」王曰:「諾.」虞卿聞之, 入見王曰:「此飾
說也, 王愼勿予!」樓緩聞之, 往見王. 王又以虞卿之言告樓緩. 樓緩對曰:「不然.
虞卿得其一, 不得其二. 夫秦趙構難而天下皆說, 何也? 曰:『吾且因彊而乘弱矣』.
今趙兵困於秦, 天下之賀戰勝者則必盡在於秦矣. 故不如亟割地爲和, 以疑天下
而慰秦之心. 不然, 天下將因秦之(彊)怒, 乘趙之斃, 瓜分之. 趙且亡, 何秦之圖乎?
故曰虞卿得其一, 不得其二. 願王以此決之, 勿復計也.」虞卿聞之, 往見王曰:
「危哉樓子之所以爲秦者, 是愈疑天下, 而何慰秦之心哉? 獨不言其示天下弱乎?
且臣言勿予者, 非固勿予而已也. 秦索六城於王, 而王以六城賂齊. 齊, 秦之深讎也,
得王之六城, 并力西擊秦, 齊之聽王, 不待辭之畢也. 則是王失之於齊而取償於秦也.
而齊·趙之深讎可以報矣, 而示天下有能爲也. 王以此發聲, 兵未窺於境, 臣見秦
之重賂至趙而反媾於王也. 從秦爲媾, 韓·魏聞之, 必盡重王; 重王, 必出重寶以
先於王. 則是王一舉而結三國之親, 而與秦易道也.」趙王曰:「善.」則使虞卿東見
齊王, 與之謀秦. 虞卿未返, 秦使者已在趙矣. 樓緩聞之, 亡去. 趙於是封虞卿以一城.

2. 《新序》 善謀(上)

秦·趙戰於長平, 趙不勝, 亡一都尉. 趙王召樓昌與虞卿曰:「軍戰不勝, 尉係死,
寡人將束甲而赴之.」樓昌曰:「無益也, 不如發重寶使而爲構.」虞卿曰:「昌言構者,
以爲不構, 軍必破也, 而制構者在秦, 且王之論秦, 欲破王之軍乎? 不邪?」王曰:
「秦不遺餘力矣. 必且破趙軍.」虞卿曰:「王聽臣發使, 出重寶以附楚·魏, 楚·魏
欲王之重寶, 必內吾使, 吾使入楚·魏, 秦必疑天下, 恐天下之合從必一心, 如此,
則構乃可爲也.」趙王不聽, 與平陽君爲構, 發鄭朱入秦, 秦內之. 趙王召虞卿曰:
「寡人使平陽君爲構秦, 秦已內鄭朱矣. 虞卿以爲如何?」對曰:「王不得構, 軍必
破矣. 天下之賀戰勝者, 皆在秦. 鄭朱, 貴人也, 而入秦, 秦王與應侯必顯重以示天下,
楚·魏以趙爲構, 必不救王. 則構不可得也.」應侯果顯鄭朱以示天下, 賀戰勝者

終不肯構, 長平大敗, 遂圍邯鄲, 爲天下笑, 不從虞卿之謀也. 秦既解圍邯鄲, 而趙王入朝, 使趙郝約事於秦, 割六縣而構. 虞卿謂趙王曰:「秦之攻王也, 倦而歸乎? 亡其力, 尚能進之, 愛王而不攻乎?」王曰:「秦之攻我也, 不遺餘力矣, 必以倦歸也.」虞卿曰:「秦以其力攻其所不能取, 倦而歸, 王又攻其力之所不能取以送之, 是助秦自攻也. 來年秦復攻王, 王無救矣.」王以虞卿之言告趙郝, 曰:「虞卿能量秦力之所至乎? 誠知秦力之所不能進, 此彈丸之地不予, 令秦年來復攻於王, 王得無割其內而構乎?」王曰:「請聽子割矣, 子能必來年秦之不復攻乎?」趙郝曰:「此非臣之所敢任也. 他日, 三晉之交於秦相若也, 今秦善韓・魏而攻王, 王之所以事秦者, 必不如韓・魏也. 今臣之爲足下解負親之攻. 開關通幣, 齊交韓・魏, 至來年而獨取攻於秦, 王之所以事秦, 必在韓・魏之後也. 此非臣之所敢任也.」王以告虞卿, 虞卿對曰:「郝言『不構, 來年秦復攻王, 王得無復割其內而構乎?』今構, 郝又不能必秦之不復攻也, 雖割何益? 來年復攻, 又割其力之所不能取以構, 此自盡之術也. 不如無構. 秦雖善攻, 不能取六縣; 趙雖不能守, 亦不失六城. 秦倦而歸, 兵必疲, 我以五縣收天下以攻罷秦, 是我失之於天下, 而取償於秦也. 吾國尚利, 孰與坐而割地, 自弱以强秦? 今郝曰:『秦善韓・魏而攻趙者, 必王之事秦不如韓・魏也.』是使王歲以六城事秦也, 坐而地盡. 來年, 秦復來割, 王將予之乎? 不予, 是棄前功而挑秦禍也; 予之, 卽無地而給之. 語曰:『彊者善攻, 而弱者不能守.』今坐而聽秦, 秦兵不弊而多得地, 是彊秦而弱趙也. 以益彊之秦, 而割愈弱之趙, 兵計固不止矣. 且王之地有盡, 而秦之求無已, 以有盡之地, 給無已之求, 其勢必無趙矣.」計未定, 樓緩從秦來, 趙王與樓緩計之曰:「予秦地與無予, 孰吉?」緩辭讓曰:「此非臣之所能知也.」王曰:「雖然, 試言公之私.」樓緩對曰:「亦聞夫公父文伯母乎? 公父文伯仕於魯, 病死, 女子爲自殺於房中者二人. 其母聞之, 不肯哭也. 其相室曰:『焉有子死而不哭者乎?』其母曰:『孔子, 賢人也. 逐於魯, 而是人不隨也. 今死而婦人爲自殺者二人, 若是者, 必其於長者薄, 而於婦人厚也.』故從母言, 是爲賢母; 從妻言, 是必不免爲妬婦. 故其言一也, 言者異, 則人心變矣. 今臣新從秦來而言勿予, 則非計也; 言予之, 恐王以臣爲秦也, 故不敢對. 使臣得爲大王計, 不如予之.」王曰:「諾.」虞卿聞之曰:「此飾說也. 王愼勿予.」樓緩聞之, 往見王, 王又以虞卿之言告樓緩. 樓緩對曰:「不然. 虞卿得其一, 不得其二. 夫秦・趙構難而天下皆說, 何也? 曰:『吾且因彊而乘弱矣.』今趙兵困於秦, 天下之賀戰勝者, 必盡在於秦矣. 故不如亟割地爲和, 以疑天下而慰秦之心. 不然, 天下將因秦之怒, 乘趙之弊而瓜分之, 趙見亡, 何秦之圖乎? 故曰虞卿得其一, 不得其二. 願王以此決之, 勿復計也.」虞卿聞之, 往見王曰:「危哉! 樓子之所以爲秦者, 是愈疑天下,

而何慰秦之心哉? 獨不言示天下弱乎? 且臣言勿予, 非固勿予而已也. 秦索六城
於王, 而王以六城賂齊. 齊, 秦之深讎也. 得王之六城, 幷力而西擊秦, 齊之聽王,
不待辭之畢也. 則是王失之於齊, 而取償於秦也. 而齊·趙之讎可以報矣, 而示天下
有能爲也. 王以此爲發聲, 兵未窺於境, 臣見秦之重賂, 而反構於王也. 從秦爲構,
韓·魏聞之, 必盡重王, 重王, 必出重寶以先於王, 則是王一擧而結三國之親,
而與秦易道也.」趙王曰:「善.」卽發虞卿東見齊王, 與之謀秦. 虞卿之謀行而趙霸,
此存亡之樞機. 樞機之發, 間不及旋踵. 是故虞卿一言, 而秦之震懼, 趨風馳指而
請備. 故善謀之臣, 其於國豈不重哉? 微虞卿, 趙以亡矣.

3. ≪韓詩外傳≫ 卷一

魯公甫文伯死, 其母不哭也. 季孫聞之, 曰:「公甫文伯之母, 貞女也. 子死不哭,
必有方矣.」使人問焉. 對曰:「昔, 是子也, 吾使之事仲尼. 仲尼去魯, 送之, 不出魯郊,
贈之, 不與家珍. 病, 不見士之視者; 死, 不見士之流淚者; 死之日, 宮女縗絰而從者,
十人. 此不足於士, 而有餘於婦人也. 吾是以不哭也.」詩曰:『乃如之人兮, 德音無良.』

4. ≪孔叢子≫ 卷上 記義

公父文伯死, 室人有從死者, 其母怒而不哭. 相室諫之, 其母曰:「孔子, 天下之賢
人也, 不用于魯退而去, 是子素宗之而不能隨. 今死而內人從死者二人焉, 若此于
長者薄, 于婦人厚也.」旣而夫子聞之曰:「季氏之婦尙賢哉!」子路愀然對曰:「夫子
亦好人之譽己乎? 夫子死而不哭, 是不慈也, 何善爾?」子曰:「怒其子之不能隨賢,
所以爲尙賢者, 吾何有焉其亦善此而已矣?」

5. 기타 참고자료

≪列女傳≫ 母儀篇·≪國語≫ 魯語(下)·≪禮記≫ 檀弓(下)·≪太平御覽≫
441·≪孔子家語≫ 曲禮子夏問

6. 鮑彪의 평어

『彪謂: 虞卿可謂見善明者矣. 當趙以四十萬覆於長平之下, 凡在趙庭之臣, 孰不
魄奪氣喪, 顧講秦以偸須臾之寧? 卿獨爲之延慮却顧, 折樓緩之口, 挫强秦之心,
反使秦人先趙而講. 於此亦足以見從者, 天下之勢. 七國辯士, 策必中, 計必得,
而不失其正, 唯卿與陳軫有焉. 賢矣哉! 正曰: 大事記引蘇氏云: 虞卿終始事趙,
專持從說, 非說客也. 鮑以卿與陳軫竝稱, 軫料事明切, 不下於卿, 其勸懷王賂秦
而取償於齊, 意亦類此. 他雖辯給可善, 而言稍浮. 至其往來秦·楚, 爭寵張儀,
徼貴犀首, 未離說客之習也! 豈卿比哉?』

256(20-11) 秦攻趙平原君使人請救於魏
봉지를 거절하다

진秦나라가 조趙나라를 공격해 오자 평원군平原君이 위魏나라에 사람을 보내어 구원을 요청하였다. 이에 위나라 신릉군信陵君은 즉시 군대를 일으켜 조나라 수도 한단邯鄲 성 아래로 달려왔다. 진나라 병사들은 형세가 불리함을 알고 군대를 풀어 퇴각해 버렸다. 그러자 우경虞卿이 조왕趙王에게 평원군에게 봉지를 더 보태어 주어야 한다고 청하였다.

"무릇 군졸 하나 쓰지 않고 창 하나 소모함이 없이 두 나라의 근심을 풀어 준 것은 오직 평원군의 힘입니다. 남의 힘을 써놓고 그 공을 잊는다는 것은 불가한 일입니다."

조왕이 허락하였다.

"옳습니다."

그리고 평원군에게 장차 땅을 더 보태 주려는 참이었다. 공손룡公孫龍이 이를 얼른 평원군을 만났다.

"귀하는 군대를 엎고 장수를 죽인 그런 큰 공도 없으면서 동무성東武城을 또다시 봉을 받으려 하신다면서요? 이 조나라 호걸지사들 중에 귀하보다 훌륭한 자가 많습니다. 그런데 귀하는 상국이 된 것도 왕의 친척이기 때문에 가능하였던 것입니다. 지금 귀하는 동무성의 봉지에 대해 공이 없다는 핑계로 사양하셔야 함에도 그렇게 하지 않고 있으며, 재상의 직인도 능력 없다는 이유로 사양해야 마땅하나 이를 실행하지 않고 있으며, 도리어 나라의 근심을 잠깐 풀어 주었다는 명분으로 더 많은 땅을 요구하고 있으니 이는 왕의 혈친이기 때문에 봉을 받는 것에 불과합니다. 나라 사람들은 그대의 공을 계산해 볼 것입니다. 이에 귀하께 계책을 일러 드리오니 이번에는 받지 않으시는 것이 옳을 줄 압니다."

평원군이 말하였다.

"삼가 명령을 받들겠습니다."

그리고는 봉지를 거절하였다.

秦攻趙, 平原君使人請救於魏. 信陵君發兵至邯鄲城下, 秦兵罷. 虞卿爲
平原君請益地, 謂趙王曰:「夫不鬪一卒, 不頓一戟, 而解二國患者, 平原君
之力也. 用人之力, 而忘人之功, 不可」趙王曰:「善」將益之地. 公孫龍聞之,
見平原君曰:「君無覆軍殺將之功, 而封以東武城. 趙國豪傑之士, 多在君
之右, 而君爲相國者以親故. 夫君封以東武城不讓無功, 佩趙國相印不辭
無能, 一解國患, 欲求益地, 是親戚受封, 而國人計功也. 爲君計者, 不如
勿受, 便」平原君曰:「謹受令」乃不受封.

【平原君】趙勝. 孝成王의 叔父.
【信陵君】魏나라 公子. 魏 安釐王의 異腹 동생. 平原君의 매제. 전국사공자(平
原君 趙勝·孟嘗君 田文·春申君 黃歇 및 信陵君) 중의 하나. ≪史記≫ 魏公子
列傳 참조. 147·258·274·340·366·367장 참조.
【虞卿】趙나라의 上卿. ≪史記≫ 虞卿列傳 참조.
【公孫龍】名家의 대표적인 인물. 240장 주 참조 한편 鮑本에서는 "趙人, 著守白論,
莊子稱之. 距是遠甚, 豈同姓名公孫弘者乎? 正曰: 莊子稱公孫龍之學'合同異,
離堅白'. 而史·平原傳, 稱公孫龍善爲堅白同異之辨. 荀卿傳末以爲趙人. 又見
列子等書, 同此人也. 史稱莊子與梁惠·齊宣同時, 楚威王欲以爲相. 威王元年,
當顯王三十年, 故大事記以楚相之事附見. 下至赧王十七年, 趙勝封平原君,
則周距平原未遠也. 莊子書稱之·噲. 之·噲事當宣王末年, 赧王元年也. 下至
魏破秦軍邯鄲時, 以爲赧王五十八年. 則周之稱公孫龍, 龍之在平原君門, 皆相
及也. 惟以爲仲尼弟子公孫龍者, 則誤. 蓋相去遠爾"라 하였다.
【東武城】趙나라 邑 이름.

참고 및 관련 자료

1. ≪史記≫ 平原君列傳에도 실려 있으며 邯鄲之戰(089·091·258·366장)
이후로 대략 B.C. 257년쯤이다.

2. ≪史記≫ 平原君列傳
虞卿欲以信陵君之存邯鄲爲平原君請封. 公孫龍聞之, 夜駕見平原君曰:「龍聞
虞卿欲以信陵君之存邯鄲爲君請封, 有之乎?」平原君曰:「然」龍曰:「此甚不可.
且王擧君而相趙者, 非以君之智能爲趙國無有也. 割東武城而封君者, 非以君爲

有功也, 而以國人無勳, 乃以君爲親戚故也. 君受相印不辭無能, 割地不言無功者, 亦自以爲親戚故也. 今信陵君存邯鄲而請封, 是親戚受城而國人計功也. 此甚不可. 且虞卿操其兩權, 事成, 操右券以責; 事不成, 以虛名德君. 君必勿聽也.」平原君 遂不聽虞卿.

3. 鮑本의 평어

『彪謂: 平原失計於馮亭, 以挑秦禍, 幾喪趙國之半, 馴致邯鄲之圍, 何功之足 論哉? 然因人成事, 亦有桑楡之收, 不可忘也. 虞卿之請, 帝王懋賞之擧; 公孫龍 之辭, 明哲讓功之誼. 皆君子之善言也. 正曰: 趙勝功不贖罪, 虞卿此爲失言.』

257(20-12) 秦趙戰於長平
장평의 전투

진秦나라와 조趙나라가 장평長平에서 싸움을 벌였다. 조나라는 이기지도 못하고 도위都尉 하나를 잃게 되었다. 조왕이 누창樓昌과 우경虞卿을 불러 물었다.

"싸움에 이기지도 못하고 도위만 하나 잃었소. 내가 갑옷을 걷어붙이고 달려 갈까 하는 데 어떻소?"

누창이 말렸다.

"아무런 이익이 되지 않습니다. 중한 사신을 보내어 강화를 맺느니만 못합니다."

그러자 우경이 말하였다.

"무릇 강화하자고 조르던 자들은 강화하지 않으면 반드시 패하리라고 하였습니다. 이제 그 강화의 칼자루는 진나라가 쥐고 있게 되었습니다. 왕께서 장차 진나라에 대해 논하심에 조나라 군대가 깨어지기를 바라십니까? 아니면 그와 반대입니까?"

왕은 이렇게 대답하였다.

"진나라는 여력을 남기지 않고 덤벼들어 반드시 우리 조나라 군대를 깨뜨릴 것이오."

우경은 이렇게 계책을 일렀다.

"왕께서는 애오라지 제 말씀만 들으십시오. 많은 보물을 주어 초楚·위魏 두 나라에 사신을 보내십시오. 초·위 두 나라가 대왕의 중한 보물을 얻고자 틀림없이 우리의 사신을 받아 줄 것입니다. 우리 사신이 초·위 두 나라로 들어가기만 해도 진나라는 천하가 합종하는 것이 아닌가 하여 두려워할 것이 틀림없습니다. 이렇게 되었을 때 진나라에게 강화를 제의하면 주도권이 우리 손에 있게 됩니다."

그러나 조왕은 이를 듣지 않고 평양군平陽君을 강화의 사절로, 그리고 뒤이어 정주鄭朱를 진나라에 차례로 보냈다. 진나라에서는 이들의 입국을 허락하였다. 그리고 나서 조왕은 다시 우경을 불러 물었다.

"과인이 평양군을 강화사절로 진나라에 보냈소. 진나라에서는 그 뒤의 정주까지 입국을 허락하였소. 그대가 보기에는 어떻소?"

우경은 이렇게 탄식하였다.

"강화는 성공하지 못할 것이며, 우리 군대는 틀림없이 패할 것입니다. 천하의 제후들이 진나라의 전승을 축하하기 위하여 사신을 진나라에 보내어 진나라 서울이 들썩거릴 것입니다. 정주는 우리 조나라의 귀인입니다. 이가 진나라에 들어가면 진왕과 응후應侯는 틀림없이 천하의 제후들에게 과시할 것입니다. 초·위 두 나라는 조나라가 이미 진나라와 강화를 맺은 것으로 여기고 대왕을 도울 생각을 아니할 것입니다. 진나라가 천하가 더 이상 조나라를 구원하지 않을 것이라는 것을 알게 되면 강화가 성공할 수 없지요."

과연 조나라는 끝내 진나라와 화의를 맺지 못하였고, 군대는 진나라에게 크게 깨어졌다. 조왕은 할 수 없이 직접 진나라에 가서 빌었고 진나라에서는 이 조왕을 가두어 두었다가 한참 후에야 강화를 허락하였다.

秦·趙戰於長平, 趙不勝, 亡一都尉. 趙王召樓昌與虞卿曰:「軍戰不勝, 尉復死, 寡人使卷甲而趨之, 何如?」樓昌曰:「無益也, 不如發重使而爲媾.」虞卿曰:「夫言媾者, 以爲不媾者軍必破, 而制媾者在秦. 且王之論秦也, 欲破王之軍乎? 其不邪?」王曰:「秦不遺餘力矣, 必且破趙軍.」虞卿曰:「王聊聽臣, 發使出重寶以附楚·魏. 楚·魏欲得王之重寶, 必入吾使. 趙使入楚·魏, 秦必疑天下合從也, 且必恐. 如此, 則媾乃可爲也.」趙王不聽, 與平陽君爲媾, 發鄭朱入秦, 秦內之. 趙王召虞卿曰:「寡人使平陽君媾秦, 秦已內鄭朱矣, 子以爲奚如?」虞卿曰:「王必不得媾, 軍必破矣, 天下之賀戰勝者皆在秦矣. 鄭朱, 趙之貴人也, 而入於秦, 秦王與應侯必顯重以示天下. 楚·魏以趙爲媾, 必不救王. 秦知天下不救王, 則媾不可得成也.」趙卒不得媾, 軍果大敗. 王入秦, 秦留趙王而后許之媾.

【長平】地名. 趙나라 上黨郡의 읍.
【都尉】장군 아래의 군대 직책.

【趙王】 趙나라 孝成王.

【樓昌】 趙나라 重臣.

【虞卿】 趙나라 上卿.

【平陽君】 趙豹. 平原君 趙勝의 동생이며, 孝成王의 叔父.

【鄭朱】 趙나라 신하. 249장 참조.

【秦王】 秦나라 昭王.

【應侯】 范雎. 秦나라 재상.

参고 및 관련 자료

1. ≪史記≫ 虞卿列傳에도 실려 있으며 長平之戰(B.C. 262~260년)의 일부이다.
089·134·232·253·255장 참조. ≪新序≫와 ≪史記≫에는 255장의 앞 부분에
실려있다.

2. ≪史記≫ 虞卿列傳

秦趙戰於長平, 趙不勝, 亡一都尉. 趙王召樓昌與虞卿曰:「軍戰不勝, 尉復死,
寡人使束甲而趨之, 何如?」樓昌曰:「無益也, 不如發重使爲媾.」虞卿曰:
「昌言媾者, 以爲不媾軍必破也. 而制媾者在秦. 且王之論秦也, 欲破趙之軍乎, 不邪?」
王曰:「秦不遺餘力矣, 必且欲破趙軍.」虞卿曰:「王聽臣, 發使出重寶以附楚·魏,
楚·魏欲得王之重寶, 必內吾使. 趙使入楚·魏, 秦必疑天下之合從, 且必恐. 如此,
則媾乃可爲也.」趙王不聽, 與平陽君爲媾, 發鄭朱入秦. 秦內之. 趙王召虞卿曰:
「寡人使平陽君爲媾於秦, 秦已內鄭朱矣, 卿以爲奚如?」虞卿對曰:「王不得媾,
軍必破矣. 天下賀戰勝者皆在秦矣, 鄭朱, 貴人也, 入秦. 秦王與應侯必顯重以示
天下. 楚·魏以趙爲媾, 必不救王. 秦知天下不救王, 則媾不可得成也.」應侯果顯
鄭朱以示天下賀戰勝者, 終不肯媾. 長平大敗, 遂圍邯鄲, 爲天下笑.

3. ≪新序≫ 善謀(上)

秦·趙戰於長平, 趙不勝, 亡一都尉. 趙王召樓昌與虞卿曰:「軍戰不勝, 尉係死,
寡人將束甲而赴之」樓昌曰:「無益也, 不如發重寶使而爲構.」虞卿曰:「昌言構者,
以爲不構, 軍必破也, 而制構者在秦, 且王之論秦也, 欲破王之軍乎? 不邪?」王曰:
「秦不遺餘力矣. 必且破趙軍.」虞卿曰:「王聽臣發使, 出重寶以附楚·魏, 楚·魏
欲王之重寶, 必內吾使, 吾使入楚·魏, 秦必疑天下, 恐天下之合從必一心, 如此,
則構乃可爲也.」趙王不聽, 與平陽君爲構, 發鄭朱入秦, 秦內之. 趙王召虞卿曰:
「寡人使平陽君爲構秦, 秦已內鄭朱矣. 虞卿以爲如何?」對曰:「王不得構, 軍必

破矣. 天下之賀戰勝者, 皆在秦. 鄭朱, 貴人也. 而入秦, 秦王與應侯必顯重以示天下,
楚·魏以趙爲構, 必不救王. 則構不可得也.」應侯果顯鄭朱以示天下, 賀戰勝者
終不肯構, 長平大敗, 遂圍邯鄲, 爲天下笑.

258(20-13) 秦圍趙之邯鄲
진나라가 한단을 포위하다

진秦나라가 조趙나라 서울 한단邯鄲을 포위하자 위魏 안희왕安釐王이 진비晉鄙 장군을 보내어 조나라를 구원토록 하였다. 그러나 진비는 겁을 먹고 문득 병력을 탕음蕩陰에 머무르게 하여 더 진격해 나가지 않는 것이었다. 그러자 위왕은 객장군客將軍 신원연辛垣衍을 사잇길로 한단에 보내면서 평원군平原君을 통해 조왕趙王에게 이렇게 전하게 하였다.

"진나라가 조나라를 포위한 것은 진나라가 옛날 제齊 민왕湣王과 서제西帝, 동제東帝를 칭하자고 하였다가 제나라가 얼마 후 이를 포기하자 진나라도 제호가 유명무실해지고 말았는데, 이것은 제나라에게 책임이 있다고 여기기 때문입니다. 지금 제 민왕은 이미 더욱 약해졌고, 천하에 오직 진나라만이 영웅이 되어 있습니다. 이번 일은 꼭 한단을 삼키겠다는 탐욕이 아니고 그 의도는 바로 '제'帝라는 칭호를 듣고 싶어서입니다. 그러니 당신 조나라는 얼른 사람을 보내어 진나라 소왕을 '제'로 칭해 주겠다고 하십시오. 진왕은 틀림없이 기뻐하며 군대를 철수시킬 것입니다."

그러나 평원군은 망설이며 아직 결정을 내리지 못하고 있었다.

이때 마침 노중련魯仲連이 조나라에 와 있었다. 그는 진나라가 조나라를 포위한 상태에서 위나라가 조나라로 하여금 진나라를 높여 제왕으로 칭해 주도록 한다는 소식을 듣고 평원군을 만났다.

"일이 장차 어떻게 될 것 같습니까?"

평원군이 대답하였다.

"내勝가 어찌 감히 국사를 논하겠습니까? 우리의 1백만 대군이 밖에서 꺾여 버렸고, 또다시 안으로는 한단이 포위 당한 채 이를 퇴각시키지 못하고 있습니다. 위왕은 신원연을 보내어 우리에게 진나라를 '제'로 칭해 주라고 하고 있습니다. 지금 그 자가 여기 있는데 내가 어찌 감히 국사를 발설하겠습니까?"

노중련은 이렇게 제의하였다.

"저는 애초 당신을 천하의 어진 공자公子로 알았더니 지금 보니 전혀 천하의 훌륭한 공자답지 못하군요. 위나라 사신 신원연이 지금 어디 있소? 그대를 위해 그 자의 책임을 물은 다음 돌려보내 버리겠소."

평원군이 말하였다.

"제가 그를 불러 선생께 대면을 시켜 드리지요."

그리고 평원군은 신원연을 만났다.

"동쪽 제나라의 노중련 선생이 지금 여기 와 있소. 당신을 소개시켜 만나 뵐 수 있도록 해달라고 합니다."

신연원은 탐탁히 여기지 않았다.

"제가 알기로 노중련 선생은 제나라의 고사高士라 합니다. 저衍는 남의 신하로서 사신의 임무가 따로 있습니다. 저는 노중련 선생을 만나고 싶지 않습니다."

평원군이 말하였다.

"제가 이미 발설을 해놓았습니다."

그리하여 결국 두 사람이 대면하게 되었다.

노중련은 신원연을 보자 아무 말도 하지 않았다. 신원연이 먼저 입을 열었다.

"내가 여기 와 보니 이 성중의 사람들이 모두 평원군을 의지하고 있는 줄 알았는데, 지금 당신의 옥모玉貌를 보니 평원군에게 의지하고 있는 게 아니라 그대에게 의지하고 있군요. 선생은 어찌 이 포위된 성중에 이토록 오래 머물러있으면서 떠나려 하지 않습니까?"

노중련이 대답하였다.

"세상 사람들은 모두 옛날 포초鮑焦라는 자가 조용히 살면 됐지 제 생명 아낄 줄 모르고 그저 자살해 죽은 줄 알고 있소. 이 모두가 잘못 알고 있는 것이외다. 지금 사람들은 그가 자살한 본 뜻을 모르고 그저 자신 하나만을 위하여 죽었나 보다 하고 있는 것이지요. 진나라는 예의를 버리고 남의 목을 잘라오는 것을 숭상하는 국가요, 또 그의 장병들에게 권모와 속임수를 이용하며 백성을 노예처럼 부리고 있소. 그런데 진왕도 과연 제멋대로 하여 제왕帝王이 된다고 하면 그러한 잘못을 모두 그대로 인정하여 천하가 그를 옳다고 인정해주는 것이 되오. 그러면 난 포초처럼 동해 바다에 가서 죽어 버릴 것이외다. 나는 정말 차마 그런 임금의 백성이 될 수 없기 때문이오. 장군을 만나 뵙기를 청한 것은 조나라를 돕고자 함이오."

신원연이 물었다.

"그럼 선생은 조나라를 어떻게 도울 작정이오?"

노중련이 말하였다.

"나는 양(梁, 魏)과 연燕 두 나라를 끌어들여 조나라를 구원토록 할 작정입니다. 제와 초 두 나라는 이미 확고하게 조나라를 돕고 있는 중입니다."

신원연이 물었다.

"연나라는 제 생각으로는 들어 줄 것 같지만 양나라라면 제가 양魏나라 사람인데 선생께서는 어떻게 양나라의 도움을 끌어낼 수 있다는 것입니까?"

노중련이 말하였다.

"양나라는 아직 진나라가 '제'를 칭함으로 해서 입을 손해를 모르고 있소. 가령 양나라로 하여금 그 해를 알게만 한다면 틀림없이 조나라를 도와 줄 거요."

신원연이 다시 물었다.

"그럼 진나가 '제'를 칭하면 어떤 해가 있습니까?"

노중련은 이렇게 설명하였다.

"옛날 제나라 위왕威王이 인의를 행하여 천하의 제후를 거느리고 주실周室을 조알朝謁하였소. 그때 천자국인 주나라는 이름뿐, 쇠약해져서 어느 제후도 가겠다고 하지 않았지만 오직 제나라만 찾아가 조견하였소. 그런데 이듬해 주周 열왕烈王이 죽자 모든 제후들은 달려가 조상을 하였는데 도리어 제왕이 가장 늦게 닿았습니다. 주나라는 제나라 임금에게 화를 버럭 내며 말하였습니다. '천붕지열天崩地裂하여 천자도 자리를 깔고 앉아 애석히 여기는데, 동쪽의 속국屬國 신하 전영제田嬰齊가 가장 늦게 오다니 목을 칠 것이로다.' 그러자 제나라 위왕은 발연히 화를 내며 소리쳤습니다. '나를 감히 꾸짖다니. 네 어미를 노비로 만들어 버릴까 보다.' 이리하여 마침내 천하의 웃음거리가 되고 말았습니다.

살았을 때는 체면을 보아 조알하고, 죽으니 이를 꾸짖는 일이 차마 있을 수 없는 일이지요. 주나라는 천자이니 그럴 만도 하고 조금도 괴이할 게 없지요."

신원연이 의견을 달리하였다.

"그러나 선생께서는 노비를 보지 않았습니까? 그 노비들은 10명이 한 주인을 따르고 있습니다. 그것은 힘이 그만 못하다거나 지혜가 그만 못해 복종하는 것이겠습니까? 주인이 무섭기 때문일 따름입니다."

노중련이 되물었다.

"그렇다면 양나라는 진나라에 대해 노비가 주인에 대한 것과 같다는 말씀입니까?"

신원연이 대답하였다.

"그렇습니다."

그러자 노중련은 이렇게 되받았다.

"정말 그렇다면 제가 진왕에게 말하여 당신의 양왕을 솥에 삶아 그 고기를 잘라 육장肉醬을 만들라 하겠습니다."

이 말에 신원연은 크게 화를 내며 분히 여겨 대꾸하였다.

"어허, 너무 지나치셨어, 선생 말씀은! 선생이 어찌 진왕을 시켜 우리 양왕을 삶아 육장을 만들 수 있게 한다는 말이오?"

노중련이 대꾸하였다.

"그럴 수 있지요, 내 말대로라면. 옛날 귀후鬼侯와 악후鄂侯·문왕文王은 함께 주紂의 삼공三公이었습니다. 귀후는 자기 딸이 예쁘다고 이를 주에게 바쳤습니다. 그러나 주 임금은 그가 못생긴 딸을 바쳤다고 여겨 아버지 귀후를 삶아 육장을 만들었습니다. 악후가 이를 보고 급히 간언을 하고 변론을 대신해주자 이도 죽여 포를 떠버렸습니다. 문왕이 이를 듣고 탄식하자 이번에는 그도 잡아 유리(牖里, 羑里)의 창고에 1백 일 동안 가두어 놓고 죽이려 하였습니다. 그러한 폭군을 어찌하여 사람들은 그래도 제왕이라 칭하며 마침내 스스로는 포로 뜨이고 육장을 당하는 지경에 이르게 되겠습니까? 또 제나라 민왕이 노魯나라에 갈 때 마침 이유자夷維子가 채찍을 잡고 따랐습니다. 그러면서 노나라 사람에게 물었습니다. '너희들은 우리 임금이 가면 어떻게 대접하려고 준비하느냐?' 노나라 사람들이

'우리는 열 가지 태뢰太牢의 잔치로 귀국의 임금을 모실 것이다'라 하자 이유자는 '그럼 어떤 예를 갖추어 우리 임금을 대할 것인가? 우리 임금은 바로 천자이다. 천자가 순수할 때 제후들은 모두 길을 비키고 국고의 열쇠를 꺼내고 옷깃을 여미고 기구를 들고 선물을 갖추어 당 아래에서 기다린다. 천자는 밥을 다 먹은 후에 물러나 제후의 조알을 듣는 것이다'라고 하였습니다. 노나라 사람들이 이를 듣자 성문 열쇠를 집어 던져 버리고는 문을 열어 주지 않았습니다. 제 민왕은 노나라에 들어갈 수 없었지요.

그리하여 설읍薛邑을 가기 위해 추鄒나라 땅을 거쳐가게 되었습니다. 이때 마침 추나라 군주가 죽어 민왕이 조문하겠다고 하였습니다. 이때 이유자가 죽은 임금의 아들에게 말하였습니다. '천자가 내조할 때 주인은 반드시 영구靈柩를 등지고 북면할 수 있는 신하의 자리를 남쪽으로 만든 다음에, 천자가 북쪽에 앉아 남면하여 조상하는 것이다.' 추나라의 군신들이 이 말을 듣자 '비굴하게 정말 그렇게 해야 한다면 우리는 모두 칼을 품고 죽어 버리리라'라 항의하였습니다. 그래서 결국 추나라에도 들어갈 수가 없게 되었지요. 이 작은 노나라와 추나라의 신하들은 너무 가난해서, 살아서는 봉록도 제대로 받지 못하고, 죽어서는 반함飯含의 물건조차 제대로 없으나 그런 나라이지만 섣불리 그 노나라, 추나라 신하들에게 천자를 흉내내려다가 용납되지 못하였던 것입니다.

지금 진나라는 만승萬乘의 나라라 하지만 양나라 역시 만승지국입니다. 이처럼 둘 모두 만승지국으로서 서로 왕을 칭하며 교방하고 있는데, 진나라가 한 번 이기는 것을 보고 그를 복종해 제왕의 칭호를 붙여 준다고 하니 이는 삼진三晉의 대신들이 저 작은 노나라나 추나라의 노비나 비첩만도 못하다는 것을 의심치 않게 하는군요. 하물며 진나라는 욕심이 끝없는 나라, 제왕이 된 후에는 틀림없이 제후를 대신大臣으로 강등시킬 것이요, 불초하다고 생각하는 관리(제후)의 땅을 깎아 재능 있다고 여기는 자에게 줄 것이며, 미워하는 자의 것을 빼앗아 사랑하는 자에게 줄 것입니다. 또 자기 딸 중에서 질투와 참훼에 뛰어난 계집을 제후의 후비后妃로 삼아 양나라의 궁으로 보낼 것인데 양왕이 그래도 편안히 살아갈 수 있겠습니까? 게다가 당신도 계속 총신으로 남아 있을 수 있겠습니까?"

신원연은 벌떡 일어나 재배하며 입을 열었다.

"제가 원래는 선생을 평범한 인물로 보았는데, 오늘 비로소 선생이 천하의 현사라는 것을 알게 되었소. 저는 이제 물러나겠소. 다시는 진왕을 제왕으로 삼는 문제는 꺼내지 않겠습니다."

진나라 장군은 이 말을 듣고 군대를 50리 후퇴시켜 버렸다.

이때 마침 위나라의 공자 무기無忌가 진비晉鄙의 군대를 빼앗아 조나라를 도우려 달려왔다. 진나라는 공격을 당하자 퇴각해 버렸다.

이에 평원군은 노중련에게 봉지를 주려 하였다. 그러나 노중련은 세 차례나 사양하며 끝내 받지 않았다. 결국 평원군은 주연을 크게 베풀고 한창 술이 올랐을 때, 일어서서 노중련에게 1천 금을 주어 축수하였다. 그러자 노중련은 웃으며 이렇게 말하였다.

"천하의 현사가 귀하다고 하는 것은 남의 환난을 없애주고 남의 분란紛亂을 해결해 주면서도 그 대가를 받지 않는 데에 있습니다. 만약 대가를 받는다면 이는 곧 장사꾼이 되는 것입니다. 저는 차마 이렇게 할 수는 없습니다."

드디어 평원군에게 고별하고 떠난 이후 종신토록 나타나지 않았다.

秦圍趙之邯鄲. 魏安釐王使將軍晉鄙救趙. 畏秦, 止於蕩陰, 不進. 魏王使客將軍新(辛)垣衍間入邯鄲, 因平原君謂趙王曰:「秦所以急圍趙者, 前與齊湣王爭强爲帝, 已而復歸帝, 以齊故. 今齊湣王已益弱. 方今唯秦雄天下, 此非必貪邯鄲, 其意欲求爲帝. 趙誠發使尊秦昭王爲帝, 秦必喜, 罷兵去.」平原君猶豫未有所決.

此時魯仲連適游趙, 會秦圍趙. 聞魏將欲令趙尊秦爲帝, 乃見平原君曰:「事將奈何矣?」平原君曰:「勝也何敢言事? 百萬之衆折於外, 今又內圍邯鄲而不能去. 魏王使將軍辛垣衍令趙帝秦. 今其人在是, 勝也何敢言事?」魯連曰:「始吾以君爲天下之賢公子也, 吾乃今然后知君非天下之賢公子也. 梁客辛垣衍安在? 吾請爲君責而歸之.」平原君曰:「勝請召而見之於先生.」平原君遂見辛垣衍曰:「東國有魯連先生, 其人在此, 勝請爲紹介而見之於將軍.」辛垣衍曰:「吾聞魯連先生, 齊國之高士也; 衍, 人臣也, 使事有職. 吾不願見魯連先生也.」平原君曰:「勝已泄之矣.」辛垣衍許諾.

魯連見辛垣衍而無言. 辛垣衍曰:「吾視居北(此)圍城之中者, 皆有求於平原君者也. 今吾視先生之玉貌, 非有求於平原君者, 曷爲久居此圍城之中而不去也?」魯連曰:「世以鮑焦無從容而死者, 皆非也. 今衆人不知, 則爲一身. 彼秦者, 弃禮義而上首功之國也. 權使其士, 虜使其民. 彼則肆然而爲帝, 過而遂正於天下, 則連有赴東海而死矣. 吾不忍爲之民也! 所爲見將軍者, 欲以助趙也.」辛垣衍曰:「先生助之奈何?」魯連曰:「吾將使梁及燕助之. 齊・楚則固助之矣.」辛垣衍曰:「燕則吾請以從矣. 若乃梁, 則吾乃梁人也, 先生惡能使梁助之耶?」魯連曰:「梁未睹秦稱帝之害故也, 使梁睹秦稱帝之害, 則必助趙矣.」辛垣衍曰:「秦稱帝之害將奈何?」魯仲連曰:「昔齊威王嘗爲仁義矣, 率天下諸侯而朝周. 周貧且微, 諸侯莫朝, 而齊獨朝之. 居歲餘, 周烈王崩, 諸侯皆弔, 齊後往. 周怒, 赴於齊曰:『天崩地坼, 天子下席. 東藩之臣田嬰齊後至, 則斮之.』威王勃然怒曰:『叱嗟, 而母婢也.』卒爲天下笑. 故生則朝周, 死則叱之, 誠不忍其求也. 彼天子固然, 其無足怪.」辛垣衍曰:「先生獨未見夫僕乎? 十人而從一人者, 寧力不勝, 智不若耶? 畏之也.」魯仲連曰:「然梁之比於秦若僕耶?」辛垣衍曰:「然.」魯仲連曰:「然吾將使秦王烹醢梁王.」辛垣衍怏然不悅曰:「嘻, 亦太甚矣, 先生之言也! 先生又惡能使秦王烹醢梁王?」魯仲連曰:「固也, 待吾言之. 昔者, 鬼侯・之鄂侯・文王, 紂之三公也. 鬼侯有子而好, 故入之於紂, 紂以爲惡, 醢鬼侯. 鄂侯爭之急, 辨之疾. 故脯鄂侯. 文王聞之, 喟然而歎, 故拘之於牖里之車(庫), 百日而欲舍(令)之死. 曷爲與人俱稱帝王, 卒就脯醢之地也? 齊閔王將之魯, 夷維子執策而從, 謂魯人曰:『子將何以待吾君?』魯人曰:『吾將以十太牢待子之君』, (夷)維子曰:『子安取禮而來待吾君? 彼吾君者, 天子也. 天子巡狩, 諸侯辟舍, 納於筦鍵, 攝衽抱几, 視膳於堂下, 天子已食, 退而聽朝也.』魯人投其籥, 不果納. 不得入於魯, 將之薛, 假塗於鄒. 當是時, 鄒君死, 閔王欲入弔. 夷維子謂鄒之孤曰:『天子弔, 主人必將倍殯柩, 設北面於南方, 然後天子南面弔也.』鄒之羣臣曰:『必若此, 吾將伏劍而死.』故不敢入於鄒. 鄒・魯之臣, 生則不得事養, 死則不得飯含. 然且欲行天子之禮於鄒・魯之臣, 不果納. 今秦萬乘之國, 梁亦萬乘之國. 俱據萬乘之國, 交有稱王之名, 睹(睹)其一戰而勝, 欲從而帝之, 是使三晉之大臣不如鄒・魯之僕妾也. 且秦無已而帝, 則且變易諸侯之大臣. 彼將奪其所謂不肖, 而予其所謂賢; 奪其所憎, 而與其所愛. 彼又將使其子女讒妾爲諸侯妃姬, 處梁之宮, 梁王安得晏然而已乎? 而將軍又何以得故寵乎?」於是, 辛垣衍起, 再拜謝曰:「始以先生爲庸人, 吾乃今日而知先生爲天下之士也. 吾請去, 不敢復言帝秦.」秦將聞之, 爲卻軍五十里. 適會魏公子無忌奪晉鄙軍以救趙擊秦, 秦軍引而去.

於是平原君欲封魯仲連. 魯仲連辭讓者三, 終不肯受. 平原君乃置酒, 酒酣, 起前以千金爲魯連壽. 魯連笑曰:「所貴於天下之士者, 爲人排患·釋難·解紛亂而無所取也. 卽有所取者, 是商賈之人也, 仲連不忍爲也.」遂辭平原君而去, 終身不復見.

【秦圍趙之邯鄲】周赧王 55년(B.C. 260년)에 秦나라 장군 白起가 長平 싸움에서 항복해 온 趙나라 병사 40만을 생매장시킨 후 다시 장군 王齕을 시켜 趙나라 서울 邯鄲을 포위한 일.

【魏 安釐王】이름은 圉. 昭王의 아들 安僖王이라고도 쓴다.

【晉鄙】魏나라 장수.

【蕩陰】湯陰으로도 쓰며 지금의 河南省 湯陰縣.

【畏秦】秦王이 일찍이 제후들에게 통고하여 누구든지 먼저 趙나라를 돕는 나라는 공격하겠다고 선언하였었다.

【辛垣衍】姓은 辛垣(複姓), 衍은 이름.

【平原君】전국사공자 중의 하나. 趙勝.

【趙王】孝成王, 이름은 丹. 惠文王의 아들.

【前與齊湣王爭强爲帝】周赧王 27년의 일로 秦나라 昭襄王이 西帝라고 할 테니 齊 湣王을 東帝로 하라고 제의하였었다. 제 민왕이 蘇代의 말을 듣고 철회하자 秦나라도 할 수 없이 철회한 사건이다.

【秦昭王】昭襄王. 이름은 則(혹은 稷).

【魯仲連】魯連이라고 하며 齊나라 說士, 高士.

【梁】魏惠王이 서쪽의 秦나라를 피해 安邑에서 大梁으로 서울을 옮겨 梁이라고도 부른다.

【勝】平原君의 이름. 趙勝.

【百萬之衆折於外】長平 싸움에서 趙兵 40만이 秦나라 白起 장군에서 항복하여 坑殺당한 일.

【鮑焦】周나라 때의 隱士. 세태를 한탄하여 나무를 안고 죽었다. ≪說苑≫·≪新序≫·≪韓詩外傳≫ 등 참조.

【上首功】秦나라는 적의 머리를 잘라 오면 爵級을 하나씩 올려 준 법령이 있었다.

【齊威王】이름은 嬰齊, ≪史記≫에는 因齊로 되어있다. 桓公 田午의 아들.

【朝周】周烈王을 조알한 일. 그러나 ≪史記≫에는 이러한 기사가 없다.

【周 烈王】이름은 喜.

【天子】여기서는 죽은 周烈王의 동생 顯王 扁을 가리킨다. 周烈王은 아들이 없어 동생에게 傳位하였다.

【田嬰齊】齊威王의 이름.

【彼天子固然, 其無足怪】제후도 이렇게 불손한데 '제'를 칭하면 천하에 겁날 게 없으리라는 뜻.

【鬼侯·鄂侯】≪史記≫에는 '鬼侯'를 '九侯'로 표기하였다. 그 봉지는 지금의 河南省 臨漳縣. 鄂侯는 그 봉지가 河南省 沁陽縣이었다. 원문 "鬼侯之鄂侯"의 '之'는 연문이다.

【三公】太師·太傅·太保.

【紂以爲惡】≪史記≫ 殷本紀에 "九侯女不喜淫, 紂怒殺之"라 하였다.

【牖里】즉 羑里. 殷末 紂王 때 유명한 창고. 文王을 가두었던 곳이다.

【齊閔王將之魯】湣王(閔王) 40년에 燕나라 장수 樂毅가 침공해 오자 衛나라로 도망갔다가 다시 魯나라로 갔을 때의 일.

【夷維子】夷維는 邑 이름에서 유래한 複姓, 子는 남자의 美稱, 維는 齊나라邑. 그곳에 夷人이 거하여 夷維라 부른 것이다. 지금의 山東省 滕縣.

【太牢】牛·羊·豕를 犧牲으로 하는 큰 잔치를 太牢라 한다.

【薛邑】孟嘗君의 封邑, 지금의 山東省 勝縣.

【鄒】지금의 山東省 鄒縣, 孟子가 태어난 곳.

【天子南面弔】≪史記≫ 索隱에 "謂主人不在殯東, 將背其殯棺立西階上北面哭, 是倍也. 天子乃於阼階(東階)上南面而弔之"라 하였다.

【飯含】사람이 죽었을 때 그 입에 쌀을 채우는 것을 '飯', 옥으로 그 입에 물리는 것을 '含'이라 한다. 이 구절에 대해 鮑本에는 "齊時强, 二國不納, 必見伐, 國人不得養事幼. 正曰: 索隱云: 謂時君弱臣强, 鄒·魯君生時, 臣不得盡事養, 死不得行賻襚之禮. 然齊欲行天子禮於鄒·魯, 其臣皆不果納之, 是猶秉禮而有大體也"라 하였다.

【秦將……十里】이때 秦나라 昭王 역시 현장에서 督戰을 하고 있었는데, 魏나라가 趙나라를 달래어 秦나라를 帝로 섬기는 일이 실패함을 보고 趙城 안에 능력 있는 자가 있다는 것을 알게 된다. 이래서 결국 물러서고 만다. 이에 대해 鮑本에는 "補曰: 秦將聞仲連之言, 爲却軍五十里. 說者以爲辯士夸辭, 愚竊以爲信. 蓋仲連毅然不肯帝秦, 則魏救必至. 聲天下之大義, 以作三軍之氣, 不戰而自倍矣. 是時公子無忌且至, 連之智, 足以知其事之克濟. 不然, 則且有儵儻非常之畫, 以佐趙之急, 彼秦將者, 必聞其言而憚其謀故爾. 不然, 豈爲虛言却哉!"라 하였다.

【魏公子無忌……】齊策 "國子曰"편을 볼 것.

【不復見】魯連이 齊나라로 돌아간 지 20여 년 후에 田單이 관직을 주려 하였지만 이미 東海가로 숨어든 이후였다.

참고 및 관련 자료

1. ≪史記≫ 魯仲連列傳에도 실려 있으며 邯鄲之戰(089・091・253・256・366장 참조) 마지막 해(B.C. 257년)의 일이다.

2. ≪史記≫ 魯仲連列傳

魯仲連者, 齊人也. 好奇偉儵儻之畫策, 而不肯仕宦任職, 好持高節. 游於趙. 趙孝成王時, 而秦使白起破趙長平之軍前後四十餘萬, 秦兵遂東圍邯鄲. 趙王恐, 諸侯之救兵莫敢擊秦軍. 魏安釐王使將軍晉鄙救趙, 畏秦, 止於蕩陰不進. 魏王使客將軍新垣衍閒入邯鄲, 因平原君謂趙王曰:「秦所爲急圍趙者, 前與齊湣王爭彊爲帝, 已而復歸帝; 今齊(湣王)已益弱, 方今唯秦雄天下, 此非必貪邯鄲, 其意欲復求爲帝. 趙誠發使尊秦昭王爲帝, 秦必喜, 罷兵去.」平原君猶預未有所決. 此時魯仲連適游趙, 會秦圍趙, 聞魏將欲令趙尊秦爲帝, 乃見平原君曰:「事將奈何?」平原君曰:「勝也何敢言事! 前亡四十萬之衆於外, 今又內圍邯鄲而不能去. 魏王使客將軍新垣衍令趙帝秦, 今其人在是. 勝也何敢言事!」魯仲連曰:「吾始以君爲天下之賢公子也, 吾乃今然後知君非天下之賢公子也. 梁客新垣衍安在? 吾請爲君責而歸之.」平原君曰:「勝請爲紹介而見之於先生.」平原君遂見新垣衍曰:「東國有魯仲連先生者, 今其人在此, 勝請爲紹介, 交之於將軍.」新垣衍曰:「吾聞魯仲連先生, 齊國之高士也. 衍, 人臣也, 使事有職, 吾不願見魯仲連先生.」平原君曰:「勝旣已泄之矣.」新垣衍許諾.

魯連見新垣衍而無言. 新垣衍曰:「吾視居此圍城之中者, 皆有求於平原君者也;

今吾觀先生之玉貌, 非有求於平原君者也, 曷爲久居此圍城之中而不去?」魯仲
連曰:「世以鮑焦爲無從頌而死者, 皆非也. 衆人不知, 則爲一身. 彼秦者, 弃禮義
而上首功之國也, 權使其士, 虜使其民. 彼卽肆然而爲帝, 過而爲政於天下, 則連
有蹈東海而死耳, 吾不忍爲之民也. 所爲見將軍者, 欲以助趙也.」
新垣衍曰:「先生助之將奈何?」魯連曰:「吾將使梁及燕助之, 齊·楚則固助之矣.」
新垣衍曰:「燕則吾請以從矣; 若乃梁者, 則吾乃梁人也, 先生惡能使梁助之?」
魯連曰:「梁未睹秦稱帝之害故耳. 使梁睹秦稱帝之害, 則必助趙矣.」
新垣衍曰:「秦稱帝之害何如?」魯連曰:「昔者, 齊威王嘗爲仁義矣, 率天下諸侯
而朝周. 周貧且微, 諸侯莫朝, 而齊獨朝之. 居歲餘, 周烈王崩, 齊後往, 周怒,
赴於齊曰:『天崩地坼, 天子下席. 東藩之臣因齊後至, 則斮.』齊威王勃然怒曰:
『叱嗟, 而母婢也!』卒爲天下笑. 故生則朝周, 死則叱之, 誠不忍其求也. 彼天子固然
其無足怪.」新垣衍曰:「先生獨不見夫僕乎? 十人而從一人者, 寧力不勝而智不
若邪? 畏之也.」魯仲連曰:「嗚呼! 梁之比於秦若僕邪?」新垣衍曰:「然」魯仲連曰:
「吾將使秦王烹醢梁王.」新垣衍怏然不悅, 曰:「噫嘻, 亦太甚矣先生之言也! 先生
又惡能使秦王烹醢梁王?」魯仲連曰:「固也, 吾將言之. 昔者九侯·鄂侯·文王,
紂之三公也. 九侯有子而好, 獻之於紂, 紂以爲惡, 醢九侯. 鄂侯爭之彊, 辯之疾,
故脯鄂侯. 文王聞之, 喟然而歎, 故拘之牖里之庫百日, 欲令之死. 曷爲與人俱稱王,
卒就脯醢之地? 齊湣王之魯, 夷維子爲執策而從, 謂魯人曰:『子將何以待吾君?』
魯人曰:『吾將以十太牢待子之君.』夷維子曰:『子安取禮而來(待)吾君? 彼吾君者,
天子也. 天子巡狩, 諸侯辟舍, 納筦籥, 攝衽抱机, 視膳於堂下, 天子已食, 乃退而
聽朝也.』魯人投其籥, 不果納. 不得入於魯, 將之薛, 假途於鄒. 當是時, 鄒君死,
湣王欲入弔, 夷維子謂鄒之孤曰:『天子弔, 主人必將倍殯棺, 設北面於南方, 然后
天子南面弔也.』鄒之羣臣曰:『必若此, 吾將伏劍而死.』固不敢入於鄒. 鄒·魯之臣,
生則不得事養, 死則不得賻禭, 然且欲行天子之禮於鄒·魯, 鄒·魯之臣不果納.
今秦萬乘之國也, 梁亦萬乘之國也. 俱據萬乘之國, 各有稱王之名, 睹其一戰而勝,
欲從而帝之, 是使三晉之大臣不如鄒·魯之僕妾也. 且秦無已而帝, 則且變易諸
侯之大臣. 彼將奪其所不肖而與其所賢, 奪其所憎而與其所愛. 彼又將使其子女
讒妾爲諸侯妃姬, 處梁之宮. 梁王安得晏然而已乎? 而將軍又何以得故寵乎?」
於是新垣衍起, 再拜謝曰:「始以先生爲庸人, 吾乃今日知先生爲天下之士也.
吾請出, 不敢復言帝秦.」秦將聞之, 爲卻軍五十里. 適會魏公子無忌奪晉鄙軍以
救趙, 擊秦軍, 秦軍遂引而去.
於是平原君欲封魯連, 魯連辭讓(使)者三, 終不肯受. 平原君乃置酒, 酒酣起前,

以千金爲魯連壽. 魯連笑曰:「所貴於天下之士者, 爲人排患釋難解紛亂而無取也.
卽有取者, 是商賈之事也, 而連不忍爲也.」遂辭平原君而去, 終身不復見.

3. 鮑彪의 평어

『彪謂: 仲連, 孔子之所謂逸民, 非周衰辯者之囿也. 太史公贊之貶矣. 夫說人者不
可一槪, 或委而順之若觸讋, 或折而服之若仲連, 然後濟天下之務. 不然, 諛且愎
矣. 正曰: 史遷論仲連, 謂指意不合大義, 固未當. 鮑以爲孔子所謂逸民, 連雖貧賤
肆志, 然時出而救時, 亦非逸也.『大事記』引蘇氏曰: 嘗過儀・秦, 氣凌髡・衍・從
橫之利, 不入於口, 因事放言, 切中機會, 排難解紛, 不終日而成功, 逃避爵賞,
脫屣而去, 戰國一人而已. 斯言蔑以加矣. 愚謂: 仲連事皆可稱, 而不肯帝秦一節
尤偉. 戰國之士, 皆以勢爲强弱, 而連獨以義爲重輕, 此其所以異爾.』

259(20-14) 說張相國
아무리 가벼운 털도 바람을 타야

어떤 이가 장상국張相國에게 말하였다.

"귀하는 어찌 조趙나라 사람을 박대하면서 그들이 귀하는 후하게 모셔 주기를 바라며, 또 조나라 사람들을 미워하면서 그들이 귀하를 사랑해 주기를 바랍니까? 무릇 아교阿膠와 옻칠은 강한 접착력을 가지고 있기는 하지만 멀리 있는 것을 서로 붙이지는 못합니다. 또 홍모鴻毛는 지극히 가벼운 물건이기는 하나 스스로 떠오르지는 못합니다. 맑은 바람에 흩날려야 해내를 가로질러 떠다닐 수 있는 것입니다. 그러므로 일이란 가볍게 들어만 주어도 성취할 수 있는 것이 있으니, 바로 그 원인을 어떻게 만들어 주느냐에 달려 있는 것입니다. 지금 조나라는 만승萬乘의 강한 나라로서 앞에는 장수漳水·부수滏水가 막고 있고, 오른쪽은 상산常山이, 왼쪽은 하간河間이, 그리고 북쪽은 대군代郡으로 둘러싸여 있습니다. 게다가 갑옷을 입은 군사가 1백만이나 됩니다. 그리하여 한 때는 강한 제(齊, 혹 秦)나라를 억제하여 40여년간이나 진나라 병사들이 감히 자신의 욕구를 채우지 못하였습니다.

이로 보건대 조나라는 천하에 그 누구도 얕볼 수 없습니다. 그런데 귀하는 지금 만승의 강한 조나라를 쉽게 여기시고 얻을 수도 없는 작은 위(魏, 梁)나라를 사모하고 있으니 생각건대 귀하가 하실 일이 아니라고 봅니다."

이에 상국이 말하였다.

"그렇군요."

이로부터 뭇 사람들이 서로 좌중에서 조나라의 지도자를 칭찬하지 않는 자가 없게 되었으며, 또한 조나라의 풍속이 선하다 이르지 않는 자가 없게 되었다.

說張相國曰:「君安能少趙人, 而令趙人多君? 君安能憎趙人, 而令趙人愛君乎? 夫膠漆, 至韌也, 而不能合遠; 鴻毛, 至輕也, 而不能自擧. 夫飄於淸風,

則橫行四海. 故事有簡而功成者, 因也. 今趙萬乘之强國也, 前漳·滏, 右常山,
左河間, 北有代, 帶甲百萬, 嘗抑强齊(秦), 四十餘年而秦不能得所欲. 由是
觀之, 趙之於天下也不輕. 今君易萬乘之强趙, 而慕思不可得之小梁, 臣竊
爲君不取也.」君曰:「善.」自是之後, 衆人廣坐之中, 未嘗不言趙人之長者也,
未嘗不言趙俗之善者也.

【張相國】 아마 梁(魏)나라 출신으로 趙나라에 재상을 하던 이가 아닌가 한다.
  鮑注에 "蓋梁人相趙, 嘗懷梁而鄙趙者"라 하였다.
【滏水】 지금의 河南省 鄴縣 石鼓山에서 발원하여 漳水로 흘러드는 물.
【河間】 漳水와 黃河 사이의 땅. 燕·趙·齊의 경계 지역.
【代】 趙나라의 북쪽 이민족과 맞닿은 지역. 185·230·242·259·268장 참조.

260(20-15) 鄭同北見趙王
병법이란 교활한 자가 좋아하는 것

정동鄭同이 북쪽으로 조왕趙王을 알현하였다. 조왕이 물었다.

"그대는 남방의 박학한 선비이시니 제게 무언가 가르쳐 주실 게 있겠지요?"

정동은 이렇게 대답하였다.

"저는 남방의 비루한 사람입니다. 어찌 물음에 족히 대답할 만한 학식이 있겠습니까? 그러나 대왕께서 앞에서 물으시니 어찌 감히 질문을 거절할 수 있겠습니까? 저는 어렸을 때 어버이께서 병법을 가르쳐 주셨습니다."

왕은 이렇게 거절하였다.

"나는 병법에 관한 것은 좋아하지 않소."

이 말을 듣자 정동은 손뼉을 치며 하늘을 쳐다보고 크게 웃었다.

"병법이란 천하에 교활한 자가 좋아하는 것이지요. 저도 임금께서 이를 좋아하지 않는다는 것은 익히 알고 있었습니다. 제가 일찍이 이 병법을 가지고 위魏나라 소왕昭王에게 유세한 적이 있습니다. 그때 소왕 역시 '병법은 좋아하지 않는다'라 하더군요. 이에 제가 이렇게 물었지요. '임금께서는 능히 허유許由와 같을 수 있습니까? 허유는 천하에 얽매이는 것이 싫다고 물러났기에 병법을 싫어해도 되었습니다. 그런데 임금께서는 이미 선왕이 물려주신 나라를 이어받아 종묘를 안정시켜야 하고 토지를 지켜야 하며 사직을 수호해야 하지 않습니까?'라구요. 그랬더니 '그렇다'고 대답하더이다.

지금 어떤 사람이 수후지주隨侯之珠나 지구지환持丘之環, 그리고 만금의 재물을 가지고 밤에 들에서 노숙해야 한다고 합시다. 안으로는 자신을 지켜 줄 맹분孟賁 같은 역사도 없고, 형경荊慶 같은 용사도 없으며, 밖으로는 궁노弓弩의 방어 무기도 없습니다. 아마 그 날 저녁을 넘기기 전에 사람이 그를 위험하게 하고 말 것입니다. 마찬가지로 강하고 탐욕 많은 나라가 대왕의 국경에 다다라 땅을 요구한다고 할 때 이치로 설명해도 안 되고 인의로 설득해도 막무가내라고 합시다. 이때 대왕께서는 싸워서 나라를 지킬 무기도 없다면 장차 이를 어떻게 대처하겠습니까? 임금께서 무력이 없으면 이웃나라가 뜻대로 합니다."

그러자 조왕은 수긍하였다.

"과인은 그대의 뜻에 따라 가르침을 받겠소."

鄭同北見趙王. 趙王曰:「子南方之傳(博)士也, 何以敎之?」鄭同曰:
「臣南方草鄙之人也, 何足問? 雖然, 王致之於前, 安敢不對乎? 臣少之時,
親嘗敎以兵.」趙王曰:「寡人不好兵.」鄭同因撫手仰天而笑之曰:「兵固
天下之狙喜也, 臣故(固)意大王不好也. 臣亦嘗以兵說魏昭王, 昭王亦曰:
『寡人不喜.』臣曰:『王之行能如許由乎? 許由無天下之累, 故不受(愛)也.
今王旣受先王之傳, 欲宗廟之安, 壞地不削, 社稷之血食乎?』王曰:『然.』
今有人操隨侯之珠, 持丘之環, 萬金之財, 時(特)宿於野, 內無孟賁之威,
荊慶之斷, 外無弓弩之禦, 不出宿夕, 人必危之矣. 今有强貪之國, 臨王之境,
索王之地, 告以理則不可, 說以義則不聽. 王非戰國守圉之具, 其將何以當之?
王若無兵, 鄰國得志矣.」趙王曰:「寡人請奉敎.」

【鄭同】鄭나라 사람. 정나라는 趙나라의 남쪽이었다.
【趙王】趙나라 惠文王.
【許由】고대의 隱士. 堯가 그의 덕을 믿고 천하를 선양하려 하자 潁水로
　도망하여 귀를 씻었다는 고사가 전한다. 318·450장 등 참조.
【隨侯之珠】隨(지금의 湖北省 隨縣)에서 나온 구슬. 隨珠. 隨 땅의 侯가 濮水에
　살고 있던 영명한 구렁이를 살려 주자 그 구렁이가 은혜에 보답하기 위해
　구슬을 물어다 주었다 한다. 217장 및 ≪搜神記≫·≪淮南子≫ 등 참조.
【持丘之環】持丘 지역에서 나는 좋은 玉環.
【孟賁】고대의 용사. 083·159·208·376·417·459장 참조.
【成荊·慶忌】역시 고대의 전설상의 용사. 417장 참조.

참고 및 관련 자료

1. 鮑注의 평어

『彪謂: 鄭同陳喩甚高, 然自春秋至是, 天下未嘗無兵. 故孔·孟皆以兵爲諱. 今舍
俎豆之事, 仁義之說, 而專談兵, 此益多之論也.』

261(20-16) 建信君貴於趙
왕관 만드는 재단사

건신군建信君이 조趙나라에서 귀한 대우를 받고 있었다. 위魏나라 공자公子 위모魏牟가 조나라를 지날 일이 있었다. 조왕趙王은 이를 맞아 환영해 주었다. 같이 만나 서로 인사를 나눈 후 위모가 자기 자리에 앉았을 때 마침 앞에 한 자 길이의 비단이 놓여 있었다. 왕은 이 비단으로 왕관을 만들려던 참이었다. 왕관 만드는 재단사가 들어왔다가 손님이 와 있는 것을 보고 잠깐 자리를 피하게 되었다. 이에 조왕이 위모에게 이렇게 인사말을 하였다.

"공자公子께서 수레를 몰아 과인을 찾아 주신 것을 영광으로 생각합니다. 원컨대 천하의 일을 듣고 싶습니다."

위모가 입을 떼었다.

"대왕께서 귀국을 중히 여김이 이 한 척의 비단을 아끼듯 하신다면 이 나라는 대단히 잘 다스려질 것입니다."

조왕은 불쾌히 여겨 안색을 편안히 하지 못한 채 물었다.

"선왕께서 과인이 이처럼 불초한 줄 모르시고 사직을 받들라고 시키셨는데, 제가 어찌 감히 이 나라를 이 비단처럼 가벼이 여기리오?"

위모는 이렇게 말하였다.

"대왕께서는 노여워하지 마십시오. 대왕께 다시 설명드리리다."

그리고는 말을 이었다.

"대왕께서는 이 한 척의 비단으로 왕관 만드는 일을 하시면서 어찌하여 측근인 낭중郎中에게 시키지 않습니까?"

왕은 이렇게 대답하였다.

"그야 낭중은 왕관 만드는 일을 모르기 때문이지요."

위모는 이렇게 말하였다.

"낭중이 왕관을 만들다가 망친다고 해서 대왕의 나라에 무슨 손해라도 납니까? 그런데도 왕께서는 반드시 그 공인工人을 불러다가 이 일을 시키십니다. 그러면서 천하를 재단할 일에 대해서는 그렇지 않을 경우가 혹 눈에 띕니다. 사직은 비어 있고 선왕께 공품供品도 바쳐지지 않습니다.

이는 왕께서 나라 일을 그에 맞는 적임자에게 시키지 않고, 어려서 아무 것도 모르는 자에게 맡긴 때문입니다. 또 대왕의 선제惠文王께서 서수犀首를 부리시고 마복군馬服君을 참가시켜 그 강한 진秦나라와 각축전을 벌였습니다. 진나라는 당시 그 예봉을 피하기에 바빴지요. 그런데 지금 대왕께서는 아무 것도 모르시고 건신군建信君에게 수레를 태워 진나라와 각축하시니, 제가 염려하는 것은 진나라가 대왕의 그 수레의 받침대를 꺾지 않을까 하는 것입니다."

建信君貴於趙. 公子魏牟過趙, 趙王迎之, 顧反至坐, 前有尺帛, 且令工以爲冠. 工見客來也, 因辟(避). 趙王曰:「公子乃驅後車, 幸以臨寡人, 願聞所以爲天下.」魏牟曰:「王能重王之國若此尺帛, 則王之國大治矣.」趙王不說, 形於顏色, 曰:「先生(王)不知寡人不肖, 使奉社稷, 豈敢輕國若此?」魏牟曰:「王無怒, 請爲王說之.」曰:「王有此尺帛, 何不令前郎中以爲冠?」王曰:「郎中不知爲冠.」魏牟曰:「爲冠而敗之, 奚虧於王之國? 而王必待工而后乃使之. 今爲天下之工, 或非也, 社稷爲虛戾, 先王不血食, 而王不以予工, 乃與幼艾. 且王之先帝, 駕犀首而驂馬服, 以與秦角逐. 秦當時適(避)其鋒. 今王憧憧, 乃輦建信以與强秦角逐, 臣恐秦折王之椅也.」

【建信君】趙나라 孝成王을 섬겼으며, 미모가 뛰어났다고 한다. 재상의 실권을 쥐었다. 263~267・278・281・439장 등 참조.
【魏牟】魏나라 公子. 254장 참조.
【趙王】孝成王.
【先王】惠文王. 先帝.
【郎中】벼슬 이름. 宿衛. 왕을 가장 가까이에서 경호하는 임무를 맡았다.
【犀首】公孫衍. 魏나라 사람. 犀首는 원래 魏나라 관명. 《史記》張儀列傳에 일부 기록이 있다. 055・061・062・064・066・067・071・130장 등 참조.
【馬服君】趙나라 公族인 趙奢. 關與之戰을 승리로 이끌었다. 그의 아들은 長平之戰(232・257장)에서 전사한 趙括이다. 092・147・253장 참조. 馬服君에 대해서는 089・240・246・249・275장 등 참조.
【椅】輢의 가차자. 수레의 받침 나무.

1. 鮑本의 평어

『正曰: 舊本「衛靈公近雍疽彌子瑕」章, 在此章之後, 下章之前. 今按二臣皆衛幸臣, 亦建信之類, 宜屬上下章, 不應自爲章也. 鮑以其章置之衛, 非是.』

262(20-17) 衛靈公近雍疽彌子瑕
꿈에 임금님을 보았습니다

위衛나라 영공靈公 때의 일이었다. 영공은 옹달(雍疽, 癰疽)과 미자하彌子瑕 두 사람을 총애하였다. 두 사람은 임금의 세력을 믿고 좌우가 임금 가까이 접근하지 못하도록 막기 일쑤였다. 이때 복도정復塗偵이라는 사람이 영공에게 말하였다.

"지난밤에 저는 꿈에 임금님을 보았습니다."

임금이 물었다.

"그래 무슨 꿈인데?"

복도정이 말하였다.

"꿈속에 부엌 임금(竈君, 아궁이 신)을 보았습니다."

임금은 분연작색忿然作色하여 말하였다.

"내가 듣기로는 꿈에 임금을 보는 자는 그 형상을 태양이라고 여긴다는데, 그대는 꿈속에 아궁이 신을 임금으로 꿈꾸고, 게다가 거기에 군君자까지 붙여 주다니, 그 해몽을 잘하면 모르겠거니와 그렇지 않으면 죽여 버리겠다."

복도정을 이렇게 풀이해 주었다.

"태양은 천하에 널리 비쳐져 그 어떤 물건도 이를 가릴 수 없습니다. 그러나 아궁이의 불은 그렇지 못합니다. 그 앞에 사람 하나만 불을 쬐고 있어도 뒷사람은 그 불은 구경도 하지 못하게 됩니다. 지금 신은 어떤 사람이 임금의 앞에 가로막고 있어 그 때문에 아궁이 꿈을 꾼 것이 아닌가 의심이 갑니다."

영공은 수긍하였다.

"옳구나."

그리고는 즉시 옹달과 미자하를 축출하고 대신 사공구司空狗를 새로 임명하였다.

衛靈公近雍疽(癰疽)·彌子瑕. 二人者, 專君之勢以蔽左右. 復塗偵謂君曰:
「昔日臣夢見君.」君曰:「子何夢?」曰:「夢見竈君.」君忿然作色曰:「吾聞夢
見人君者, 夢見日. 今子曰夢見竈君而言君也, 有說則可, 無說則死.」對曰:
「日, 并燭天下者也, 一物不能蔽也. 若竈則不然, 前之人煬, 則後之人無從
見也. 今臣疑人之有煬於君者也, 是以夢見竈君.」君曰:「善.」於是, 因廢
雍疽·彌子瑕, 而立司空狗.

【衛】 춘추시대의 나라. 도읍은 濮陽. 전국시대 이르러 魏나라에게 망하였다.
(B.C. 254년)

【靈公】 재위 B.C. 534~493.

【雍疽】 '疽'자는 '疽'와 비슷하여 혼용된 것이며 흔히 '雍疽'가 옳은 것으로
보고 있다. 鮑彪의 注에는 "雍'作'癰', '疽'作'疽'. 孟子有其人, 蓋醫之幸者.
補曰: 癰疽, 瘍醫"라 하였다. 그리고 黃丕烈의 注에는 "吳氏補曰: 宜屬上下章.
丕烈案: 此公子牟引衛事以告王, 宜連上. 衛靈公未入戰國也"라 하였다.

【彌子瑕】 鮑注에 "補曰: 靈公幸臣, 其妻與子路之妻兄弟, 亦見孟子"라 하였다.

【復塗偵】 衛靈公의 신하. 鮑本에 "衛人. 補曰: 韓非子亦有此文而稍異, 云侏儒善
假夢以見主道. 恐此'復塗偵'字, 或'侏儒'之訛. 然彼以'癰疽'爲'雍鉏', 則誤也"라
하여 侏儒의 오기가 아닌가 하였다.

【司空狗】 衛靈公의 신하. 史朝의 아들 史狗를 가리킨다. ≪左傳≫ 襄公 29년
참조.

1. 이는 戰國時代의 이야기가 아니다. 《戰國策》에 삽입된 경위를 알 수 없으며 특히 〈衛策〉도 아닌 〈趙策〉에 들어있는 이유에 대하여 학자들은 매우 이상히 여기고 있다. 다만 같은 이야기는 《韓非子》 內儲說上, 難四에도 들어 있다. 특히 彌子瑕와 衛靈公의 "愛憎之變" 고사는 《韓非子》 說難篇, 그리고 《史記》 韓非子列傳 및 《說苑》 등에도 들어 있다.

2. 《韓非子》 內儲說上

衛靈公之時, 彌子瑕有寵, 專於衛國. 侏儒有見公者曰:「臣之夢踐矣.」公曰: 「何夢?」對曰:「夢見竈, 爲見公也.」公怒曰:「吾聞見人主者夢見日, 奚爲見寡人 而夢見竈?」對曰:「夫日兼燭天下, 一物不能當也; 人君兼燭一國, 一人不能擁也. 故將見人者夢見日. 夫竈, 一人煬焉, 則後人無從見矣. 今或者一人有煬君者乎? 則臣雖夢見竈, 不亦可乎!」

3. 《韓非子》 難四

衛靈公之時, 彌子瑕有寵於衛國. 侏儒有見公者曰:「臣之夢踐矣.」公曰:「奚夢?」 「夢見竈者, 爲見公也.」公怒曰:「吾聞見人主者夢見日, 奚爲見寡人而夢見竈乎?」 侏儒曰:「夫日兼照天下, 一物不能當也. 人君兼照一國, 一人不能壅也. 故將見人 主而夢日也. 夫竈, 一人煬焉, 則後人無從見矣. 或者一人煬君邪? 則臣雖夢竈, 不亦可乎?」公曰:「善.」遂去雍鉏, 退彌子瑕, 而用司空狗.

或曰: 侏儒善假於夢以見主道矣, 然靈公不知侏儒之言也. 去雍鉏, 退彌子瑕, 而用司空狗者, 是去所愛而用所賢也. 鄭子都賢慶建而壅焉, 燕子噲賢子之而壅焉. 夫去所愛而用所賢, 未免使一人煬己也. 不肖者煬主, 不足以害明; 今不加誅而 使賢者煬己, 則必危矣.

4. 《韓非子》 說難篇

昔者, 彌子瑕有寵於衛君, 衛國之法, 竊駕君車者罪刖, 彌子瑕母病. 人聞有夜告 彌子, 彌子矯駕君車以出, 君聞而賢之曰:「孝哉! 爲母之故 忘犯其刖罪!」異日與 君遊於果園. 食桃而甘, 不盡. 以其半啗君, 君曰:「愛我哉! 忘其口味, 以啗寡人.」 及彌子色衰愛弛. 得罪於君. 君曰:「是固嘗矯駕吾車, 又嘗啗我以餘桃.」故彌子 之行. 未變於初也. 而以前之所以見賢而後獲罪者. 愛憎之變也.

5. 《史記》 老莊申韓列傳(韓非子)

昔者, 彌子瑕見愛於衛君. 衛國之法, 竊駕君車者罪至刖, 旣而彌子之母病, 人聞, 往夜告之, 彌子矯駕君車而出, 君聞之而賢之曰:「孝哉, 爲母之故, 而犯刖罪!」

與君遊果園, 彌子食桃而甘, 不盡而奉君. 君曰:「愛我哉! 忘其口而念我.」及彌子色衰而愛弛, 得罪於君. 君曰:「是嘗矯駕吾車, 又嘗食我以其餘桃.」故彌子之行未變於初也, 前見賢而後獲罪者, 愛憎之至變也.

6. ≪說苑≫ 雜言篇

彌子瑕愛於衛君, 衛國之法: 竊駕君車罪刖. 彌子瑕之母疾, 人聞, 夜往告之. 彌子瑕擅駕君車而出, 君聞之, 賢之曰:「孝哉! 為母之故犯刖罪哉!」君遊果園, 彌子瑕食桃而甘, 不盡而奉君, 君曰:「愛我而忘其口味.」及彌子瑕色衰而愛弛, 得罪於君, 君曰:「是故嘗矯吾車, 又嘗食我以餘桃.」故子瑕之行未必變初也, 前見賢後獲罪者, 愛憎之生變也.

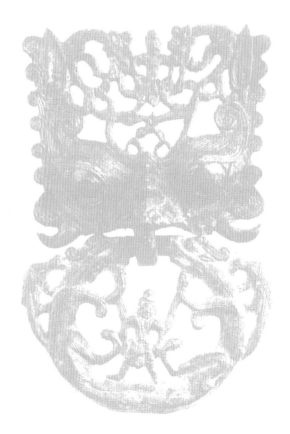

263(20-18) 或謂建信
색은 늙을수록 쇠해지지만

어떤 이가 건신군建信君에게 말하였다.

"귀하가 임금을 섬기는 특기는 색色 때문이요, 골臂이라는 사람이 임금을 섬기는 주된 특기는 지혜입니다. 색은 늙을수록 쇠해지지만 지혜는 나이가 들수록 많아집니다. 날로 많아지는 지혜를 날로 쇠잔해지는 색으로 쫓아내려 하시니, 그대는 틀림없이 곤액에 빠지고 말 것입니다."

건신군이 물었다.

"어찌하면 좋겠는가?"

그는 이렇게 일러주었다.

"기驥 같은 명마를 같이 따라 뛰어 봤자 5리도 못 가서 지치고 말지만, 그 기를 타고서 몰게 되면 피곤치도 않을 뿐더러 멀리까지 갈 수 있지요. 그러니 귀하께서는 골에게 자기 독단으로 수레를 몰게 하고 자기 마음대로 세력을 부리도록 하십시오. 그리고 그를 서울 한단邯鄲에 머물게 하면서 안으로는 국사를 마음대로 휘젓게 하고, 밖으로는 다른 제후들에게 횡포를 부리도록 자극하십시오. 그러면 그의 독단적인 횡포에 누구도 말을 하지 못할 것입니다. 그때 귀하께서 이 일을 왕에게 고하고, 무겁게 책임을 씌우는 것입니다. 결국 골의 바퀴는 당장 부러지고 말 것입니다."

건신군은 그에게 재배하고 명령에 따르겠다고 하였다. 곧 임금에게 가서 그에게 중요한 일을 맡기고 실수가 있자 무겁게 책망해댔다. 과연 1년이 못 되어 골은 도망가고 말았다.

或謂建信(君)：「君之所以事王者, 色也. 臂之所以事王者, 知也. 色老而衰, 知老而多. 以日多之知, 而逐衰惡之色, 君必困矣.」建信君曰：「奈何?」曰：「並驥而走者, 五里而罷; 乘驥而御之, 不倦而取道多. 君令臂乘獨斷之車, 御獨斷之勢, 以居邯鄲; 令之內治國事, 外刺諸侯, 則臂之事有不言者矣. 君因言王而重責之, 臂之軸今折矣.」建信君再拜受命, 入言於王, 厚任臂以事能, 重責之. 未期年而臂亡走矣.

【建信君】趙나라 孝成王을 섬겼으며 美色에 뛰어났다 한다. 235・261・
264~267・278・281・439장 참조.
【膏】高誘 注에 '一作膏'이라 하였다. 음은 '골'인지 확실치 않다. 또는 '茸'으로
도 쓰고 음을 '용'으로도 읽는다.

> 참고 및 관련 자료

1. 鮑注의 평어
『彪謂: 奸人之不可知, 甚矣! 智知所無奈何. 彼厚任以事, 膏以爲不世之遇矣,
殫力畢慮, 恐不給焉, 而不知建信之困之也. 故國有奸人, 賢智之得全者寡矣!』

264(20-19) 苦成常謂建信君
믿을 수 없는 합종

고성상苦成常이 건신군建信君에게 말하였다.

"천하가 합종하였는데 오직 조趙나라만이 진秦나라에게 미움을 사는 일은 무슨 까닭이겠습니까? 위나라가 여유(呂遺, 呂遼)를 죽여 버리자 천하 제후들이 모두 위나라와 국교를 맺었습니다. 지금 이 조나라가 진나라의 하간河間 땅을 거두어들이려 하는 것이 위나라가 진나라의 여료를 죽인 일과 무엇이 다릅니까? 그러니 그대께서는 믿을 수 없는 합종을 풀어 버리십시오. 진나라 문신후(文信侯, 呂不韋)도 장차 이를 알게 될 것입니다. 합종이 만약 효험이 있다면 무엇 때문에 하간 땅을 거두어들이지 못할까 걱정하십니까? 또 합종이 효험이 없다면 하간 땅을 거둔다고 무슨 이익이 되겠습니까?"

苦成常謂建信君曰:「天下合從, 而獨以趙惡秦, 何也? 魏殺呂遺(遼), 而天下交之. 今收河間, 於是與殺呂遺何以異? 君唯釋虛僞疾, 文信猶且知之也. 從而有功乎, 何患不得收河間? 從而無功乎, 收河間何益也?」

【苦成常】 당시의 책사인 듯하다. '晉成常'으로 쓰인 판본도 있다. ≪左傳≫ 成公 14년과 ≪國語≫ 魯語(上)에 '苦成叔'이라는 이름이 보이며 苦成은 지명으로 지금의 山西省 運城縣에 있다.

【建信君】 趙나라 재상. 孝成王을 섬겼다.

【呂遺】 秦나라 사신 呂遼. 236장 참조. 魏나라에서 죽음을 당하였다.

【天下交之】 鮑注에는 "天下惡秦, 秦重遼, 故殺遼而諸國交之. 然則秦惡魏深矣"라 하였다.

【收河間】 역시 鮑注에는 "不封文信. ……文信亦秦所重, 今不與地, 秦必惡趙. 正曰: 不韋欲攻趙以廣河間, 趙欲收河間"이라 하였다.

【文信侯】 呂不韋. 秦나라 재상. 秦 始皇의 실제 부친.

1. 鮑彪의 본장 배경에 대한 설명

『正曰:「君唯釋虛僞」, 謂合縱之國, 虛僞難信, 君獨釋而不合, 則文信侯猶且知之也.
上言天下合從, 獨以趙惡秦, 故此言文信侯知趙之不合, 猶可以免攻也..』

265(20-20) 希寫見建信君
장사꾼만도 못한 정치가

희사希寫가 건신군建信君을 만나자 건신군이 물었다.

"문신후文信侯가 나에게 심히 무례하게 굴고 있소. 진秦나라가 사람을 보내어 벼슬자리를 부탁해 왔을 때 내가 그 보내온 자에게 승상丞相의 벼슬을 주고 오대부五大夫의 작위를 주었건만 문신후는 네게 해준 게 아무 것도 없소. 심합니다. 문신후의 무례함이여!"

희사가 이렇게 말하였다.

"제가 보기에 지금 세상에 정치한다는 사람들은 장사꾼만도 못하군요."

건신군은 발끈하여 물었다.

"귀하는 정치가를 낮추고 장사꾼을 높이는 것입니까?"

희사가 달래었다.

"아닙니다. 무릇 뛰어난 장사꾼이란 남과 값을 다투어 매매하는 그런 자가 아닙니다. 근신해서 때를 지켜보지요. 물건이 너무 흔해질 때면 사들이지요. 이때는 비록 귀한 물건이라도 싸게 살 수 있습니다. 그러나 그 물건이 귀해지면 파는 것입니다. 이때는 비록 값이 쌌던 것이지만 이미 비싸지고 말지요. 옛날 문왕文王이 유리羑里에 갇히고, 무왕武王도 한때 옥문玉門에 갇혔었습니다. 그러나 그들은 끝내 주紂의 머리를 베고 승리의 흰 깃발을 높이 들었습니다. 이는 무왕이 이긴 것입니다. 그러니 지금 그대는 문신후와 서로 저울질할 때가 아니며 문신후가 무례하다고 책망할 것도 없습니다. 제 생각으로는 그대가 지금 하실 일이 아니라고 여깁니다."

希寫見建信君. 建信君曰:「文信侯之於僕也, 甚無禮. 秦使人來仕, 僕官之丞相, 爵五大夫. 文信侯之於僕也, 甚矣其無禮也」希寫曰:「臣以爲今世用事者, 不如商賈.」建信君悖然曰:「足下卑用事者而高商賈乎?」曰:「不然. 夫良商不與人爭買賣之賈, 而謹司時. 時賤而買, 雖貴已賤矣; 時貴而賣, 雖賤已貴矣. 昔者, 文王之抱於牖里, 而武王羈於玉門, 卒斷紂之頭而縣於

太白者, 是武王之功也. 今君不能與文信侯相伉以權, 而責文信侯少禮,
臣竊爲君不取也.」

【希寫】趙나라 사람. 책사인 듯하다.
【建信君】趙나라 신하.
【文信侯】呂不韋.
【丞相, 五大夫】鮑本에 "補曰: 秦武王二年, 初置丞相. 秦爵, 五大夫第九"라
하였다.
【牖里】'羑里'로도 쓰며, 지금의 河南省 湯陰縣 북쪽. 殷의 紂가 文王을 이곳에
가두었다. 258장 참조.
【玉門】지금의 甘肅省 安肅縣.
【太白】깃발 이름이다.

266(20-21) 魏勉謂建信君
덫에 걸린 호랑이

위개魏勉가 건신군建信君에게 일렀다.

"어떤 사람이 덫을 놓았는데 호랑이가 걸려들었습니다. 호랑이는 노하여 덫에 자신의 걸린 발을 끊고 도망갔습니다. 호랑이의 사정으로 보면 결코 그 발을 아끼고 사랑하지 않는 것은 아니지요. 그러나 그 한 촌의 가락지에 끼인 발로 인해 7척이나 되는 온몸을 해치지는 않겠다고 한 것은 계산해 본 것이지요. 지금 이 나라는 결국 7척 정도의 호랑이 몸에 비할 수도 없을 뿐더러 그대는 또한 왕에게 있어서 가락지 한 줄쯤의 발에 해당하지도 못하지요. 원컨대 그대는 깊이 헤아려 주시기 바랍니다."

《文選》 橄吳將軍校部曲文의 李善 주
魏勉謂建信君曰:「人有置係蹄者而得虎. 虎怒, 決蹄而去. 虎之情, 非不愛其蹄也. 然而不以環寸之蹄, 害七尺之軀者, 權也. 今有國, 非直七尺軀也; 而君之身於王, 非環寸之蹄也. 願公之熟圖之也.」

【魏勉】 음은 정확치 않다. 잠정적으로 '개'로 읽는다. 《文選》 橄吳將軍校部曲文의 李善 주에는 '魏魁'로 되어있다.
【建信君】 趙나라의 佞臣.
【非環寸之蹄】 鮑注에 "言王且以愛國, 故去之"라 하였다.

참고 및 관련 자료

1. 戰國策: 魏魁謂建信君曰:「人有置係蹄者而得虎, 虎怒, 跌蹄而去. 虎之情匪不愛其蹄也, 然而不以環寸之蹄, 害七尺之軀, 有權也. 今國家者, 非直七尺之軀也, 而君之身於王非環寸之蹄也, 願公早圖之也.」

먼저 연횡을 거론하는 자

진秦나라가 조趙나라를 공격하여 그 전쟁의 북과 목탁 소리가 조나라 북당北堂의 궁궐까지 들려왔다. 이때 희비希卑가 왕에게 이렇게 일러 주었다.

"무릇 진나라의 조나라 공격이 이렇게 빠를 리가 없습니다. 이는 틀림없이 내응하는 자가 있기 때문일 것입니다. 대신들 중에 누군가 진나라와 연횡을 맺기를 원하는 자의 소행입니다. 대왕께서 이를 아시고 싶으시면 내일 아침에 군신을 모아 놓고 문제를 풀겠다고 회의를 하여 찾아보십시오. 그때 먼저 연횡을 거론하는 자가 바로 그 사람입니다."

이튿날 과연 건신군建信君이 제일 먼저 연횡을 맺자고 말을 꺼냈다.

秦攻趙, 鼓鐸之音聞於北堂. 希卑曰:「夫秦之攻趙, 不宜急如此. 此召兵也. 必有大臣欲衡者耳. 王欲知其人, 旦日贊羣臣而訪之, 先言橫者, 則其人也.」 建信君果先言橫.

【北堂】趙나라의 北宮.
【希卑】趙나라 신하.
【召兵】적군을 끌어들이는 일. 즉 내응하는 행위.
【王】趙의 悼襄王.
【連衡】合從에 상대된 連橫. 합종은 여섯 나라가 세로로 합해 秦나라에 대항하는 것이며, 連衡은 서쪽 진나라와 가로로 親和한다는 뜻으로 결국 秦나라에 종속됨을 뜻한다. 衡은 곧 橫과 같다. '저울대가 가로로 놓이다'의 뜻으로 대등하다는 의미이나 사실은 진에게 종속되었다.
【建信君】趙나라 신하.

1. 鮑本의 평어

『補曰: 魏牟謂趙王曰: 王之先帝, 駕犀首, 驂馬服, 今王乃輩建信君. 則在孝成之
時明矣. 建信始欲合從, 今先言橫, 爲國召兵, 罪不容誅. 然以嬖幸小人, 委國聽之,
罪在王爾. 大事記謂: 孝成雖有上黨將趙括之失, 猶能用頗·牧以持國. 李伯之事,
猶能駕御豪傑. 愚觀其時, 秦兵日至, 疆宇日蹙, 客所謂賊在內者, 切中身病. 未有
內治而國不强者也.』

268(20-23) 齊人李伯見孝成王
외지 변방에서 일하는 자들

제齊나라 사람 이백李伯이 효성왕孝成王을 찾아왔다. 효성왕은 이를 만나보고 대단히 기뻐하여 그를 대군代郡의 군수로 삼았다. 그가 대군의 군수가 된 지 얼마 지나지 않아 어떤 이가 와서 이백이 반란을 꾀하고 있다고 알려왔다. 이때 마침 효성왕은 식사 중이었는데 수저를 놓지 않고 그대로 밥을 먹고 있었다. 잠시 후 다시 사람이 달려와 같은 소식을 전하였다. 효성왕은 역시 아무런 반응이 없었다. 이윽고 이백이 보낸 사신이 달려와 이렇게 전하는 것이었다.

"지금 제나라가 군대를 일으켜 연燕나라를 치려 하고 있습니다. 그러나 제나라가 연나라를 친다는 명목 아래 우리 조趙나라를 습격할까 염려되어 제가 군대를 일으켜 스스로 준비태세를 취하고 있습니다. 지금 연나라와 제나라가 과연 싸움이 붙는다면 저는 그들이 피폐해진 틈을 이용하여 공격할 것을 요청합니다. 그러면 많은 땅을 얻을 수 있으리라 여깁니다."

이런 일이 있고 부터 효성왕을 위해 외지 변방에서 일하는 자들은 궁중에서 자신을 의심하면 어쩌나 하는 두려움을 갖지 않아도 되었다.

齊人李伯見孝成王. 成王說之, 以爲代郡守. 而居無幾何, 人告之反. 孝成王方饋, 不墮食. 無幾何, 告者復至, 孝成王不應. 已, 乃使使者言:「齊擧兵擊燕, 恐其以擊燕爲名, 而以兵襲趙, 故發兵自備. 今燕·齊已合, 臣請要其敝, 而地可多割.」 自是之後, 爲孝成王從事於外者, 無自疑於中者.

【李伯】 본장에서처럼 齊나라 사람으로 趙나라에 와서 代郡의 군수가 된 인물.
【代郡】 趙나라 郡. 지금의 河北省 蔚省縣과 山西省 동북부 지역 일대. 185·230·242·245·259장 등 참조.

권21 조책趙策(四)

총19장(269~287)

269(21-1) 爲齊獻書趙王
관직만 높고 능력은 낮은 자들

어떤 사람이 제齊나라를 위하여 조왕趙王에게 헌책獻策을 올렸다.

"제가 왕을 한 번 보자 능히 왕으로 하여금 앉아서 천하의 명분과 실질을 모두 얻을 수 있다고 여겼습니다. 그러나 제가 속으로 이상하게도 왕은 저를 시험해 보지도 않을 뿐더러 저를 궁하게 버려두고 있다고 생각하고 있습니다.

군신들이 모두 저를 하찮은 존재로 보기 때문에 왕께서도 저를 마구 불러 만나시기가 어려웠을 것입니다. 저를 능력 없다고 보는 그 몇몇의 신하들은 다른 이유 때문이 아닙니다. 다만 그들이 왕의 힘을 빌어 자신의 사리를 달성시키려는 이유에서입니다. 그렇지 않다면 서로 교분에 치우쳐 있기 때문입니다. 그것도 아니라면 지혜가 부족한 때문입니다. 그것도 아니라면 천하의 중임을 맡아 왕을 위협해서 자기의 주장을 펴려고 하는 때문입니다.

제가 제齊나라의 힘을 입고 왕을 섬기면, 왕은 연燕나라를 멸망시킬 수 있으며, 한韓·위魏 두 나라를 멸망시킬 수 있고, 진秦나라를 공격하여 고립시킬 수 있습니다. 제가 생각하기로 제나라가 왕에게 존명尊名을 받들어 준다면 천하에 누가 감히 왕께 존명을 올리지 않을 자 있겠습니까? 제가 제나라의 땅을 떼어 왕께 바치면 천하에 누가 대왕께 땅을 바치지 않고 버티겠습니까? 제가 제나라의 힘을 업고, 연·한·위 세 나라에 가서 존명을 요구하면 누가 감히 거절하겠습니까? 나의 임무는 이런 것이었습니다. 앞에 말한 것으로 이미 알 수 있을 것입니다. 제나라가 먼저 대왕을 높여 주기 때문에 천하가 다 받드는 것입니다. 만약 제나라가 없다면 천하는 틀림없이 왕을 가벼이 볼 것입니다. 진나라가 그렇게 강하지만 제나라가 편들어 주지 않으므로 해서, 할 수 없이 귀국 조왕을 높이는 것이요, 연나라와 위나라도 마찬가지로 제나라의 도움이 없다고 여겨 그 때문에 귀국 조왕을 높여 모시는 것입니다.

지금 제나라의 도움이 없다면 홀로 어찌 천하의 중시를 받을 수 있겠습니까?

그러므로 신하들 중에 왕에게 제나라를 끊자고 권하는 것은 지혜가 모자란 때문이 아니라면 불충한 이유 때문일 것입니다. 그것도 아니라면 왕의 무력을 빌어 자기 뱃속을 채우려는 때문, 또 그것도 아니라면 천하의 중임을 맡아 왕을 위협하여 왕으로 하여금 자기의 계획을 실현하고자 하는 소치, 그것도 아니라면 관직만 높고 능력은 낮은 자들만 모여서일 것입니다. 원컨대 대왕께서는 제나라의 도움이 없을 때의 이해를 깊이 고려해 보시기 바랍니다."

爲齊獻書趙王, 使臣與復丑曰:「臣一見, 而能令王坐而天下致名寶(實). 而臣竊怪王之不試見臣, 而窮臣也. 羣臣必多以臣爲不能者, 故王重(難)見臣也. 以臣爲不能者非他, 欲用王之兵, 成其私者也. 非然, 則交有所偏者也; 非然, 則知不足者也; 非然, 則欲以天下之重恐王, 而取行於王者也. 臣以齊循事王, 王能亡燕, 能亡韓·魏, 能攻秦, 能孤秦. 臣以齊致尊名於王, 天下孰敢不致尊名於王? 臣以齊致地於王, 天下孰敢不致地於王? 臣以齊爲王求名於燕及韓·魏, 孰敢辭之? 臣之能也, 其前可見已. 齊先重王, 故天下盡重王; 無齊, 天下必盡輕王也. 秦之彊, 以無齊之故重王, 燕·魏自以無齊故重王. 今王無齊獨安得無重天下? 故勸王無齊者, 非知不足也, 則不忠者也. 非然, 則欲用王之兵, 成其私者也; 非然, 則欲輕王以天下之重, 取行於王者也; 非然, 則位尊而能卑者也. 願王之熟慮無齊之利害也.」

【趙王】 趙 武靈王, 혹은 孝成王으로 보기도 한다.
【爲齊獻書趙王使臣與復丑】 어떤 자가 齊나라를 위하여 趙王에게 遊說하러 온 것. 復丑은 대답하러 나온 신하라는 뜻, 그러나 曾鞏本과 鮑彪本에는 "使臣與復丑" 다섯 글자가 없다. 이에 따라 해석을 생략하였다.
【致名寶】 '致名實'의 오기이다. ≪孟子≫ 告子 注에 "名者, 有道德之名, 實者, 治國惠民之功實"이라 하였다.
【王重見臣】 '重'을 '難'으로 풀이한다.
【今王無齊獨安得無重天下】 "無重天下"의 '無'는 衍文이다.

270(21-2) 齊欲攻宋
천하를 팔아먹고 있습니다

제齊나라가 송宋나라를 공격하려 하자 진秦나라는 기가起賈를 보내어 이를 제지시키려 하였다. 그러나 제나라는 조趙나라까지 끌어들여 송나라를 쳤다. 진왕秦王은 크게 노하였고 그 원한을 조나라에게 돌렸다. 조나라 재상 이태李兌는 먼저 다섯 나라와 맹약을 맺고, 진나라를 쳤지만 공을 거두지 못하자 천하의 연합군을 이끌고 성고成皐에 머무른 채 진나라와 몰래 비밀협약을 맺었다. 그리고 진나라와 함께 위魏나라를 쳐서 그 원한도 풀어줄 겸 스스로는 봉지도 취할 속셈을 품게 되었다.

위왕魏王이 이를 알고 불쾌히 여겼다. 이때 어떤 이가 제나라로 가서 제왕齊王에게 이렇게 일렀다.

"제가 대왕을 위해 위왕에게 이렇게 말하겠습니다. '삼진三晉이 모두 진나라으로부터 고통을 받고 있습니다. 그러나 지금 진나라를 공격하는 것은 모두 조나라를 위해서입니다. 즉, 다섯 나라가 조나라를 치면 조나라는 틀림없이 망하게 되겠지요. 또 진나라가 이태를 축출해 버리면 이태는 죽고 말 것입니다. 그런데 지금 조나라를 도와 진나라를 치는 것은 바로 이태를 죽음에서 구해 주는 일입니다. 지금 조나라는 천하 제후의 군대를 모아 성고에 주둔시켜 놓고는 몰래 진나라에게 천하를 팔아먹고 있습니다. 그러한 강화가 이루어지면 진나라로 하여금 귀국 위나라를 치게 하고, 이태 자신은 사사로이 봉지를 얻게 될 것입니다. 그런데 귀국 위나라가 조나라를 받들어 섬겨서 얻을 수 있는 것이 무엇이겠습니까? 게다가 대왕께서는 일찍이 장수漳水를 건너 몸소 한단邯鄲까지 가서 조나라 왕을 조견朝見하여 음성陰成 땅을 안고, 호葸·갈벽葛薜까지 짊어져다 주면서 조나라의 울타리가 되어 주겠노라 하셨지요. 그러나 조나라는 대왕을 위해 그 어떤 보답 행위도 없었습니다. 또 지금 이태는 하양河陽과 고밀姑密은 자기 아들에게 봉지로 주고, 자신은 진나라로 하여금 귀국 위나라를 치게 한 다음, 사사로이 음陰 땅을 가지려 하고 있습니다. 사람은 비교를 해본 연후에야 어짊과 불초함을 알게 되는 것입니다.

그러니 대왕께서 만약 조나라를 섬기는 반만의 정성으로 제나라를 섬겨 보십시오. 천하에 그 누가 감히 대왕을 넘보겠습니까? 대왕께서 제나라를 섬기는 일은 직접 찾아 조견해야 하는 모욕도 없고, 땅을 떼어 주어야 하는 낭비도 없습니다. 제나라 측에서는 대왕을 얻었다는 이유로 연燕·조趙 두 나라의 앞이 텅 비게 되는 위험을 무릅쓰고 이 위나라를 위해 이 천 리 밖까지도 군대를 보낼 것입니다. 그리하여 공성야전攻城野戰에 누구보다 먼저 나서서 시석矢石을 뒤집어쓰는 일이 없지 않을 것입니다. 그런가 하면 두 땅을 얻은 다음, 하동河東을 떼어 모두 대왕께 바칠 것입니다.

이로부터 이후에는 진나라가 귀국 위나라를 공격하는 일이 생기더라도 제나라 병사들이 귀국 국경 어느 곳이라도 해마다 지켜 주지 않는 일이 없을 것입니다. 여쭙건대 그때 대왕께서는 무엇으로 제나라에 보답하겠습니까? 제나라 사람 한문(韓岷, 韓珉)이 조나라에 가 있고, 제나라와의 거리가 3천 리나 멀다고 해서 왕께서는 제나라와의 국교에 그 효과를 의심하면서 오히려 진나라와 몰래 무슨 약속이 되어 있지 않은가 염려하시고 계십니다. 지금 왕께서는 제나라 설공薛公 전문田文을 예전처럼 귀국 재상으로 삼고 있으며, 한서韓徐를 높은 외교관으로 쓰고 계시고, 우상虞商을 큰 객경으로 모시고 있는데 그래도 왕께서는 제나라에 반감을 갖거나 의심할 게 있습니까?'

이렇게 말하면 위왕은 이 말을 듣고 심히 위축되어 대왕을 섬기겠다고 나설 것입니다. 그리고는 그 원망을 조나라에 돌리게 됩니다. 제가 원하기는 왕께서는 어서 위나라의 말을 들어주어 더 이상 미움을 받거나 용렬함이 없도록 하십시오. 그리고 청컨대 위나라로 하여금 그 원망을 조나라에 덮어씌우도록 해놓고는 다시 원하건대 이번에는 왕께서 몰래 조나라를 높여 주는 것입니다. 그리고는 진나라로 하여금 왕께서 조나라를 높여 주는 것을 알지 못하도록 하십시오.

진나라가 이를 알면 그들도 조나라를 높여 주게 됩니다. 제·진 두 나라가 함께 조나라와 국교를 맺어 차례로 조나라를 높여주면 저는 반드시 연·한·위 세 나라로 하여금 같이 조나라를 높여 주도록 공작을 꾸미겠습니다.

그리하여 모두가 더 이상 조나라의 일에 간여하지 못하도록 만드는 것입니다. 다섯 나라가 모두 조나라를 받들게 되면, 조나라는 종친從親을 바탕으로 진나라와 화합하게 되어 틀림없이 대왕을 높이 받들게 될 것입니다. 저는 그래서 그때에 왕께서 천하에 위세를 부리시면 모두가 속마음으로 이를 달게 여기고 따르리라 보는 것입니다.

왕께서는 다시 저에게 한·위 두 나라와 연나라를 묶어 조나라를 위협토록 임무를 내리셔서 이 제나라 공자公子 단丹으로 하여금 그 일을 달게 받아 책임지도록 해주시고, 또 조나라로서 한·위 두 나라를 위협하는 일은 저에게 그 임무를 달게 받도록 하시며, 삼진三晉은 묶어 진나라를 위협하는 일은 공자公子 순順으로 하여금 담당토록 하며, 천하를 모아 초楚나라를 위협하는 일은 공자 문(㟱, 㟴)으로 하여금 책임지도록 하시면 천하가 모두 진나라를 누르고 대왕을 섬기게 될 것이므로 더 이상 사사로운 생각은 감히 갖지 못할 것입니다. 외교가 안정된 연후에 대왕께서는 필요한 것들을 마음대로 선택하실 수 있습니다."

齊欲攻宋, 秦令起賈禁之. 齊乃捄趙以伐宋. 秦王怒, 屬怨於趙. 李兌約五國以伐秦, 無功, 留天下之兵於成皐, 而陰構於秦. 又欲與秦攻魏, 以解其怨而取封焉. 魏王不說 之齊, 謂齊王曰:「臣爲足下謂魏王曰:『三晉皆有秦患. 今之攻秦也, 爲趙也. 五國伐趙, 趙必亡矣. 秦逐李兌, 李兌必死. 今之伐秦也, 以救李子之死也. 今趙留天下之甲於成皐, 而陰鬻之於秦, 已講, 則令秦攻魏以成其私封. 王之事趙也何得矣? 且王嘗濟於漳, 而身朝於邯鄲, 抱陰成, 負蒿·葛薛, 以爲趙蔽, 而趙無爲王行也. 今又以何(河)陽·姑密封其子, 而乃令秦攻王, 以便取陰. 人比然而後如(知)賢不, 如王若用所以事趙之半收齊, 天下有敢謀王者乎? 王之事齊也, 無入朝之辱, 無割地之費. 齊爲王之故, 虛國於燕·趙之前, 用兵於二千里之外, 故攻城野戰, 未嘗不爲王先被矢石也. 得二都, 割河東, 盡效之於王. 自是之後, 秦攻魏, 齊甲未嘗不歲至於王之境也. 請問王之所以報齊者可乎? 韓㟱(㟴)處於趙, 去齊三千里, 王以此疑齊, 曰有秦陰. 今王又挾故薛公以爲相, 善韓徐以爲上交, 尊虞商以爲大客, 王固可以反疑齊乎?』於魏王聽此言也甚詘, 其欲事王也甚循. 其怨於趙. 臣願王之曰(巫)聞魏而無庸見惡也. 臣請爲王推其怨於趙, 願王之陰重趙, 而無使秦之重趙也. 秦見之且亦重趙. 齊·秦交重趙, 臣必見燕與韓·魏亦且重趙也, 皆且無敢與趙治. 五國事趙, 趙從親以合於秦, 必爲王高矣. 臣故欲王之劫天下, 而皆私甘之也. 王使臣以韓·魏與燕劫趙, 使丹也甘之; 以趙劫韓·魏, 使臣也甘之; 以三晉劫秦, 使順也甘之; 以天下劫楚, 使呡也甘之. 則天下皆偪秦以事王, 而不敢相私也. 交定, 然後王擇焉.」

【齊欲伐宋】아직 치지 않은 상태. 鮑本에 "補曰: 齊欲攻宋, 乃收趙以助己, 實未伐也, 故趙李兌合五國以伐秦"이라 하였다.

【起賈】秦나라 신하.

【秦王】秦나라 昭王.

【李兌約五國以伐秦】李兌는 趙의 재상. 五國은 趙·楚·韓·魏·齊. 鮑本의 注에 "補曰: 按魏策五國約而攻秦, 楚王爲從長, 不能傷秦, 兵罷而留成皐', 與此李兌約五國攻秦無功, 留天下兵於成皐語合. 又謂兌雖主謀, 楚猶以大國爲從長, 據此故也. 按楚王爲從長, 乃懷王十一年, 蘇秦約楚·齊·韓·魏·燕伐秦也"라 하였다.

【成皐】땅 이름. 韓地.

【魏王】魏나라 昭王.

【齊王】齊나라 湣王.

【陰·成】모두 땅 이름. 단 陰 땅은 ≪戰國策≫에 흔히 보이나 일반 史書에는 모두가 陶로 되어 있다. 陶는 宋나라 땅으로 지금의 山東省 曹縣 북쪽.

【蒿·葛薛】모두 땅 이름. 葛薛은 지금의 河北省 肥鄕縣 서남, 薛은 薛로 보기도 한다.

【河陽, 姑密】본문의 何陽은 河陽으로 본다. 즉 河雍. 지금의 河南省 孟縣 서남. 姑密은 河陽 부근. 모두가 魏地.

【得二都】河外의 두 땅을 일컫는 듯하다.

【韓呡】한민(韓岷, 韓珉)으로 표기되기도 하며 원래 韓나라 사람으로 齊·秦 두 나라와 친하여 田文과 不和하였다. 094·272장 참조.

【薛公】田文, 孟嘗君. 당시 齊의 湣王과 사이가 벌어져 魏나라로 도망. 魏나라 재상이 되었다.

【韓徐】齊나라 신하, 뒤에 魏나라로 왔다. 321장 참조.

【虞商】역시 齊나라 신하로 뒤에 魏나라로 왔다.

【丹】齊나라의 公子.

【順】역시 齊나라 公子(073·459장 참조)

【瑉】岷. 珉로도 쓰며 역시 齊나라 공자.

참고 및 관련 자료

1. 이 일은 B.C. 288년의 成皐之戰의 일부로 보이며, 내용 중 일부는 의미를 알기 어렵다. 271·272·381장 참고.

271(21-3) 齊將攻宋
서둘러 봉지를 확정짓지 않으면

제齊나라가 장차 송宋나라를 치려 하자 진秦·초楚 두 나라가 이를 제지하고 나섰다. 제나라는 이에 조趙나라를 끌어들이려 하였지만 조나라 들어주지 않는 것이었다. 제나라는 공손연公孫衍으로 하여금 조나라의 재상 이태李兌에게 송나라를 친 다음 봉지를 늘려 주겠다는 조건으로 유혹하도록 하였다. 그러자 이태가 제왕齊王에게 말하였다.

"제가 삼진三晉을 견고히 하여 진나라를 치겠다는 것은 결코 제나라가 진나라를 쳐서 훼멸시키는 틈의 이익을 얻고자 함이 아니라, 바로 송나라를 치기 위함입니다. 지금 송나라는 태자를 왕으로 삼아 아랫사람이 윗사람을 친히 여겨 견고하게 나라를 지키고 있습니다. 이 때문에 저는 귀하께 속히 군대를 철수시켜 병사와 백성을 휴식시키도록 한 것입니다. 그런데 지금 그 송나라 태자가 도망가자 그 태자를 옹호하였던 자들이 죽음을 무릅쓰고 다시 옹위하려 하고 있습니다. 이때에 다시 송나라를 치면 그 나라는 대란이 일어날 것입니다. 태자조차 국외에 있으니 이야말로 송나라를 들어 칠 좋은 기회입니다.

저는 귀하를 위해 공손연을 봉양군奉陽君에게 보내어 이렇게 설득시켜 주셨으면 합니다. '그대의 몸은 이미 늙어 어서 봉지를 확정짓지 않으면 안 됩니다. 그대의 봉지를 고려해 보면 송나라 땅 만한 곳이 없습니다. 다른 나라 땅은 전혀 불가능합니다. 무릇 진나라는 탐욕스럽고 한·위 두 나라는 위험한 곳이며, 연나라와 초나라는 너무 편벽된 곳, 그리고 중산中山은 너무 박약薄弱하여 바로 송나라의 음陰 땅 만한 곳이 없습니다. 지금 때를 놓치면 다시 오지 않습니다. 송나라의 죄가 무거울 뿐 아니라 제나라는 그에 대한 원한도 깊습니다. 그 어지러운 송나라를 쳐서 큰 제나라의 힘을 얻고 봉지까지 결정된다면 이는 백대에 한 번 만날 기회입니다' 라구요. 봉양군은 이를 크게 탐내면서 오직 큰 봉지를 얻을 생각을 하게 되고, 제나라로서는 크게 이상히 여길 것도 없겠지요. 제가 원하건대 귀하께서 크게 병력을 일으켜 송나라를 들어치되 더 이상 군사를 부릴 필요도 없습니다. 그들 군사들에게 잠시 쉬면서 농사나 짓게 하고 대신 봉양군이 귀하를 위해 얼마나 힘을 쏟는지 관찰하기만 하면 됩니다.

음陰 땅을 높이 달아 미끼로 쓰고, 그에 따라 연나라 병사들이 임하게 하십시오. 저는 그 충성에 따라 봉지를 받는 모습만 기다려 보겠습니다. 틀림없이 큰 성공을 거둘 것입니다. 또한 귀하가 이번에는 양안군襄安君에게 땅을 떼어 준다는 조건으로 제가 연나라에 신하로 갈 때 도와 주라고 하십시오. 귀하가 과연 송나라를 멸망시키면 이 송나라와 제나라를 합병시킬 때가 오는 것이니 무엇을 아까워할 게 있습니까? 만약 귀하가 송나라에 대해 뜻한 대로 성공을 거두지 못한다면 연나라와 제나라가 맹방인데 어찌 감히 무엇을 바라겠습니까? 귀하께서는 이를 바탕으로 저를 지원해 주십시오. 제가 연나라를 유혹하여 조나라를 관찰하게 되면, 그때 송나라를 쳐서 무너뜨리고 천하를 결정하실 수 있습니다.”

齊將攻宋, 而秦·楚禁之. 齊因欲與趙, 趙不聽. 齊乃令公孫衍說李兌以攻宋而定封焉. 李兌乃謂齊王曰:「臣之所以堅三晉以攻秦者, 非以爲齊得利秦之毀也, 欲以使攻宋也. 而宋置太子以爲王, 下親其上而守堅, 臣是以欲足下之速歸休士民也. 今太子走, 諸善太子者, 皆有死心. 若復攻之, 其國必有亂, 而太子在外, 此亦擧宋之時也. 臣爲足下使公孫衍說奉陽君曰:『君之身老矣, 封不可不定也. 爲君慮封, 莫若於宋, 他國莫可. 夫秦人貪, 韓·魏危, 燕·楚辟, 中山之地薄, 莫如於陰. 失今之時, 不可復得已. 宋之罪重, 齊之怒深, 殘亂宋, 得(德)大齊, 定身封, 此百代之一時也.』以奉陽君甚食(貪)之, 唯(雖)得大封, 齊無大異. 臣願足下之大發攻宋之擧, 而無庸致兵, 姑待已耕, 以觀奉陽君之應足下. 縣陰以甘之, 循有燕以臨之, 而臣待忠之封, 事必大成, 臣又願足下有地效於襄安君以資臣也. 足下果殘宋, 此兩地之時也, 足下何愛焉? 若足下不得志於宋, 與國何敢望也? 足下以此資臣也, 臣循燕觀趙, 則足下擊潰而決天下矣.」

【公孫衍】魏나라 사람. 일찍이 犀首라는 관직을 지냈기 때문에 흔히 犀首로 칭한다. 張儀와 不和가 있었고 뒤에 秦나라 재상이 되었다.

【李兌】趙나라 재상. 한편 "公孫衍으로 하여금 李兌를 설득시키다(令公孫衍說 李兌)"에 대해 鮑本에서는 "正曰: 下'李兌'二字必誤. 下云'使公孫衍說奉陽君', 卽述上文'令公孫衍說李兌'也. 其下豈得爲兌言乎? 又後有'循燕觀趙'語, 以爲 兌言, 則不通"이라 하여 의심을 나타내고 있다.

【齊王】齊나라 湣(閔)王.

【宋置太子以爲王】B.C. 288년 宋王偃이 쫓겨나고 따로 태자를 왕으로 세웠다. 뒤에 다시 宋王이 복위하자 태자는 도망갔다.

【奉陽君】趙나라의 相, 肅侯의 아우. 이름은 成.

【中山】中山은 B.C. 296년에 망하였으므로 그 故地를 말한다.

【陰】宋나라의 陶 땅을 말한다. 270장. 주 "宋之罪重" 참조.

【宋之罪重】宋王偃(재위 B.C. 328~286년)은 暴惡無道하여 사람들이 桀宋이라 불렀다. 483장 참조.

【齊之怨深】≪史記≫ 宋微子世家에 의하면 宋王偃이 B.C. 318년에 齊나라의 다섯 城을 공격하여 함락시킨 적이 있다.

【襄安君】燕나라 신하.

【循燕觀趙】앞뒤 연결 없이 돌출되어 의미가 통하지 않는다. 앞의 '李兌'의 鮑注를 볼 것.

> 참고 및 관련 자료

1. 鮑本에서는 여기서의 公孫衍은 犀首가 아닐 것으로 보고 있다.
『補曰: 公孫衍爲秦相而逐, 在秦武王四年, 武靈王之十九年也. 後爲魏所殺, 雖不 知何年, 然去李兌合從時已遠, 此公孫衍恐非犀首也. 考之秦策, 亦有'宋罪重, 此百世之一時已'數語, 彼以爲穰侯之言, 亦此時事也..』

272(21-4) 五國伐秦無功
우려해야 할 여섯 가지

조趙·초楚·한韓·위魏·제齊 다섯 나라가 진秦나라를 쳤으나 성과를 얻지 못하고 지친 채 성고成皐에 머물러 있었다. 이에 조나라가 진나라와 화전을 맺자고 나서자 초·위·한 등 세 나라도 모두 동조하였다. 그러나 진(秦, 齊의 잘못)나라만은 이에 반대하였다. 그러자 소대蘇代가 제왕齊王에게 말하였다.

"저는 귀하를 위해 조趙나라 봉양군奉陽君을 만났습니다. 저는 그에게 이렇게 말하였습니다. '천하가 합종을 풀고 진나라를 섬기려 합니다. 진나라는 틀림없이 송宋나라를 갖고 싶어하고, 그 진나라 재상 위염魏冉은 틀림없이 당신 봉양군이 음(陰, 陶 땅)을 갖게 되는 것을 질투할 것입니다. 이렇게 진왕秦王이 탐욕스럽고 위염조차 질투하는 한 귀하는 음 땅을 가질 수 없게 됩니다.

귀하께서는 강화를 하지 않고 버티면 제나라는 틀림없이 송나라를 공격하고자 할 것입니다. 제나라가 송나라를 공격하면 초나라도 틀림없이 송나라를 공격할 것이요, 위나라도 송나라를 공격할 것이며, 연나라와 귀국 조나라도 이를 도울 것입니다. 다섯 나라가 모두 나서서 송나라를 공략하면 한두 달이 못 가서 송나라의 음 땅을 얻게 될 것입니다. 그리하여 그 음 땅이 귀하의 봉지가 된 후에 귀하는 그때에 진나라와 강화하시면 진나라에 어떤 변고가 있다 해도 그때는 걱정할 것이 없습니다. 만약 그때까지 송나라를 함락시키지 못한 채 부득이하게 진나라와 강화를 맺어야 할 경우가 생긴다면 그때는 다시 다섯 나라의 맹약을 굳게 해놓으면 됩니다. 다섯 나라는 그 경우에도 귀국 조나라를 참여시키기 위해 애쓸 것입니다. 그대는 마음놓고 날아 한나라의 고관과 함께 동쪽 제나라에 대해 힘을 쓸 수 있으며 제나라 왕도 다시는 당신이 그토록 미워하는 그 한문(韓珉, 韓珉)을 불러들이지 않을 것입니다. 서로 동맹을 맺어 저로 하여금 그 약속을 지키게 임무를 주시되, 만약 약속을 배반하는 나라가 생기면 나머지 네 나라가 공격하면 됩니다. 배반자가 없는데 진나라가 침략해 오면 다섯 나라가 굳게 뭉쳐 이를 막아내면 됩니다. 지금 한·위 두 나라와 제나라가 서로 의심을 품고 있습니다. 만약 지금 동맹관계를 공고히 해놓지 않은 채 강화를 하였다가는, 제가 보기에는 우리 동맹국 사이에 큰 혼란이 일어나지 않을까 걱정됩니다.

제나라와 진나라가 다시 연횡하지 않으면 틀림없이 뒤틀림이 겹치게 됩니다. 그 후에 뒤틀림이 겹친 나라와 합한다해도 귀국 조나라에게는 유리할 것이 없습니다. 또 장차 천하가 합종을 풀고 진나라를 섬기게 된다면 진나라는 천하를 제패하게 됩니다. 진나라가 천하를 제패하게 되면 귀국 조나라는 무엇으로 천하를 호령할 수 있겠습니까? 원컨대 어서 일찍 계책을 도모하시기 바랍니다.

천하가 다투어 진을 섬기게 되면 여섯 가지 상황이 벌어집니다. 이는 모두가 조나라에 불리한 것들뿐입니다. 즉, 천하가 진나라 섬기기를 다투면 진왕은 바다를 끼고 있는 제나라를 얻게 되고, 연횡을 져버렸던 귀국 조나라를 합쳐서 중국中國을 근거로 삼진三晉에게 이익을 요구할 것입니다. 이것이 진나라가 노리는 첫 번째 계획입니다. 진나라가 이 계획을 실행시키면 조나라에게는 불리할 것이며 귀하 또한 음 땅을 차지할 수 없습니다. 그것이 귀하를 위해 걱정하는 첫째 이유입니다.

다음 천하가 진나라를 다투어 섬기게 되면 진왕은 한문韓眠을 제나라에 받아들이도록 할 것이며, 성양군成陽君을 한나라에, 위회魏懷를 위나라에 각각 받아들이도록 하여 재상으로 삼도록 할 것입니다. 그리고 나서 공손연(公孫衍, 犀首)을 불러 제齊·조趙 두 나라를 합해 내왕토록 하며, 왕분王賁·한타韓他 무리를 모아 기용시킨 다음, 일을 마음대로 주무르게 할 것입니다. 이것이 진나라로서의 두 번째 계획입니다. 진나라가 이 일을 실행시키면 조나라에 불리할 뿐 아니라 귀하도 음 땅을 가질 수가 없게 됩니다. 이것이 귀하를 걱정하는 두 번째의 이유입니다.

다시 천하가 다투어 진나라를 섬기게 되면 진왕은 제나라와 조나라의 조공을 받아 세 나라 강국은 서로 싸움을 붙이고 세 나라는 서로 친목토록 하여 위나라를 근거로 위나라 서울 안읍安邑을 요구할 것입니다. 이것이 진나라의 세 번째 계획입니다. 진나라가 이를 실행시키면 제·조 두 나라가 호응할 것이요, 위나라는 토벌이 있기도 전에 안읍을 안고 진나라에 바치면서 믿어 달라고 할 것입니다. 진나라가 안읍의 풍요로움을 차지하고 위나라를 위해주면, 한나라는 틀림없이 진나라에 입조入朝할 수밖에 없게 됩니다. 그때 귀국 조나라에게 허물을 따지면 안읍 이상으로나 귀국은 살아날 수 있게 됩니다. 이것이 역시 세 번 째의 계획입니다. 진나라가 이를 성사시키면 귀국 조나라에 불리함은 물론, 귀하도 음 땅을 차지할 수가 없습니다. 이에 세 번 째로 귀하를 위해 걱정해 드리는 것입니다.

　다시 천하가 진나라를 다투어 섬기게 되면 진나라는 연나라와 조나라의 외교를 튼튼히 해 놓고, 제나라를 치고 초나라를 거두어들이며 한문과 함께 위나라를 공략할 것입니다. 이것이 진나라의 네 번째 계획입니다. 진나라가 이를 실행하면 연·조 두 나라는 호응을 하게 되고, 연·조 두 나라는 제나라를 치게 됩니다. 싸움이 시작되면 진나라는 초나라를 거두어들인 다음 위나라를 치겠지요. 그러면 한두 달이 안 되어 위나라는 망하고 맙니다. 진나라는 안읍을 들어 여극女戟을 요새로 하여, 한나라의 태원太原를 끊습니다. 그리고 지도軹道·남양南陽·고高를 함락시키고 위나라를 치고, 한나라를 끊으며, 동·서 이주二周를 에워싸버리는 것입니다. 그렇게 되면 귀국 조나라는 저절로 사그라지고 말지요. 나라는 조급해서 진나라에 붙고, 군대는 흩어져 제나라에 편입되어 조나라에게 유리할 것이 없습니다. 게다가 음 땅은 종신토록 귀하의 차지가 될 수 없습니다. 이것이 귀하를 위해 걱정하는 네 번째 상황입니다.

　다시 천하가 다투어 진나라를 섬기게 되면 진나라는 삼진三晉과의 외교를 묶어둔 채 제나라를 공격합니다. 진나라에 연합하느라 조나라는 깨어지고 재물은 다하고 맙니다. 군대는 동쪽으로 제나라에 분산되고 말지요. 진나라는 다시 군대를 모아 위나라를 공격, 안읍을 차지할 것입니다. 이것이 진나라의 다섯 번째 계획입니다. 진나라가 이를 실행하면 그대는 위나라를 구출하겠다고 나서겠지요. 이는 제나라를 치다가 피폐해진 군대를 이용하여 위나라를 구하겠다고 진나라와 싸우는 꼴이 되고 맙니다. 그대가 구원해 주지 않으면 한·위 두 나라가 어찌 진나라와 결합되는 것을 막을 수 있겠습니까? 나라는 진나라의 모책에 묶이게 되고, 그대는 종신토록 음 땅을 가질 수 없게 됩니다. 이것이 귀하를 위해 걱정하는 다섯 번째 상황입니다.

끝으로 천하가 다투어 진나라를 섬기게 되면 진나라는 의義를 내세워 끊어질 나라를 존속시켜 이어 주고 위약한 나라를 일으켜 굳게 해주며 죄 없이 침략 당하는 임금을 안정시켜 준다고 떠들면서, 틀림없이 중산中山을 다시 세워 승勝을 도울 것입니다. 진나라가 중산을 일으키고 그 나라 그의 후예 승勝에게 나라를 맡기면, 조나라는 옛날 중산을 멸망시켰다는 이유 때문에 송나라와 같이 망하는 운명을 맞이하게 될 것입니다. 그때 음 땅이 어쩌고 할 겨를이 있겠습니까? 이것이 귀하를 위해 걱정하는 여섯 번째 일입니다.

따라서 귀하가 진나라와 강화를 맺지 않아야 음 땅이 곧 그대의 것이 된다는 뜻입니다'라구요. 그랬더니 봉양군奉陽君이 '좋다'라 하면서 진나라와 화의를 끊고 제·위 두 나라와 결합하여 음 땅 얻는 일을 성취시키겠다고 하더군요."

五國伐秦無功, 罷於成皐. 趙欲搆於秦, 楚與魏·韓將應之, 秦(齊)弗欲. 蘇代謂齊王曰:「臣以爲足下見奉陽君矣. 臣謂奉陽君曰:『天下散而事秦, 秦必據宋. 魏冉必妬君之有陰也. 秦王貪, 魏冉妬, 則陰不可得已矣. 君無搆, 齊必攻宋. 齊攻宋, 則楚必攻宋, 魏必攻宋, 燕·趙助之. 五國據宋, 不至一二月, 陰必得矣. 得陰而搆, 秦雖有變, 則君無患矣. 若不得已而必搆, 則願五國復堅約. (五國)願得趙. 足下雄飛, 與韓氏大吏東免, 齊王必無召㫃(珉)也. 使臣守約, 若與(國)有倍約者, 以四國攻之. 無倍約者, 而秦侵約, 五國復堅而賓之. 今韓·魏與齊相疑也. 若復不堅約而講, 臣恐與國之大亂也. 齊·秦非復合也, 必有踦重者矣. 後合與踦重者, 皆非趙之利也. 且天下散而事秦, 是秦制天下也. 秦制天下, 將何以天下爲? 臣願君之蚤計也. 天下爭秦, 有六擧, 皆不利趙矣. 天下爭秦, 秦王受負海內之國, 合負親之交, 以據中國, 而求利於三晉, 是秦之一擧也. 秦行是計, 不利於趙, 而君終不得陰, 一矣. 天下爭秦, 秦王內韓珉於齊, 內成陽君於韓, 相魏懷於魏, 復合衍交兩王, 王賁·韓他之曹(楚), 皆起而行事, 是秦之一擧也. 秦行是計也, 不利於趙,而君又不得陰, 二矣. 天下爭秦, 秦王受齊受趙, 三疆(彊)三親, 以據魏而求安邑, 是秦之一擧也. 秦行是計, 齊·趙應之, 魏不待伐, 抱安邑而信(倍)秦, 秦得安邑之饒, 魏爲上交, 韓必入朝秦, 過趙已安邑矣, 是秦之一擧也. 秦行是計, 不利於趙, 而君必不得陰, 三矣. 天下爭秦, 秦堅燕·趙之交, 以伐齊收楚, 與韓呡而攻魏, 是秦之一擧也. 秦行是計, 而燕·趙應之. 燕·趙伐齊, 兵始用, 秦因收楚而攻魏, 不至一二月, 魏必破矣. 秦擧安邑而塞女戟, 韓之太原絕, 下軹道·南陽·高伐魏, 絕韓, 包二周, 卽趙自消爍矣. 國燥於秦, 兵分於齊, 非趙之利也. 而君終身不得陰, 四矣. 天下爭秦, 秦堅三晉之交攻齊, 國破曹(財)屈, 而兵東分於齊, 秦按兵攻魏, 取安邑, 是秦之一擧也. 秦行是計也, 君按救魏, 是以攻齊之已弊, 救與秦爭戰也; 君不救也, 韓·魏焉免西合? 國在謀之中, 而君有終身不得陰, 五矣. 天下爭(事)秦, 秦按爲義, 存亡繼絕, 固危扶弱, 定無罪之君, 必起中山與勝焉. 秦起中山與勝, 而趙·宋同命, 何暇言陰? 六矣. 故曰君必無講, 則陰必得矣.』奉陽君曰:『善.』乃絕和於秦, 而收齊·魏以成取陰.」

【成皐】地名. 韓地. 成皐之戰은 B.C. 286년의 일. 270·271·321·381장 등 참조.
【蘇代】蘇秦의 동생. 合從策의 대가.
【齊王】齊나라 湣(閔)王.
【奉陽君】趙成. 趙나라의 相, 肅侯의 동생.
【魏冉】秦나라 재상. 穰侯.
【秦王】秦나라 昭王
【韓呡】韓珉, 韓岷. 원래 韓나라의 신하로 親秦親齊 정책을 주장하였다. 이때 趙나라에 있었다. 094·270장 참조.
【成陽君】秦나라 공자 중의 하나. 081·431장 참조.
【魏懷】아마 魏나라 신하인 듯하다.
【公孫衍】犀首.
【王賁·韓他】둘 모두 秦나라의 신하인 듯하다.
【安邑】魏나라 도읍.
【女戟】地名, 太行山 근처.
【太原】魏나라 도읍 安邑의 동쪽.

【軹道·南陽】 모두 魏나라의 지명. 239장 참조.

【高】 地名, 자세히 알 수 없다.

【勝】 中山(B.C. 296년 趙나라에게 망함)의 후손인 듯하다.

〔참고 및 관련 자료〕

1. 成皐之戰(B.C. 286년) 때의 이야기이며 내용이 상당히 복잡하다.

2. 鮑本의 평어

『補曰: 蘇代爲燕反間, 勸齊伐宋, 將以敝齊, 其勸趙之共攻者, 恐趙之合秦, 而齊·
秦方惡爾. 然趙卒不合齊伐宋者, 害齊之驕而止歟? 抑別有故也? 按燕策, 蘇代說
燕於趙以伐齊, 奉陽君不聽, 乃入齊惡趙, 令齊絶於趙. 又代謂燕昭王曰:「臣離
齊·趙, 齊·趙已孤矣.」趙之不合齊, 其後竟合燕以破齊, 殆以此歟? 大事記:
齊湣王與魏·楚滅宋, 三分其地, 魏得其梁·陳留; 齊得其濟陰·東平; 楚得其沛.
考之史·年表·齊·魏世家, 皆止言齊滅宋. 獨宋世家稱與楚·魏伐宋, 三分其地.
此大事記所據也. 按蘇代說燕之辭曰:「齊王南攻楚, 西困秦, 又以其餘兵擧五千
乘之勁宋.」謂秦之辭曰:「攻宋所以爲王也, 齊强輔之以宋, 楚·魏必恐, 恐必西
事秦」. 使當時齊與楚·魏合, 其言豈若是乎! 史稱齊旣滅宋, 南割楚之淮北, 西侵
三晉, 是其乘滅宋之强, 倂奪楚·魏地, 而謂與之分宋地, 豈其實哉? 樂毅勸燕昭
王約趙·楚·魏伐齊, 其言曰:「主若欲攻齊, 莫若結於趙, 且又淮北·宋地, 楚·魏
之所欲也.」年表: 燕破齊之年, 書楚·趙取齊淮北.』

273(21-5) 樓緩將使
그대와 맹세하리라

누완樓緩이 장차 사신의 명을 받고 일을 처리하고자 떠나는 인사를 하면서 조왕趙王에게 말하였다.

"제가 비록 힘을 다하고 지혜를 다한다 할지라도 죽을 때까지 다시는 임금님을 뵙지 못할 것 같습니다."

왕은 놀라 물었다.

"무슨 말이오? 내 진실로 그대에게 친필로 임명장을 써서 주었는데."

누완이 말하였다.

"임금께서는 공자公子 모이牟夷가 송宋나라에 사신으로 갔던 일을 듣지 못하셨습니까? 고기가 아니면 먹지 않던 귀한 신분인 그 공자도 장문張文이라는 자가 송나라에 빌붙어 계속 공자 모이의 악담을 늘어놓자 송나라도 그렇다 여기고 말았습니다. 지금 저는 왕에게 있어서 송나라가 공자 모이에게 하던 만큼도 되지 못하면서, 게다가 저를 모함하는 자는 장문보다 많습니다. 그래서 저는 죽을 때까지 다시는 왕을 뵙지 못할 것이라고 말한 것입니다."

왕은 이렇게 안심시켰다.

"그대는 힘써 그대 맡은 일이나 하시오. 내 그대와 맹세하리라."

누완은 드디어 길을 떠났다. 그 뒤 그는 중모中牟 땅에 이르러 이를 근거로 조나라를 배반하고 위(魏, 梁)나라로 들어가 버렸다. 왕이 이 첩보를 듣자 전혀 믿지 않고 이렇게 말하는 것이었다.

"내 이미 누완과 약속한 말이 있다."

樓緩將使, 伏事, 辭行, 謂趙王曰:「臣雖盡力竭知, 死不得見於王矣.」王曰:「是何言也? 固且爲書而厚寄卿.」樓子曰:「王不聞公子牟夷之於宋乎? 非肉不食. 文張善宋, 惡公子牟夷, 寅(宋)然. 今臣之於王非宋之於公子牟夷也, 而惡臣者過文張. 故臣死不復見於王矣.」王曰:「子勉行矣, 寡人與子有誓言矣.」樓子遂行. 後以中牟反, 入梁. 候者來言, 而王弗聽, 曰:「吾已與樓子有言矣.」

【樓緩】 유세객. 먼저 趙에 벼슬하였다가 뒤에 秦나라 가서 相國이 되었다. 255장 참조.

【趙王】 趙의 惠文王일 가능성이 있다.

【公子 牟夷】 자세한 내용을 알 수 없다. 宋나라의 공자.

【張文】 宋王의 신하인 듯하다.

【中牟】 趙나라의 읍.

참고 및 관련 자료

1. 본장의 내용은 다른 기록에는 보이지 않으며, ≪戰國策≫ 내에도 연결이 없어 자세히 알 수 없다.

2. 鮑本의 평어

『史不書. 補曰: 中牟, 趙邑也, 見前策. 趙敗長平後欲割地搆秦, 樓緩自秦來, 趙王與之計云云. 此章時不可考. 以中牟反, 入梁, 或者秘謀之事歟?』

〈雙牛銅枕〉 1972 雲南 李家山 古墓群 17호 출토

274(21-6) 虞卿請趙王
살려 놓은 채로 흥정을 하는 편이

우경虞卿이 조왕趙王에게 말하였다.

"사람의 정이라는 게 남에게 조알朝謁받기를 바랍니까? 남이 조알해 오기를 원합니까?"

왕은 이렇게 대답하였다.

"사람이란 누구나 남이 자기를 받들어 주기를 바라지 어찌 남을 받들기를 바라겠소?"

우경은 이렇게 말하였다.

"위魏나라는 바로 대왕을 따르던 나라, 그것을 깨뜨려 놓은 자가 범좌(范座, 范痤)입니다. 지금 대왕께서 1백 리의 땅이나 1만 호戶의 읍을 떼어 주면서 위나라에게 범좌를 죽여 달라고 하십시오. 그가 죽어 버리면 후임은 틀림없이 우리 조나라를 받드는 쪽으로 바뀔 것입니다."

조왕이 허락하였다.

"좋소."

이에 사람을 시켜 1백 리 땅을 주어 위에게 범좌를 처치해 달라고 요청하였다. 위왕魏王은 과연 허락하고 사도司徒를 시켜 범좌를 잡아들여 아직 죽이지는 아니한 상태였다. 범좌는 곧 위왕에게 글을 올렸다.

"제가 들으니 조왕이 1백 리 땅을 주어 저의 몸을 죽여 달라고 하였다더군요. 죄 없는 저 범좌를 죽이는 것은 별 것 아닌 일이며, 게다가 1백 리의 땅을 얻는 것은 큰 이익이지요. 제 생각으로도 대왕의 일은 정말 훌륭합니다. 비록 그렇다고는 하나 한가지 생각할 일이 있으니 만약 그 1백 리 땅을 얻지도 못하고, 죽인 자는 다시 살리지 못한다면 임금께서는 틀림없이 천하의 웃음거리만 되고 말 것이외다! 제 생각으로는 사람을 죽여 놓고 흥정을 하느니 사람을 살려 놓은 채로 흥정을 하는 편이 나을 줄 압니다."

그리고는 이어서 자기 뒤를 이어 재상이 된 신릉군信陵君에게 편지를 보냈다.

"조나라와 위나라는 대적할 만한 나라입니다. 조왕의 지척의 글 한 장

왔다고 해서 이 위나라 임금이 경솔하게 무고한 저를 죽여 없애려 합니다. 제가 비록 불초하지만 바로 우리 이 위나라의 재상직을 면직 당한 것은 일찍이 내 나라 위하다가 남의 나라에게 죄를 지은 때문이지요. 무릇 안으로는 이런 쓸 만한 신하가 없으면서 밖으로 땅을 얻는다고 하더라도 지켜낼 수 없을 것입니다. 그러나 지금이라도 능히 이 위나라를 지켜낼 자는 바로 당신 신릉군 밖에 없습니다. 왕이 조왕의 말을 듣고 나를 죽인 후에 강한 진秦나라가 그 방법을 흉내내어 조나라가 주었던 땅의 배를 주면서 그대를 죽여 달라고 하면 어찌 이를 막겠소? 이것은 제 다음에 당신이 겪을 환난입니다."

신릉군이 이 글을 보자 깜짝 놀랐다.

"그렇구나."

신릉군은 급히 왕에게 말하여 범좌를 풀어주도록 하였다.

虞卿請(謂)趙王曰:「人之情, 寧朝人乎? 寧朝於人也?」趙王曰:「人亦寧朝人耳, 何故寧朝於人?」虞卿曰:「夫魏爲從主, 而違者范座(痤)也. 今王能以百里之地, 若萬戶之都, 請殺范座於魏. 范座死, 則從事可移於趙.」趙王曰:「善.」乃使人以百里之地, 請殺范座於魏. 魏王許諾, 使司徒執范座, 而未殺也.

范座獻書魏王曰:「臣聞趙王以百里之地, 請殺座之身. 夫殺無罪范座, 座薄故也; 而得百里之地, 大利也. 臣竊爲大王美之. 雖然, 而有一焉, 百里之地不可得, 而死者不可復生也, 則主(王)必爲天下笑矣! 臣竊以爲與其以死人市, 不若以生人市使也.」

又遺其後相信陵君書曰:「夫趙·魏, 敵戰之國也. 趙王以咫尺之書來, 而魏王輕爲之殺無罪之座, 座雖不肖, 故魏之免相望也. 嘗以魏之故, 得罪於趙. 夫國內無用臣, 外雖得地, 勢不能守. 然今能守魏者, 莫如君矣. 王聽趙殺座之後, 强秦襲趙之欲, 倍趙之割, 則君將何以止之? 此君之累也.」信陵君曰:「善.」遽言之王而出之.

【虞卿】 趙나라 재상.

【趙王】 趙의 孝成王.

【范座】 魏의 相國, ≪史記≫에는 范痤로 표기되어 있다.

【魏王】 安釐王, 이름은 圉. 昭王의 아들.

【司徒】 원래 夏殷周 삼대의 六卿의 하나, 전국시대 제후들도 이를 두었다. 邦教를 관장하였다. 어떤 본에는 '司空'으로 되어 있다.

【薄故】 細事. 하찮은 일, 별 것 아닌 일.

【市】 '흥정하다'의 뜻.

【信陵君】 전국사공자 중의 하나. 魏昭王의 아들, 安釐王의 異母弟, 이름은 無忌.

참고 및 관련 자료

1. ≪史記≫ 魏世家에도 실려 있으며 대략 魏 安釐王 11년(B.C. 266년)~19년 (B.C. 259년) 사이이다.

2. ≪史記≫ 魏世家

趙使人謂魏王曰:「爲我殺范痤, 吾請獻七十里之地.」魏王曰:「諾.」使吏捕之, 圍而未殺. 痤因上屋騎危, 謂使者曰:「與其以死痤市, 不如以生痤市. 有如痤死, 趙不予王地, 則王將奈何? 故不若與定割地, 然後殺痤.」魏王曰:「善.」痤因上書 信陵君曰:「痤, 故魏之免相也. 趙以地殺痤而魏王聽之, 有如彊秦亦將襲趙之欲, 則君且奈何?」信陵君言於王而出之.

3. ≪說苑≫ 善說篇

趙使人謂魏王曰:「爲我殺范痤, 吾請獻七十里之地.」魏王曰:「諾.」使吏捕之, 圍而未殺. 痤自上屋騎危, 謂使者曰:「與其以死痤市. 不如以生痤市, 有如痤死, 趙不與王地, 則王奈何? 故不若如定割地, 然後殺痤.」魏王曰:「善.」痤因上書信 陵君曰:「痤故魏之免相也. 趙以地殺痤而魏王聽之, 有如强秦亦將襲趙之欲, 則君且奈何?」信陵君言於王而出之.

275(21-7) 燕封宋人榮蚠爲高陽君
솥을 달아매고 밥을 지어먹으면서

연燕나라가 송宋나라 영분榮蚠이란 사람을 고양군高陽君에 봉하고, 그를 장수로 삼아 조趙나라를 공격하였다. 그러자 조왕趙王은 제수濟水의 동쪽 땅 세 개 성城과 노盧·고당高唐·평원릉平原陵 및 성·읍·시, 57개를 제齊나라에 주는 조건으로 안평군(安平君, 田單)을 장수로 삼아 파견하여 구원해 달라고 청하였다. 이에 마복군(馬服君, 趙奢)이 평원군(平原君, 趙勝)에게 이렇게 불만을 털어놓았다.

"우리 조나라에 어찌 이렇게 인물이 없단 말입니까! 그대가 안평군을 장수로 보내 달라면서 제수 동쪽 세 개 성과 성·시·읍, 57개를 떼어 제나라에 주는 것은 적국과 싸움을 벌여 장수를 잃으면서 취한 땅과 할양 받은 땅을 적국에게 주어버리는 것입니다. 지금 이를 제나라에 주면서 안평군을 장수로 보내 달라는 조건이니 우리나라에 인재가 없음이 이토록 심합니다! 또 그대는 어찌 나 조사趙奢를 장수로 추천해 주지 않습니까? 저는 일찍이 이 조나라에 죄를 짓고 연나라로 도망하였었을 때, 연나라는 저를 상곡上谷의 군수로 삼았었지요. 그래서 연나라의 통로, 골짜기의 요새에 대해서 저는 아주 익숙히 알고 있습니다. 석 달 열흘 이내에 제후의 연합군이 미쳐 모이기도 전에 저는 이미 연나라를 뽑아 버릴 수 있습니다. 그런데 필히 안평군을 구해 그를 장수로 삼아달라고 요구해야만 합니까?"

평원군이 말하였다.

"장군은 마음을 푸시오. 내 이미 임금께 자세히 일러두었소. 임금도 알았다고 하였으니 장군께서는 더 이상 말하지 않아도 알고 있소."

마복군이 반박하고 나섰다.

"귀하는 잘못하셨습니다! 귀하가 안평군을 요구한 것은, 제나라와 연나라가 서로 간을 먹고 피를 밟은 원수 사이라는 것을 이용하려는 때문입니다. 그러나 저는 사실 연나라와 아무런 원한 관계가 없습니다. 만약 안평군이 어리석은 자라면 영분을 대적할 상대가 되지 못할 것이며,

만약 안평군이 지혜롭다면 연나라와 싸우려 들지 않을 것입니다. 이 두 가지 말 중에 안평군은 틀림없이 그 중 어느 한쪽을 택해 행동할 것입니다. 그러나 두 가지 모두 따져 보면 결론은 하나입니다. 안평군이 지혜롭다면 어찌 우리 조나라를 강대국으로 만들어 주겠습니까? 조나라가 강해지면 제나라가 더 이상 패권을 누릴 수 없는 데 말입니다. 지금 그 안평군은 이만큼 강한 우리 조나라 군대를 인솔하여 연나라의 침략을 막고 있습니다. 그러나 야전野戰이 몇 년만 끌게 되면 우리 사대부의 나머지 자식들의 힘까지 모두 구학에 쳐박히거나 참호 속에 묻히게 될 것이며, 전차와 무기는 피폐되고 창고는 바닥이 날 것입니다. 그렇게 되면 연·조 두 나라는 그저 습관적으로 싸우게 되고, 안평군은 끝내 군대를 이끌고 돌아가 버리고 말 것입니다. 무릇 두 나라 군사들이 피폐해질 것은 이보다 더 명백한 것이 없습니다.”

그 해 여름, 안평군의 군대는 솥을 달아매고 밥을 지어먹으면서 겨우 세 개의 성을 함락시켰는데, 그 성중에 큰 것이라야 겨우 1천 장(丈, 百雉)이 넘지 않는 조그마한 것이었다. 이처럼 마복군의 예상은 들어맞고 말았다.

燕封宋人榮蚠爲高陽君, 使將而攻趙. 趙王因割濟東三城令盧·高唐·平原陵地城邑市五十七, 命以與齊, 而以求安平君而將之. 馬服君謂平原君曰:「國奚無人甚哉! 君致安平君而將之, 乃割濟東三令城市邑五十七以與齊, 此夫子與敵國戰, 覆軍殺將之所取·割地於敵國者也. 今君以此與齊, 而求安平君而將之, 國奚無人甚! 且君奚不將奢也? 奢嘗抵罪居燕, 燕以奢爲上谷守, 燕之通谷要塞, 奢習知之. 百日之內, 天下之兵未聚, 奢已擧燕矣. 然則君奚求安平君而爲將乎?」平原君曰:「將軍釋之矣, 僕已言之僕主矣. 僕主幸以聽僕也. 將軍無言已.」馬服君曰:「君過矣! 君之所以求安平君者, 以齊之於燕也, 茹肝涉血之仇耶, 其於奢不然. 使安平君愚, 固不能當榮蚠; 使安平君知, 又不肯與燕人戰. 此兩言者, 安平君必處一焉. 雖然, 兩者有一也. 使安平君知, 則奚以趙之强爲? 趙强則齊不復霸矣. 今得强趙之兵, 以杜燕將, 曠日持久數歲, 令士大夫餘子之力, 盡於溝壘, 車甲羽毛枬散, 府庫倉廩虛,兩國交以習之, 乃引其兵而歸. 夫盡兩國之兵, 無明此者矣.」夏, 軍也縣釜而炊. 得三城也, 城大無能過百雉者. 果如馬服之言也.

【榮蚠】본장에서처럼 宋나라 사람으로 燕나라의 高陽君에 봉해졌던 인물.
【安平君】齊나라의 田單. 燕나라의 침입으로 70여 개 성을 잃었을 때 莒와 卽墨을 바탕으로 전 국토를 다시 찾은 인물. 조나라에서 이를 조나라 장수로 삼아 연나라와 싸워줄 것을 요청한 것임.
【馬服君】趙나라의 장군인 趙奢.
【平原君】趙나라 재상 趙勝. 전국사공자의 하나.
【茹肝涉血】간을 마시고 피를 건넘. 燕나라 樂毅가 昭王 28년(B.C. 284년)에 齊나라를 쳐서 臨淄를 공략, 제나라 궁궐과 종묘를 불사르며 70여 개 성을 초토화하자 다시 제나라 장수 田單이 火牛攻法으로 연나라를 퇴패시킨 일을 두고 한 말.
【百雉】1千 丈 정도의 길이라 한다.

> 참고 및 관련 자료

1. ≪史記≫ 趙世家에 의하면 趙나라 孝成王 元年(B.C. 265년)에 齊나라 安平君 田單이 燕나라의 中陽(지금의 河北省 唐縣 서북)과 韓나라의 注入(河南省 臨汝縣)을 점령하고, 이듬해에 趙나라 재상이 되었다고 하였다. 따라서 이때의 이야기가 아닌가 한다.
2. 鮑彪의 평어
『彪謂: 馬服之請將, 自知明也; 其策安平, 知彼明也. 夫安平, 齊宗也, 其不強趙以奪齊之霸, 人之情也. 此言若易聽而不見聽, 孰謂平原君智乎?』

276(21-8) 三國攻秦
남들이 싸우는 틈에

제齊·한韓·위魏, 세 나라가 진秦나라와 싸우는 사이에 조趙나라는 중산中山을 공격하여 부류扶柳를 점령하였고, 다시 5년 만에 호타呼沱까지 함락시켰다. 이때 제나라의 융곽戎郭과 송돌宋突이 구학(仇郝, 仇赫)에게 이렇게 말하였다.

"중산으로부터 빼앗은 새 땅을 모두 되돌려 주는 것만 같지 못합니다. 대신 중산국에서 제나라에 이렇게 말해 달라고 하십시오. '한·조·위·중산 네 나라가 위衛나라의 길을 빌어 제나라 장자章子의 길을 지나가겠다'라구요. 제나라가 이 말을 들으면 틀림없이 고성鼓城 땅을 귀국 조나라에게 줄 것입니다."

三國攻秦, 趙攻中山, 取扶柳, 五年以擅呼沱. 齊人戎郭·宋突謂仇郝(赫)曰:「不如盡歸中山之新地. 中山案此言於齊曰:『四國將假道於衛, 以過章子之路.』齊聞此, 必效鼓.」

【扶柳】 지금의 河北省 冀縣 서북.
【呼沱】 '呼沱'라고도 쓰며 '滹沱河' 유역의 땅.
【戎郭】 齊나라 사람.
【宋突】 齊나라 사람. 247장 참조.
【仇郝】 仇赫·机赫 등으로도 쓰며 趙나라의 重臣. 247·284장 등 참조.
【章子】 齊나라 땅.
【鼓城】 제나라 땅. 지금의 河北省 晉縣.

참고 및 관련 자료

1. B.C. 300년 이후 趙나라는 계속 中山을 공격하다가 三國이 函谷關 전투(B.C. 298~296년)에 묶여 있을 때 결국 중산을 멸망시키고 말았다.(B.C. 296년) 이때 齊나라는 趙나라가 강대해지는 것을 막는 길은 中山을 다시 일으켜 세우는 것이라 믿고 작전을 폈던 것이다.

277(21-9) 趙使趙莊合從
더 이상 중히 여길 필요가 없다

조趙나라가 조장趙莊을 통해 합종을 성취시켜 제齊나라를 치려 하였다. 그때 제나라가 이를 알고 땅을 떼어 주며 화해를 청해 버려, 이 때문에 조나라에서는 조장을 더 이상 중시하지 않고 천하게 대하였다. 이에 제명齊明이 조장을 위하여 조왕趙王에게 말하였다.

"제나라는 합종을 주장하는 자를 두려워합니다. 그 때문에 땅을 떼어 준 것입니다. 지금 듣자 하니 조장을 천히 여기고 대신 합종을 반대하던 장근張懃을 귀히 여긴다고 하는데, 이렇게 되면 제나라에서는 틀림없이 땅을 바쳐 오지 않을 것입니다."

조왕은 이를 듣고 수긍하였다.

"옳구나."

그리고 다시 조장을 불러 귀하게 대해 주었다.

趙使趙莊合從, 欲伐齊. 齊請效地, 趙因賤趙莊. 齊明爲謂趙王曰:「齊畏從人之合也, 故效地; 今聞趙莊賤, 張懃貴, 齊必不效地矣.」趙王曰:「善.」乃召趙莊而貴之.

【趙莊】趙나라 신하. 457장 참조.
【齊明】유세객. 004·169·213·407장 참조.
【趙王】孝成王, 혹은 惠文王.
【張懃】'張漢'으로도 쓰며 趙나라 신하.

참고 및 관련 자료

1. 趙莊은 秦나라에 잡혀가게 되는 장수로 이 이야기는 그 이전의 사건으로 보인다.
2. 鮑本의 평어
『正曰: 按史·年表:「武靈王十三年, 秦拔我藺, 虜將趙莊.」此策必未虜之前, 豈得爲孝成王將哉?』

278(21-10) 翟章從梁來
그대가 재상이 될 것입니다

적장翟章이 위(魏, 梁)나라로부터 조趙나라로 와서 조왕趙王의 큰 환영을 받았다. 조왕이 그에게 연이어 세 번이나 재상을 맡아 달라고 하였지만 적장은 끝내 사양하고 있었다. 이때 전사田駟가 주국柱國 한향韓向에게 말하였다.

"청컨대 그대를 위하여 적장을 찔러 죽이겠습니다. 그가 죽으면 왕은 틀림없이 건신군建信君의 소행으로 알고 건신군을 처단할 것입니다. 건신군이 죽고 없어지면 귀하가 재상이 될 것은 틀림없습니다. 만약 건신군이 죽지 않는다면 오히려 그와 교분을 두터이 하십시오. 종신토록 그를 버림받지 않게 하십시오. 그대는 이로 인해 건신군에게 덕을 베푸는 것이 됩니다."

翟章從梁來, 甚善趙王. 趙王三延之以相, 翟章辭不受. 田駟謂柱國韓向曰: 「臣請爲卿刺之. 客若死, 則王必怒而誅建信君. 建信君死, 則卿必爲相矣. 建信君不死, 以爲交, 終身不敝, 卿因以德建信君矣.」

【翟章】魏나라 사람.
【趙王】孝成王.
【田駟】유세객.
【柱國】관직 이름. 上柱國 다음의 높은 직위.
【韓向】당시 趙나라의 柱國.
【建信君】당시 趙나라의 宰相. "誅建信君"에 대하여 鮑注에는 "疑其殺章, 欲以專事"라 하였다.

말 한 마디에 사람을 내쫓다니

풍기馮忌가 여릉군廬陵君을 위하여 조왕趙王에게 말하였다.

"임금께서 여릉군을 축출한 것은 연燕나라를 위해서입니다."

왕이 말하였다.

"내가 중히 여기는 것은 연나라도 진秦나라도 아니오."

풍기는 이렇게 말하였다.

"그런 진나라에서 세 번이나 우경虞卿을 거론하였을 때 왕께서는 그를 축출하지 않더니, 지금 연나라가 단 한 번 여릉군을 얘기하자 곧바로 쫓아내셨으니 이는 강한 진나라는 가볍게 보시고 약한 연나라는 귀하게 여기시는 것입니다."

이에 왕은 이렇게 말하였다.

"나는 연나라를 위해 그를 축출한 것이 아니라 원래부터 그를 내쫓을 생각이었소."

다시 풍기가 이 말을 받았다.

"그렇다면 왕께서 여릉군을 쫓아낸 것이 연나라를 위해서도 아니라면서 사랑하는 아우廬陵君를 내쫓았고, 게다가 연나라나 진나라의 환심도 사지 못하고 있으니 생각건대 이는 대왕께서 하실 행동이 아니라 봅니다."

　　馮忌爲廬陵君謂趙王曰:「王之逐廬陵君, 爲燕也.」王曰:「吾所以重者, 無燕·秦也.」對曰:「秦三以虞卿爲言, 而王不逐也; 今燕一以廬陵君爲言, 而王逐之. 是王輕强秦而重弱燕也」王曰:「吾非爲燕也, 吾固將逐之.」「然則 王逐廬陵君, 又不爲燕也. 行逐愛弟, 又兼無燕·秦, 臣竊爲大王不取也.」

【馮忌】 유세객. 253·280장 참조.
【廬陵君】 孝成王의 아우.
【趙王】 孝成王.
【虞卿】 趙나라의 上卿.

280(21-12) 馮忌請見趙王
세 가지 잘못

풍기馮忌가 조왕趙王을 만나보기를 청하였다. 행인行人이 이를 허락하여 만나게 해 주었다. 풍기는 손을 모으고 고개를 늘어뜨린 다음 무슨 말을 하고 싶으나 감히 꺼내지 못하는 태도를 보였다. 왕이 의아해서 그 까닭을 물었다. 그제야 풍기가 입을 열었다.

"어떤 손님이 복자服子에게 또 다른 사람을 소개하여 만나도록 주선하였습니다. 복자가 이 사람을 만나본 다음 소개한 손님에게 이렇게 질책하더라는 것입니다. '선생의 손님은 세 가지 잘못을 내게 범하였소. 나를 바라보고는 웃었소. 이는 나를 너무 가볍게 친하겠다는 뜻이오. 다음 말을 하면서 선생님師이라는 존칭을 쓰지 않았소. 이는 나를 배반한 것이오. 세 번째 아직 교류가 깊지 않은 만남인데 말을 깊이 하였소. 이를 분수가 맞지 않은亂 것이오'라고 말입니다. 그래서 소개한 자가 이렇게 응대하였다 합니다. '그렇지 않습니다. 바라보고 웃은 것은 온화하다和는 뜻이요, 말을 나누면서 사師라 부르지 않은 것은 서로 편안한 대화를 하겠다는 뜻이며, 교류가 깊지 않은데 심각한 문제를 거론하였다는 것은 충忠이 있다는 뜻입니다. 옛날 요堯 임금은 초모草茅 속에 순舜을 만나 밭두둑을 자리로 하였다가 뽕나무를 그늘로 삼아 해가 기울도록 의견을 나누어보고, 천하를 그에게 전수해 주었소. 또 이윤伊尹을 정조鼎俎를 짊어지고 탕湯을 만나자 이름이 알려지지도 않은 그가 삼공三公의 높은 자리를 받았소. 만약 교류가 깊지 않기 때문에 깊은 말을 나눌 수 없다면 천하는 순에게 전해질 수 없었을 것이며, 삼공도 이윤에게 내려질 수 없었겠지요'라구요."

조왕이 말하였다.

"심히 훌륭하오."

풍기가 물었다.

"지금 외지 출신인 제가 임금과 교류도 깊지 않은데 깊은 말을 드려도 되겠습니까?"

왕은 허락하였다.

"가르침을 받들겠습니다."

이리하여 풍기는 하고 싶은 말을 털어놓을 수 있었다.

馮忌請見趙王, 行人見之. 馮忌接手免首, 欲言而不敢. 王問其故, 對曰:「客有見人於服子者, 已而請其罪. 服子曰:『公之客獨有三罪; 望我而笑, 是狎也; 談語而不稱師, 是倍也; 交淺而言深, 是亂也.』客曰:『不然. 夫望人而笑, 是和也; 言而不稱師, 是庸說也; 交淺而言深, 是忠也. 昔者, 堯見舜於草茅之中, 席隴畝而廕庇桑, 陰移而授天下傳. 伊尹負鼎俎而干湯, 姓名未著而受三公. 使夫交淺者不可以深談, 則天下不傳, 而三公不得也.』」趙王曰:「甚善.」馮忌曰:「今外臣交淺而欲深談可乎?」王曰:「請奉教.」於是馮忌乃談.

【馮忌】유세객. 253·270장 참조.

【趙王】趙나라 孝成王.

【行人】고대의 임금 안내자 또는 謁者 혹은 외교 담당관.

【服子】服은 宓의 가차자이다. 孔子 제자 '宓子賤'의 고사이다.

【堯】唐堯. 고대 五帝의 하나.

【舜】虞舜. 역시 고대 五帝의 하나. 堯에게 천하를 넘겨받았다.

【伊尹】湯을 도와 夏의 桀을 쳤다.

【湯】商의 시조. 고대 五帝의 하나.

【三公】商나라 때의 최고 관직.

參考 및 관련 자료

1. ≪淮南子≫ 齊俗訓

故賓有見人於宓子者, 賓出, 宓子曰:「子之賓, 獨有三過. 望我而笑, 是攘也. 談語而不稱師, 是返也. 交淺而言深, 是亂也.」賓曰:「望君而笑, 是公也. 談語而不稱師, 是通也. 交淺而言深, 是忠也.」故賓之容, 一體也. 或以爲君子, 或以爲小人, 所自視之異也.

281(21-13) 客見趙王
상용이라는 것

어떤 객이 조왕趙王에게 물었다.

"제가 듣기로 왕께서 사람을 시켜 말을 사러 보내시려 한다는데 정말입니까?"

왕이 대답하였다.

"그렇소."

객이 물었다.

"그럼 왜 아직까지 사람을 보내지 않고 있습니까?"

왕이 말하였다.

"아직 말을 잘 볼 줄 아는 사람을 찾지 못하였소."

객이 다시 물었다.

"왕께서는 어찌 건신군建信君을 보내지 않습니까?"

왕이 대답하였다.

"그는 국사를 맡고 있고 게다가 말에 대해서는 모르오."

객이 또 물었다.

"그러면 어찌 기희紀姬를 보내지 않습니까?"

"기희는 아녀자요. 말에 대해서는 아는 것이 없소."

객이 물었다.

"말을 사는데 잘 사면 국가에 어떤 보탬이 됩니까?"

왕이 대답하였다.

"나라에 보탬이란 없지요."

"말을 잘못 사면 어떤 위험이 있습니까?"

"나라에 위험이란 없소."

그러자 객은 이렇게 말하였다.

"그렇다면 말을 잘 사건 잘못 사건 국가에 아무런 위험이나 이익이 없으시다면서, 말 한 필 사는 데는 그처럼 반드시 전문가를 기다립니다. 그런데 지금 천하를 다스림에 있어서는 거착擧錯을 잘못하면 국가는 곧 허려虛戾해지고, 사직에는 혈식血食도 바치지 못할 지경인데 그런데도 왕은 국가를 잘 다스릴 사람을 기다리지 아니하고 건신군에게 다 넘겨주고 있으니 어찌 된 일입니까?”

왕은 대답을 하지 못하고 있었다. 객은 말을 이었다.

“연곽燕郭의 점법占法 중에 상옹桑雍이라는 게 있는데 상옹이라는 것에 대하여 알고 계십니까?”

왕이 말하였다.

“들어본 적이 없소.”

객은 이렇게 설명하였다.

“소위 상옹이란 바로 왕의 신하와 부인, 나이 어린 미녀 등 측근을 두고 하는 말입니다. 이들은 한결같이 왕이 혼취한 틈을 이용하여 왕으로부터 자기 필요한 욕구를 다 채우고 있는 자들입니다. 이들이 궁중 안에서 이런 짓을 하면 그 밑의 대신들은 그들대로 밖에서 법을 굽혀 제 욕망을 채우게 됩니다. 그래서 일월日月도 다만 그들의 겉만 비치고 있을 뿐 숨어 있는 화해禍害는 감춰져 보이지 않는 것입니다. 그러니 미워하는 자에 대하여 방비를 해야함은 물론, 사랑하는 자에게 화가 숨어있음도 유의하여야 합니다.”

客見趙王曰:「臣聞王之使人買馬也, 有之乎?」王曰:「有之.」「何故至今不遣?」王曰:「未得相馬之工也.」對曰:「王何不遣建信君乎?」王曰:「建信君有國事, 又不知相馬.」曰:「王何不遣紀姬乎?」王曰:「紀姬婦人也, 不知相馬.」對曰:「買馬而善, 何補於國?」王曰:「無補於國.」「買馬而惡, 何危於國?」王曰:「無危於國.」對曰:「然則買馬善而若惡, 皆無危補於國. 然而王之買馬也, 必將待工. 今治天下, 擧錯非也, 國家爲虛戾, 而社稷不血食, 然而王不待工, 而與建信君, 何也?」趙王未之應也. 客曰:「燕郭之法, 有所謂桑雍者, 王知之乎?」王曰:「未之聞也.」「所謂桑雍者, 便辟左右之近者, 及夫人優愛孺子也. 此皆能乘王之醉昏, 而求所欲於王者也. 是能得之乎內, 則大臣爲之枉法於外矣. 故日月暉於外, 其賊在於內, 謹備其所憎, 而禍在於所愛.」

【趙王】孝成王, 惠文王의 아들. 이름은 丹, 재위 21년.

【建信君】趙王의 寵臣.

【紀姬】趙王의 寵姬.

【擧錯】擧는 擧用·擢用, 錯은 捨棄, 免職. ≪論語≫ 衛靈公篇에 "哀公問曰: '何爲則民服?' 孔子對曰: '擧直錯諸枉, 則民服; 擧枉錯諸直, 則民不服.'"라 하였고 顔淵篇에는 "樊遲問仁. 子曰: '愛人.' 問知. 子曰: '知人.' 樊遲未達. 子曰: '擧直錯諸枉, 能使枉者直.' 樊遲退, 見子夏曰: '鄕也吾見於夫子而問知, 子曰: 擧直錯諸枉, 能使枉者直, 何謂也?' 子夏曰: '富哉言乎! 舜有天下, 選於衆, 擧皐陶, 不仁者遠矣. 湯有天下, 選於衆, 擧伊尹, 不仁者遠矣.'"라 하였다.

【虛戾】戾는 厲, ≪莊子≫ 人間世의 釋文에 "居宅無人曰虛, 死而無後爲厲"라 하였고, 疏에 "境土丘虛, 人民滅絶"하였다.

【燕郭】一本에는 '郭偃', 곽언은 춘추시대 晉나라의 掌卜大夫, 즉 거북껍질로 국가의 길흉을 점치던 자.

【桑雍】雍은 癰, 즉 '桑癰'으로도 쓰며, 뽕나무(桑) 속의 蠹蟲으로 그 뽕나무를 죽게 만든다. 鮑彪本에 "雍, 癰同. 桑中有蠹, 則外碨碨, 如人之癰. 正曰: 桑中有蠹, 以膏腋流於外, 如癰潰然"이라 하였다.

【夫人優愛孺子】夫人은 諸侯의 妻, 優孺는 '幼艾'(어린 계집)의 假借字, 그러나 優는 宮中俳優, 愛는 愛妾으로 보는 게 타당할 듯하다.

참고 및 관련 자료

1. 鮑本의 평어

『彪謂: 王斗, 魏牟及此三士, 其言若出一口, 所謂理義人心之所同然者歟? 至於此章肆直而慈惠, 尤可喜可愛. 有國有家者, 宜實之座右.』

282(21-14) 秦攻魏
세 번이나 거절당한 축하사절

진秦나라가 위魏나라를 공격하여 영읍寧邑을 취하자 제후들이 모두 축하하였다. 조왕趙王도 사람을 시켜 축하의 말을 전하러 보냈지만 세 번 왕복하도록 거절당한 채 되돌아오고 말았다. 조왕은 걱정이 되어 좌우에게 물었다.

"진나라는 그 강한 힘으로 영읍을 취해 제·조 두 나라를 제압하고 있는 이 때, 모든 제후들이 눈치를 알고 축하해 주고 있소. 나도 사신을 보내어 축하를 하려 하였지만 나만 받아 주지 않고 있소. 이는 틀림없이 우리를 들어 칠 속셈인 것 같은데 과연 우리는 어쩌면 좋겠소?"

그러자 좌우가 이렇게 대답하였다.

"사신을 세 번이나 보냈는데 통하지 못한 것은 틀림없이 그 사자가 적임이 아니었기 때문일 것입니다. 양의諒毅라고 하는 자가 있는데 달변자입니다. 대왕께서는 그를 시험삼아 보내 보십시오."

양의는 직접 왕의 명을 받고 진나라로 가서 진왕에게 글을 올렸다.

"대왕이 영읍을 얻어 땅을 넓히자 제후들이 모두 축하하고 있습니다. 우리나라 임금께서도 역시 은근히 이를 축하하여 감히 모른 체 편히 있을 수 없어, 사신을 보내 선물을 올리게 하였지만 세 번이나 대왕의 궁정 앞에 이르러 어찌된 셈인지 통하지 못하였습니다. 사신이 만약 죄가 없다면 그 기쁨을 끊지 말아 주시고, 만약 죄가 있다면 원컨대 그 벌을 기다리겠습니다."

진왕이 이를 보자 사신을 시켜 대답해 주도록 하였다.

"내가 너희 조나라에게 시키는 바의 모든 일을 대소에 관계없이 다 들어 준다면 서폐書幣를 받을 것이요, 만약 내 말을 들어줄 뜻이 없다면 돌아가라."

양의는 이렇게 대답하였다.

"제가 여기까지 온 것은 바로 대왕의 명을 받들어 모시기 위해서입니다. 어찌 감히 대왕께 어려움을 끼치겠습니까? 대왕께서 지금이라도 저희 조나라에 명령만 하시면 즉시 서쪽의 대왕 진나라를 받들어 모실 것이며 감히 의심이란 있을 수 없습니다."

이리하여 왕은 양의를 접견하였다.

"당신 나라의 조표趙豹와 평원군平原君은 자주 나를 우롱하였소. 조나라가 이 둘을 죽여준다면 다행이지만 만약 죽여주지 않는다면 즉시 제후의 병을 이끌고 한단邯鄲성 아래에서 명을 기다리겠소."

양의는 이렇게 대답하였다.

"조표와 평원군은 우리 임금의 친형제입니다. 마치 대왕께 있어서의 섭양군葉陽君·경양군涇陽君과 같은 위치입니다. 대왕께서는 효성과 사랑을 다하여 나라를 다스린다고 천하에 이름이 나 있어서 옷은 그 몸에 맞게 해주며, 음식도 그 입에 맞게 해주어 어느 것 하나도 섭양군이나 경양군에게 나눠주지 않은 적이 없었습니다. 그래서 섭양군과 경양군의 수레·말·의복은 한결같이 대왕의 거마나 의복과 같지 않은 것이 없습니다. 제가 듣기에 '복소훼란覆巢毁卵의 근처에 봉황은 찾아들지 아니하며, 고태분요刳胎焚夭의 옆에는 기린은 이르지 않는다'라 하였습니다. 지금 제가 대왕의 명령을 받들고 우리나라 임금께 보고를 하면 저희 대왕은 두려워 감히 실행하지 아니할 수 없을 것입니다. 그러면 조표나 평원군과 같은 입장의 섭양군·경양군의 마음은 상심함이 없겠습니까?"

그러자 진왕은 입을 열었다.

"좋다. 그럼 그 둘로 하여금 더 이상 정치에 참여하지 않게만 해달라."

양의는 이렇게 말하였다.

"저희 임금이 친형제조차 능히 잘 깨우쳐 주지 못하여 대국에게 미움을 받게 된다면 청하여 축출하겠습니다. 그래서 더 이상 정치에 참여하지 못하게 하여 대국의 뜻을 따르겠습니다."

진왕은 대단히 기뻐하여 폐백을 받아 주고 양의를 후하게 대접해 주었다.

秦攻魏, 取寧邑, 諸侯皆賀. 趙王使往賀, 三反不得通. 趙王憂之, 謂左右曰: 「以秦之强, 得寧邑, 以制齊·趙. 諸侯皆賀, 吾往賀而獨不得通, 此必加兵我,

爲之奈何?」左右曰:「使者三往不得通者, 必所使者非其人也. 曰諒毅者,
辯士也, 大王可試使之.」

　諒毅親受命而往. 至秦, 獻書秦王曰:「大王廣地寧邑, 諸侯皆賀, 敝邑寡
君亦竊嘉之, 不敢寧居, 使下臣奉其幣物三至王廷, 而使不得通. 使若無罪,
願大王無絶其歡; 若使有罪, 願得請之.」秦王使使者報曰:「吾所使趙國者,
小大皆聽吾言, 則受書幣; 若不從吾言, 則使者歸矣.」諒毅對曰:「下臣之來,
固願承大國之意也, 豈敢有難? 大王若有以令之, 請奉而西行之, 無所敢疑.」

　於是秦王乃見使者, 曰:「趙豹·平原君, 數欺弄寡人. 趙能殺此二人, 則可;
若不能殺, 請今率諸侯受命邯鄲城下.」諒毅曰:「趙豹·平原君, 親寡君之母
弟也, 猶大王之有葉陽·涇陽君也. 大王以孝治聞於天下, 衣服使之便於體,
膳啗使之嗛於口, 未嘗不分於葉陽·涇陽君. 葉陽君·涇陽君之車馬衣服,
無非大王之服御者. 臣聞之:『有覆巢毀卵, 而鳳皇不翔; 刳胎焚夭, 而騏驎
不至.』今使臣受大王之令以還報, 敝邑之君, 畏懼不敢不行, 無乃傷葉陽君·
涇陽君之心乎?」秦王曰:「諾. 勿使從政.」諒毅曰:「敝邑之君, 有母弟不能
教誨, 以惡大國, 請黜之, 勿使與政事, 以稱大國.」秦王乃喜, 受其弊(幣)而
厚遇之.

【寧邑】지금의 河南省 寧陵縣.

【趙王】趙나라 惠文王.

【諒毅】趙人, 辯士.

【秦王】秦나라 昭襄王.

【趙豹·平原君】둘 모두 惠文王의 동생. 趙豹는 平陽君, 平原君은 趙勝.

【邯鄲】趙나라 都邑, 河北省 邯鄲縣.

【葉陽君·涇陽君】《史記》穰侯傳에 "而昭王同母弟曰高陵君(名顯)·涇陽君
(名悝)"라 되어 있어 葉陽君은 없다.

【有覆巢毀卵而鳳皇不翔】둥지를 짓밟고 새알을 깨버리는 근처에 봉황새는
곁에 가지 않는다는 뜻. 혹은 그럴 염려가 있는 곳에는 가지 않음.

【刳胎焚夭而騏驎不至】夭는 禽獸의 어린 새끼. 《禮記》月令篇 疏에 "胎.
謂在腹中未出. 夭, 爲生而已出者"라 하였다. 騏驎은 麒麟을 뜻함. 胎를 가르고
어린 새끼 짐승을 잡고, 굽는 곳에 기린 같은 仁獸는 차마 이르지 않음을

뜻함. 따라서 "有覆巢毀卵而鳳皇不翔, 祇胎焚夭而騏驎不至"은 당시 널리 쓰이던 속담으로 여기서는 諒毅가 秦王에게 상대를 높여 鳳凰과 麒麟 같은 이가 남의 나라 친형제를 죽일 수 없는 것을 비유한 것이다.

참고 및 관련 자료

1. ≪說苑≫ 權謀篇

故丘聞之: "刳胎焚夭, 則麒麟不至; 乾澤而漁, 蛟龍不遊; 覆巢毀卵, 則鳳凰不翔." 丘聞之: 君子重傷其類者也.

2. ≪史記≫ 孔子世家

「丘聞之也, 刳胎殺夭則麒麟不至郊, 竭澤涸漁則蛟龍不合陰陽, 覆巢毀卵則鳳凰不翔. 何則? 君子諱傷其類也. 夫鳥獸之於不義也尙知辟之. 而況乎丘哉!」 乃還息乎陬鄕, 作爲陬操以哀之. 而反乎衛, 入主蘧伯玉家.

3. ≪孔子家語≫ 困誓篇

「丘聞之, 刳胎殺夭, 則麒麟不至郊, 竭澤而漁, 則蛟龍不處其淵, 覆巢破卵, 則鳳凰不翔其邑. 何則, 君子違傷其類者也. 鳥獸之於不義, 尙知避之, 況於人乎! 遂還, 息於鄒, 作槃操以哀之.」

4. ≪三國志≫ 魏志 劉廙傳의 注에 ≪新序≫에서 인용된 것(단, 금본 ≪新序≫ 에는 없음).

「黃龍不反於涸澤, 鳳凰不離其羅罠. 故刳胎焚林, 則麒麟不臻, 覆巢破卵, 則鳳凰不翔, 竭澤而漁, 則龜龍不見. 鳥獸之於不仁, 猶知避之, 況丘乎? 故虎嘯而谷風起, 龍興而景雲見, 擊庭鍾於外, 而黃鍾應於內. 夫物類之相感, 精神之相應, 若響之應聲, 影之象形, 故君子違傷其類者. 今彼已殺吾類矣, 何爲之此乎?」 於是遂回車, 不渡而還.

5. ≪呂氏春秋≫ 應同篇

「夫覆巢毀卵, 則鳳凰不至, 刳獸食胎, 則麒麟不來, 乾澤涸漁, 則龜龍不往.」

6. 鮑本의 평어

『彪謂: 諒毅可謂有專對之材矣. 觀其辭令, 如見晉叔向‧鄭子產相與周旋於一堂之上, 而折論豹‧勝之事, 何甚似蕭同叔子也. 毅其深於≪春秋≫者乎? 是擧也, 不辱君命, 不失秦之心, 與觸讐同傳可也. 正曰: 惠文王之世, 趙勢尙强, 秦雖屢奪趙地, 而趙亦屢伐秦. 閼與之敗, 秦終不能逞志於趙. 當時之臣, 外則廉頗‧趙奢爲之禦侮, 內則藺相如之徒, 一璧之微, 一鼓瑟之恥, 爲之死爭. 今而告其使曰:

「必殺而二母弟以聽命」, 則雖垂亡之國, 猶有所不受, 而秦豈能必趙之從哉? 特大言以虛喝之耳! 諒毅之對, 婉而不迫, 稱譬當於人心. 秦知其不可奪, 故轉而言曰: 「勿使從政」, 其情亦窮矣. 毅因而順其意, 則未免失辭. 使毅應之曰:「敝邑之君之有母弟而授之以政也, 亦惟先王之故, 以共衛社稷. 大國馮恃其威, 日尋于兵, 是以二子大懼殄滅之及, 以與寡君周旋. 其獲戾于大國, 則職此之由. 忠而不貳, 臣之職也. 討貳勸忠, 大國之義也. 今將討二子之忠, 而使之釋敝邑之政, 其何以爲勸? 雖大國亦將有不利焉! 臣不知所命.」以是告之, 庶幾不失其對矣.』

283(21-15) 趙使姚賈約韓魏
축출시키지 않아야 이익

조趙나라가 요가姚賈로 하여금 한韓·위魏 두 나라와 맹약을 맺도록
하였다. 한·위 두 나라는 이 요가를 친구로 환대해 주었다. 이때 거모擧茅가
요가를 위하여 조왕趙王에게 말해 주었다.

"요가는 대왕의 충신입니다. 한·위 두 나라가 이를 알고 그렇게 친구로
대해 주는 것입니다. 그리하여 왕으로 하여금 이를 축출시키도록 하고자
하는 것입니다. 그리고 자기들은 이 틈에 그를 자기편으로 받아들이려
하는 것입니다. 그런데 왕께서 요가를 축출하시면 한·위 두 나라에서는
하고 싶은 바를 얻게 될 것이고 왕의 충신은 죄를 짓게 됩니다. 따라서
왕께서는 그를 축출시키지 않음으로서 왕의 현명하심을 들어내어 밝히
십시오. 그래서 한·위 두 나라의 의도를 꺾어 버리십시오."

趙使姚賈約韓·魏, 韓·魏以友之. 擧茅爲姚賈謂趙王曰:「賈也, 王之忠
臣也. 韓·魏欲得之, 故友之, 將使王逐之, 而己因受之. 今王逐之, 是韓·魏之
欲得, 而王之忠臣有罪也. 故王不如勿逐, 以明王之賢, 而折韓·魏招之.」

【姚賈】 趙나라의 유세객. 110·364장 참조.
【擧茅】 茅擧라고도 쓰며, 역시 유세객.
【趙王】 悼襄王, 혹은 幽王 遷(?)
【將使王逐之】 그가 한·위와 내통한 것이 아닌가 의심을 품도록 함을 말함.

284(21-16) 魏敗楚於陘山
실패로 끝난 화해

위魏나라가 형산陘山에게 초楚나라를 패배시키고 초나라 장수 당명唐明을 사로잡았다. 초왕楚王은 소응昭應으로 하여금 태자를 인질로 맡기기로 하고 제齊나라 설공薛公에게 화해를 주선해 주도록 부탁하였다.

그런데 주부(主父, 武靈王)는 이를 저지시키려고 먼저 진秦나라와 연합한 다음, 초·송宋 두 나라가 국교를 맺게 해놓고는 구학仇郝을 송나라 재상으로, 누완樓緩을 진나라 재상으로 보내 버렸다. 초왕楚王은 이에 조趙·송 두 나라와 결합하였고 위나라와의 화해는 끝내 실패하게 되었다.

魏敗楚於陘山, 禽唐明. 楚王懼, 令昭應奉太子以委和於薛公. 主父欲敗之, 乃結秦連楚·宋之交, 令仇郝相宋, 樓緩相秦. 楚王禽(合)趙·宋, 魏之和卒敗.

【陘山】 楚나라 땅. 186장 참조. 陘山之戰(B.C. 330년쯤)은 趙 肅侯 때이다.
【唐明】 楚나라 장수. 唐眛, 혹은 唐蔑이 아닌가 한다.
【昭應】 楚나라 신하. 032장 참조.
【太子】 楚나라 태자. 橫
【薛公】 齊나라의 孟嘗君, 田文.
【主父】 武靈王의 退位한 후의 칭호. '주보'로도 읽음.
【仇郝】 机赫·仇赫. 247·276장 참조.
【樓緩】 趙나라 신하.
【楚王】 楚懷王.

참고 및 관련 자료

1. 이 문장은 脫簡·錯簡된 듯하다. 혹은 두 가지 서로 다른 사건이 잘못되어 하나로 엮였을 가능성도 있다.

285(21-17) 秦召春平侯
몸값을 치를 것입니다

진秦나라가 조趙나라 춘평후春平侯를 불러 그 기회에 인질로 잡아두려 하였다. 그러자 진나라 대부 세균世鈞이 이를 위하여 문신후(文信侯, 呂不韋)에게 일렀다.

"춘평후는 조왕趙王이 심히 아끼는 인물입니다. 그 때문에 궁중의 낭중郎中들이 심히 질투를 하고 있습니다. 그래서 서로 '춘평후가 진나라로 가면 진나라가 틀림없이 잡아 인질로 남겨둘 것'이라 모략하면서 좋아하여서 진나라로 들어가도록 모의한 것입니다. 그런데 지금 우리가 이를 잡아두면 이는 공연히 조나라와 외교만 단절되고 낭중의 계략에 이용당하는 결과만 남습니다. 그러니 그대는 춘평후는 석방하고 대신 같이 왔던 평도후平都侯를 잡아두십시오. 춘평후의 말은 조왕이 신뢰하는 터이므로 돌아가서 반드시 후하게 조나라 땅을 떼어 그대를 섬기면서 평도후의 몸값을 치를 것입니다."

문신후(여불위)가 말하였다.

"좋소."

이리하여 춘평후를 잘 접견하고 돌려보내 주었다.

秦召春平侯, 因留之. 世作鈞爲之謂文信侯曰:「春平侯者, 趙王之所甚愛也, 而郎中甚妬之, 故相與謀曰:『春平侯入秦, 秦必留之.』故謀而入之秦. 今君留之, 是空絶趙, 而郎中之計中也. 故君不如遣春平侯而留平都侯. 春平侯者言行於趙王, 必厚割趙以事君, 而贖平都侯.」文信侯曰:「善.」因與接意而遣之.

【春平侯】趙나라의 太子, 《史記》에는 '春平君'으로 되어 있다. 正義에 '太子'의 일은 趙나라 悼襄王 2년 秦 始皇이 春平侯를 秦의 咸陽으로 불렀던 사건이다.
【世鈞】秦나라 大夫, 《史記》에는 '泄鈞'으로 되어있다.
【文信侯】呂不韋. 秦始皇의 사실상 親父. 始皇은 그를 仲父라 칭하였다. 《史記》 呂不韋傳 참조.

【趙王】悼襄王, 이름은 偃, 孝成王의 아들.

【郎中】宮中의 近侍.

【平都侯】이름은 알 수 없음. 春平君을 따라 秦에 갔던 사람.

참고 및 관련 자료

1. ≪史記≫ 趙世家에도 실려 있으며 趙 悼襄王 2년(B.C. 243년)의 일이다.

2. ≪史記≫ 趙世家

二年, 李牧將, 攻燕, 拔武遂·方城. 秦召春平君, 因而留之. 泄鈞爲之謂文信侯曰: 「春平君者, 趙王甚愛之而郞中妬之, 故相與謀曰『春平君入秦, 秦必留之』, 故相與謀而內之秦也. 今君留之, 是絶趙而郞中之計中也. 君不如遣春平君而留平都. 春平君者言行信於王, 王必厚割趙而贖平都.」文信侯曰: 「善.」因遣之. 城韓皐.

286(21-18) 趙太后新用事
지나친 모성애는 자식 성장에 방해

조趙나라 태후太后가 처음 국정을 섭정하자 진秦나라가 이 기회를 노려 급히 침공해 왔다. 조나라는 할 수 없이 제齊나라에 구원을 요청하였다. 그러자 제나라에서는 이런 요구를 해왔다.

"반드시 장안군長安君을 인질로 보내 주면 군대를 보내 주겠소."

태후는 들어주지 않으려 하였다. 대신들이 모두 태후에게 제나라의 요구를 들어주면서라도 구원을 받아야 한다고 간언하였지만 태후는 막무가내였다. 아울러 태후는 좌우에게 분명히 밝혀 다음과 같이 선포하였다.

"누구든지 다시 장안군을 인질로 제나라로 보내자는 말을 꺼내기만 하면 나는 그 얼굴에 침을 뱉을 것이다."

그때 좌사공左師公 촉접觸讋이 태후를 뵙고자 하였다. 태후는 상기된 얼굴로 읍을 하며 맞아들였다. 촉접은 들어가자 천천히 걸어서 면전에 이르자 스스로 사죄하며 말하였다.

"제가 일찍이 다리에 병이 나서 빨리 걸을 수가 없었습니다. 꽤 오랫동안 뵙지 못하였습니다. 제 스스로는 그러려니 하오나 태후의 옥체도 어딘가 쇠약하지 않았나 싶습니다. 그래서 뵙기를 청한 것입니다."

태후가 입을 열었다.

"나도 인력거 연輦에 의지해 거동하는 형편이오."

촉접이 물었다.

"날마다 식사의 양은 줄어들지 않았습니까?"

"죽에 의지하고 삽니다."

"저는 특히 식욕이 사라져서 이에 스스로 억지로 하루에 3, 4리쯤 걷지요. 그래서 조금 식욕이 돌아오고 몸에도 좀 나은 듯합니다."

"저로서는 할 수 없을 것 같소."

이런 평담平談 끝에 태후의 안색은 좀 풀어졌다. 촉접은 말을 이었다.

"저의 천한 아들 놈 중에 서기舒祺라는 녀석이 있는데, 가장 어리고 불초하지요. 게다가 제가 자꾸 늙어가니 갈수록 더욱 가련해 지는군요.

원컨대 검은 옷을 입혀 궁중의 위사衛士의 숫자나 채워 왕궁을 호위할 임무를 내려 주시면 합니다. 죽음을 무릅쓰고 말씀드려 봅니다."

태후라 허락하였다.

"그거야 어렵지 않지요. 지금 몇 살이나 되었소?"

촉접이 말하였다.

"15세입니다. 비록 어리긴 하나 제가 죽어 구학溝壑에 묻혀지기 전에 태후께 부탁드리고 싶습니다."

"장부로서도 역시 그 어린 자식을 그리도 사랑하고 가련해합니까?"

"아녀자가 자식 사랑하는 모성애보다 더할 걸요."

태후가 웃으면서 말하였다.

"그럴 리가, 모성애가 아무렴 더 하겠지요."

"제가 보기에는 태후께서는 장안군長安君보다 연후燕后를 더욱 사랑하는 것 같습니다."

"지나친 말씀, 장안군을 아끼는 것만 못하지요."

촉접이 말하였다.

"아닙니다. 부모가 그 자식을 사랑함에 그 계획을 깊고 멀리하는 것이 사랑의 정도를 알 수 있는 척도입니다. 태후께서 연후를 보낼 때 그 뒤꿈치를 잡고 울면서 멀리 시집가는 것을 슬퍼하였습니다. 역시 이를 애처롭게 여긴 때문이겠지요. 이미 떠난 이후에는 생각하지 않은 날이 없었으며, 제사 지낼 때는 반드시 기도하기를 '혹시 잘못되어 돌아오는 일이 없이 해다오'라고 하셨으니, 이것이야말로 장구한 계획, 즉 그의 자손이 왕으로 계속 이어지라는 게 아닙니까?"

"그렇소."

"지금 삼대三代 이전부터 조나라가 건국될 때까지 조나라 임금의 자손이 후侯로서 지금까지 그 자리를 대대로 이어온 자가 있습니까?"

"없소."

"오직 조나라가 아니더라도 다른 제후의 자손들 중에서라도 삼대 이전을 지켜 내려오는 자가 있습니까?"

"이 늙은이는 들어보지 못하였소."

"이런 일은 가까운 화는 곧 본인에게 끼치고 먼 화는 자손에게 끼치기 때문입니다. 어찌 임금의 자손이라고 옳게 하지 않아서 그런 것이겠습니까? 다만 지위만 높고 공훈이 없거나 봉록만 후하게 받고 노력하지 않으며 보물만 긁어모아 지키고 있기 때문입니다. 지금 태후께서는 장안군을 높여 기름진 땅을 봉지로 주고 많은 보물을 안겨 주면서도 지금까지 그로 하여금 나라에 공을 세울 기회를 주지 않고 있으니, 하루아침 산릉山陵이 무너지는 날이면 장안군이라고 어찌 스스로 조에 기대어 있을 수 있겠습니까? 이렇게 보면 늙은 저로서는 태후께서 장안군을 위한 계획은 짧다고 보여집니다. 그래서 처음 제가 연후보다 장안군을 덜 사랑한다고 말씀드린 것입니다."

"그렇군요. 그대 시키는 대로 따르겠소."

이리하여 장안군에게 수레 1백 승을 주어 제나라에 인질로 보냈다. 제도 그제서야 병력을 풀어 도와주었다. 자의子義라는 자가 이 소문을 듣고 평하였다.

"임금의 아들, 골육의 친척이라 할지라도 공 없는 존귀나 노력 없는 봉록, 혹은 금옥의 보배는 능히 믿을 수 없는데 하물며 신하의 몸으로서 어떠하리오?"

趙太后新用事, 秦急攻之. 趙氏求救於齊. 齊曰:「必以長安君爲質, 兵乃出.」太后不肯, 大臣强諫. 太后明謂左右:「有復言令長安君爲質者, 老婦必唾其面.」

左師觸讋願見太后. 太后盛氣而揖之. 入而徐趨, 至而自謝, 曰:「老臣病足, 曾不能疾走, 不得見久矣. 竊自恕, 而恐太后玉體之有所郄也, 故願望見太后.」太后曰:「老婦恃輦而行.」曰:「日食飲得無衰乎?」曰:「恃鬻耳.」曰:「老臣今者殊不欲食, 乃自强步, 日三四里, 少益耆食, 和於身也.」太后曰:「老婦不能.」太后之色少解.

左師公曰:「老臣賤息舒祺, 最少, 不肖. 而臣衰, 竊愛憐之. 願令得補黑衣之數, 以衛王官(宮), 沒死以聞.」太后曰:「敬諾. 年幾何矣?」對曰:「十五歲矣. 雖少, 願及未塡溝壑而託之.」太后曰:「丈夫亦愛憐其少子乎?」對曰:

「甚於婦人.」太后笑曰:「婦人異甚.」對曰:「老臣竊以爲媼之愛燕后賢於長安君.」曰:「君過矣, 不若長安君之甚.」左師公曰:「父母之愛子, 則爲之計深遠. 媼之送燕后也, 持其踵爲之泣, 念悲其遠也, 亦哀之矣. 已行, 非弗思也, 祭祀必祝之, 祝曰:『必勿使反.』豈非計久長, 有子孫相繼爲王也哉?」太后曰:「然.」

左師公曰:「今三世以前, 至於趙之爲趙, 趙主之子孫侯者, 其繼有在者乎?」曰:「無有.」曰:「微獨趙, 諸侯有在者乎?」曰:「老婦不聞也.」「此其近者禍及身, 遠者及其子孫. 豈人主之子孫則必不善哉? 位尊而無功, 奉厚而無勞, 而挾重器多也. 今媼尊長安君之位, 而封之以膏腴之地, 多予之重器, 而不及今令有功於國. 一旦山陵崩, 長安君何以自託於趙? 老臣以媼爲長安君計短也, 故以爲其愛不若燕后.」太后曰:「諾. 恣君之所使之.」於是爲長安君約車百乘質於齊, 齊兵乃出.

子義聞之曰:「人主之子也, 骨肉之親也, 猶不能恃無功之尊, 無勞之奉, 而守金玉之重也, 而況人臣乎?」

【太后】 이름은 吳娃. 趙 武靈王의 后이며 惠文王의 어머니. 惠文王이 죽고 손자 太子 丹이 왕위를 잇자(丹은 곧 孝成王) 왕이 어려 태후가 섭정을 하였다. 이때 태후는 太皇太后라 칭하였다.

【秦急攻之】 秦나라는 이 기회를 틈타 王翦을 장군으로 삼아 趙나라를 침범하여 3성을 빼앗고 공격을 계속하였다.

【長安君】 惠文王의 幼弟. 즉 태후의 아들, 이름은 알 수 없음. 長安은 그 봉호. 長安은 趙의 饒陽. ≪史記≫ 正義에 "長安君者, 以長安善, 故名也"라 하였다.

【左師公】 古代官名이며 촉접이 당시 이 관직을 담당하였다.

【觸讋】 趙나라 左師, '讋'의 음은 ≪廣韻≫ 入聲韻二九에 『之涉切, 多言也』로 '접', 우리의 자전에는 '섭'으로 실려있다. 이를 '龍言'으로 띄어 읽는 경우도 있다. 淸代 王念孫의 ≪讀書雜志≫에 "戰國策及史記趙世家, 皆作'左師觸龍言願見太后', 今本䶂二字誤合"이라 하였다. ≪史記≫에는 '觸龍言'이라 하여 '촉룡이 말하다'로 되어있다.

【盛氣而揖之】 ≪史記≫ 趙世家에는 "盛氣而胥之"라 하였고, 集解에 "胥, 猶須也"라 하였다. 여기에서는 '상기된 채 읍으로 맞이하다'로 풀이하였다.

【舒祺】좌사 觸讋의 아들.

【燕后】조태후의 딸로서 燕나라에 시집가서 后가 되었다.

【爲之泣, 念悲其遠也】一本에는 "而泣之甚悲, 念其遠也"라 하였다.

【勿使反】옛날 딸을 남의 나라 王后로 보내고 나선 나라가 멸망하거나 총애를
잃으면 모국으로 돌아가야 하기 때문에 기도한 말.

【齊兵乃出】이때 齊나라는 田單을 장수로 삼아 趙나라를 돕기 위해 韓·燕
두 나라를 공격해 쳐부수었다.(韓·燕은 秦과 동맹국이었다.)

【子義】≪史記≫ 索隱에 "趙之賢人"이라 하였다. 子는 姓, 義는 이름이다.

> ### 참고 및 관련 자료

1. ≪史記≫ 趙世家에도 실려 있으며, 孝成王 元年(B.C. 265년)이다. 그 외에
≪資治通鑑≫ 周赧王 50년조에도 실려있다. 463장 참조. 趙나라 惠文王이 죽고
孝成王이 들어서자 태후가 섭정을 하였고 이 틈에 秦나라가 쳐들어온 것이다.

2. ≪史記≫ 趙世家

孝成王元年, 秦伐我, 拔三城. 趙王新立, 太后用事, 秦急攻之. 趙氏求救於齊,
齊曰:「必以長安君爲質, 兵乃出.」太后不肯, 大臣彊諫. 太后明謂左右曰:「復言
長安君爲質者, 老婦必唾其面.」左師觸龍言願見太后, 太后盛氣而胥之. 入, 徐趨
而坐, 自謝曰:「老臣病足, 曾不能疾走, 不得見久矣. 竊自恕, 而恐太后體之有所
苦也, 故願望見太后.」太后曰:「老婦恃輦而行耳.」曰:「食得毋衰乎?」曰:「恃粥耳.」
曰:「老臣閒者殊不欲食, 乃彊步, 日三四里, 少益嗜食, 和於身也.」太后曰:「老婦
不能.」太后不和之色少解. 左師公曰:「老臣賤息舒祺最少, 不肖, 而臣衰, 竊憐愛之,
願得補黑衣之缺以衛王宮, 昧死以聞.」太后曰:「敬諾. 年幾何矣?」對曰:「十五
歲矣. 雖少, 願及未塡溝壑而託之.」太后曰:「丈夫亦愛憐少子乎?」對曰:「甚於
婦人.」太后笑曰:「婦人異甚.」對曰:「老臣竊以爲媼之愛燕后賢於長安君.」太后曰:
「君過矣, 不若長安君之甚.」左師公曰:「父母愛子, 則爲之計深遠. 媼之送燕后也,
持其踵, 爲之泣, 念其遠也, 亦哀之矣. 已行, 非不思也, 祭祀則祝之曰『必勿使反』,
豈非計長久, 爲子孫相繼爲王也哉?」太后曰:「然.」左師公曰:「今三世以前, 至於
趙主之子孫爲侯者, 其繼有在者乎?」曰:「無有.」曰:「微獨趙, 諸侯有在者乎?」
曰:「老婦不聞也.」曰:「此其近者禍及其身, 遠者及其子孫. 豈人主之子侯則不善哉?
位尊而無功, 奉厚而無勞, 而挾重器多也. 今媼尊長安君之位, 而封之以膏腴之地,
多與之重器, 而不及今令有功於國, 一旦山陵崩, 長安君何以自託於趙? 老臣以

媼爲長安君之計短也, 故以爲愛之不若燕后.」 太后曰:「諾, 恣君之所使之.」 於是
爲長安君約車百乘, 質於齊, 齊兵乃出.

子義聞之, 曰:「人主之子, 骨肉之親也, 猶不能持無功之尊, 無勞之奉, 而守金玉
之重也, 而況於予乎?」

3. 鮑本의 평어

『彪謂: 觸讋・諒毅, 皆以從容納說而取成功, 與夫强諫於廷, 怒罵於坐, 髮上衝冠,
自待必死者, 力少而功倍矣. 元帝謂張猛曰:「曉人不當如是邪?」二士有焉.
補曰: 程子釋易「納約自牖.」曰:「左師觸讋因其明而導之, 故其聽也如響」, 謂張
良招四皓輔太子亦然. 愚謂二事同傳可也. 燕策・陳翠說太后章與觸讋類, 亦可
竝觀.』

287(21-19) 秦使王翦攻趙
조나라의 멸망

진秦나라가 왕전王翦으로 하여금 조趙나라를 공격하도록 하자 조나라에서는 이목李牧과 사마상司馬尚으로 하여금 맞서게 하였다. 이목은 여러 차례 진나라 군사를 물리치고 진나라 장수 환기桓齮까지 죽이는 성과를 거두었다. 왕전은 이 이목을 매우 미워하여 여러 차례 조왕의 총신寵臣 곽개郭開 등에게 뇌물을 바쳐 반간反間토록 하였다. 과연 곽개는 임금에게 이목과 사마상을 헐뜯고 나서기 시작하였다.

"이목과 사마상은 진나라에 붙어 조나라를 배반하여, 진나라로부터 많은 봉지를 받으려고 합니다."

조왕은 의심하기 시작하였고 마침내 조총趙蔥과 안최顏聚를 대신 장수로 삼았다. 뒤이어 이목을 죽이고 사마상을 폐위시켜 버렸다. 그 뒤 석 달만에 왕전은 조나라를 습격하여 크게 깨뜨리고 조나라 군사를 몰살시켰으며 조왕 천遷 및 그 장수 안최를 포로로 하였다. 그리하여 드디어 조나라를 멸망시키고 말았다.

秦使王翦攻趙, 趙使李牧・司馬尚禦之. 李牧數破走秦軍, 殺秦將桓齮. 王翦惡之, 乃多與趙王寵臣郭開等金, 使爲反間, 曰:「李牧・司馬尚欲與秦反趙, 以多取封於秦.」趙王疑之, 使趙蔥及顏聚代將, 斬李牧, 廢司馬尚. 後三月, 王翦因急擊, 大破趙, 殺趙軍, 虜趙王遷及其將顏聚, 遂滅趙.

【王翦】秦始皇을 도와 천하를 통일한 장수. ≪史記≫ 白起王翦列傳 참조. 475장 참조.
【李牧】趙나라 최후의 장군.
【司馬尚】역시 趙나라의 장수.
【桓齮】秦나라 장수.
【郭開】趙 幽繆王의 총신.
【反間】三十六計의 하나. 反目離間시키는 계책.

【趙蔥】趙나라 마지막 장군. ≪史記≫에는 '趙忽'으로 되어있다.
【顔寂】顔聚·顔最로도 쓴다.
【遷】趙遷. 趙나라 최후의 임금. 幽繆王.

참고 및 관련 자료

1. 趙王 遷이 포로가 된 것은 B.C. 228년이며 趙나라가 망한 것은 이듬해(B.C. 227년)이다.

2. ≪史記≫ 趙世家

七年, 秦人攻趙, 趙大將李牧·將軍司馬尚將, 擊之. 李牧誅, 司馬尚免, 趙忽及齊將顔聚代之. 趙忽軍破, 顔聚亡去. 以王遷降.

戰國策

권22 위책魏策 (一)

총27장(288~314)

위魏

후작侯爵이며 희성姬姓으로, 주周 문왕文王의 아들 필공畢公 고高의 후손이다. 대대로 진晉나라 경卿벼슬을 지냈으며, 주周 열왕烈王 때 조趙와 함께 진晉나라를 과분瓜分한 후(B.C. 453년) 문후文侯 때 주周 위열왕威烈王으로부터 정식 제후로 승인 받아(B.C. 403년) 삼진三晉의 하나로 제후의 반열에 올라 전국칠웅戰國七雄이 된다. 처음 도읍은 안읍安邑(지금의 山西省 夏縣)이었으며 초기 문후文侯는 스스로 영명한 군주로써 전자방田子方, 서문표西門豹 등 능력 있는 신하를 등용하여 정치의 안정과 생산의 증대를 꾀하였고, 이리李悝의 변법을 실행하여 전국 초기에는 가장 세력이 강한 나라 중에 하나로 국력을 과시하기도 하였다. 그러나 진秦나라의 세력이 강해지면서 동쪽 여섯 나라 중에 가장 먼저 그들 동진정책東進政策의 예봉銳鋒을 파할 수 없어 혜왕惠王 때 대량大梁(지금의 河南省 開封市)으로 수도를 옮겼다. 이 때문에 사서史書에는 위魏나라를 량梁나라로 부르기도 한다. 그 뒤 다시 합종연횡의 국제 정세를 잘 활용하여 중흥을 꾀하였고 특히 전국 사공자의 하나인 신릉군信陵君 때에는 국제적 지위가 상승되기도 하였다. 그러나 마릉전투馬陵戰鬪(B.C. 341년)에서 제齊나라에게 크게 패한 후 국력이 급격히 쇠퇴하여 결국 179년만에 진秦나라 천하통일 전투에 휩쓸려 망하고 말았다.(B.C 225년) 이 위魏나라의 역사에 대하여 사마천司馬遷은《사기史記》 위세가魏世家에 그 내용을 자세히 다루고 있다.

한편 이 위나라의 영역에 대해 포표鮑彪의 주注에는 이렇게 말하였다.

"위魏나라는 고릉高陵으로부터 동쪽으로 하동河東·하내河內를 모두 차지하고 있었으며, 남쪽으로는 진유陳留와 여남汝南의 소릉召陵·은강隱彊·신급新汲·서화西華·장평長平까지, 그리고 영천潁川의 무양舞陽·언鄢·허許·언릉傿陵, 다시 하남河南의 개봉開封·중모中牟·양무陽武·산조酸棗·권卷의 모든 지역이 그 영토였다."

(魏自高陵以來, 盡河東·河內; 南有陳留及汝南之召陵·隱彊·新汲·西華·長平, 潁川之舞陽·鄢·許·傿陵, 河南之開封·中牟·陽武·酸棗·卷.)

따라서 지금의 하남성河南省 북부 전체와 산서성山西省의 서남부 일대를 차지하고 있었음을 알 수 있다.

288(22-1) 知伯索地於魏桓子
빼앗으려면 먼저 주어라

지백知伯이 위환자魏桓子에게 땅을 요구하였다. 위환자가 들어 주지 않으려 하자 임장任章이 물었다

"어찌 떼어 주지 않습니까?"

환자가 대답하였다.

"이유 없이 땅을 떼어 달라하니 그 때문에 줄 수 없는 것이오."

임장은 이렇게 일러주었다.

"이유 없이 땅을 요구하는 데는 이웃나라도 우리처럼 당할까 틀림없이 겁을 내고 있을 것입니다. 끝없는 욕망에 만족을 모르고 있으니 천하가 틀림없이 두려워하고 있을 것은 뻔한 이치입니다. 왕께서 그에게 땅을 주어 버리면 그는 틀림없이 교만해질 것입니다. 교만해지면 상대를 가벼이 볼 것이요, 그렇게 되면 이웃나라들은 두려워 서로 뭉치게 될 것입니다. 뭉쳐진 병력으로 적을 가볍게 보고 있는 지씨知氏를 대항하면 지씨의 운명은 길게 갈 수가 없습니다!

《주서周書》에 '장차 상대를 깨뜨리려면 잠시 그를 돕는 척해야 하고, 장차 그의 것을 탈취하려면 먼저 그에게 주어라'라 하였습니다. 요구하는 땅을 주어 지백으로 하여금 더욱 교만해지도록 하느니만 못합니다. 어째서 천하로 하여금 지백과 대적하게 할 기회를 버리고 우리 혼자서 지백의 과녁이 되려 하십니까?"

환자가 수긍하였다.

"그렇군요."

그리고는 만가萬家의 대읍大邑 하나를 그에게 주었다. 지백은 크게 기뻐하였다. 그리고 이어서 이번에 조趙나라에게 채蔡·고량皐梁의 땅을 요구하였다. 조나라가 거절하자 지백은 조나라 진양晉陽을 포위해 버렸다. 결국은 한·위 두 나라가 밖에서 지씨를 배반하고 조나라는 진양성 안에서 응수하여 지씨는 망하고 말았다.

知伯索地於魏桓子, 魏桓子弗予. 任章曰:「何故弗予?」桓子曰:「無故索地, 故弗予.」任章曰:「無故索地, 鄰國必恐; 重欲無厭, 天下必懼; 君予之地, 知伯必憍(驕). 憍而輕敵, 鄰國懼而相親. 以相親之兵, 待輕敵之國, 知氏之命不長矣! 周書曰:『將欲敗之, 必姑輔之; 將欲取之, 必姑與之.』君不如與之, 以驕知伯. 君何釋以天下圖知氏, 而獨以吾國爲知氏質乎?」君曰:「善.」乃與之萬家之邑一. 知伯大說. 因索蔡・皐梁於趙, 趙弗與, 因圍晉陽. 韓・魏反於外, 趙氏應之於內, 知氏遂亡.

【知伯・魏桓子】 모두 趙策(1)을 참조할 것.

【任章】 魏桓子의 謀臣. 《淮南子》 人間訓에는 '任登'으로, 《說苑》 權謀篇 에는 '任增'으로, 《通鑑》 周紀(一)에는 '任章'으로 되어 있다.

【周書】 周史. 《逸周書》를 가리킨다. 이 구절은 《老子》 36장 및 《史記》 齊世家 管晏列傳 등에도 실려 있다.

【質】 '과녁'으로 해석하였으나 직역은 '묻다', 즉 '魏나라가 땅을 떼어 주지 않으면 知伯이 發兵하여 魏나라에게 죄를 물으려 오리라'는 뜻. 또는 斧質의 質, 바탕(資)으로 해석하기도 한다.

【蔡・皐梁】 趙策에는 蔡・皐狼으로 되어있다. 趙나라 邑이름이다.

참고 및 관련 자료

1. 이 사건은 B.C. 455년의 삼진 정립의 사건이다. 096・222・223장 등 참조할 것. 《韓非子》 說林上, 그리고 《資治通鑑》 周 威烈王 23년에도 실려 있다. 그러나 《韓非子》에는 이 사건이 223장과 합해져 있다.

2. 《韓非子》 說林上

智伯索地於魏宣子, 魏宣子弗予. 任章曰:「何故不予?」宣子曰:「無故請地, 故弗予.」任章曰:「無故索地, 鄰國必恐; 彼重欲無厭, 天下必懼. 君予之地, 智伯必驕而輕敵, 鄰邦必懼而相親. 以相親之兵待輕敵之國, 則智伯之命不長矣. 周書曰:『將欲敗之, 必姑輔之, 將欲取之, 必姑予之.』君不如予之, 以驕智伯. 且君何釋以天下圖智氏, 而獨以吾國爲智氏質乎?」君曰:「善.」乃與地萬戶之邑, 智伯大悅. 因索地於趙, 弗與, 因圍晉陽. 韓 魏反之外, 趙氏應之內, 智氏自亡.

3. ≪韓非子≫ 十過篇

昔者, 智伯瑤率趙·韓·魏而伐范·中行, 滅之. 反歸, 休兵數年. 因令人請地於韓. 韓康子欲勿與, 段規諫曰:「不可不與也. 夫知伯之爲人也, 好利而鷔愎. 彼來請地而弗與, 則移兵於韓必矣. 君其與之. 與之彼狃, 又將請地他國. 他國且有不聽, 不聽, 則知伯必加之兵. 如是, 韓可以免於患而待其事之變」康子曰:「諾.」因令使者致萬家之縣一於知伯. 知伯說, 又令人請地於魏. 宣子欲勿與, 趙葭諫曰:「彼請地於韓, 韓與之. 今請地於魏, 魏弗與, 則是魏內自強, 而外怒知伯也. 如弗予, 其措兵於魏必矣.」宣子:「諾.」因令人致萬家之縣一於知伯. 知伯又令人之趙, 請蔡皋狼之地, 趙襄子弗與. 知伯因陰約韓·魏將以伐趙.

4. ≪淮南子≫ 人間訓

智伯求地於魏宣子, 宣子弗欲與之. 任登曰:「智伯之强, 威行於天下, 求地而弗與, 是爲諸侯先受禍也. 不若與之.」宣子曰:「求地不已, 爲之奈何?」任登曰:「與之使喜, 必將復求地於諸侯, 諸侯必植耳. 與天下同心而圖之一心, 所得者非直吾所亡也.」魏宣子裂地而授之, 又求地於韓康子, 韓康子不敢不予, 諸侯皆恐. 又求地於趙襄子, 襄子弗與. 於是智伯乃從韓·魏圍襄子於晉陽. 三國通謀, 擒智伯而三分其國. 此所謂奪人而反爲人所奪者也.

5. ≪淮南子≫ 人間訓

張務爲智伯謀曰:「晉六將軍, 中行文字最弱, 而上下離心, 可伐以廣地.」於是伐范中行滅之矣. 又敎智伯, 求地於韓·魏·趙, 韓·魏裂地而授之. 趙氏不與, 乃率韓·魏而伐趙. 圍之晉陽三年, 三國陰謀同計, 以擊智氏, 遂滅之. 此務爲君廣地者也.

6. ≪說苑≫ 權謀篇

智伯請地於魏宣子, 宣子不與. 任增曰:「何爲不與?」宣子曰:「彼無故而請地, 吾是以不與.」任增曰:「彼無故而請地者, 無故而與之, 是重欲無厭也. 彼喜, 必又請地於諸侯, 諸侯不與, 必怒不與, 必怒而伐之.」宣子曰:「善.」遂與地. 智伯喜, 又請地於趙, 趙不與, 智伯怒, 圍晉陽. 韓魏合趙而反智氏, 智氏遂滅.

289(22-2) 韓趙相難
중간 역할

한韓나라와 조趙나라 사이에 싸움이 벌어졌다. 한나라가 위魏에게 군대를 보내달라고 요구해 왔다.

"그대의 군대를 빌려 조나라를 치고자 합니다."

위문후魏文侯가 거절하였다.

"나와 조나라는 형제지국이오. 감히 요구를 따를 수 없소."

이번에 조나라가 한나라를 칠 터이니 병력을 빌어 달라고 요구하였다. 문후는 이렇게 거절하였다.

"나와 한나라는 형제지국이오. 감히 요구를 들어 줄 수 없소."

한나라와 위나라는 군사 협조를 얻지 못하자 노하여 회군해 버렸다. 얼마 후 두 나라는 위문후가 자기들을 위해 중간에서 강화해 준 것을 알고 그 고마움에 서로 달려와 문후에게 조견하였다.

韓·趙相難. 韓索兵於魏曰:「願得借師以伐趙」魏文侯曰:「寡人與趙兄弟, 不敢從.」趙又索兵以攻韓, 文侯曰:「寡人與韓兄弟, 不敢從.」二國不得兵, 怒而反. 已乃知文侯以講於己也, 皆朝魏.

【韓趙相難】 이 사건은 魏文侯 38년(B.C. 409년)의 일로 이때부터 三國은 완전 鼎立하게 된다.
【魏文侯】 魏 桓子(駒)의 孫子. 이름은 都, 혹은 斯. 전국초기의 영명한 군주.

290(22-3) 樂羊爲魏將而攻中山
아들을 삶아 국물을 보내다

악양樂羊이 위魏나라 장수가 되어 중산국中山國을 공격하였다. 당시 마침 악양의 아들이 중산국에 있었는데 중산국의 임금은 그 아들을 삶아 그 국물을 악양에게 보내었다. 악양은 막사 아래에 앉아 이를 받아 한 잔을 모두 마셔 버렸다. 문후가 이를 알고 도사찬覩師贊에게 말하였다.

"악양이 나 때문에 자기 아들의 살까지 먹었구나."

도사찬은 이렇게 대답하였다.

"그 아들의 살까지 먹을 정도인데 누구의 살은 먹지 못하겠습니까!"

결국 악양이 중산국을 깨뜨리자 문후는 그 공을 치하하면서도 한편 그 마음에 의심을 품었다.

樂羊爲魏將而攻中山. 其子在中山, 中山之君烹其子而遺之羹, 樂羊坐於幕下而啜之, 盡一盃. 文侯謂覩師贊曰:「樂羊以我之故, 食其子之肉.」贊對曰:「其子之肉尙食之, 其誰不食!」樂羊旣罷中山, 文侯賞其功而疑其心.

【樂羊爲魏將而攻中山】秦策(12)의 註 참조.
【覩師贊】覩師는 覩斯라고도 쓴다. 《春秋後語》에는 堵師는 複姓, 贊은 이름, 魏의 大夫라 하였다.

> ### 참고 및 관련 자료

1. 한편 이 사건의 이야기는 〈中山策〉 499장에도 다루고 있다. 그곳에서는 뒷부분을 달리 설명하고 있어 대조적이다.
2. 이 사건은 B.C. 432년의 일이며 《韓非子》 說林上에도 실려 있다.
3. 《韓非子》 說林上

樂羊爲魏將而攻中山. 其子在中山, 中山之君烹其子而遺之羹; 樂羊坐於幕下而啜之, 盡一杯. 文侯謂堵師贊曰:「樂羊以我故而食其子之肉.」答曰:「其子而食之,且誰不食?」樂羊罷中山, 文侯賞其功而疑其心. 孟孫獵得麑, 使秦西巴持之歸, 其母隨之而啼, 秦西巴弗忍而與之, 孟孫歸, 至而求麑, 答曰:「余弗忍而與其母.」 孟孫大怒, 逐之. 居三月, 復召以爲其子傅, 其御曰:「曩將罪之, 今召以爲子傅何也?」 孟孫曰:「夫不忍麑, 又且忍吾子乎?」 故曰: 巧詐不如拙誠. 樂羊以有功見疑, 秦西巴以有罪益信.

4. ≪說苑≫ 貴德篇(復恩篇에도 관련 기록이 실려있다.)

樂羊爲魏將, 以攻中山, 其子在中山, 中山懸其子示樂羊, 樂羊不爲衰志, 攻之愈急, 中山因烹其子而遺之, 樂羊食之盡一杯, 中山見其誠也, 不忍與其戰, 果下之, 遂爲文侯開地, 文侯賞其功而疑其心. 孟孫獵得麑, 使秦西巴持歸, 其母隨而鳴, 秦西巴不忍, 縱而與之, 孟孫怒而逐秦西巴, 居一年召以爲太子傅, 左右曰:「夫秦西 巴有罪於君, 今以爲太子傅, 何也?」孟孫曰:「夫以一麑而不忍, 又將能忍吾子乎?」 故曰:『巧詐不如拙誠』, 樂羊以有功而見疑, 秦西巴以有罪而益信; 由仁與不仁也.

5. ≪淮南子≫ 人間訓

有功者, 人臣之所務也; 有罪者, 人臣之所辟也. 或有功而見疑, 或有罪而益信, 何也? 則有功者離恩義, 有罪者不敢失仁心也. 魏將樂羊攻中山. 其子執在城中, 城中懸其子以示樂羊. 樂羊曰:「君臣之義, 不得以子爲私.」攻之愈急. 中山因 烹其子而遺之鼎羹與其首, 樂羊循而泣之曰:「是吾子.」已爲使者跪而啜三杯. 使者歸報中山曰:「是伏約死節者也, 不可忍也.」遂降之, 爲魏文侯人開地有功. 自此之後, 日以不信, 此所謂有功而見疑者也. 何謂有罪而益信? 孟孫獵得麑, 使秦西巴持歸烹之. 麑母隨之而啼, 秦西巴弗忍, 縱而予之. 孟孫歸, 求麑安在? 秦西巴對曰:「其母隨而啼, 臣誠弗忍, 竊縱而予之.」孟孫怒, 逐秦西巴. 居一年, 取以爲傅. 左右曰:「秦西巴有罪於君, 今以爲子傅何也?」孟孫曰:「夫一麑而 不忍, 又何況於人乎?」此謂有罪而益信者也.

6. 鮑本의 평어

『彪謂: 樂羊所謂隱忍以成就功名者也. 子則旣烹矣, 敵人遺之羹, 將以亂其心也. 有如不忍而以慈愛沮其殺敵之心, 則大事去矣, 何救於亡子? 故羊忍爲此以怒衆 而成功, 乃其情則非恝然無以天性爲者也. 覩師贊之言, 其謗書之渠乎? 雖然, 羊之義, 視分羹爲有餘, 此覆醢爲不足, 使其投盃慷慨, 一鼓而攄家國之憤, 亦收 功必矣. 介胄之士, 未可望之以聖人之地也. 正曰: ……項羽坐太公俎上, 高祖杯 羹一語, 貽愧千古, 亦幸而不殺爾! 不然, 何以自立於天下乎?』

벼이삭처럼 보이는 가라지 풀

서문표西門豹가 업현鄴縣의 현령이 되어 위魏 문후文侯에게 부임인사를
하게 되었다. 문후는 이렇게 일러주었다.

"그대는 다시 임지로 가시오. 틀림없이 공을 이루고 이름을 이룰 것이오."
서문표가 여쭈었다.

"감히 여쭙겠습니다. 취공성명就功成名에 어떤 기술이 있습니까?"
문후가 말하였다.

"당연히 있지요. 무릇 그곳에 가거든 그 마을의 노인들이 오면 먼저
자리를 내어 앉도록 하며, 공부하는 선비들이 오면 현량한 선비를 물어
그를 스승으로 모시시오. 그리고 남의 미덕은 덮어두고 남의 잘못을
들추어내기를 좋아하는 자들이라면 잘 참고하여 시험거리로 삼으시오.
대개 물건이란 서로 닮은 것 같으나 진짜가 아닌 경우가 많소. 유유幽莠라는
가라지 풀은 어릴 때는 벼이삭처럼 보이고, 나귀나 소의 어리고 누런
놈은 마치 호랑이처럼 보이지요. 또 백골은 상아象牙처럼 보이며, 무부武夫
라는 돌은 옥처럼 보이지요. 이는 모두가 비슷하게 닮았지만 진짜가
아닌 것들입니다."

西門豹爲鄴令, 而辭乎魏文侯. 文侯曰:「子往矣, 必就子之功, 而成子之名.」
西門豹曰:「敢問就功成名, 亦有術乎?」文侯曰:「有之. 夫鄕邑老者而先受
坐之, 士子入, 而問其賢良之士而師事之, 求其好掩人之美而揚人之醜者而
參驗之. 夫物多相類而非也, 幽莠之幼也似禾, 驪牛之黃也似虎, 白骨疑象,
武夫類玉, 此皆似之而非者也.」

【西門豹】魏文侯를 도와 鄴縣을 크게 다스렸던 인물. 특히 그곳에서 무당이
　河神을 믿고 백성의 재물을 갈취하는 迷信을 타파한 일로 유명하였다. 《史記》
　魏世家, 滑稽列傳 참조.
【鄴】魏나라 땅. 지금의 河南省 臨漳縣.

【魏 文侯】魏桓子의 孫子. 이름은 斯. 삼진 초기의 가장 뛰어난 賢主로 알려졌다.
【就功成名】공을 성취하고 이름을 이룸.
【幽莠】가라지 풀의 일종. 이삭이 패기 전 까지는 벼이삭처럼 보인다.
【武夫】'珷玞', '碔砆'로도 쓰며 약재로 사용된다. 미옥처럼 보이는 광석의
일종이다.

> 참고 및 관련 자료

1. 이 일은 B.C. 421년의 사건이다.

2. ≪史記≫ 魏世家

任西門豹守鄴, 而河內稱治.

3. 鮑本의 평어

『補曰: 夫子曰:「不如鄉人之善者好之, 其不善者惡之」, 文侯之言亦此類. 而曰:
「求其好掩人之美而揚人之醜者參驗之」, 則其好賢也不誠, 而且將以來讒賊之徒,
意則異矣.』

〈散氏盤〉(西周) 清 乾隆 때 陝西 鳳翔 출토 臺灣故宮博物館 소장

292(22-5) 文侯與虞人期獵

약속은 지켜야 한다

문후文侯가 우인虞人과 어느 날 사냥을 가기로 기약을 해놓고 있었다. 마침 그 날 술자리 잔치가 벌어져 즐거운 데다가 비까지 내리고 있었다. 그런데도 문후가 나가려고 하자 좌우가 물었다.

"오늘 주연이 이렇게 즐겁고 비조차 내리고 있는데 공께서는 그래도 나가시려고 합니까?"

문후는 이렇게 대답하였다.

"내가 우인과 사냥을 약속하였는데 비록 노는 것이 더 즐겁다고 하더라도 어찌 한번 맺은 약속을 저버릴 수 있겠는가?"

그리고는 나서서 몸소 우인에게 사냥 약속을 미루고 돌아왔다. 위魏나라는 이때부터 강성해지기 시작하였다.

文侯與虞人期獵. 是日, 飮酒樂, 天雨. 文侯將出, 左右曰:「今日飮酒樂, 天又雨, 公將焉之?」文侯曰:「吾與虞人期獵, 雖樂, 豈何不一會期哉?」乃往, 身自罷之. 魏於是乎始强.

【文侯】이름은 斯, 三晉 초기에 가장 현명한 君主.
【虞人】山澤苑囿를 管掌하는 官吏.

> ### 참고 및 관련 자료

1. ≪資治通鑑≫ 周 威烈王 23년조

文侯與羣臣飮酒, 樂, 而天雨. 命駕將適野. 左右曰:「今日飮酒樂, 天又雨, 君將安之?」文侯曰:「吾與虞人期獵, 雖樂, 豈可無一會期哉?」乃往, 身自罷之.

293(22-6) 魏文侯與田子方飲酒
음악에 깊이 빠진 임금

위魏 문후文侯가 스승 전자방田子方과 술을 마시면서 음악을 논하고 있었다. 문후가 말하였다.

"종소리의 화음이 맞지 않는 듯합니다. 왼쪽 음이 높습니다."

그러자 전자방이 웃기만 하였다. 문후가 물었다.

"어찌 웃으십니까?"

전자방은 이렇게 대답하였다.

"제가 듣건대 현명한 군주는 관리를 잘 다루는 것으로 즐거움을 삼고, 현명하지 못한 군주는 음악을 듣는 것으로 즐거움을 삼는다하더이다. 지금 음악에 대해 그렇게 깊이 빠져 있으니 관리를 다스리는 데에 귀가 멀지 않을까 해서 웃는 것입니다."

문후가 말하였다.

"알겠습니다. 그 뜻을 받들어 모시겠습니다."

魏文侯與田子方飲酒而稱樂. 文侯曰:「鍾聲不比乎, 左高.」田子方笑. 文侯曰:「奚笑?」子方曰:「臣聞之, 君明則樂官, 不明則樂音. 今君審於聲, 臣恐君之聾於官也.」文侯曰:「善, 敬聞命.」

【魏文侯】魏나라 초기의 賢主. 이름은 斯.
【田子方】魏文侯의 스승. 음악에 조예가 깊고 덕이 있었다. 141장 참조. 孔子의 제자인 子貢의 제자라고 한다.

┌─ 참고 및 관련 자료 ─┐

1. ≪資治通鑑≫ 周 威烈王 23년

文侯與田子方飲, 文侯曰:「鍾聲不比乎, 左高.」田子方笑. 文侯曰:「何笑?」子方曰: 「臣聞之, 君明樂官, 不明樂音. 今君審於音, 臣恐其聾於官也.」文侯曰:「善.」

2. 鮑本의 평어

『彪謂: 周衰, 世主無如魏文侯之賢者. 夫其師友淵源, 有子方·子夏之徒, 誨誘規切之, 雖欲無賢可得乎! 然則用眞儒無敵於天下, 信矣!』

294(22-7) 魏武侯與諸大夫浮於西河
지형이 험하다고

위魏 무후武侯가 여러 대부들과 더불어 서하西河에서 뱃놀이를 하면서 산천을 둘러보고 말하였다.

"산천이 이렇게 험요險要하니 어찌 진실로 견고하다 하지 않으리오!"

왕종王鍾이 임금을 모시고 있다가 이렇게 말하였다.

"이는 바로 진晉나라가 강성할 수 있는 조건입니다. 만약 여기에 보태어 이를 잘 이용할 수만 있다면 패왕의 업이 갖추어지는 것입니다."

그러자 오기吳起가 이렇게 말하였다.

"임금의 말은 나라를 위태롭게 하는 것입니다. 그런데 그대가 부언까지 하니 이는 위험을 가중시키는 짓입니다."

무후가 분연히 여겨 물었다.

"그대의 말은 무슨 근거가 있는가?"

오기는 이렇게 대답하였다.

"산천이 험요하다는 것만으로 보장을 받기에는 부족한 것입니다. 패업 이란 이러한 데에서 나오는 것이 아닙니다. 옛날 삼묘三苗가 살던 곳에는 왼쪽은 팽려彭蠡의 파도가, 오른쪽에는 동정洞庭의 물이 막아주었으며, 문산文山이 그 남쪽을, 형산衡山이 그 북쪽을 막아주고 있었습니다. 이러한 험요함을 믿고 정치를 소홀히 하였기 때문에 우禹임금은 이를 방축해 버렸습니다. 무릇 하夏나라 걸桀을 보십시오. 왼쪽은 천문산天門山의 북쪽, 오른 쪽은 천계산天谿山의 남쪽, 여산廬山·역산嶧山이 북쪽을 지키며 이수 伊水·낙수洛水가 그 남쪽을 흐르고 있었습니다. 이토록 험요하였지만 정치가 제대로 되지 않자 탕湯임금이 이를 토벌하였습니다.

또 은殷의 주紂를 보십시오. 왼쪽은 맹문산孟門山, 오른 쪽은 장수漳水·부수釜水, 앞으로는 하수河水가 띠를 두르고 뒤로는 산들이 둘러싸여 있습니다. 이처럼 험요한 조건이었지만 정치가 제대로 되지 않자 무왕武王이 쳐버린 것입니다. 일찍이 대왕께서는 친히 저를 따라 성을 쳐서 이겨 항복시킨 적이 있으십니다. 그 성이 결코 높지 않은 것도 아니고 백성이 많지 않은 것도 아니었는데 가히 쳐부수고 병탄할 수 있었던 것은 그들 정치가 잘못되었었기 때문입니다. 이로 말미암아 보면 지형이 험하다고 해서 어찌 족히 패왕이 될 수 있다는 말입니까?"

무후는 감탄하였다.

"좋소. 내가 오늘에야 성인의 말을 듣게 되는구려! 서하西河의 정치는 오로지 그대에게 맡기리라."

魏武侯與諸大夫浮於西河, 稱曰:「河山之險, 豈不亦信固哉!」王鍾侍王, 曰:「此晉國之所以强也. 若善脩之, 則霸王之業具矣」吳起對曰:「吾君之言, 危國之道也; 而子又附之, 是危也」武侯忿然曰:「子之言有說乎?」吳起對曰: 「河山之險, 信不足保也; 是伯王之業, 不從此也. 昔者, 三苗之居, 左彭蠡之波, 右有洞庭之水, 文山在其南, 而衡山在其北. 恃此險也, 爲政不善, 而禹放逐之. 夫夏桀之國, 左天門之陰, 而右天谿之陽, 盧睪在其北, 伊·洛出其南. 有此 險也, 然爲政不善, 而湯伐之. 殷紂之國, 左孟門而右漳·釜, 前帶河, 後被山. 有此險也, 然爲政不善, 而武王伐之. 且君親從臣而勝降城, 城非不高也, 人民非不衆也, 然而可得幷者, 政惡故也. 從是觀之, 地形險阻, 奚足以霸 王矣?」武侯曰:「善. 吾乃今日聞聖人之言也! 西河之政, 專委之子矣.」

【武侯】 文侯의 아들, 이름은 擊, 재위 16년.

【西河】 물 이름. 《漢書》 地理志의 注에 "西河卽龍門之河也, 在冀州西, 故曰 西河"라 하였다.

【王鍾】 魏의 大夫. '王錯'이라고도 쓴다.

【吳起】 齊策(31) 참조. 전국시대 유명한 兵法家.

【三苗】 고대 국명, 지금의 湖南省의 岳陽, 湖北省의 武昌, 江西省의 九江 일대, 苗族이 세운 나라.

【左彭蠡】 左는 동쪽, 彭蠡는 지금의 江西省의 鄱陽湖.

【右洞庭】 右는 서쪽, 지금의 洞庭湖.

【文山】 山 이름. 지금의 江西省 吉安縣. 汶山으로도 쓴다.

【衡山】 일명 霍山. 옛날의 五岳 중에 南岳, 지금의 湖南省 衡山縣.

【天門之陰】 陰은 山北, 天門은 東梁山, 혹은 博望山, 지금의 安徽省 當塗縣.

【天黿之陽】陽은 山南, 天黿은 산 이름이겠으나 확실치 않다. ≪史記≫에
"右泰華", 즉 華山을 일컫는 듯하다.

【盧罩】 산 이름으로 보고 있다. 그러나 盧溝라고도 쓰며, 즉 桑乾河를 뜻한다고도
한다. 지금 이름은 永定河, 河北省에 있다. ≪史記≫ 吳起傳에는 "羊腸在其北"
이라 하여 羊腸, 즉 太行山으로 보기도 한다.

【伊洛】 둘 모두 물 이름. 河南省에 있다.

【孟門】 산 이름. 지금의 河南省 輝縣, 太行山의 東, ≪左傳≫ 杜預 注에 "太行之
白陘"(晉之隘道)이라 하였다.

【漳釜】 둘 모두 물 이름. 漳水는 清漳河, 釜는 滏水, 즉 滏陽河, 漳水의 支流이다.

【前帶河後被山】 앞으로는 河水(黃河)가 띠를 두르고 뒤로는 恒山이 버티고
있다는 뜻.

【降城】 본래 물 이름. 降水, 혹은 共水, 당시의 共縣을 가리킨다. 지금의 河南省
輝縣, 共水는 淇水라고도 한다. 그러나 일부 '성을 항복시키다'의 뜻으로도 본다.

【西河】 본편 '西河'와 다르다고 보고 있다. 여기서의 西河 지방은 지금의
陝西省 華陰縣, 華縣, 白水縣, 澄城縣 일대.

참고 및 관련 자료

1. 魏武侯 初年의 일이다. 그러나 ≪史記≫ 吳起列傳의 내용과 차이가 있다.
≪資治通鑑≫에는 周 安王 15년에 실려 있다.

2. ≪史記≫ 吳起列傳
武侯浮西河而下. 中流, 顧而謂吳起曰:「美哉乎! 山河之固, 此魏國之寶也.」起對曰:
「在德不在險. 昔三苗氏左洞庭, 右彭蠡, 德義不修, 禹滅之. 夏桀之居, 左河·濟,
右太·華, 伊闕在其南, 羊腸在其北, 修政不仁, 湯放之. 殷紂之國, 左孟門, 右太行,
常山在其北, 大河經其南, 修政不德, 武王伐之. 由此觀之, 在德不在險. 若君不修德,
舟中之人盡爲敵國也.」武侯曰:「善.」

3. ≪說苑≫ 貴德篇
魏武侯浮西河而下, 中流顧謂吳起曰:「美哉乎! 河山之固也, 此魏國之寶也.」
吳起對曰:「在德不在險. 昔三苗氏左洞庭, 右彭蠡, 德義不修, 而禹滅之; 夏桀之居,
左河濟, 右太華, 伊闕在其南, 羊腸在其北, 修政不仁, 湯放之; 殷紂之國, 左孟門
而右太行, 常山在其北, 大河經其南, 修政不德, 武王伐之. 由此觀之, 在德不在險.
若君不修德, 船中之人盡敵國也.」武侯曰:「善.」

4. ≪資治通鑑≫ 周 安王 15년

武侯浮西河而下, 中流顧謂吳起曰:「美哉! 河山之固, 此魏國之寶也!」曰:「在德
不在險. 昔三苗氏, 左洞庭, 右彭蠡; 德義不脩, 禹滅之. 夏桀之居, 左河濟, 右泰華,
伊闕在其南, 羊腸在其北; 脩政不仁, 湯放之. 商紂之國, 左孟門, 右太行, 常山在
其北, 大河經其南; 脩政不德, 武王殺之. 由此觀之, 在德不在險, 若君不脩德,
舟中之人皆敵國也!」武侯曰:「善.」

5. 鮑本의 평어

『起傳有, 小異. 補曰: 起傳與說苑文同. 末云:「由此觀之, 在德不在險. 君若不修德,
舟中之人盡爲敵國也.」史遷曰: 吳起說武侯以形勢不如德, 然行之於楚, 以刻暴
少恩亡其軀. 揚雄曰: 美哉言乎! 使起之用兵每若斯, 則太公何以加諸? 二子論之
當矣. 然其言不可以人廢也. 西河, 龍門之河. 地卽同, 華等州, 魏之險阨也. 一傳
惠王, 其地日削于秦, 至納上郡之時盡矣. 險豈足恃也哉? 起之言於是乎驗矣.』

295(22-8) 魏公叔痤爲魏將
남에게 주는 것

위魏나라 공숙좌公叔痤가 위나라의 장수가 되어 한韓·조趙 두 나라와 회북澮北에서 전투를 벌여 악조樂祚까지 사로잡는 전과를 올렸다. 위왕魏王은 즐거워하며 교외에까지 나가 이들을 맞아, 공숙좌에게는 백만 록祿에 해당하는 땅을 상으로 내려 주었다. 그러나 공숙좌는 되돌아와서 재배하며 이를 사양하였다.

"무릇 사졸들로 하여금 흐트러지지 않고 곧바로 내달아 남에게 의지하지 않게 하며 뒤엉킨 싸움판에서 피하지 않게 하는 것, 이것은 바로 오기吳起가 남긴 가르침입니다. 저는 그럴 만한 능력이 없습니다. 또 앞으로 나가 지형의 험조를 살펴 그에 맞는 이해의 준비를 결정하며 삼군으로 하여금 미혹함에 빠지지 않게 하는 것, 이것은 파녕巴寧과 찬양爨襄의 힘입니다. 그런가 하면 앞에서는 상벌을 분명히 밝혀 주고 백성들로 하여금 뒤에서는 뚜렷한 믿음을 갖도록 하는 것은 바로 대왕의 밝은 법입니다. 적을 보고 이길 수 있다는 판단으로 북을 쳐서 감히 태만하거나 게으르지 않도록 할 수 있는 것이 저의 능력일 뿐입니다. 왕께서는 이러한 저의 북 치는 오른손을 힘들지 않게 해주시겠다고 상을 내리시니 이것이 도리에 맞겠습니까? 저에게 공이 있다고 한들 과연 무슨 공이 있겠습니까?"

왕은 허락하였다.

"훌륭합니다."

그리고는 오기의 후손을 찾아 20만의 전록田祿을 내려 주고, 파녕과 찬양에게는 각각 10만의 토지를 하사하였다. 그리고 나서 왕은 이렇게 덧붙였다.

"공숙좌를 어찌 훌륭하다 아니하리오! 이미 과인을 위해 강한 적을 이겨놓고는 옛 어진 이들의 후손도 빠뜨리지 않으며, 또 능력 있는 용사들의 자취를 덮어두지 않는구나. 이러한 공숙좌에게 어찌 상급을 더 보태지 않을 수 있으랴?"

그리하여 다시 40만의 토지를 보태어 본래의 1백만에 1백40만이 되게 해주었다. 노자老子의 말에 '성인은 자신을 위해 축적함이 없다. 모두 남의 것으로 여긴다. 그 때문에 자신은 더욱 소유하게 된다. 또 이미 모두 남에게 주기 때문에 자신은 갈수록 많아지는 것이다'라 하였는데 공숙좌가 바로 이에 해당한다.

魏公叔痤爲魏將, 而與韓·趙戰澮北, 禽樂祚. 魏王說, 迎郊, 以賞田百萬祿之. 公叔痤反走, 再拜辭曰:「夫使士卒不崩, 直而不倚, 撓挑而不辟者, 此吳起餘敎也, 臣不能爲也. 前脈形地之險阻, 決利害之備. 使三軍之士不迷惑者, 巴寧·爨襄之力也. 縣賞罰於前, 使民昭然信之於後者, 王之明法也. 見敵之可也鼓之, 不敢怠倦者, 臣也. 王特爲臣之右手不倦賞臣, 何也? 若以臣之有功, 臣何力之有乎?」王曰:「善」 於是索吳起之後, 賜之田二十萬. 巴寧·爨襄田各十萬. 王曰:「公叔豈非長者哉! 旣爲寡人勝強敵矣, 又不遺賢者之後, 不揜能士之迹, 公叔何可無益乎?」故又與田四十萬, 加之百萬之上, 使百四十萬. 故老子曰:『聖人無積, 盡以爲人, 己愈有; 旣以與人, 己愈多.』公叔當之矣.

【公叔痤】魏나라 장수. ≪史記≫ 商君列傳에 商鞅을 높이 보았던 인물. 296장 참조.

【澮北】澮水의 북쪽. 澮水는 지금의 山西省 翼城縣에서 발원하여 絳縣, 曲沃을 거쳐 汾水로 유입되었다.

【樂祚】趙나라 장수.

【魏王】魏나라 惠王.

【吳起】兵法家. 衛나라 사람. 用兵에 능하였으며, 처음에 魯나라 장수가 되어 齊나라를 파하였으며, 다시 魏나라 장수가 되었다. 후에 楚나라로 가서 재상이 되었고, 초나라 귀족들에게 미움을 받아 참살당하였다.

【巴寧·爨襄】두 사람 모두 魏나라의 장수인 듯하다.

【老子】李耳. 道家의 인물. ≪史記≫ 老莊申韓列傳 참조. 인용된 구절은 ≪老子≫ 81장에 『聖人不積, 旣以爲人, 己餘有, 旣以與人, 己愈多, 天之道, 利而不害, 聖人之道, 爲而不爭』이라 한 것이다.

1. 鮑彪의 평어

『彪謂: 公叔此言何其似魏絳也. 方之郤至, 驟稱其伐, 彼已隘矣. 補曰: 按史, 田文
既死, 公叔爲相, 而害吳起, 以計疑起於武侯, 起懼得罪而去之楚. 公叔卽痤也.
澮北之戰, 痤乃歸功於起之餘敎, 而使其嗣受賞, 何其前後之戾邪?』

296(22-9) 魏公叔痤病
공손앙을 추천한 공숙좌

위魏나라 공숙좌公叔痤가 병이 나자 혜왕惠王이 찾아가 문병을 하면서 물었다.

"그대 공숙께서 병이 나셨는데 거리끼는 말을 용서하십시오. 만약 일이 생기면 이 나라 사직을 누구에게 맡기면 좋겠소?"

공숙좌는 이렇게 대답하였다.

"저의 제자 중에 서자庶子로 공손앙公孫鞅이라는 인물이 있습니다. 원컨대 대왕께서는 국사를 그에게 듣고 처리하십시오. 만약 그의 말을 듣지 못하겠거든 그를 우리 국경 밖으로 나가지 못하게 묶어두십시오."

왕은 시큰둥하게 여기며 응대하지도 않았다. 그리고 그 집을 나와 좌우에게 이렇게 중얼거렸다.

"어찌 안타까운 일이 아니리오! 공숙좌같이 현명한 사람이 과인에게 위앙衛鞅의 말을 따라 정치를 하라니, 그렇게 정신이 없을 수가 있겠소!"

공숙좌가 죽자 공손앙은 이 사실을 알고 장례를 끝내자 서쪽 진秦나라로 가 버렸다. 진나라 효공孝公이 이를 받아 등용하였다. 과연 진나라는 날이 갈수록 부강해졌고, 위나라는 날이 갈수록 깎이고 말았다. 이는 공숙좌가 잘못한 것이 아니라 혜왕이 어리석었던 때문이다. 어리석은 자의 병폐란 바로 어리석지 않은 자를 어리석다고 여기는 데에 있는 것이다.

魏公叔痤病, 惠王往問之. 曰:「公叔病, 卽不可諱, 將奈社稷何?」公叔痤對曰:「痤有御庶子公孫鞅, 願王以國事聽之也. 爲弗能聽, 勿使出竟」王不應, 出而謂左右曰:「豈不悲哉! 以公叔之賢, 而謂寡人必以國事聽鞅, 不亦悖乎!」公叔痤死, 公孫鞅聞之, 已葬, 西之秦, 孝公受而用之. 秦果日以强, 魏日以削. 此非公叔之悖也, 惠王之悖也. 悖者之患, 固以不悖者爲悖.

【公叔痤】魏나라의 장군. 商鞅(衛鞅, 公孫鞅)의 스승.
【公孫鞅】商鞅, 衛鞅, 商君. 法家思想家로 처음 魏나라에 쓰이지 않자 秦나라로

들어가 孝公에게 발탁되었다. '徙木', '五家作統' 등 개혁정치를 성공시켜 秦나라을 강국으로 만들었다. 商·於(오)에 봉해져서 商君이라 부른다. ≪史記≫ 商君列傳 참조. ≪商君書≫가 전한다.

참고 및 관련 자료

1. 널리 알려진 이야기로 ≪史記≫ 商君列傳에 기록되어 있으나 약간의 차이가 있다. 商鞅이 秦孝公에게 등용된 것은 B.C. 356년쯤이다.

2. ≪史記≫ 商君列傳

商君者, 衛之諸庶孽公子也, 名鞅, 姓公孫氏, 其祖本姬姓也. 鞅少好刑名之學, 事魏相公叔座爲中庶子. 公叔座知其賢, 未及進. 會座病, 魏惠王親往問病, 曰: 「公叔病有如不可諱, 將奈社稷何?」公叔曰: 「座之中庶子公孫鞅, 年雖少, 有奇才, 願王擧國而聽之」王嘿然. 王且去, 座屛人言曰: 「王卽不聽用鞅, 必殺之, 無令出境」王許諾而去. 公叔座召鞅謝曰: 「今者, 王問可以爲相者, 我言若, 王色不許我. 我方先君後臣, 因謂王卽弗用鞅, 當殺之. 王許我. 汝可疾去矣, 且見禽.」鞅曰: 「彼王不能用君之言任臣, 又安能用君之言殺臣乎?」卒不去. 惠王旣去, 而謂左右曰: 「公叔病甚, 悲乎, 欲令寡人以國聽公孫鞅也, 豈不悖哉!」

公叔旣死, 公孫鞅聞秦孝公下令國中求賢者, 將修繆公之業, 東復侵地, 迺遂西入秦, 因孝公寵臣景監以求見孝公. 孝公旣見衛鞅, 語事良久, 孝公時時睡, 弗聽. 罷而孝公怒景監曰: 「子之客妄人耳, 安足用邪!」景監以讓衛鞅. 衛鞅曰: 「吾說公以帝道, 其志不開悟矣.」後五日, 復求見鞅. 鞅復見孝公, 益愈, 然而未中旨. 罷而孝公復讓景監, 景監亦讓鞅. 鞅曰: 「吾說公以王道而未入也. 請復見鞅」鞅復見孝公, 孝公善之而未用也. 罷而去. 孝公謂景監曰: 「汝客善, 可與語矣.」鞅曰: 「吾說公以霸道, 其意欲用之矣. 誠復見我, 我知之矣.」衛鞅復見孝公. 公與語, 不自知膝之前於席也. 語數日不厭. 景監曰: 「子何以中吾君? 吾君之驩甚也.」鞅曰: 「吾說君以帝王之道比三代, 而君曰: 『久遠, 吾不能待. 且賢者, 各及其身顯名天下, 安能邑邑待數十百年以成帝王乎?』故吾以彊國之術說君, 君大說之耳. 然亦難以比德於殷周矣.」

297(22-10) 蘇子爲趙合從說魏王
소진의 위나라 유세

소진蘇秦이 조趙나라를 위한 합종책을 펴고자 위왕魏王에게 유세하였다.

"대왕의 국토는 남쪽으로 홍구鴻溝·진陳·여남汝南·허許·언鄢·곤양昆陽·소릉邵陵·무양舞陽·신처新郪가 있고, 동쪽으로는 회淮·영潁·기沂·황黃·자조煮棗·해염海鹽·무소無疎가 있으며, 서쪽으로는 장성長城의 경계에 닿고, 북으로는 하외河外·권卷·연衍·연燕·산조酸棗가 있는 사방 천리의 땅입니다. 이 땅이 명의상으로는 비록 적으나 모두 집들과 농토로써 일찍이 목장으로 쓸 땅조차 없는 아까운 옥토입니다. 백성과 거마는 너무 많아 밤낮 없이 움직여 그칠 때가 없어, 삼군三軍의 무리가 모두 있는 것과 다를 바 없습니다. 제가 생각하건대 대왕의 나라는 초楚나라에 못하지 않습니다. 그런데도 연횡을 주장하는 자들이 대왕으로 하여금 호랑과 같은 강한 진秦나라와 외교를 맺어 천하를 침범토록 하여 마침내 나라는 환난에 빠져도 그 자신들은 화를 입지 않고 있습니다.

무릇 밖으로 진나라의 강성함을 끼고 안으로 자신의 임금을 겁주어 협박하고 있으니 이보다 더 큰 죄는 없을 것입니다. 게다가 위魏나라는 천하의 강국이요, 대왕은 천하의 어진 군주이십니다. 그런데 지금 서쪽으로 진나라를 섬기며 스스로 진나라의 동쪽 번속藩屬이라 칭하며 진나라를 위해 제궁帝宮을 지어 관대冠帶를 받고 춘추春秋로 진나라의 제사나 받드는 일은 제 생각으로도 대왕을 위해 부끄럽게 여기는 일일 줄로 압니다.

제가 듣기로 월왕越王 구천勾踐은 산졸散卒 3천으로써 오왕吳王 부차夫差를 간수干遂에서 사로잡았고, 무왕武王은 병졸 3천과 혁거革車 3백 승으로 주왕紂王을 목야牧野에서 베어 버렸습니다. 그 어찌 사졸이 많다고 될 일이겠습니까? 그것은 진실로 그들의 위세를 잘 진작시킨 때문일 뿐입니다.

지금 제가 듣기로 대왕이 거느린 병력은 무사가 20여 만, 창두蒼頭가 20만, 분격奮擊이 20만, 시도廝徒가 10만, 병거는 6백 승, 기마는 5천 필이나 됩니다. 이 정도면 월왕 구천이나 무왕의 병력은 여기에 비교도 안 되지요! 그런데도 대왕은 지금 측근 신하들의 말에 겁을 먹고 진나라의 신하가 되어 섬기겠다고 하십니다. 무릇 진나라를 섬기는 데는 반드시 땅을 떼어 주고 인질을 보내야 할 것입니다. 따라서 병력도 써보지 않고 나라는 이미 허물어져 버리고 마는 것입니다. 신하들 중에 진나라를 섬겨야 한다고 말하는 자들은 모두 간신들이지 충신은 아닙니다. 더구나 남의 신하가 되어 그 임금의 땅을 떼어 외교를 구하여 하루아침에 공만 세우면 그만, 그 후환을 돌아보지 아니하고, 공가公家를 파괴하며 사문私門을 성취시키려는 자들, 밖으로 강한 진나라의 세력을 끼고 안으로 그 임금을 겁주고 협박하여 땅을 할양하기를 요구하는 자들, 원컨대 대왕께서는 이런 자들을 깊이 살펴보시기 바랍니다.

《주서周書》에 '면면히 이어 끊어지지 않는 화근, 자꾸 번져 나가니 어쩌면 좋을꼬? 티끌처럼 작다고 뽑지 않고 두다가는 장차는 도끼자루만큼 이나 커지고 말리라'라 하였습니다. 미리 고려해서 확정짓지 않으면 뒤에 틀림없이 큰 재앙이 따를 것이온대, 그렇게 되면 장차 어찌 하시려고 하십니까? 대왕께서 진실로 제 말을 들으셔서 육국六國이 종친從親해서 힘을 합하기에 전심하신다면 진나라에 대한 우환은 틀림없이 없어질 것입니다. 이 때문에 우리나라 조왕趙王께서 저를 보내 어리석은 계책을 여쭙고 틀림없는 약속을 받들게 하였사오니 이제 대왕께서는 조책詔策을 내려 주시기 바랍니다."

이윽고 위왕이 입을 열었다.

"과인은 불초하여 이토록 밝은 가르침을 들어보지 못하였습니다. 지금 그대가 조왕의 명령으로서 나를 찾아와 알려 주시니 나라를 바쳐 따르겠소이다."

蘇子爲趙合從, 說魏王曰:「大王之地, 南有鴻溝·陳·汝南, 有許·鄢· 昆陽·邵陵·舞陽·新郪; 東有淮·潁·沂·黃·煮棗·海鹽·無疎; 西有長 城之界; 北有河外·卷·衍·燕·酸棗, 地方千里. 地名雖小, 然而廬田廡舍, 曾無所芻牧牛馬之地. 人民之衆, 車馬之多, 日夜行不休已, 無以異於三軍 之衆. 臣竊料之, 大王之國, 不下於楚. 然橫人謀王外交强虎狼之秦, 以侵天下, 卒有國患, 不被其禍. 夫挾强秦之勢, 以內劫其主, 罪無過此者. 且魏, 天下之

強國也; 大王, 天下之賢主也. 今乃有意西面而事秦, 稱東藩, 築帝宮, 受冠帶,
祠春秋, 臣竊爲大王愧之. 臣聞越王勾踐以散卒三千, 禽夫差於干遂; 武王卒
三千人, 革車三百乘, 斬紂於牧之野. 豈其士卒衆哉? 誠能振其威也. 今竊聞
大王之卒, 武力二十餘萬, 蒼頭二千(十)萬, 奮擊二十萬, 廝徒十萬, 車六百乘,
騎五千疋. 此其過越王勾踐·武王遠矣! 今乃劫於辟臣之說, 而欲臣事秦.
夫事秦必割地效質, 故兵未用而國已虧矣. 凡羣臣之言事秦者, 皆姦臣, 非忠
臣也. 夫爲人臣, 割其主之地以求外交, 偸取一旦之功而不顧其後, 破公家而
成私門, 外挾彊秦之勢以內劫其主以求割地, 願大王之熟察之也.

『周書』曰:『緜緜不絶, 縵縵奈何? 毫毛不拔, 將成斧柯.』前慮不定, 後有
大患, 將奈之何? 大王誠能聽臣, 六國從親, 專心並力, 則必無强秦之患.
故敝邑趙王使使臣獻愚計, 奉明約, 在大王詔之.」

魏王曰:「寡人不肖, 未嘗得聞明敎. 今主君以趙王之詔詔之, 敬以國從.」

【蘇子爲趙合從】齊策(8)의 註 참조.
【魏王】魏襄王, 惠王의 아들, 이름은 嗣.
【鴻溝~新郪】鴻溝는 渠名, 河南省의 賈魯河. 陳은 淮陽, 汝南은 지금의 汝南縣,
許는 許昌縣, 鄢은 지금의 鄢陵縣, 昆陽은 지금의 葉縣, 邵陵은 지금의 郾城縣,
舞陽은 지금의 方城縣, 新郪는 郪丘라고도 하며, 安徽省 太和縣. 新郪 이외에는
모두 지금의 河南省에 있는 地名.
【淮穎沂黃】穎은 潁의 오기이다. 河名이겠으나 ≪史記≫ 正義에는 淮陽, 潁川을
두 개의 군 이름으로 풀이하고 있다.(≪史記≫에는 沂黃이 없다) 이렇게
되면 위와 중복된다.(즉 陳·鄢. 許는 潁川郡에 속한다) 煮棗는 지금의 山東省
荷澤縣, 海鹽, 無疏(≪史記≫에는 海鹽은 없고 無疏는 無胥로 되어 있다)는
둘 다 魏의 地名이다.
【長城】≪史記≫ 集解에 "滎陽卷縣有長城, 經陽武至密"이라 하였다.
【河外·卷·衍·燕酸棗】모두 지금의 河南省에 있는 魏地. 河外는 河南의 黃河
以南 땅, 卷은 原武縣, 衍은 鄭縣, 燕酸棗은 南燕(周代 小國名)의 酸棗邑.
【廬田廡舍】집들과 田地, ≪史記≫에는 "田舍廬廡之數"라 하였다.
【築帝宮】秦王의 巡狩를 위해 行宮을 짓는다는 뜻이다.
【受冠帶】制度, 法令을 秦으로부터 받아 施行함을 말한다.

【祠春秋】春秋로 秦의 祭祝을 위해 負奉함을 뜻한다.

【趙王……干遂】干遂는 干隧라고도 쓴다. 이 이야기는 秦策(30) 참조.

【武士】≪漢書≫ 刑法志에 "魏士武卒穿甲操十二石弓, 負矢五十, 置戈其上, 冠胄(盔)帶劍及三日糧, 中試乃多賜田宅"이라 하였다.

【蒼頭】靑巾을 머리에 두른 兵.

【奮擊】奮力擊敵의 勇士.

【廝徒】炊食, 供養 마구간 청소 등 雜役을 하는 人夫.

【縵縵】≪史記≫에는 '蔓蔓'으로 되어있으며, 長久 혹은 蔓延의 뜻.

【趙王】趙나라 肅侯를 말한다. 처음으로 蘇秦을 인정하여 合從을 펴기 시작한 趙나라의 군주.

참고 및 관련 자료

1. ≪史記≫ 蘇秦列傳의 기록과 같으며 B.C. 333년의 일이다.

2. ≪史記≫ 蘇秦列傳

又說魏襄王曰:「大王之地, 南有鴻溝·陳·汝南·許·郾·昆陽·召陵·舞陽·新都·新郪, 東有淮·潁·煮棗·無胥, 西有長城之界, 北有河外·卷·衍·酸棗, 地方千里. 地名雖小, 然而田舍廬廡之數, 曾無所芻牧. 人民之衆, 車馬之多, 日夜行不絶, 輷輷殷殷, 若有三軍之衆. 臣竊量大王之國不下楚. 然衡人怵王交彊虎狼之秦以侵天下, 卒有秦患, 不顧其禍. 夫挾彊秦之勢以內劫其主, 罪無過此者. 魏, 天下之彊國也; 王, 天下之賢王也. 今乃有意西面而事秦, 稱東藩, 築帝宮, 受冠帶, 祠春秋, 臣竊爲大王恥之.

臣聞越王句踐戰敝卒三千人, 禽夫差於干遂; 武王卒三千人, 革車三百乘, 制紂於牧野; 豈其士卒衆哉, 誠能奮其威也. 今竊聞大王之卒, 武士二十萬, 蒼頭二十萬, 奮擊二十萬, 廝徒十萬, 車六百乘, 騎五千匹. 此其過越王句踐·武王遠矣, 今乃聽於羣臣之說而欲臣事秦. 夫事秦必割地以效實, 故兵未用而國已虧矣. 凡羣臣之言事秦者, 皆姦人, 非忠臣也. 夫爲人臣, 割其主之地以求外交, 偸取一時之功而不顧其後, 破公家而成私門, 外挾彊秦之勢以內劫其主, 以求割地, 願大王孰察之. ≪周書≫曰:『緜緜不絶, 蔓蔓柰何? 豪氂不伐, 將用斧柯.』前慮不定, 後有大患, 將柰之何? 大王誠能聽臣, 六國從親, 專心幷力壹意, 則必無彊秦之患. 故敝邑趙王使臣效愚計, 奉明約, 在大王之詔詔之.」

魏王曰:「寡人不肖, 未嘗得聞明敎. 今主君以趙王之詔詔之, 敬以國從.」

298(22-11) 張儀爲秦連橫說魏王
장의의 위나라 유세

장의張儀가 진秦나라를 위한 연횡책을 펴고자 위왕魏王에게 유세하였다.
"위나라 땅은 사방 1천 리가 되지 못하며 사졸도 30만을 넘지 못합니다.
지세는 사방이 평평하며 사방 제후들과 통하여 마치 수레바퀴 살이 모이는
돌개 같은 곳입니다. 거기다가 천연 요새가 될 만한 명산대천도 없습니다.

정鄭 땅부터 대량大梁까지 거리는 1백 리에 불과하며 진陳에서 대량까지도
2백여 리, 말을 몰아 달리거나 사람이 뛰어가도 피로해지기도 전에 이미
이곳 대량에 다다르고 맙니다. 남쪽으로는 초楚나라, 서쪽으로는 한韓나라,
북쪽으로는 조趙나라, 동쪽으로는 제齊나라와 국경이 맞닿아 사방은 모두
군대가 수수戍守해야 하며 국경의 험요한 곳에 모두 망루를 만들어 올망졸망
배열시켜 지켜야 합니다. 군량을 조운漕運하여 창고에 들이는 데도 10만
병兵은 필요할 것입니다.

위나라의 지세로 보아 진실로 전쟁터가 되기에 알맞은 곳, 위나라가
남으로 초나라와 친하면서 제나라는 멀리하면 제나라가 그 동쪽을 칠
것이요, 동쪽으로 제나라와 친하면서 조나라를 멀리하면 조나라는 그
북쪽을 칠 것이며, 한나라에 부합하지 않으면 한나라도 그 서쪽을 칠
것이며, 초나라와 친히 하지 않으면 초나라는 그 남쪽을 쳐올 것입니다.
이것이 소위 말하는 사분오열의 지세라는 것입니다.

그런데도 제후들 중에 합종을 한다고 떠드는 것은 사직을 안정시키며
존왕, 강병하고 그 이름을 드날리게 될 것이라 합니다. 합종이란 단번에
천하가 형제로 약속해서 백마를 잡아 원수洹水가에서 회맹하여 서로
믿음을 굳게 하기로 한 것입니다. 그러나 친형제로서 부모를 같이 한
사이라 할지라도 오히려 서로 돈과 재물 때문에 싸우고 다투는 법인데,
하물며 사기와 위선의 반복뿐인 소진蘇秦이 쓰다버린 나머지의 얕은
꾀를 믿으려 한다니 이것이 성공할 수 없다는 것은 뻔한 일입니다.

대왕이 진나라를 섬기지 않으시다가 진나라가 군대를 내려 하외河外를
공략해 권卷, 연衍, 연燕, 산조酸棗를 뽑아 버리고, 위衛를 협박하여 양진陽晉을

취해 버리면, 조나라의 세력은 남으로 뻗칠 수 없게 됩니다.

　조나라가 남으로 진출할 수 없게 되면 위나라는 북쪽으로 올라갈 수가 없지요. 위나라가 북쪽으로 올라가지 못하면 합종의 길은 끊어지고 맙니다. 합종의 길이 끊어지면 대왕의 나라가 안전하게 있어 보겠다고 염원해 보았자 불가능한 일이 되고 맙니다. 진나라가 다시 한나라를 끼고 위나라를 공략할 때 한나라는 진나라에 위협을 당해 감히 그의 명령을 듣지 않을 수 없게 됩니다. 진·한 두 나라가 하나로 뭉치면 위나라가 망하는 것은 서 있는 채로 수유의 순간입니다. 이것이 바로 제가 대왕을 위해 걱정하는 바입니다.

　대왕을 위해 계책을 일러드리건대 진나라를 섬기느니만 못합니다. 진나라만 섬기고 있으면 초나라와 한나라도 감히 움직이지 못합니다. 초·한 두 나라에 대한 근심이 없어지면 대왕께서는 베개를 높이고 잠잘 수 있고, 나라는 틀림없이 아무런 우환이 없어지게 됩니다. 또 진나라가 가장 약화시켜야 되겠다고 생각하는 나라는 초나라 이외에는 없으며, 그러한 초나라를 능히 약화시킬 수 있는 나라는 바로 귀국 위나라 밖에는 없습니다. 초나라가 비록 부강한 나라라고 소문이 났으나 사실은 공허한 나라이며, 그 병졸이 많다고 알려져 있으나 실은 말만 많고 쉽게 도망가고 쉽게 패하는 무리들로서 굳센 싸움은 해내지 못할 자들입니다. 귀국 위나라가 군대를 내어 남쪽으로 초나라를 치면, 초나라를 이기는 것은 틀림없는 일입니다. 무릇 초나라를 깎아 위나라를 유익하게 하고 초나라를 공격해서 진나라에 적합하게 해주면, 안으로는 화를 시집보내 버리고 나라를 편안히 하는 것이니 이는 아주 훌륭한 일입니다. 대왕이 제 말씀을 듣지 않으면 진나라는 곧 군사를 풀어 동쪽으로 밀려올 것입니다. 그 때에는 진나라를 섬기고자 해도 이미 때는 늦고 맙니다.

　더구나 합종을 주장하는 인물들은 거의가 분격한 언사들뿐 믿을 만한 것은 아주 적습니다.

　그들은 한 제후의 왕을 설복시켜 놓으면 나올 때는 왕이 내려 준 수레를 타고 뽐내며, 그 어떤 나라라도 합종의 약속을 맺어 놓고 돌아와서는 일약 톡톡히 봉후를 받을 기초를 얻어내니, 이 때문에 천하의 유사遊士들이 서로 물고 뜯고 눈흘기며 진분해서 합종이 편하다고 그 임금들을 설득시키기에 혈안이 되어 있는 것입니다. 임금들이 그 말들을 듣고 그 설득에 끌리다 보면 어찌 현혹되지 않을 수 있겠습니까? 제가 듣건대 '깃털도 쌓이면 배를 가라앉히고 가벼운 것도 모이면 수레 축을 꺾고, 여러 입이 모이면 쇠도 녹인다'라 하였습니다. 그러므로 원컨대 대왕께서 깊은 계책이 있으시길 바랍니다."

위왕은 설복 당하고 말았다.

"과인이 어리석어 지난번 합종 계획이 과실인 줄을 이제 알겠습니다. 청컨대 저희는 동번東藩을 칭하며 제궁帝宮을 지으며, 관대를 받고, 춘추에 제사를 지내며 하외河外 땅을 바치겠습니다."

張儀爲秦連橫, 說魏王曰:「魏地方不至千里, 卒不過三十萬人. 地四平, 諸侯四通, 條達輻湊, 無有名山大川之阻. 從鄭至梁, 不過百里; 從陳至梁, 二百餘里. 馬馳人趨, 不待倦而至梁. 南與楚境, 西與韓境, 北與趙境, 東與齊境, 卒戍四方, 守亭障者參列. 粟糧漕庾, 不下十萬. 魏之地勢, 故戰場也. 魏南與楚而不與齊, 則齊攻其東; 東與齊而不與趙, 則趙攻其北; 不合於韓, 則韓攻其西; 不親於楚, 則楚攻其南. 此所謂四分五裂之道也.

且夫諸侯之爲從者, 以安社稷·尊主·强兵·顯名也. 合從者, 一天下, 約爲兄弟, 刑白馬以盟於洹水之上以相堅也. 夫親昆弟, 同父母, 尚有爭錢財. 而欲恃詐偽反覆蘇秦之餘謀, 其不可以成亦明矣.

大王不事秦, 秦下兵攻河外, 拔卷·衍·燕·酸棗, 劫衛取晉陽, 則趙不南; 趙不南, 則魏不北; 魏不北, 則從道絶; 從道絶, 則大王之國欲求無危不可得也. 秦挾韓而攻魏, 韓劫於秦, 不敢不聽. 秦·韓爲一國, 魏之亡可立而須也, 此臣之所以爲大王患也. 爲大王計, 莫如事秦, 事秦則楚·韓必不敢動; 無楚·韓之患, 則大王高枕而臥, 國必無憂矣.

且夫秦之所欲弱莫如楚, 而能弱楚者莫若魏. 楚雖有富大之名, 其實空虛; 其卒雖衆, 多言而輕走, 易北, 不敢堅戰. 魏之兵南面而伐, 勝楚必矣. 夫虧楚而益魏, 攻楚而適秦, 內嫁禍安國, 此善事也. 大王不聽臣, 秦甲出而東, 雖欲事秦而不可得也.

且夫從人多奮辭而寡可信, 說一諸侯之王, 出而乘其車; 約一國而反, 成而封侯之基. 是故天下之遊士, 莫不日夜搤腕瞋目切齒以言從之便, 以說人主. 人主覽其辭, 牽其說, 惡得無眩哉? 臣聞積羽沉舟, 羣輕折軸, 衆口鑠金, 故願大王之熟計之也.」

魏王曰:「寡人蠢愚, 前計失之. 請稱東藩, 築帝宮, 受冠帶, 祠春秋, 效河外.」

【張儀爲秦連橫】 秦나라 相이 되었던 張儀가 秦나라를 위하여 相을 辭任까지 하고 魏나라의 相이 되었다. 그리하여 먼저 魏나라로 하여금 秦나라를 섬기게 하여 다른 제후가 본받을 수 있게 꾸몄다. 그러나 당시 魏나라 襄王이 이를 거절하였고 그 후 그의 아들인 哀王도 듣지 않았다. 張儀는 몰래 秦나라로 하여금 魏나라를 치게 하고 그 기회에 다시 魏나라로 하여금 秦나라를 섬기도록 連橫說을 강요한 것이다.

【魏王】 哀王, 襄王의 아들.

【輻湊】 輻輳, 원래의 뜻은 수레의 바퀴살이 모이는 轂.

【鄭】 新鄭, 당시 韓나라 都邑, 지금의 河南省 新鄭縣.

【梁】 大梁, 魏나라 都邑, 원래 安邑이 도읍이었으나 秦患을 피해 東으로 옮겼다. 그 때문에 魏를 梁이라고도 한다. 지금의 河南省 開封縣.

【陳】 춘추시대 陳의 都邑地, 지금의 河南省 淮陽縣, 당시 楚地로서 중히 여기던 邑.

【漕庾】 漕는 水運, 漕運, 庾는 水漕倉庫.

【洹水】 혹은 安陽河라고도 한다.

【河外, 卷, 衍, 燕酸棗】 바로 앞의 〈魏策〉(6)의 주 참조.

【陽晉】 衛의 都邑, 지금의 山東省 鄆城縣.

【蠢愚】 蠢은 '어리석다'의 뜻.

【築帝宮, 受冠帶, 祠春秋】 바로 앞의 〈魏策〉(6)의 주 참조.

참고 및 관련 자료

1. 《史記》 張儀列傳에도 실려있으며 B.C. 317년의 일이다.

2. 《史記》 張儀列傳

其後二年, 使與齊·楚之相會齧桑. 東還而免相, 相魏以爲秦, 欲令魏先事秦而諸侯效之. 魏王不肯聽儀. 秦王怒, 伐取魏之曲沃·平周, 復陰厚張儀益甚. 張儀慙, 無以歸報. 留魏四歲而魏襄王卒, 哀王立. 張儀復說哀王, 哀王不聽. 於是張儀陰令秦伐魏. 魏與秦戰, 敗.

明年, 齊又來敗魏於觀津. 秦復欲攻魏, 先敗韓申差軍, 斬首八萬, 諸侯震恐. 而張儀復說魏王曰:「魏地方不至千里, 卒不過三十萬. 地四平, 諸侯四通輻湊, 無名山大川之限. 從鄭至梁二百餘里, 車馳人走, 不待力而至. 梁南與楚境, 西與韓境, 北與趙境, 東與齊境, 卒戍四方, 守亭鄣者不下十萬. 梁之地勢, 固戰場也. 梁南與楚而不與齊, 則齊攻其東; 東與齊而不與趙, 則趙攻其北; 不合於韓, 則韓攻其西; 不親於楚, 則楚攻其南: 此所謂四分五裂之道也.

且夫諸侯之爲從者, 將以安社稷尊主彊兵顯名也. 今從者一天下, 約爲昆弟, 刑白馬以盟洹水之上, 以相堅也. 而親昆弟同父母, 尚有爭錢財, 而欲恃詐僞反覆蘇秦之餘謀, 其不可成亦明矣.

大王不事秦, 秦下兵攻河外, 據卷・衍・(燕)・酸棗, 劫衛取陽晉, 則趙不南, 趙不南而梁不北, 梁不北則從道絶, 從道絶則大王之國欲毋危不可得也. 秦折韓而攻梁, 韓怯於秦, 秦・韓爲一, 梁之亡可立而須也. 此臣之所爲大王患也.

爲大王計, 莫如事秦. 事秦則楚・韓必不敢動; 無楚・韓之患, 則大王高枕而臥, 國必無憂矣.

且夫秦之所欲弱者莫如楚, 而能弱楚者莫如梁. 楚雖有富大之名而實空虛; 其卒雖多, 然而輕走易北, 不能堅戰. 悉梁之兵南面而伐楚, 勝之必矣. 割楚而益梁, 虧楚而適秦, 嫁禍安國, 此善事也. 大王不聽臣, 秦下甲士而東伐, 雖欲事秦, 不可得矣.

且夫從人多奮辭而少可信, 說一諸侯而成封侯, 是故天下之游談士莫不日夜搤腕瞋目切齒以言從之便, 以說人主. 人主賢其辯而牽其說, 豈得無眩哉.

臣聞之, 積羽沈舟, 羣輕折軸, 衆口鑠金, 積毀銷骨, 故願大王審定計議, 且賜骸骨辟魏.」

哀王於是乃倍從約而因儀請成於秦. 張儀歸, 復相秦. 三歲而魏復背秦爲從. 秦攻魏, 取曲沃. 明年, 魏復事秦.

3. 鮑本의 평어

『彪謂: 魏邇秦而無阻固, 凡橫人之辭, 若可聽唯魏也. 故儀先之魏, 一搖而諸國動矣. 敗從之約, 魏其過歟! 使魏而繹其說曰,「秦豈能有愛於我哉? 兵來不除道, 何爲以說客先之? 是知其不可而誑我也. 且我事秦, 安得高枕而無憂哉?」如是展轉計之, 則儀之辭屈矣. 魏不搖, 諸侯將又曰,「魏魏四達之國, 又邇於秦, 彼猶堅約不動, 我何懼乎秦?」如是, 則諸侯一矣. 惜魏之不知出此也.』

299(22-12) 齊魏約而伐楚
뒤를 칠까 겁을 내어

제齊·위魏 두 나라가 맹약을 맺고 초楚나라를 치게 되었다. 위나라는 동경董慶을 제나라에 인질로 보내어 놓고 있었다. 그런데 이 싸움에서 도리어 초나라가 제나라를 공격하여 제나라 군사를 대패시키게 되었다. 그런데 동맹을 맺고 있던 위나라는 전혀 제나라를 구해 줄 눈치를 보이지 않는 것이었다. 제나라 전영田嬰이 노하여 인질 동경을 죽여 버리려 하였다. 이 때 간이盰夷가 동경을 위하여 전영에게 말하였다.

"초나라가 이 제나라를 공격하여 크게 깨뜨리고도 감히 깊이 쳐들어오지 못하는 것은 위나라가 장차 제나라에 들어와 자기의 뒤를 칠까 해서입니다. 지금 동경을 죽이게 되면 이는 제나라에게는 더 이상 위나라의 도움이 없다는 것을 초나라에게 보여 주는 것밖에 안 됩니다. 그때 위나라가 노해서 초나라와 연합해 버리면 이 제나라는 크게 위험해 집니다. 그러니 동경에게 더욱 잘해 주어 위나라를 끌어들인 다음 초나라가 이에 의심을 갖도록 하느니만 못합니다."

齊·魏約而伐楚, 魏以董慶爲質於齊. 楚攻齊, 大敗之, 而魏弗救. 田嬰怒, 將殺董慶. 盰夷爲董慶謂田嬰曰:「楚攻齊, 大敗之, 而不敢深入者, 以魏爲將內之於齊而擊其後. 今殺董慶, 是示楚無魏也. 魏怒合於楚, 齊必危矣. 不如貴董慶以善魏, 而疑之於楚也.」

【董慶】魏나라의 重臣.
【田嬰】齊나라 재상. 靖郭君. 薛에 봉해져서 薛公으로도 부른다. 孟嘗君 田文의 아버지.
【盰夷】干夷, 吁夷, 盰夷 등으로도 쓰며 유세객.

참고 및 관련 자료

1. B.C. 341년에 齊楚 사이의 馬陵之戰에서 제나라가 크게 패배한 사건의 일부로 보인다.

300(22-13) 蘇秦拘於魏
관문을 닫아버리고

소진(蘇秦, 蘇代의 잘못)이 위魏나라에 붙들렸다가 몰래 도망하여 한(韓, 齊)나라로 숨어들고자 하였다. 위나라는 관문을 닫아 버리고 이를 통과하지 못하게 하였다. 제나라가 소려蘇厲를 보내어 위왕魏王을 달랬다.

"제나라가 송宋나라 땅을 진秦나라 경양군涇陽君에게 바치려 하였지만 진나라가 받아 주지 않았습니다. 이것은 진나라가 제나라가 자기편이 되어 주고 송나라 땅까지 얻게 되는 것을 이롭다 여기지 않아서가 아닙니다. 그것을 받지 않는 이유는 제왕齊王과 소진(蘇秦, 蘇代)을 믿지 못하고 있기 때문이었습니다.

지금 진나라가 제·위 두 나라의 사이에 불화가 이처럼 심하다는 것을 알게 되면 제나라는 더 이상 진나라를 속일 필요가 없게 되고, 진나라도 제나라를 믿어 줄 것입니다. 진나라와 제나라가 합쳐지고 경양군이 송나라 땅까지 얻게 되면 위나라에게 이로울 것은 하나도 없습니다. 그러므로 대왕께서는 소진을 동(東, 齊)으로 돌려보내어 진나라로 하여금 제나라를 의심하고 들어주지 않게 하느니만 못합니다. 무릇 제나라와 진나라가 결합하지 않으면 천하의 근심은 다 없어집니다. 그런 후에 제나라를 쳐서 성공한다면 땅을 넓힐 수 있게 됩니다."

蘇秦(代)拘於魏, 欲走而之韓(齊), 魏氏閉關而不通. 齊使蘇厲爲之謂魏王曰:「齊請以宋地封涇陽君, 而秦不受也. 夫秦非不利有齊而得宋地也, 然其所以不受者, 不信齊王與蘇秦也. 今秦見齊·魏之不合也如此其甚也, 則齊必不欺秦, 而秦信齊矣. 齊·秦合而涇陽君有宋地, 則非魏之利也. 故王不如復東蘇秦, 秦必疑齊而不聽也. 夫齊·秦不合, 天下無憂, 伐齊成, 則地廣矣.」

【蘇秦拘於魏】≪史記≫에는 蘇代로 되어 있다. 蘇秦이 죽은 후에 그의 두 동생 蘇代와 蘇襄는 燕王의 신하가 되어 있었다. 뒤에 代는 燕의 相國 아들과

모의해서 燕나라에서 내란을 일으켰다가 발각되어 齊나라로 도망하였다. 齊나라는 이를 잘 대접해 주었다. 그런데 도망가던 중에 魏나라를 지나다가 이 일이 생긴 것이다.

【蘇厲】 소진과 소대의 동생. 魏나라에게 蘇代의 동생 蘇厲를 보낼 수 없었을 것이다. 그래서 ≪史記≫에는 이름을 밝히지 않고 있다.

【魏王】 哀王.

【宋地】 宋은 이때까지 멸망치 않고 王을 칭하고 있었다. 지금의 河南省 商丘縣 에서 東으로 江蘇省 銅山縣 일대. 宋은 B.C. 286년 齊나라에게 망하였다.

【涇陽君】 秦昭王의 同母弟인 公子 悝. 이 이야기는 만약 蘇代를 풀어 주지 않으면 齊나라는 秦나라와 연합하요 魏나라 동쪽 宋地를 쳐서 그 땅을 秦나라 涇陽君에게 봉지로 주어 위나라를 위협하겠다는 뜻이다.

【齊王】 齊나라 湣王.

참고 및 관련 자료

1. 이 기록은 ≪史記≫ 蘇秦列傳과 같다. 燕王 噲에게 나라를 재상인 子之에게 넘겨주도록 모책을 썼던 인물이 바로 蘇代이다. 그래서 魏나라는 燕나라를 위해 蘇代를 구금한 것이다. 한편 ≪史記≫에는 蘇秦이 B.C. 320~319년에 죽은 것으로 되어 있고, 燕王 噲가 子之에게 禪讓한 사건은 B.C. 316년으로 되어있다. 따라서 본장의 蘇秦은 잘못된 것으로 여겨진다. 한편 본장은 452장과 관련이 있다.

2. ≪史記≫ 蘇秦列傳

蘇代過魏, 魏爲燕執代. 齊使人謂魏王曰:「齊請以宋地封涇陽君, 秦必不受. 秦非不利有齊而得宋地也, 不信齊王與蘇子也. 今齊·魏不和如此其甚, 則齊不欺秦. 秦信齊, 齊·秦合, 涇陽君有宋地, 非魏之利也. 故王不如東蘇子, 秦必疑齊而不信蘇子矣. 齊·秦不合, 天下無變, 伐齊之形成矣.」於是出蘇代. 代之宋, 宋善待之.

301(22-14) 陳軫魏秦使於齊
천하의 일을 맡다

진진陳軫이 진秦나라 사신이 되어 제齊나라에 가면서 위魏나라를 통과하게 되었다. 이때 진진은 서수犀首를 만나보겠다고 청하였지만 서수는 거절하고 만나주지 않았다. 진진은 사람을 통해 이렇게 전하도록 하였다.

"내가 이 위나라에 온 것은 그럴만한 일이 있어서요. 그런데 그대가 나를 만나 주지 않으니 나는 곧 떠날 수밖에 없소. 다른 날을 기다릴 필요도 없소."

서수는 이 말을 듣자 이에 진진을 만났다. 진진은 대뜸 서수에게 이렇게 물었다.

"그대는 일을 싫어합니까? 무슨 이유로 밥은 먹으면서 일은 하지 않습니까? 일이 없다면 반드시 날 찾아왔을 텐 데요."

서수가 대답하였다.

"제가 불초하여 일을 잘 처리하지 못할 뿐이지 어찌 감히 일하기를 싫어하겠습니까?"

그러자 진진은 이렇게 말하였다.

"청컨대 천하의 일을 그대에게 넘겨주겠소."

서수가 물었다.

"무슨 뜻이오?"

진진이 설명하였다.

"위왕魏王께서 이종李從에게 수레 1백 승으로 초나라 사신으로 가도록 하였습니다. 귀하는 그 중간에서 이 일을 의심하게 할 수 있습니다. 귀하는 위왕에게 가서 직접 '저는 연燕·조趙 두 나라와 친합니다. 그들이 자주 저를 초청하였지만 저는 일이 없이 한가할 때 가겠다고 거절하였었습니다. 지금 저는 한가한 때이니 청컨대 보고 드리고 찾아가 보겠습니다. 오랜 시간은 필요 없습니다. 열흘이나 닷새 정도면 됩니다'라고 하십시오. 그러면 임금도 그대를 저지시킬 뚜렷한 명분이 없어 허락하고 말 것입니다. 그대는 가기를 결정하고 이에 스스로 조정에서 '내가 급히 연·조 두 나라에 사신으로 가야 하니 어서 수레와 여행 도구를 갖추도록 하라'고 널리 알리십시오."

그러자 서수가 말하였다.

"좋은 생각이오."

그리고는 위왕을 알현하였다. 왕이 이를 허락하자 서수는 자신이 연·조 두 나라 사신으로 간다는 것을 널리 알렸다.

각 제후들의 외교관들이 이를 듣고 모두가 각각 자신들의 고국에 이 사실을 알렸다.

"이종은 수레 1백 승으로 초나라 사신으로 갔고, 서수는 수레 30승으로 연·조 두 나라에 사신으로 갑니다."

우선 제나라 왕이 이 소식을 듣자 자신이 위나라와의 맹약에 가장 뒤질까 두려워 모든 일을 서수에게 위촉하였다. 서수는 제나라의 일을 맡게 되었다. 이를 안 위나라 왕은 서수의 출행을 막고 국내에 머물도록 하였다. 이번에는 연·조 두 나라가 이 소식을 듣자 역시 자신의 국사를 서수에게 위촉해 왔다. 초왕은 이를 듣고 이렇게 말하였다.

"이종이 이미 과인과 맹약을 맺었는데 지금 연·제·조 세 나라가 모두 서수에게 일을 위촉하였다. 서수는 틀림없이 나를 필요로 할 것이다. 나 또한 그에게 맡기는 것이 좋겠다."

그리고는 이종과 맺었던 약속을 파기하고 대신 모든 일을 서수에게 위촉하고 말았다. 그제야 위왕은 이렇게 말하였다.

"내가 서수를 출국하지 못하게 묶어둔 것은 일을 그르칠까 해서였다. 지금 네 나라가 모두 서수에게 일을 위촉시켜 놓았으니 이제 과인 역시 이 나라 일을 서수에게 부탁해야겠다."

서수는 드디어 천하의 일을 주관하게 되었고 재상의 자리도 다시 찾게 되었다.

陳軫爲秦使於齊, 過魏, 求見犀首. 犀首謝陳軫. 陳軫曰:「軫之所以來者, 事也. 公不見軫, 軫且行, 不得待異日矣.」犀首乃見之. 陳軫曰:「公惡事乎? 何爲飲食而無事? 無事必來.」犀首曰:「衍不肖, 不能得事焉, 何敢惡事?」

陳軫曰:「請移天下之事於公.」犀首曰:「奈何?」陳軫曰:「魏王使李從以車百乘使於楚, 公可以居其中而疑之. 公謂魏王曰:『臣與燕·趙故矣, 數令人召臣也, 曰無事必來. 今臣無事, 請謁而往. 無久, 旬·五之期.』王必無辭以止公. 公得行, 因自言於廷曰:『臣急使燕·趙, 急約車爲行具.』」犀首曰:「諾.」謁魏王, 正許之, 卽明言使燕·趙.

諸侯客聞之, 皆使人告其王曰:「李從以車百乘使楚, 犀首又以車三十乘使燕·趙.」齊王聞之, 恐後天下得魏, 以事屬犀首, 犀首受齊事. 魏王止其行使. 燕·趙聞之, 亦以事屬犀首. 楚王聞之, 曰:「李從約寡人, 今燕·齊·趙皆以事因犀首, 犀首必欲寡人, 寡人欲之.」乃倍李從, 而以事因犀首. 魏王曰:「所以不使犀首者, 以爲不可. 令(今)四國屬以事, 寡人亦以事因焉.」犀首遂主天下之事, 復相魏.

【陳軫】秦나라 신하.

【犀首】公孫衍. 魏나라 재상을 지냈다.

【梁王】魏王. 즉 惠王. ≪史記≫에는 襄王으로 되어 있다.

【李從】人名. 魏나라 사신으로 楚나라에 갔던 인물.

【齊王】齊나라 宣王. ≪史記≫에는 閔王으로 되어 있다.

【楚王】楚나라 懷王.

참고 및 관련 자료

1. ≪史記≫ 張儀列傳에도 실려있으나 본장과 出入이 심하다. 시간은 B.C. 323년으로 보고 있다.

2. ≪史記≫ 張儀列傳

居秦期年, 秦惠王終相張儀, 而陳軫奔楚. 楚未之重也, 而使陳軫使於秦. 過梁, 欲見犀首. 犀首謝弗見. 軫曰:「吾爲事來, 公不見軫, 軫將行, 不得待異日.」犀首見之. 陳軫曰:「公何好飮也?」犀首曰:「無事也.」曰:「吾請令公厭事可乎?」曰:「奈何?」曰:「田需約諸侯從親, 楚王疑之, 未信也. 公謂於王曰:『臣與燕·趙之王有故, 數使人來, 曰無事何不相見, 願謁行於王.』王雖許公, 公請毋多車, 以車三十乘, 可陳之於庭, 明言之燕·趙.」燕·趙客聞之, 馳車告其王, 使人迎犀首. 楚王聞之大怒, 曰:「田需與寡人約, 而犀首之燕·趙, 是欺我也.」怒而不聽其事.

齊聞犀首之北, 使人以事委焉. 犀首遂行, 三國相事皆斷於犀首. 軫遂至秦.

3. 鮑注의 평어

『彪謂: 軫之所立, 唯此有七國捭闔風氣, 不然, 醇乎醇矣! 正曰: 陳軫過犀首而不見, 宜若有憾焉, 而必見之, 又敎之以收天下之事任, 何也? 二人皆不善於張儀者也. 激犀首以重任, 皆所以傾儀而已. 鮑氏於軫深所歸重, 此章知其失不可揜, 則曰: 「不然, 醇乎醇乎」! 鮑因軫答秦王之楚之對, 而亟加矜獎, 曲爲之說. 故愚亦屢摘其微, 非好爲攻發也.』

302(22-15) 張儀惡陳軫於魏王
수백 번 왕을 설득하려 한다해도

장의張儀가 위왕魏王에게 진진陳軫에 대한 악담을 늘어놓았다.

"진진은 초楚나라를 잘 받들고 있습니다. 그는 토지를 그들 초나라에게 주라고 요구하며 이에 온 힘을 쏟고 있습니다."

그러자 좌화左華가 진진에게 일렀다.

"장의는 위나라 재상으로 위왕에게 아주 잘하고 있고, 위왕 또한 장의를 아주 신임하고 있습니다. 이때 귀하가 비록 수백 번 왕을 설득하려 한다해도 왕께서는 당신 말을 듣지도 않을 것입니다. 그러니 귀하는 장의의 말을 자료로 삼아 초왕楚王에게 되돌아가느니만 못합니다."

진진이 수긍하였다.

"좋습니다."

그리고 사람을 초나라에 보내어 우선 이 모든 사실을 먼저 초왕에게 전하도록 하였다.

張儀惡陳軫於魏王曰:「軫善事楚, 爲求壤地也, 甚力之.」左華謂陳軫曰: 「儀善於魏王, 魏王甚愛之. 公雖百說之, 猶不聽也. 公不如儀之言爲資, 而反於楚王.」陳軫曰:「善.」因使人先言於楚王.

【張儀】 당시 張儀는 魏나라 재상으로 있었으며 陳軫과 반목관계였다.
【魏王】 魏나라 惠王. 《史記》에는 襄王.
【陳軫】 魏나라 신하. 유세객.
【左華】 유세객.

> 참고 및 관련 자료

1. 鮑注에는 《戰國策》의 다른 내용과 비교하여 이렇게 설명하고 있다.
『正曰: 楚策云: 楚王喜欲復之, 未知卽以此時如楚否? 策云: 儀善於魏王, 王甚愛之, 當是惠王時事. 補曰: 軫之答魏王曰:「子胥忠其君, 天下皆欲以爲臣; 孝己愛其親,

天下皆欲以爲子. 臣不忠於王, 楚何以臣爲忠?」 斯言宜若自信矣. 今也因張儀謂
其善事楚, 爲求壤地, 乃以爲資而反楚, 則前日所云, 一時口給禦人耳, 豈其情哉?』

〈長信宮鎏金宮女銅燈〉(西漢) 1968 河北 滿城 출토

303(22-16) 張儀欲窮陳軫
지혜로운 아들

장의張儀가 진진陳軫을 궁지에 몰아넣으려고 위왕魏王에게 진진을 불러 승상으로 삼도록 해달라고 하였다. 그리고 그가 오면 가두어 버릴 참이었다. 진진이 위나라로 떠날 준비를 서두르자 아들 진응陳應이 저지하며 말하였다.

"만물이 아무리 깊다고 해도 오히려 잘 살펴보지 않으면 안 됩니다. (문장 배열 오류) 무릇 위나라는 초나라와 제齊나라의 관계를 단절시키려고 아버님을 융숭한 대접을 하며 맞아 줄 것입니다. 또 이 초나라 서울 영郢에서 아버님과 관계가 원만치 못하였던 자들은 아버님을 어서 떠나 보내려 할 것입니다. 그러면서 초왕으로 하여금 아버님께 많은 재물을 주어 보내주도록 하라고 것입니다. 그러니 아버님께서는 송宋 땅쯤에 다다르신 다음 병을 핑계로 더 가지 마십시오. 그리고는 사람을 시켜 제왕齊王에게 이렇게 말을 전하는 겁니다. '위나라가 나를 맞이하려는 것은 귀국 제나라와 초나라 사이의 외교를 단절시키기 위해서입니다'라구요."

전진이 아들의 말대로 하자 제왕이 과연 이렇게 요청하였다.

"그대는 더 이상 동쪽 위나라로 가지 마시고 과인을 찾아와 주십시오. 그대에게 봉지를 드리겠습니다."

그러면서 노후魯侯의 수레를 보내어 진진을 모셔갔다. 이에 정강鄭疆이 진나라로부터 나오면서 이렇게 평하였다.

"진응은 지혜롭도다."

張儀欲窮陳軫, 令魏王召而相之, 來將悟之. 將行, 其子陳應止其公之行, 曰:「物之湛者, 不可不察也. (鄭疆出秦曰:「應爲知.」) 夫魏欲絶楚, 齊, 必重迎公. 郢中不善公者, 欲公之去也, 必勸王多公之車. 公至宋, 道稱疾而毋行, 使人謂齊王曰:『魏之所以迎我者, 欲以絶齊, 楚也.』齊王曰:「子果(東)無之魏, 而見寡人也, 請封子.」因以魯侯之車迎之. (鄭疆出秦曰:「應爲知.」)

【張儀】당시 魏나라의 재상이었다.

【陳軫】張儀를 피해 楚나라에 있으면서 齊·楚 두 나라의 연합을 도모하였다.

【悟之】悟는 圄와 같다.

【鄭彊出秦曰應爲知】이 여덟 글자는 맨 뒤로 옮겨져야 한다.

【魏王】惠王. ≪史記≫에는 襄王.

【陳應】陳軫의 아들.

【郢】楚나라의 수도 서울.

【齊王】威王. ≪史記≫에는 閔王.

【魯侯】魯나라의 侯.

【鄭彊】鄭나라 사람.

참고 및 관련 자료

1. 原文의 중간 『鄭彊出秦曰應爲知』여덟 글자는 맨 뒤로 가야 할 것으로 연결이 잘못 되어 있다.

304(22-17) 張儀走之魏
본부인이 첩을 섬기는 경우

장의張儀가 위魏나라로 도망가자 위나라는 이 장의를 맞아들이려 하였다. 장축張丑이 왕에게 간하여 이를 맞아들이지 말라고 하였지만 왕은 장의의 입국을 허가하였다. 장축은 물러났다가 다시 들어가 왕에게 간하였다.

"대왕께서는 노첩이 적처嫡妻를 섬긴다는 일을 들으셨습니까? 자녀가 크고 자기 용모도 쇠락하면 다시 다른 곳으로 시집가 버리면 그만입니다. 지금 제가 대왕을 섬기는 것은 그 노첩이 적처를 섬기는 것과 같습니다."

위왕魏王은 이 말을 듣고 장의를 받아들이지 않았다.

張儀走之魏, 魏將迎之. 張丑諫於王, 欲勿內, 不得於王. 張丑退, 復諫於王曰:「王亦聞老妾事其主婦者乎? 子長色衰, 重家而已. 今臣之事王, 若老妾之事其主婦者.」魏王因不納張儀.

【張儀走之魏】이때 張儀는 楚懷王에게 連橫을 설득시킨 후 秦나라로 돌아가던 길에 魏나라에 들르려 한 것이다.

【張丑】魏의 臣下.

【王】魏의 襄王.

【老妾事其主婦】당시의 풍속과 연관된 듯하나 비유의 구체적인 의미는 알 수 없다.

> 참고 및 관련 자료

1. 鮑本의 평어

『彪謂: 丑之自比若此, 豈可望於士君子之行哉? 哀王聽其所說, 是亦魏媼之耄者耳.』

305(22-18) 張儀欲以魏合於秦
군주로써 반을 잃고 있습니다

장의張儀가 위魏나라를 진秦·한韓 두 나라에 연합시켜 제齊·초楚 두 나라를 공격하려 하였다. 그러나 혜시惠施는 위나라를 제·초 두 나라에 연합시켜 놓고 아직 군대를 발동시키지는 않은 상태였다. 많은 사람들은 장의를 위해 임금 앞에서 장의 편을 들었다. 이에 혜시는 위왕魏王에게 이렇게 말하였다.

"작은 일에도 찬성하는 자와 반대하는 자가 반반씩인데 하물며 큰일일 경우야 어떻겠습니까? 우리 위나라를 진·한 두 나라와 결합시켜 제·초 두 나라를 공격하자는 것은 매우 중대한 사안입니다. 그런데 임금의 신하들은 모두가 다 찬성을 하고 있습니다. 그것이 가하다고 하는 이유를 모르겠습니다. 그 가능성이 그토록 명백한 것입니까? 아니면 여러 신하들이 그 술책에 대해 알고 있는 것이 그토록 똑같아서일까요? 사실 가능하다고 하는 것도 아직 그처럼 명백한 것이 아니며, 신하들이 그 술책을 아는 것도 사실 모두 똑같은 것은 아닙니다. 이는 바로 그 반은 입을 막고 있기 때문입니다. 이른바 군주가 위협을 받고 있는 것은 그 반을 잃었기 때문에 생기는 것입니다."

張儀欲以魏合於秦·韓而攻齊·楚. 惠施欲以魏合於齊·楚以案兵. 人多爲張子於王所. 惠子謂王曰:「小事也, 謂可者謂不可者正半, 況大事乎? 以魏合於秦·韓而攻齊·楚, 大事也, 而王之羣臣皆以爲可. 不知是其可也, 如是其明耶? 而羣臣之知術也, 如是其同耶? 是其可也, 未如是其明也, 而羣臣之知術也, 又非皆同也, 是有其半塞也. 所謂劫主者, 失其半者也.」

【張儀】 秦나라에서 魏나라로 온 이후의 일로 여겨진다.
【惠施】 당시 魏나라의 재상. 혜시는 莊子와 동시대 인물. 公孫龍子와 더불어 名家의 대표적인 인물이다.
【梁(魏)王】 襄王. ≪史記≫에는 襄王으로 되어 있다.

1. B.C. 318년 張儀가 魏로 들어와 당시 재상이었던 惠施를 축출하고자 공작을 꾸민 이야기로 보여진다.

2. 鮑本의 평어

『事不明而欲王必從, 是劫王也; 王而從之, 失其半矣. 正曰: 此策言小事, 人可否者且正半, 而此大事, 人皆同聲, 必非皆知其可, 而智術之皆同者, 則明與不明者居半也. 彼劫王以必從, 失其明者之半也.』

306(22-19) 張子儀以秦相魏
계략을 도와주다니

장의張儀가 진秦나라 도움으로 위魏나라로 가서 상국相國이 되자 제齊·초楚 두 나라가 노하여 위나라를 공격하려 하였다. 이때 옹저雍沮가 장의에게 일렀다.

"위나라가 그대를 상국으로 삼은 이유는 그대를 상국으로 앉히면 국가가 편안하고 백성이 근심 없을 줄 믿고 한 일이오. 그런데 지금 그대를 상국으로 삼자마자 도리어 병화兵禍를 입게 되었으니, 이는 위나라의 계획에 큰 착오가 난 셈입니다. 초·제 두 나라가 위나라를 공격하면 틀림없이 그대는 위태로워질 것입니다."

장의가 물었다.

"그러면 어찌하면 좋겠소?"

옹저는 이렇게 설명하였다.

"내가 가서 제·초 두 나라로 하여금 공격을 풀도록 해보겠소."

그리고는 옹저는 제·초 두 임금에게 가서 이렇게 말하였다.

"대왕께서도 장의와 진왕의 약속을 들어보셨겠지요? 장의는 진왕과 이렇게 밀약하였습니다. '왕께서 저를 위나라 상국으로 삼아 주시면 제·초 두 나라가 저를 미워해서 틀림없이 위나라를 공격할 것입니다. 위나라가 그 싸움에서 이기게 되면 제·초 두 나라 군대는 꺾이게 되어 저는 확실하게 위나라를 얻게 되는 것이며, 위나라가 만약 이기지 못하면 위나라는 진나라를 섬겨 나라를 지키겠다고 땅을 떼어 왕께 바쳐 올 것입니다. 그런데도 제·초 두 나라가 다시 더욱 공격하려 든다 해도 이미 피폐해져서 우리 진나라를 대적하기에는 부족합니다.' 이것이 곧 장의가 진왕과 밀약한 내용입니다. 지금 장의가 위나라 상국이 되자 곧 그 위나라를 공격하는 것은 장의의 계략이 진나라에 맞아들도록 돕는 것이지 결코 장의를 궁지로 몰아넣는 방법은 아닌 것입니다."

제·초 두 왕이 말하였다.

"옳도다."

그리고는 즉시 위나라에 대한 공격을 풀고 말았다.

張子儀以秦相魏, 齊・楚怒而欲攻魏. 雍沮謂張子曰:「魏之所以相公者,
以公相則國家安, 而百姓無患. 今公相而魏受兵, 是魏計過也. 齊・楚攻魏,
公必危矣.」張子曰:「然則奈何?」雍沮曰:「請令齊・楚解攻.」雍沮謂齊・楚
之君曰:「王亦聞張儀之約秦王乎? 曰:『王若相儀於魏, 齊・楚惡儀, 必攻魏.
魏戰而勝, 是齊・楚之兵折, 而儀固得魏矣; 若不勝魏, 魏必事秦以持其國,
必割地以賂王. 若欲復攻, 其敝不足以應秦.』此儀之所以與秦王陰相結也.
今儀相魏而攻之, 是使儀之計當於秦也, 非所以窮儀之道也.」齊・楚之
王曰:「善.」乃遽解攻於魏.

【張子儀】子는 연문이다.
【雍沮】魏나라 臣下. 張儀와 친하였다.

307(22-20) 張儀欲并相秦魏
두 나라 재상을 겸임

장의張儀가 진秦·위魏 두 나라의 재상을 겸임하려고 위왕魏王에게 말하였다.

"제가 진나라에게 청하여 한韓나라의 삼천三川을 공격토록 하겠습니다. 그때 왕께서는 그 틈을 이용하여 한나라의 남양南陽을 묶어두십시오. 그러면 한나라는 망하고 말 것입니다."

이때 사염史厭이 초楚나라 신하 조헌趙獻에게 계책을 일러주었다.

"귀하는 어째서 초나라로 하여금 장의가 위나라 재상이 되는 것을 도와 주도록 하지 않습니까? 한나라가 망할까 두려워지면 틀림없이 남쪽 우리 초나라로 달려와 구원을 요청할 것입니다. 장의가 진·위 두 나라의 재상을 겸임하게 되면 귀하는 틀림없이 초·한 두 나라의 재상을 겸임하게 될 텐 데요."

張儀欲并相秦·魏, 故謂魏王曰:「儀請以秦攻三川, 王以其間約南陽, 韓氏亡.」史厭謂趙獻曰:「公何不以楚佐儀求相之於魏? 韓恐亡, 必南走楚. 儀兼相秦·魏, 則公亦必并相楚·韓也.」

【張儀欲并相秦魏】 張儀는 당시 이미 秦의 재상을 하고 있었던 것으로 보인다.
【魏王】 魏의 惠王. 《史記》에는 襄王.
【三川】 韓나라의 땅. 黃河·洛水·伊水 유역. B.C. 249년 秦나라에 귀속되었다.
【南陽】 地名. 韓나라 땅.
【使厭】 007장의 史黶일 가능성이 있다.
【趙獻】 楚나라의 大臣.

참고 및 관련 자료

1. 《史記》에 의하면 張儀가 魏나라 재상을 지낸 것은 B.C. 322~319년 사이로 이 사건은 그 직전의 일로 여겨진다.

308(22-21) 魏王將相張儀
땅을 얻으려는 욕심

위왕魏王이 장의張儀를 맞아 재상으로 삼으려 하자 서수犀首는 자신에게 불리할 것으로 여겨, 사람을 시켜 한韓나라의 한공숙韓公叔에게 이렇게 말하도록 하였다.

"장의는 이미 진秦·위魏 두 나라를 결합시켜 놓고 '위나라는 한나라 남양南陽을 치고 진나라는 한나라 삼천三川 지방을 공격하면 한나라는 틀림없이 망한다'라고 떠들고 있습니다. 게다가 위왕이 장의를 귀하게 여기는 이유는 땅을 얻고자 하는 데 있으며 그곳이 바로 귀국의 남양입니다. 그대는 어찌 그 땅을 조금 떼어 위나라에게 주어 공손연(즉, 서수)의 공로로 삼아 주지 않습니까? 그렇게 되면 진·위 두 나라의 외교는 폐기되고 말 것입니다. 이렇게 되고 나면 위나라는 틀림없이 진나라를 칠 계획을 세우고 장의를 버리고 한나라와 결합하여 공손연을 재상으로 삼게 될 것입니다."

한공숙이 미덥다고 여기고 남양의 땅을 떼어 위나라에게 주었다. 서수는 이것이 공로로 인정되어 과연 위나라의 재상이 되었다.

魏王將相張儀, 犀首弗利, 故令人謂韓公叔曰:「張儀以合秦·魏矣. 其言曰:『魏攻南陽, 秦攻三川, 韓氏必亡.』且魏王所以貴張子者, 欲得地, 則韓之南陽擧矣. 子盍少委焉? 以爲衍功, 則秦·魏之交可廢矣. 如此, 則魏必圖秦而棄儀, 收韓而相衍.」公叔以爲信, 因而委之, 犀首以爲功, 果相魏.

【魏王】 惠王. 《史記》에는 襄王.
【犀首】 公孫衍, 魏人, 魏의 상국을 지냈다. 秦策 참조.
【韓公叔】 韓나라 襄王의 아들, 韓나라 국정을 쥐고 있었다.
【南陽】 지금의 河南省 沁陽縣, 당시 韓地.
【三川】 즉 河·伊·洛水 등 三水 일대의 지역. 지금의 河南省 洛陽縣 附近, 당시 韓地.

1. ≪史記≫ 張儀列傳(犀首)

犀首者, 魏之陰晉人也, 名衍, 姓公孫氏. 與張儀不善.

張儀爲秦之魏, 魏王相張儀. 犀首弗利, 故令人謂韓公叔曰:「張儀已合秦·魏矣, 其言『魏攻南陽, 秦攻三川』, 魏王所以貴張子者, 欲得韓地也. 且韓之南陽已擧矣, 子何不少委焉以爲衍功, 則秦·魏之交可錯矣. 然則魏必圖秦而弃儀, 收韓而相衍.」公叔以爲便, 因委之犀首以爲功. 果相魏. 張儀去.

2. 鮑本의 분석

『補曰: 大事記: 魏王不聽儀者, 公孫衍間之也. 衍傳稱衍相魏, 張儀去, 則不然. 以儀傳考之, 儀慙無以歸報, 留魏四歲而魏王卒, 復說其嗣君, 久之始去魏相秦爾. 愚謂, 儀說魏合秦, 襄王久而後聽, 惠王之倔强, 猶未入其言, 故公孫衍之間易爲力也..』

309(22-22) 楚許魏六城
원한만 심어 놓는 꼴

초楚나라가 위魏나라에게 여섯 개 성을 주는 조건으로 함께 제齊나라를 쳐서 연燕나라를 구해 주자고 제의하였다. 장의張儀가 이를 알고 방해하려고 위왕魏王에게 말하였다.

"제나라는 세 나라의 연합을 두려워하여 틀림없이 연나라에게 빼앗은 땅을 되돌려 주고, 초나라에게는 공손히 할 것입니다. 초·조趙 두 나라가 이를 수락해 버리면 여섯 개 성은 우리 위나라에게 줄 필요가 없어집니다. 이는 왕께서 초나라와 조나라 사이의 모책만 실패로 끝나고 대신 제·진 두 나라에게는 원한만 심어 놓는 꼴이 됩니다.

제나라는 끝내 조나라를 쳐서 승구乘丘를 점령하고, 나아가 조나라에게 빼앗겼던 땅을 되찾게 되겠지요. 그렇게 되면 위나라의 허虛, 둔구屯丘가 위험해집니다. 또 초나라가 남양南陽의 구이九夷를 깨뜨리고 패沛로 들어오게 되면 허許·언릉鄢陵이 위험해집니다. 왕께서 얻을 수 있는 땅은 초나라 신관新觀 뿐입니다. 이곳은 송宋·위衛 두 나라를 지나야 다스릴 수 있습니다. 이 위나라가 실패하게 되면 조나라에게 쫓기는 형세가 됩니다. 성공한다 해도 송·위의 사정에 매달리게 됩니다."

그러나 위왕은 장의의 이 말을 듣지 않았다.

장의는 다시 한나라 공중公仲에게 고하여 나라의 기근을 이유로 한나라 임금이 하외河外 가까이까지 위로의 순시를 나가도록 권하게 하였다.

위왕이 이를 보고 두려워 다시 장의를 불러 물어보았다. 이에 장의는 이렇게 설명하였다.

"진나라는 제나라를 구원하려 하고, 한나라는 남양을 공격하려 합니다. 이는 진·한 두 나라가 합해서 남양을 공격하는 것과 다를 바 없습니다. 또 왕을 만나 국교를 점치려 할 때 왕께서 진나라와는 만나지 않겠다고 하시면 한나라가 국교의 결정권을 쥐게 될 것입니다."

위왕은 드디어 진나라와 만나 국교를 수립하여 한나라와는 신의를 회복하고 위나라에게 토지를 넓히도록 하였으며, 조나라는 구원해 주고

초나라와는 결별하였다. 초나라의 사신은 비하^{葦下}에서 급히 되돌아가
버리고 말았다. 이리하여 제나라를 치려던 계획은 실패로 끝나게 되었다.

　　楚許魏六城, 與之伐齊而存燕. 張儀欲敗之, 謂魏王曰:「齊畏三國之合也,
必反燕地以下楚, 楚・趙必聽之, 而不與魏六城. 是王失謀於楚・趙, 而樹怨
而於齊・秦也. 齊遂伐趙, 取乘丘, 收侵地, 虛・頓丘危. 楚破南陽九夷, 內沛,
許・鄢陵危. 王之所得者, 新觀也. 而道塗宋・衛爲制, 事敗爲趙驅, 事成功
縣宋・衛.」魏王弗聽也.
　　張儀告公仲, 令以饑故, 賞韓王以近河外. 魏王懼, 問張子. 張子曰:「秦欲
救齊, 韓欲攻南陽, 秦・韓合而欲攻南陽, 無異也. 且以遇卜王, 王不遇秦,
韓之卜也決矣.」魏王遂尚遇秦, 信韓・廣魏・救趙・尺(斥)楚人, 遽於葦下.
伐齊之事遂敗.

【魏王】魏나라 襄王. ≪史記≫에는 哀王으로 되어있다.
【乘丘】원래 齊나라 땅. 지금의 山東省 滋陽縣의 북쪽.
【虛, 屯丘】虛는 殷墟. 河南省 安陽縣 북쪽. 屯丘는 지금의 河南省 濱縣 서쪽.
　　둘 모두 魏나라 땅.
【許】당시 魏나라 땅.
【鄢陵】역시 당시 魏나라 땅. 212장 참조.
【新觀】楚가 주기로 하였던 여섯 성 중의 하나인 듯하다.
【公仲】韓나라 재상. 公仲侈. 171・207장 참조.
【韓王】韓나라 宣王. 宣惠王
【河外】황하의 밖이라는 뜻. 韓・魏・秦의 접경지역.
【賞韓王以近河外】鮑本에 "賞, 猶勸也. 韓時饑, 因勸之就粟於河外. 河外近魏,
　　故魏恐. 韓王, 宣惠也. 正曰: 此句不可解, 恐'韓王'字當在'令'下, 而衍一'以'字.
　　謂公仲令韓王以飢故, 賞賜近河外之民"이라 하였다.
【葦下】革下라고도 쓰며, 魏・楚 두 나라사이의 지명인 듯하다.

310(22-23) 徐州之役
서주의 전투

서주徐州의 싸움 때에 위魏나라 장수 서수犀首가 위왕魏王에게 말하였다.
"왕께서는 어찌하여 겉으로 제齊나라와 우호관계를 맺고 속으로는
초楚나라와 결합하지 않습니까? 두 나라는 대왕을 믿고 서로 싸울 것입니다.
그래서 제나라가 초나라를 이기면 우리는 그 틈을 이용하여 초나라의
방성方城 밖까지 차지할 수 있고, 초나라가 제나라를 이기면 그 틈을
이용, 우리는 태자太子가 당하였던 치욕을 씻을 수 있을 것입니다."

徐州之役, 犀首謂梁王曰:「何不陽與齊而陰結於楚? 二國恃王, 齊·楚
必戰. 齊戰勝楚, 而與乘之, 必取方城之外; 楚戰勝齊敗, 而與乘之, 是太子之
讎報矣.」

【徐州之役】 B.C. 344년 梁(魏) 惠王이 天子의 명이라 속여 逢澤(지금의 河南省
　開封縣 남쪽)에서 秦·韓·魯·宋·衛를 모아 회맹을 하였다. 그러나 B.C.
　341년 馬陵之戰에 齊나라에 의해 크게 패배(117·171·325장)하여 패권을
　잃고 齊·秦 두 나라 사이에서 고통을 당한다. 衛나라는 끝내 B.C. 334년
　徐州에서 齊威王에게 화의를 요청, 서로 왕의 칭호를 인정하기로 하였다.
　이것이 徐州相王之會이다.
【犀首】 魏나라 장수. 公孫衍.
【魏王】 魏나라 惠王.
【方城】 楚나라 요새. 189장 참조.
【太子】 太子申. 馬陵之戰 때 齊나라의 포로가 되었었다. 103·119·159·324·
　325·482장 참조.

311(22-24) 秦敗東周
이궐의 전투

진秦나라가 동주東周를 패배시키고 이궐伊闕에서 위魏나라와 싸워, 위나라 장수 서무犀武를 죽였다. 위나라에서는 공손연(公孫衍, 犀首)을 시켜 싸움에 이기는 틈을 이용, 국경에 포진토록 해놓고 땅을 떼어 주는 조건으로 진나라에 강화講和를 요청하였다. 이때 어떤 이가 두루竇屢를 위하여 위왕에게 일렀다.

"저는 공손연 서수의 작전이 진나라에 얼마나 효과를 발휘할지 알지 못하고 있습니다. 그러나 저에게 공손연에게 떼어 줄 땅 반만 주면 진나라가 대왕이 화의에 응해 오도록 할 자신이 있습니다."

왕이 물었다.

"어떻게?"

그는 이렇게 대답하였다.

"왕께서는 두루를 관내후關內侯로 봉하신 다음 조趙나라에 사신으로 보내십시오. 그리고 왕께서는 그의 사행使行을 중히 여겨 후하게 받드십시오. 다음에는 세상에 널리 이렇게 퍼뜨리십시오. '듣자 하니 주周나라와 위魏나라는 두루로 하여금 봉양군奉陽君에게 땅을 떼어 주도록 하면서 진나라의 요청을 들어주기로 하였다'라구요. 무릇 주나라 임금·두루·봉양군, 그리고 양후穰侯 사이는 서로 상대의 목을 팔아먹을 원수지간입니다. 지금 강화의 임무를 실행하는 자는 두루요, 토지의 권한을 쥐고 있는 자는 봉양군입니다.

태후太后가 이를 알면 자기 동생 양후가 이 사건에서 밀려날까 겁을 먹고 방해하려 들 것입니다. 그러면서 도리어 약간의 토지를 떼어 왕께 바치면서 강화를 청해 올 것입니다. 그렇게 되면 동주와 위나라 사이에는 화의가 성립되는 것입니다."

秦敗東周, 與魏戰於伊闕, 殺犀武. 魏令公孫衍乘勝而留於境, 請卑辭割地, 以講於秦. 爲竇屢謂魏王曰：「臣不知衍之所以聽於秦之少多, 然而臣能半衍之割, 而令秦講於王.」 王曰:「奈何?」 對曰:「王不若與竇屢關內侯, 而令趙.
王重其行而厚奉之. 因揚言曰:『聞周·魏令竇屢以割魏於奉陽君, 而聽秦矣.』
夫周君·竇屢·奉陽君之與穰侯, 貿首之仇也. 今行和者, 竇屢也; 制割者,
奉陽君也. 太后恐其不因穰侯也, 而欲敗之, 必以少割請合於王, 而和於東周
與魏也.」

【伊關】 韓나라 땅. 지금의 河南省 洛陽縣 서남.
【犀武】 魏나라 장수. 犀首와는 다른 인물.
【公孫衍】 犀首. 魏나라 장수, 재상.
【乘勝而留於境】 金正煒의 ≪戰國策補釋≫에서는 이 6자가 '殺犀武' 다음으로
  옮겨야 한다고 하였다.
【竇屢】 魏나라 사람.
【關內侯】 벼슬 이름. 작위 중에 두 번째의 높은 등급. 關內는 直轄의 의미.
【奉陽君】 趙나라 肅侯의 동생 公子 成, 또는 李兌로 보는 설이 있다.
【穰侯】 秦나라 재상인 魏冉. 秦 昭王의 어머니인 宣太后의 異父弟.
【奉陽君之與穰侯, 貿首之仇也】 鮑注에 "補曰: 奉陽君卽李兌, 說見趙策. 此言
  與穰侯貿首之仇, 則二人欲陰取以定封之事也. 貿首之仇, 深仇也"라 하였다.
【太后】 秦昭王의 어머니. 宣太后.

　　참고 및 관련 자료

1. B.C. 294년 秦나라는 趙·宋 두 나라와의 連橫 및 齊나라와의 결맹을 파기하였다.
齊·韓·魏의 연합이 이로 인해 깨어지자 秦나라는 즉시 韓·魏 두 나라를
공격, 이듬해(B.C. 293년) 伊關之戰이 발생한다. 당시 韓·魏는 무려 24만의
병력을 잃었고, 魏나라 장수 犀武도 이때 죽었으며 韓나라 장수 公孫喜는
포로가 되고 만다. 이 사건은 이때의 이야기이다.

312(22-25) 齊王將見燕趙楚之相於衛
왕을 미리 만나겠소

제齊나라 왕이 연燕·조趙·초楚 세 나라 재상들을 위衛나라로 불러 회의를 열면서 그 맹약에 위魏나라는 참가시키지 않았다. 위왕魏王은 두려웠다. 네 나라가 도모하여 자신을 치려하는 것이 아닌가 여겼기 때문이었다. 그래서 우선 재상 공손연(公孫衍, 犀首)을 불러 상의하였다. 공손연은 이렇게 대답하였다.

"저에게 백 금金을 주십시오. 제가 이를 파기시키겠습니다."

왕은 곧 수레를 준비하고 백 금을 실었다. 공손연은 제왕齊王이 약속 장소에 다다를 시간에 맞추어, 먼저 수레 50승을 위魏·제齊 두 나라 국경 사이에서 제왕에게 주고, 금 백금도 사람을 시켜 제왕에게 바쳤다. 이렇게 하여 남보다 먼저 제왕을 만날 수 있게 되었다. 그리고는 서로 오랫동안 편안히 앉아 조용히 세 나라 사이 서로간의 원한에 대해 이야기를 나누었다. 이를 지켜 본 다른 사람들이 제왕에게 이렇게 물었다.

"왕께서 삼국과 맹약을 준비하면서 위나라는 제외시켰습니다. 그래서 위나라가 공손연을 보냈겠지요. 지금 그토록 오랫동안 이야기를 나누신 것을 보면 삼국을 치려고 도모하시는 것이군요."

왕은 이렇게 넘어가려 하였다.

"위왕이 과인이 이곳에 온다는 소리를 듣고 공손연을 보내어 나를 위로한 것일 뿐, 그와 그 어떤 이야기도 나누지 않았소."

그러나 삼국은 모두 제왕의 이번 공손연 만남을 믿지 않게 되었고 약속된 회합도 드디어 실패로 끝나고 말았다.

齊王將見燕·趙·楚之相於衛, 約外魏. 魏王懼, 恐其謀伐魏也, 告公孫衍. 公孫衍曰:「王與臣百金, 臣請敗之.」王爲約車, 載百金. 犀首期齊王至之曰(日), 先以車五十乘至衛間齊, 行以百金, 以請先見齊王, 乃得見. 因久坐, 安從容談. 三國之相怨. 謂齊王曰:「王與三國約外魏, 魏使公孫衍來, 今久與之談, 是王謀三國也已.」齊王曰:「魏王聞寡人來, 使公孫子勞寡人, 寡人無與之語也.」 三國之不相信齊王之遇, 遇事遂敗.

【齊王】 齊나라 宣王. ≪史記≫에는 閔王.

【魏王】 魏나라 惠王. ≪史記≫에는 襄王.

【公孫衍】 犀首. 魏의 재상.

【三國】 燕·趙·楚 세 나라.

【王謀三國】 이를 "왕께서 세 나라를 칠 계획"으로 해석하였다.

참고 및 관련 자료

1. 鮑本의 평어

『按上章, 張儀將相魏, 犀首以計去之, 乃得相. 而儀相魏四歲, 則所謂以計去之, 在儀欲相之初; 衍得相, 宜在儀復相秦之時也. 補曰: 大事記書魏惠王後十三年, 秦張儀免相相魏, 魏不事秦, 以公孫衍代相.』

313(22-26) 魏令公孫衍請和於秦
너무 많은 땅을 주지 말 것

위魏나라가 공손연公孫衍으로 하여금 진秦나라와 강화를 맺도록 임무를 맡겼다. 그러자 기모회蘇母恢가 공손연에게 가르쳐 주었다.

"진나라에게 너무 많은 토지를 할양하지 마십시오. 강화가 성공한다면 곧 진나라가 강화를 중히 여겨 서로 대등하게 왕으로 대우할 것입니다. 만약 강화가 성공하지 못한다면 나중에는 능히 위나라가 진나라와 결합하지 못하게 하는 이들이 있을 것입니다."

魏令公孫衍請和於秦, 蘇母恢敎之, 語曰:「無多割. 曰, 和成, 固有秦重和, 以與王遇; 和不成, 則後必莫能以魏合於秦者矣.」

【公孫衍】犀首.
【蘇母恢】'蘇母恢'로도 쓴다. 周나라의 재상. 039・188・415장 참조.
【曰和成】曰은 연문이다.
【後必莫能以魏合於秦者】秦나라가 강화보다는 토지를 더욱 중시한다는 뜻이므로 다른 제후들이 같은 피해를 입지 않기 위해 魏나라 편을 들어준다는 의미이다.

314(22-27) 公孫衍爲魏將
천리마에 끼어있는 소

공손연(公孫衍, 犀首)이 위魏나라 장수가 되었으나 당시 상국 전수田繻와
사이가 좋지 않다. 계자(季子, 蘇秦)가 이를 알고 공손연을 위하여 양왕梁王
에게 말하였다.

"대왕께서는 네 필의 말이 끌어야 하는 수레에, 세 마리의 천리마와
한 마리의 소가 함께 끄는 이야기를 듣지 못하셨습니까? 그렇게 되면
1백 보도 움직일 수 없습니다. 대왕께서는 지금 공손연을 장군으로 삼을
만하다고 여겼기 때문에 그를 등용한 것입니다. 그런데 도리어 상국의
계책만 듣고 있으니, 이것이야말로 천리마 세 필에 소 한 마리 끼인
것과 같습니다. 우마가 다 죽어 버리면 아무 것도 이룰 수가 없습니다.
그러다가 대왕의 나라는 틀림없이 다치게 될 것입니다. 깊이 명찰하시기
바랍니다."

公孫衍爲魏將, 與其相田繻不善. 季子爲衍謂梁王曰:「王獨不見夫服牛
驂驥乎? 不可以行百步. 今王以衍爲可使將, 故用之也; 而聽相之計, 是服牛
驂驥也. 牛馬俱死, 而不能成其功, 王之國必傷矣! 願王察之.」

【田繻】≪史記≫에는 田需로 표기되어 있다.
【驂驥】驂은 말 세 필, 驥는 千里馬. 즉 千里馬 세 필의 뜻.

참고 및 관련 자료

1. 鮑本의 평어
『彪謂: 此用賢而使不肖間之之說也, 而衍也非其人也. 補曰: 此策若作魏將, 則恐
在襄王時.』

戰國策

권23 위책魏策 (二)

총18장(315~332)

315(23-1) 犀首田盼欲得齊魏之兵以伐趙
가볍게 용병을 들먹이면

서수犀首와 전반田盼이 위魏·
제齊 두 나라 군대를 연합시켜
조趙나라를 치고자하였지만
양군(梁君, 魏)과 전후(田侯, 齊王)
가 모두 반대를 하였다. 서수
犀首가 전반에게 일렀다.

"청컨대 그대 나라에서 5만
명만 내주면 5개월 안에 조나라
를 깨뜨릴 수 있습니다."

전반이 말렸다.

商鞅 變法

"무릇 가볍게 용병을 들먹이면 그 나라가 위험해지고 그 계책을 가볍게
쓰는 자는 그 자신이 쉽게 곤궁을 받습니다. 그대가 지금 조나라를
깨뜨리는 것이 아주 쉽다고 말씀하시는데 뒤에 허물을 뒤집어쓸까 두렵
습니다."

서수는 이렇게 설명하였다.

"그대는 정말 지혜롭지 못하군요. 무릇 두 나라 임금은 이미 확실히
거부하고 있습니다. 지금 그대까지 어렵다고 두려워하고 있으니 이렇게
하고서는 조나라를 칠 수도 없을 뿐더러 우리 둘의 계획도 곤궁해지고
말 것입니다. 그대만이라도 정직하게 쉽다고 했더라면 일은 이미 이루어
졌을 것입니다. 무릇 싸움에서 설령 우리가 불리해진 채로 조나라와
얽혀 있다고 가정해 봅시다. 전후田侯와 양군梁君 두 임금이 그런 위험을
보고 어찌 감히 나머지 병력을 풀어 우리를 후원해 주지 않겠습니까?"

전반도 찬성하였다.

"좋습니다."

그리고는 드디어 전반은 두 임금에게 서수의 말을 들어주도록 권하였다.
서수와 전반은 드디어 제·위 두 나라의 군사를 얻어내었다. 군대가

아직 국경을 넘어서기도 전에 양군과 전후는 그들이 그곳에 이르러 싸움에
질까봐 두려워 남은 병사들을 다 모아 뒤따라 후원해 주도록 하였고
과연 조나라를 크게 깨뜨렸다.

犀首·田盼欲得齊·魏之兵以伐趙, 梁君與田侯不欲. 犀首曰:「請國出五
萬人, 不過五月而趙破.」田盼曰:「夫輕用其兵者, 其國易危; 易用其計者,
其身易窮. 公今言破趙大易, 恐有後咎.」犀首曰:「公之不慧也. 夫二君者,
固已不欲矣. 今公又言有難以懼之, 是趙不伐, 而二士之謀困也. 且公直言易,
而事已去矣. 夫難搆而兵結, 田侯·梁君見其危, 又安敢釋卒不我予乎?」
田盼曰:「善.」遂勸兩君聽犀首. 犀首·田盼遂得齊·魏之兵. 兵未出境,
梁君·田侯恐其至而戰敗也, 悉起兵從之, 大敗趙氏.

【犀首】 魏나라의 장수였다.
【田盼】 齊나라 公族. 당시 齊나라 장수.
【梁王】 魏나라 惠王, 이름은 罃, 武侯의 아들, 惠王은 수도를 安邑에서 大梁으로
옮겼기 때문에 梁王이라고 부르며 국호도 梁으로 흔히 통한다. ≪孟子≫
梁惠王(上)의 "孟子見梁惠王, 王曰: 叟不遠千里而來, 亦將有以利吾國乎?"의
梁 惠王은 바로 이 임금이다.
【田侯】 즉 齊나라 威王. 이름은 因齊. 전국시대 齊의 本姓은 田氏, 작위는
侯爵, 그러므로 田侯라고 부른 것. 혹은 宣王으로 보기로 한다.

참고 및 관련 자료

1. 鮑本의 분석
『正曰: 公孫衍欲敗從, 田盼本非與謀. 故其聞衍之說, 猶能以用兵難之. 旣而詘於
其言, 勸兩君以聽衍而身將齊·魏之兵, 蓋狃於戰鬪之習, 墮衍計中, 以成其欺,
以敗和好, 快讎秦之欲, 皆盼之爲也. 觀馬陵之役, 魏客之言, 張丑說楚之辭, 知盼
爲鄰國所畏, 百姓所服. 今以此事觀之, 盼亦優於勇而短於謀者也.』

316(23-2) 犀首見梁君
모든 지혜를 다 짜내어

서수犀首가 양왕梁王을 만나 말하였다.

"저는 있는 힘을 다하고 모든 지혜를 다 짜내어 대왕을 위해 땅을 넓혀 주고 그 이름이 드날리도록 하고자 합니다. 그런데 전수田需가 중간에서 일마다 임금을 실패하도록 하고 있습니다. 게다가 왕께서도 또한 전수의 말이라면 들어 주고 있습니다. 이 때문에 저는 끝내 공을 이룰 수 없습니다. 전수가 없으면 제가 임금을 모실 것이요, 전수가 임금을 계속 모시면 저는 사라지겠습니다."

왕은 난색을 표하였다.

"전수는 나의 고굉지신(股肱之臣, 股掌之臣)이오. 만약 그대에게 불편을 끼친다는 이유로 이를 죽이거나 축출시키면, 천하가 뭐라 해도 이를 막아낼 수 없지 않겠소? 당신 의견을 받아들이면 신하들이 입방아를 찧을텐데 어찌하겠소? 지금 내 그대를 위해 전수를 멀리하여 더 이상 그대의 일에 간섭하지 못하게 하겠소. 그래도 그대의 일에 끼어드는 일이 있으면 그때는 내 그대를 위해 그를 죽이거나 축출하겠소. 어떻소?"

서수는 이에 허락을 하였다. 그리고는 동쪽으로 제나라 전영田嬰을 만나고 그와 맹약을 맺었다. 그뿐 아니라 전영의 아들 전문田文을 불러 위魏나라의 재상이 되도록 하였고 자신은 한韓나라의 재상이 되었다.

犀首見梁君曰:「臣盡力竭知, 欲以爲王廣土取尊名, 田需從中敗, 君王又聽之, 是臣終無成功也. 需亡, 臣將侍; 需侍, 臣請亡.」王曰:「需, 寡人之股掌之臣也. 爲子之不便也, 殺之亡之, (外之), 毋謂天下何? 內之, 無若羣臣何也? 今吾爲子外之, 令毋敢入子之事. 入子之事者, 吾爲子殺之亡之, 胡如?」犀首許諾. 於是東見田嬰, 與之約結; 召文子而相之魏, 身相於韓.

【犀首】魏나라의 재상인 公孫衍.
【梁王】魏王. 襄王 ≪史記≫에는 哀王으로 되어 있다.

【田需】魏나라의 重臣. 재상이 되었다.

【田嬰】齊나라의 靖郭君. 薛公.

【田文】齊나라의 孟嘗君. 靖郭君의 아들. 아버지의 封地를 이어받아 역시 薛公으로 불린다.

참고 및 관련 자료

1. 公孫衍이 魏나라 재상이 된 것은 B.C. 318년이며 田需는 B.C. 310년에 재상직에 있을 때 죽었다.

2. 鮑本의 평어

『補曰: 田文爲魏相, 蓋犀首約結於嬰, 召其子而相之也. 下章與此同. 事宜在襄王時, 非文奔魏相昭王事也.』

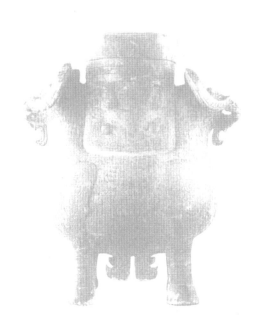

317(23-3) 蘇代爲田需說魏王
각기 자신의 출신 고국을 위하여

소대蘇代가 전수田需를 위하여 위왕魏王에게 유세하였다.

"하나 여쭤어 보겠습니다. 전문田文이 이 위魏나라를 위하는 것과 자기 고국 제齊나라를 위하는 것 중 어느 것이 비중이 큽니까?"

왕이 말하였다.

"그야 물론 우리 위나라를 위함이 자신의 제나라 위함만 못하지요."

소대가 물었다.

"그럼 공손연公孫衍 서수犀首는 위나라를 더 위합니까, 아니면 자기 고국 한韓나라를 더 위합니까?"

왕이 대답하였다.

"그것도 한나라를 더 위하겠지요."

소대는 이렇게 설명하였다.

"공손연은 한나라를 중히 여기면서 위나라를 낮게 보고, 전문은 제나라를 중히 여겨 역시 위나라를 낮추고 있습니다. 이 두 사람은 장차 대왕의 이 위나라를 이용하여 세상에서 일을 함에 있어서, 치우치지 않게 하기란 불가능합니다. 그런데도 왕께서는 이러한 사정을 들어볼 수가 없습니다. 대왕의 나라는 물에 젖듯이 조금씩 먹혀 들어가면서도 즐겨 그들을 따르고 있으니 이래서야 되겠습니까? 그러하오니 대왕께서는 전수를 곁에 두고 두 사람이 하는 일을 모두 점검하도록 하십시오. 두 사람은 '전수는 우리편이 아니다. 내가 일을 하다가 위나라에 불리한 결정을 하면, 전수는 틀림없이 나의 잘못을 왕에게 일러 나를 꺾어버릴 것이다'라고 느끼고 두 사람 누구도 감히 딴 뜻을 품지 않을 것입니다. 이로써 두 사람이 하는 일이 위나라에 이로운 지, 불리한 지를 왕께서는 전수를 곁에 두고 점검하도록 하시면, 제가 생각건대 대왕 스스로에게도 유리할 뿐만 아니라 귀국에도 편해질 것입니다."

왕이 말하였다.

"그렇군요."

그리고는 과연 전수를 곁에 두게 되었다.

蘇代爲田需說魏王曰:「臣請問文之爲魏, 孰與其爲齊也?」王曰:「不如其爲齊也.」「衍之爲魏, 孰與其爲韓也?」王曰:「不如其爲韓也.」而蘇代曰: 「衍將右韓而左魏, 文將右齊而左魏. 二人者, 將用王之國, 擧事於世, 中道而不可, 王且無所聞之矣. 王之國雖滲, 樂而從之, 可也? 王不如舍需於側, 以稽二人者之所爲. 二人者曰:『需非吾人也, 吾擧事而不利於魏, 需必挫我於王.』二人者必不敢有外心矣. 二人者之所爲之. 利於魏與不利於魏, 王厝需於側以稽之, 臣以爲身利而便於事.」王曰:「善.」果厝需於側.

【蘇代】蘇代가 魏王에게 유세한 것은 B.C. 324년.
【田需】魏나라의 重臣.
【魏王】魏나라 惠王. ≪史記≫에는 哀王.
【田文】孟嘗君.
【公孫衍】犀首.

참고 및 관련 자료

1. 鮑本의 평어

『彪謂: 哀王於是有人君之言, 不亡需是也. 惜其不旋踵, 需不入衍之事, 蘇代入之矣! 待衍如是可也, 如得賢而付之闔外, 若此者不亦殆乎! 正曰: 魏王始聽犀首而欲外田需, 復因蘇代而置需以稽二人. 賢否之不知, 用舍之不能, 熒惑於游士之言, 而拱手以聽之, 其屑昏甚矣!』

318(23-4) 史擧非犀首於王
그토록 비방하던 자를

사거史擧가 서수犀首를 왕 앞에서 자주 비방하자, 서수는 사거를 궁지에
몰아 버리려고 장의張儀에게 부탁하였다.

"제가 왕에게 나라를 선생에게 사양하라고 하겠습니다. 그러면 왕은
요순堯舜 같은 성인이 되는 것입니다. 그러나 선생께서 받지 않으시면
선생께서는 허유許由 같은 훌륭한 사람이 되는 것입니다. 그런 후에
제가 왕에게 청하여 1만 호의 읍을 선생에게 드리도록 하겠습니다."

장의는 크게 기뻐하고 사거로 하여금 자주 서수를 뵙도록 하였다.
왕은 사거가 그렇게 비방하던 서수를 다시 가까이함을 듣고 그를 신임하지
않게 되었다. 사거는 인사도 하지 못하고 말없이 떠나버렸다.

史擧非犀首於王. 犀首欲窮之, 謂張儀曰:「請令王讓先生以國, 王爲堯・
舜矣; 而先生弗受, 亦許由也. 衍請因令王致萬戶邑於先生.」張儀說, 因令
史擧數見犀首. 王聞之而弗任也, 史擧不辭而去.

【史擧】下蔡의 城門 監吏. 어질다고 소문이 나서 秦나라 丞相 甘茂도 이를
섬겼다고 한다.
【王】魏나라 襄王.
【先生】≪戰國策正解≫에 "先生, 指史擧也. 言因史擧不受國而令王致邑也"라
하였다.
【堯舜】天下를 어진 이에게 讓位한 면에서 본 聖人.
【許由】상고시대의 高士, 沛澤에 숨어살았다. 堯가 천하를 그에게 양위하려고
하자 箕山 아래에 遁耕하였다. 堯가 다시 와서 九州의 長으로 불러들이려
하자 시끄러운 속세 소리를 들었다고 해서 潁水가에서 귀를 씻었다고 한다.
【弗任】≪戰國策正解≫에 "錢福曰: 史擧蓋張儀羽翼, 故數使見衍以求萬戶
之邑…… 史擧始非衍, 而今數見之, 故王疑而不任也"라 하였다.

1. 鮑本의 평어

『補曰: 據此, 讓國之說, 不特鹿毛壽之愚燕噲也. 此恐惠王時事.』

2. 한편 이 문장에서 '先生'을 張儀로 보지 않고 史擧로 보았을 때에 의미나 계략이 더욱 확실해지며 "萬戶邑於先生"에서의 先生은 張儀에게 호감을 주도록 한 말로 볼 수 있다. 모호한 부분이 있는 문장이다.

319(23-5) 楚王攻梁南

이긴다 해도 병사들은 지치게 마련

초왕楚王이 양(梁, 魏)나라 남부를 공략하는 틈을 타서 한韓나라는 장薔
땅을 포위하고 있었다. 이때 성회成恢가 위장魏將 서수犀首를 위하여 한왕
韓王에게 말하였다.

"한나라가 너무 급히 장 땅을 공격하면 초楚나라 군사는 틀림없이
위나라로 쳐들어올 것입니다. 위나라는 결국 지탱하지 못하고 양팔을
읍하고 초나라의 명령을 모두 들어주게 될 것이고, 그 다음에는 한나라가
위험해 집니다. 그러니 대왕께서는 우선 장 땅의 포위를 푸느니만 못합니다.
위나라는 한나라에 대한 근심이 없어지면 틀림없이 초나라와 끝까지
싸울 것입니다. 싸워서 이기지 못하면 대량大梁까지도 지켜낼 수 없게
될 것인데 하물며 장 땅을 지키겠다고 나서기야 하겠습니까? 만약 위나라가
초나라를 이긴다고 해도 그때는 병사가 피폐해진 터라 대왕께서의 장
땅 공격은 쉬울 것입니다."

楚王攻梁南, 韓氏因圍薔. 成恢爲犀首謂韓王曰:「疾攻薔, 楚師必進矣.
魏不能支, 交臂而聽楚, 韓氏必危, 故王不如釋薔. 魏無韓患, 必與楚戰, 戰而
不勝, 大梁不能守, 而又況存薔乎? 若戰而勝, 兵罷敝, 大王之攻薔易矣.」

【楚王】 楚나라 懷王.
【薔】 魏地, 구체적으로 어디인지는 알 수 없음.
【成恢】 韓나라 大夫, 犀首와 善交가 있었던 듯하다.
【韓王】 韓나라 宣惠王.
【大梁】 魏나라 都邑, 지금의 河南省 開封縣.

참고 및 관련 자료

1. 이 일은 楚나라에서 昭陽을 장군으로 삼아 魏나라의 襄陵을 공격, 8개 성을
빼앗은 일(B.C. 323년)이 아닌가 한다. 그렇게 되면 楚王은 懷王, 韓王은 宣惠王이다.

320(23-6) 魏惠王死
장례일에 내린 큰 눈

위魏 혜왕惠王이 죽어 장례날이 결정되었다. 마침 이날 큰 눈이 내려 소의 눈높이까지 쌓였으며 성곽도 허물어졌다. 그런데도 잔도棧道를 설치하여 장례식을 감행하려 하였다. 많은 신하들이 다투어 태자에게 간언하였다.

"눈이 이렇게 내렸는데도 장례식을 감행하게 되면 백성의 고통이 심할 뿐더러 관비官費조차도 모자라게 되오니 장례를 연기하시기를 청합니다."

그러자 태자는 이렇게 말하였다.

"아들 된 자로서 백성이 힘들어하고 관비가 부족하다고 해서 선왕의 상喪을 행하지 못한다는 것은 불의한 일입니다. 그대들은 더 이상 언급하지 말아 주십시오."

군신들은 더 이상 말을 하지 못한 채 서수犀首에게 고하였다. 서수는 이렇게 말하였다.

"나도 어떻게 말할 수 없소. 오직 혜자惠子라면 말할 수 있겠지요! 청컨대 그에게 말해 보시오."

과연 혜자가 허락을 하고 수레를 타고 달려와 태자를 만났다.

"오늘이 장례일로 정해진 날입니다."

태자가 말하였다.

"그렇소."

혜자가 말을 이었다.

"옛날 계력季歷을 초산楚山 자락에 장례를 마치고 나자 물이 넘쳐 그 무덤으로 밀려들어, 관의 앞쪽 나무가 드러났습니다. 문왕文王이 이를 보고 '아! 선군께서 군신과 백성을 보고 싶으셔서 물로 하여금 분묘를 허물어뜨려 관의 앞쪽을 드러나게 하셨구나!'하고는 관을 다시 파내어 장막을 치고는 거기에 안치시켜 놓고, 백성으로 하여금 직접 뵙도록 하였습니다. 그리고 사흘 후에 다시 장례를 치렀습니다. 이것은 바로 문왕의 대의입니다. 지금 선왕의 장례일이 이미 정해졌는데 대설이 내려 높이가 소의 눈까지 쌓여서 걷기조차 힘든데도 태자께서는 꼭 기일을 지켜야 한다는 이유를 내세우시니 이는 너무 촉급하게 장례를 치르고자 하시는 것이 아닙니까? 원컨대 태자께서는 날짜를 연기하십시오. 선왕께서는 며칠을 더 기다려 그 사이에 사직을 부지扶持하고 백성을 안정시키시고 싶어서 눈을 이렇게 많이 내리게 하신 것이니, 아무쪼록 기간을 미루어 다른 날로 정하십시오. 이것은 곧 문왕의 대의와 같은 것입니다. 만약 그런데도 그렇게 하지 않으면 생각건대 문왕을 존경하고 법 받으려 한다는 당신에게 수치가 되고 말 것입니다!"

그러자 태자는 쾌히 응락하였다.

"당신 말씀이 옳습니다. 곧 날짜를 연기해서 택일하겠습니다."

혜자는 자기의 말을 행함에 헛되지 않게 하였을 뿐만 아니라 위태자魏太子로 하여금 선왕의 장례를 치르지 않게 하고 그로 인해 문왕의 의까지 설명하였다. 문왕의 의를 설명하여 천하에 보였으니 그것이 어찌 조그마한 공功이리오!

魏惠王死, 葬有日矣. 天大雨雪, 至於牛目, 壞城郭, 且爲棧道而葬. 羣臣多諫太子者, 曰:「雪甚如此而喪行, 民必甚病之. 官費又恐不給, 請弛期更日.」太子曰:「爲人子, 而以民勞與官費用之故, 而不行先王之喪, 不義也. 子勿復言.」羣臣皆不敢言, 而以告犀首. 犀首曰:「吾未有以言之也, 是其唯惠公乎! 請告惠公.」惠公曰:「諾.」駕而見太子曰:「葬有日矣.」太子曰:「然.」惠公曰:「昔王季歷葬於楚山之尾, 䜌水齧其墓, 見棺之前和. 文王曰:『嘻! 先君必欲一見羣臣百姓也夫, 故使䜌水見之.』於是出而爲之張於朝, 百姓皆見之, 三日而後更葬. 此文王之義也. 今葬有日矣, 而雪甚, 及牛目, 難以行, 太子爲及日之故, 得毋嫌於欲亟葬乎? 願太子更日. 先王必欲少留而扶社稷·安黔首也, 故使雪甚. 因弛期而更爲日, 此文王之義也. 若此而弗爲, 意者羞法文王乎!」太子曰:「甚善. 敬弛期, 更擇日.」惠子非徒行其說也, 又令魏太子未葬其先王而因又說文王之義. 說文王之義以示天下, 豈小功也哉!

【惠王】 이름은 罃, 武侯의 아들, 孟子가 만난 梁 惠王.

【棧道】 사다리로 만든 길.

【太子】 惠王의 아들. 뒤에 襄王이 되었다.

【惠子】 이름은 惠施, 宋나라 사람, 당시 魏의 相國. 말을 잘 하였으며 莊周(莊子)와 친하였다. 저서로 ≪惠子≫가 있다고 하나 不傳.

【王季歷葬於禁山之尾】 季歷은 周 文王의 父, 武王이 천하를 통일한 후 季歷(즉, 武王의 祖父)을 追尊하여 王季로 높였다. ≪史記≫ 周本紀 集解에 "(王季) 葬鄠縣之南山"(즉, 지금의 陝西省 鄠縣) 그 南山을 楚山, 혹은 漏山이라 부른다. 이 문장에서 欒水는 漏水로 보기도 하고 또는 물 이름으로도 본다. 또 "見棺之前和"에서 和는 棺木의 양끝을 가리키는 말이라 한다.

【文王】 季歷의 아들. 姬昌, 殷末에 西伯이 되었다. 그의 아들 武王이 殷의 紂를 쳐 통일하자 아버지(昌)을 文王으로 追尊하였다.

【張於朝】 高誘 注에 "張帳以朝"라 하였다.

【黔首】 ≪說文解字≫에 "秦謂民爲黔首"라 하였고, 周代에 "黎民"이라 불렀다. 백성의 머리가 검다는 데서 온 말.

参考 및 관련 자료

1. 이 사건은 B.C. 319년이다. 그러나 ≪史記≫에는 B.C. 335년의 일로 되어 있다.

321(23-7) 五國伐秦
저울대 역할

한韓·조趙·위魏·제齊·초楚 다섯 나라가 공동으로 진秦나라를 쳤지만
성과를 거두지 못하고 귀환하였다. 그 뒤에 제나라는 송宋나라를 치려
하였지만 진나라가 이를 막았다. 제나라는 송곽宋郭이라는 사람을 진나라에
보내어 함께 연합하여 송나라를 치자고 제의하였다. 진왕秦王은 이 제의를
수락하였다.

그러자 위왕魏王이 제·진 두 나라의 연합을 두려워하여 진나라와
강화를 맺고자 하였다. 이때 어떤 이가 위왕에게 일렀다.

"진왕이 송곽에게 이렇게 말하였다고 합니다. '송나라 성을 분할하고
그 강한 송나라 군대를 복종시킨 것은, 여섯 나라 모두의 힘이다. 그런데
송이 피폐해진 틈을 타서 제왕과 전공을 다투는 자는 초·위 두 나라이다.
너희 제왕을 위해 청하노니 초나라가 위나라를 치는 것을 금지하지
말라. 너희 왕이 단독으로 송나라를 치라고 하라. 그리고 너희 위왕이
송나라를 칠 때는 강유强柔를 잘 배합하여 다루도록 부탁하라. 송나라
같은 경우 이를 속이는 것은 패역한 행위가 아니며, 송나라를 죽이는
것도 원수 될 일이 아니다. 또 송나라에게 속아 땅을 취할 욕심으로
강화를 맺는 일이 없도록 하라. 만약 이미 땅을 얻고 강화를 맺기로
했다면 그래도 다시 힘써 송나라를 공격하라. 송나라가 다 무너져 없애
버리는 그 날까지 말이다'라구요. 저는 이 말을 듣고 대왕을 심히 슬프게
생각하고 있습니다. 왜냐하면 진나라는 이 방법을 틀림없이 대왕에게
똑같이 써먹을 것이기 때문입니다. 즉, 똑같이 대왕에게 땅을 달라고
할 것이며, 땅을 얻고 나서도 다시 힘써 대왕을 공격할 것입니다.

그리고는 틀림없이 대왕에게 제나라와 친하지 못하게 할 것입니다.
제·위 두 나라의 관계가 악화된 것을 확인하면 그때는 다시 제나라를
자기편으로 만들어 놓고 또 땅을 떼어 달라고 요구할 것입니다.

진나라는 일찍이 이런 방법을 초나라를 상대로 써먹은 적이 있고,
한나라에게도 똑같이 적용하였습니다. 원컨대 왕께서는 깊이 헤아려

주십시오. 진나라가 대왕의 위나라를 잘 대해 준다고 해도 뒷일은 알수 없습니다. 그러므로 제가 대왕을 위해 계책을 일러 드린다면 최상은 진나라를 치는 것입니다. 그 다음은 진나라를 배척하는 것입니다. 그리고 그 다음에는 제후와의 맹약을 더욱 공고히 하고 거짓으로 진나라와 강화를 맺은 다음, 동맹국이 이탈해 나가지 못하도록 하는 것입니다. 만약 진나라가 제나라와 합한다면 나라가 더는 어쩔 수 없기 때문입니다. 왕께서는 제 말을 믿으시고 절대로 진나라와 강화를 맺지 마십시오.

진나라에게 저울대 역할을 하는 상대는 바로 귀국 위나라입니다. 진나라 재상 위염魏冉은 명석하고 똑똑한 자입니다. 그래서 귀하를 위하여 진나라에 손해를 입히면서도 감히 이를 드러내어 놓고 하지는 못하고 있습니다.

천하로 하여금 진나라를 치게 할 수 있다면 몰래 권할 뿐, 감히 앞장서서 나서지는 마십시오. 그런가 하면 천하가 모두 진나라를 상처 낼 수 있다고 판단되면 먼저 동맹국을 팔아 스스로는 빠져 나오면 됩니다. 또 천하가 진나라를 배척할 수 있다면 동맹국을 위협하여 부득이라도 그럴 수밖에 없도록 유도하는 것입니다.

천하를 다 들어도 어쩔 수 없을 경우에는 먼저 진나라에 가서 진나라와 가장 높은 교류를 맺고 스스로 자중하면 됩니다. 그러나 이상과 같이 말하는 잘들은 모두 대왕을 팔아 자기 잇속을 차리는 자들이니 그래서야 어찌 나라의 근심을 면할 수 있겠습니까? 나라의 환난을 면하는 길은 반드시 앞에 든 세 가지를 끝까지 추구해 보아야 하지만 그 중에 첫째 계책은 진나라를 치는 것입니다. 이것이 불가능하면, 그 다음엔 진나라를 배척하는 것입니다. 그것도 불가능하면 세 번째 제후들과 맹약을 더욱 굳건히 하고 거짓으로 진나라와 친해두는 것입니다. 그것도 안 된다면 진나라와의 동맹을 분명하게 단절하는 것입니다. 그리고 진나라와 죽음으로써 겨루는 것입니다. 그래서 진나라로 하여금 더 이상의 원한도 더 이상의 이익도 없도록 만드는 것입니다. 그래서 스스로 진나라가 안전을 취하는 것이 제일이라는 것을 깨닫게 해주는 것입니다. 천하가 왕을 팔아 진나라와 합치는 것이 곧 국가의 환난을 면하는 것이라고 한다면, 어찌 신이 이것이 정당한 선택이라 말할 수 있겠습니까? 비록 그렇다고는 하나 원컨대 귀하께서는 저의 의견을 주제로 토론을 해주시기 바랍니다.

연·제 두 나라는 원수 사이입니다. 그런데 이 두 나라는 진나라와 형제관계가 됩니다. 원수의 나라와 합해 인척姻戚을 공격한다니 이는 괴로운 일이라 여깁니다. 일찍이 황제黃帝가 탁록涿鹿에서 치우蚩尤와 싸울 때 서융西戎은 참가하지 않았습니다. 또 우禹가 삼묘三苗를 공격할 때 동이東夷의 백성은 거들어 주지도 않았습니다. 그런데 지금 연나라와 제나라가 진나라를 친다면 황제조차도 어려운 일이라 하겠지만 저는 연나라 병사와 제나라 병사들에게 이에 참전토록 할 것입니다. 저는 또 삼진三晉의 관리들을 두루 교류하도록 하겠습니다. 즉, 봉양군奉陽君·맹상군孟嘗君·한문韓珉·주최周㝡, 周最·주(周, 연문)·한여위韓餘爲등으로, 저는 이들과 한 무리가 되어 그들에게 공손히 하였습니다. 그러나 그들은 진나라를 친다는 것이 무리는 아닐까 하고 의심을 품고 있는 것은 사실이지만 모두가 또한 진나라로부터 고통을 받아왔기 때문에 제가 나서서 천하에 진나라로 향하는 사신의 부절符節을 불살라 버리기를 청할 것입니다. 이것이 제가 할 수 있는 일입니다.

그리고 다음으로 진나라에 부절을 보내어 맹약을 하겠다고 하였던 각 제후들에게 그 부절을 모두 태워 버렸다고 전달할 것입니다. 이것도 제가 할 수 있는 일입니다. 다음 다섯 나라가 맹약을 맺고 진나라의 관문을 폐쇄시키고자 합니다. 이것도 제가 하겠습니다.

봉양군과 한여위도 이미 이에 동의하였으며 소수蘇脩와 주영朱嬰은 조나라 한단邯鄲에서 몰래 이 일을 추진하고 있습니다. 저는 또 제왕齊王을 설득하여 진나라와의 협약을 파기토록 하겠습니다. 천하가 서로 강화하여 소수로 하여금 천하에 말을 퍼뜨려 제나라와 높은 교류를 맺고 났는데도 위나라를 치라고 한다면 제가 죽음으로 이를 막아 드리겠습니다. 그 결과를 소수는 서쪽 진나라로부터 거듭 보고를 해올 것입니다. 저는 진나라의 권위가 얼마나 큰지 모르는 바는 아니지만, 그러나 제가 이렇게 하는 것은 모두 대왕을 위해서인 줄만 알아주십시오."

五國伐秦, 無功而還. 其後, 齊欲伐宋, 而秦禁之. 齊令宋郭之秦, 請合而以伐宋. 秦王許之. 魏王畏齊‧秦之合也, 欲講於秦.

謂魏王曰:「秦王謂宋郭曰:『分宋之城, 服宋之强者, 六國也; 乘宋之敝, 而與王爭得者, 楚‧魏也. 請爲王毋禁楚之伐魏也, 而王獨擧宋. 王之伐宋也, 請剛柔而皆用之. 如宋者, 欺之不爲逆者, 殺之不爲讎者也. 王無與之講以取地, 旣已得地矣, 又以力攻之, 期於啗宋而已矣.』臣聞此言, 而竊爲王悲, 秦必且用此於王矣. 又必且曰(因)王以求地, 旣已得地, 又且以力攻王. 又必謂王曰使王輕齊, 齊‧魏之交已醜, 又且收齊以更索於王. 秦嘗用此於楚矣, 又嘗用此於韓矣, 願王之深計之也. 秦善魏不可知也已. 故爲王計, 太上伐秦, 其次賓秦, 其次堅約而詳(佯)講, 與國無相離(讎)也. 秦‧齊合, 國不可爲也已. 王其聽臣也, 必無與講.

秦權重魏, 魏再(冉)明熟, 是故又爲足下傷秦者, 不敢顯也; 天下可令伐秦, 則陰勸而弗敢圖也; 見天下之傷秦也, 則先鬻與國而以自解也; 天下可令賓秦, 則爲劫於與國而不得已者; 天下不可, 則先去, 而以秦爲上交以自重也. 如是人者, 鬻王以爲資者也, 而焉能免國於患? 免國於患者, 必窮三節, 而行其上; 上不可, 則行其中; 中不可, 則行其下; 下不可, 則明不與秦. 而生以殘秦, 使秦皆無百怨百利, 唯己之曾安. 令足(天)下鬻之以合於秦, 是免國於患者之計也. 臣何以當之? 雖然, 願足下之論臣之計也.

燕, 齊讎國也; 秦, 兄弟之交也. 合讎國以伐婚姻, 臣爲之苦矣. 黃帝戰於涿鹿之野, 而西戎之兵不至; 禹攻三苗, 而東夷之民不起. 以燕伐秦, 黃帝之所難也, 而臣以致燕甲而起齊兵矣. 臣又偏事三晉之吏, 奉陽君‧孟嘗君‧韓呡(珉)‧周寂‧周‧韓餘爲徒從而下之, 恐其伐秦之疑也. 又身自醜於秦, 扮之請焚天下之秦符者, 臣也; 次傳焚符之約者, 臣也; 欲(次)使五國約閉秦關者, 臣也. 奉陽君‧韓餘爲旣和矣, 蘇脩‧朱嬰旣皆陰在邯鄲, 臣又說齊王而往敗之. 天下共講, 因使蘇脩游天下之語, 而以秦爲上交, 兵請伐魏, 臣又爭之以死. 而果西因蘇脩重報. 臣非不知秦勸(權)之重也, 然而所以爲之者, 爲足下也.」

【五國伐秦】成皐之戰을 말한다. 270·272·381장 참조.

【宋郭】齊나라의 사신.

【秦王】秦나라 昭王.

【魏王】魏나라 昭王.

【謂魏王】여기서 처음부터 끝까지 유세한 사람이나 구체적으로 알 수 없다.

【齊王】閔王.

【賓秦】賓은 擯과 같다.

【魏冉】秦나라 재상. 宣太后의 胞弟인 穰侯. 그러나 본장에서 "魏再(冉)明熟, 是故爲足下傷秦……"의 구절은 그 배경을 자세히 알 수 없다.

【黃帝】고대의 성인. 軒轅氏.

【涿鹿】지금의 河北省 涿鹿縣 서남.

【蚩尤】황제와 싸웠던 南方族의 수령.

【西戎】서쪽의 이민족.

【禹】夏의 시조.

【三苗】남방의 세 苗族.

【東夷】동방의 異民族. 지금의 산동반도와 발해만 근처에 살던 민족.

【奉陽君】趙나라의 실권을 잡은 자. 李兌(?)

【孟嘗君】田文.

【韓岷】한민(韓珉)으로도 쓰며 趙나라에 있었다.

【周㝡】객경. 당시 魏나라에 있었다. 周最로도 쓴다.

【韓餘爲】趙나라의 장수.

【蘇脩】三晉 어느 나라의 신하인 듯하다.

【朱嬰】역시 三晉 중 어느 나라의 신하인 듯하다.

【邯鄲】趙나라 서울.

참고 및 관련 자료

1. B.C. 295년 趙나라 武靈王이 죽자 秦나라에서는 樓緩을 파면하고(095·132·348·385장) 대신 魏冉을 재상으로 임명한다. 이듬해 齊나라는 祝弗의 책략에 따라 親魏의 周最를 내쫓고 田文(孟嘗君)도 파면하고는 秦나라에서 도망 온 呂禮(009·016·017·075·152장)를 재상으로 삼는다. 이렇게 되자 이미 齊·韓·魏 세 나라의 맹약에 대한 趙·秦·宋의 관계가 붕괴되고 다시 秦·齊의 연횡이

맺어지게 된다. 그러나 秦나라는 齊나라와의 관계를 파기하고 계속해서 약한
韓·魏 두 나라를 공격하자 魏나라는 견디다 못해 趙나라에게 땅을 떼어 주면서
합종을 맺어 자신을 秦나라로부터 구원해 줄 것을 요구한다.

마침 이 해에 宋나라에 내란이 발생하자 秦·趙·齊는 모두가 이 宋나라, 특히
陰(陶) 땅을 차지하려고 나서게 되고 우선 趙·齊가 연합하여 宋을 치게 된다.
때를 놓친 秦나라에서는 도리어 趙나라를 쳐서 宋나라를 구해준다. 이에 격분한
奉陽君이 趙·魏·韓·楚·齊를 모아 秦나라 토벌에 나선다. 이것이 곧 본장
첫머리의 '五國伐秦'인 "成皐之戰"이다.(270·272·381장 참조) 그러나 秦나라
에서는 이를 무마하기 위하여 스스로를 '西帝'라 하고 齊나라에게는 '東帝'를
칭하도록 유도한다. 그러나 157장에서처럼 蘇秦(≪史記≫에는 蘇代)의 건의에
따라 이를 거절하게 된다. 이로 보면 본장의 사건은 B.C. 287년쯤으로 볼
수 있다. 그런데 본장에서의 유세를 한 어떤 이는 과연 누구인지 알 수가
없으며 구체적으로 등장하는 奉陽君·孟嘗君·韓珉·周最도 여기서 말하는
사실과 달리 奉陽君 李兌는 趙나라의 실권을 쥐고 있었고, 孟嘗君 田文은
薛 땅에 은거하고 있었으며, 韓珉과 周最도 계속 각각 趙나라와 魏나라에서
활동하고 있었다. 특히 본문 중에 일부는 내용의 구체적인 사실이나 배경,
논리가 錯亂하여 순통하게 알아볼 수가 없다.

2. 鮑注의 분석

『彪謂: 此非蘇代不能也. 故史言代復約從親如蘇秦時, 獨所謂行其上不可, 則行
其中, 下爲不可用也. 夫伐秦不勝, 竄走求成之不給, 安能賓之? 諸侯見其敗, 輕
之矣, 豈有聽其堅約之說哉? 蓋代之計, 專以伐之爲上, 而游辭見其多策耳, 計不
出於此也. 正曰: 按趙策·五國伐秦章, 蘇代說奉陽君云云, 中有與此章出入者,
知此必代之辭也. 三策竝陳, 上則伐之, 中則擯之, 下則媾之, 未及伐之敗也. 鮑說
謬矣.』

322(23-8) 魏文子田需周宵相善
이간질의 방법

위(魏, 연문)의 문자(文子, 田文)·전수田需·주소周宵 세 사람은 사이가
좋았다. 이들이 함께 서수犀首를 궁지에 몰아넣고자 벼르고 있었다.
서수는 두려움 끝에 위왕魏王에게 달려가 이렇게 제의하였다.

"지금 우리에게 가장 위협이 되는 나라는 제齊나라입니다. 전영田嬰의
말이 제왕齊王에게 모두 먹혀들고 있습니다. 왕께서 제나라를 우리편으로
만드시려 하시면서 어찌 전영의 아들 전문田文을 불러 재상으로 삼지
않습니까? 그는 틀림없이 힘써 제나라로서 왕을 섬기게 될 것입니다."

위왕이 말하였다.

"옳구나."

그리고 전문을 모셔 위나라 재상으로 삼았다. 이에 서수는 전문에게
빌붙어 전수와 주소를 배반하도록 하였다.

魏文子·田需·周宵相善, 欲罪犀首. 犀首患之, 謂魏王曰:「今所患者,
齊也. 嬰子言行於齊王, 王欲得齊, 則胡不召文子而相之? 彼必務以齊事王.」
王曰:「善.」因召文子而相之. 犀首以倍田需·周宵.

【文子】田文, 孟嘗君, 靖郭君 田嬰의 아들.
【田需】魏나라 중신.
【周宵】周霄로도 쓰며 361장의 '周宵'가 아닌가 한다.
【犀首】公孫衍.
【魏王】魏나라 惠王.
【田嬰】靖郭君. 孟嘗君 田文의 아버지.
【齊王】齊나라의 宣王. ≪史記≫에는 閔王으로 되어 있다.

323(23-9) 魏王令惠施之楚
동등한 대우

위왕魏王이 초楚나라에는 혜시惠施를, 제齊나라에는 서수犀首를 사신으로 보내면서 두 사람 모두 동등하게 대우하였다. 뿐만 아니라 수레의 숫자도 동등하게 하여 상대 두 나라가 자신의 사신에게 누가 더 후한 대접을 하는가를 알아보려 하였다. 초왕楚王이 이를 듣게 되었다. 혜시는 먼저 초나라에 사람을 보내어 이렇게 전하도록 하였다.

"우리 위왕이 서수는 제나라에, 혜시는 초나라에 보내면서 두 사람을 동등하게 갖추어 주었습니다. 이는 두 나라의 외교를 측정하기 위한 것입니다."

초왕이 이를 듣고 교외에까지 나와 혜시를 영접하였다.

魏王令惠施之楚, 令犀首之齊. 鈞二子者, 乘數鈞, 將測交也. 楚王聞之, 施因令人先之楚, 言曰:「魏王令犀首之齊, 惠施之楚, 鈞二子者, 將測交也.」 楚王聞之, 因郊迎惠施.

【魏王】 魏 襄王. 《史記》에는 哀王.
【惠施】 魏나라 재상을 지냈다. 莊子와 친분이 있었고, 名家의 대표적인 인물.
【犀首】 公孫衍.
【將測交也】 鮑注에 "測, 猶卜也. 視何國厚吾使, 因知其厚我. 下衍楚王聞之'四字" 라 하였다.
【楚王】 楚 懷王.
【楚王聞之】 鮑注에서는 이를 衍文으로 보았다. 주『將測交也』참조.

324(23-10) 魏惠王起境內衆
공자가 태자가 될 수 있다

위魏 혜왕惠王이 나라 안의 무리를 일으켜 태자太子 신申을 장수로
삼아 제齊나라를 공격하였다. 이때 어떤 객이 공자公子 리理의 사부師傅를
찾아와 말하였다.

"왜 공자 리에게 왕태후王太后 앞에서 울면서 태자의 출정을 막도록
하지 않습니까? 만약 성공하면 덕을 심는 게 될 것이요, 성공하지 못하면
당신의 공자 리는 왕이 되는 것입니다. 태자는 나이도 어린데다가 병법도
익히지 못한 상태입니다. 상대국 제齊나라 전반(田朌, 田盼)은 백전노장
입니다. 게다가 그 나라에는 병력에 능한 손자孫子까지 있습니다. 싸워봤자
결국 이기지 못할 것이며 지면 태자는 사로잡히고 말 것입니다. 이때
공자 리가 왕 앞에서 열심히 충심으로 간언하여 왕이 공자 리의 말을
들어주면 그로 인해 공자 리는 틀림없이 봉을 받을 것이요, 왕이 듣지
않으면 태자는 싸움터에 나가 패하고 맙니다. 태자가 패하면 공자가
태자가 될 것이요, 태자가 되면 마땅히 왕이 되는 것입니다."

魏惠王起境內衆, 將太子申而攻齊. 客謂公子理之傅(傅)曰:「何不令公子
泣王太后, 止太子之行? 事成則樹德, 不成則爲王矣. 太子年少, 不習於兵.
田朌(盼)宿將也, 而孫子善用兵. 戰必不勝, 不勝必禽. 公子爭之於王, 王聽
公子, 公子不(必)封; 不聽公子, 太子必敗; 敗, 公子必立; 立, 必爲王也.」

【太子申】 惠王의 아들, 당시 방연(龐涓)을 장군으로 삼고 太子 申을 上將軍으로
　　삼았었다. 103・119・159・225・310・482장 참조.
【公子理】 惠王의 庶子.
【王太后】 惠王의 어머니. 武侯의 妻.
【田朌】 '田盼'의 오기이다. ≪史記≫에는 이 내용에 田盼이 아니고 田忌로
　　되어 있다. 111・166・315장 참조.
【孫子】 병법의 대가인 孫臏, 著書에 ≪孫臏兵法≫이 전한다. 119・162장 참조.
【禽公子】 公子는 太子의 오기이다.

1. 鮑本의 평어

『彪謂: 止太子之行, 正誼也; 而志於樹德·爲王, 則謧矣. 故夫謧正之間不容髮,
人議論豈以或出於正言未卒而謧隨之? 惟其心之不正故也.』

325(23-11) 齊魏戰於馬陵
마릉의 전투

제齊·위魏 두 나라가 마릉馬陵에서 싸움을 벌였다. 제나라가 위나라를 크게 이겨 위나라 태자 신申을 죽이고 십만 군사를 엎어 버렸다. 위왕魏王이 재상 혜시惠施를 불러 일렀다.

"무릇 제나라는 나의 원수요. 그 원한은 죽을 때까지 잊지 못할 거요. 우리 위나라가 비록 작으나 나는 항상 온 군대를 다 동원하여 제나라를 공격할 생각을 가지고 있었소. 어떻게 생각하시오?"

혜시는 이렇게 달랬다.

"안 됩니다. 제가 듣건대 왕도 정치에는 법도가 있어야 하며 패도 정치에는 계책이 있어야 한다 하였습니다. 지금 왕께서 제게 하신 말씀은 법도에도 어긋나고 계책과도 거리가 멉니다. 왕께서는 진실로 원한은 조趙나라에 먼저 있었으면서도 뒤에는 제나라와 싸움을 벌였습니다. 지금 그 제나라와의 싸움에 이기지도 못하고 나라는 전쟁을 오래 끌고 갈 방비도 없습니다. 그런데도 또다시 온 백성을 동원하여 제나라에게 총공격을 펴려 하시니 이것이야말로 제가 말씀드린 법도도 계책도 아니라는 것입니다. 왕께서 제나라에 보복할 뜻이 있으시다면 옷을 갈아입고 절개를 꺾고 제나라에 친히 조알하시느니만 못합니다. 그러면 초왕楚王이 크게 화를 낼 것입니다. 이때 왕께서는 유세객을 시켜 그 두 나라를 다투게 하는 것입니다. 초왕은 틀림없이 제나라를 공격할 것이며 충분한 휴양을 취한 초나라가 막 전쟁을 끝내고 피곤한 제나라를 치게 되면 제나라는 틀림없이 초나라에게 발목이 잡히게 됩니다. 이는 왕께서 초나라로써 제나라를 훼멸시키는 것이 됩니다."

위왕이 말하였다.

"좋습니다."

그리고는 제나라에 사람을 보내어 신하로서 조공을 하겠노라고 전달하도록 하였다. 전영田嬰이 허락하고자 하자 장축張丑이 반대하고 나섰다.

"안 됩니다. 만약 위나라와의 싸움에 우리가 이기지 못하였을 때 그들의

조례朝禮를 받았다면, 그들 위나라와 더불어 초나라를 쳐서 큰 성공을
거둘 수 있었을 것입니다. 그런데 지금 우리는 위나라를 완전히 이겨
십만 대군을 깨뜨리고 태자 신申까지 사로잡아 그 만승萬乘의 위나라를
굴복시켰으며 진秦·초楚 두 나라까지 고개를 숙이도록 해 놓았습니다.
이는 세상의 포악한 상태를 안정시켜 놓은 것입니다. 게다가 초왕은
그 사람됨이 호전적이며 명예를 좋아합니다. 우리의 근심거리가 될
자는 틀림없이 초나라일 수밖에 없습니다.”

전영은 이 말을 듣지 않고 드디어 위왕을 받아들이고 나아가 그와
함께 세 번이나 제왕을 조견하도록 주선하였다. 이렇게 되자 조나라가
이를 못마땅하게 여겼고, 초왕은 화를 내면서 스스로 군대를 거느리고
제나라 정벌에 나섰다. 조나라도 이에 응하게 되었고 마침내 서주徐州에서
제나라를 크게 깨뜨렸다.

齊·魏戰於馬陵, 齊大勝魏, 殺太子申, 覆十萬之軍. 魏王召惠施而告之曰:
「夫齊, 寡人之讐也, 怨之至死不忘. 國雖小, 吾常欲悉起兵而攻之, 何如?」
對曰:「不可. 臣聞之, 王者得度, 而霸者知計. 今王所以告臣者, 疏於度而遠
於計. 王固先屬怨於趙, 而後與齊戰. 今戰不勝, 國無守戰之備, 王又欲悉起
而攻齊, 此非臣之所謂也. 王若欲報齊乎, 則不如因變服折節而朝齊, 楚王
必怒矣. 王游人而合其鬪, 則楚必伐齊. 以休楚而伐罷齊, 則必爲楚禽矣. 是王
以楚毁齊也.」魏王曰:「善.」乃使人報於齊, 願臣畜而朝. 田嬰許諾. 張丑曰:
「不可. 戰不勝魏, 而得朝禮, 與魏和而下楚, 此可以大勝也. 今戰勝魏, 覆十萬
之軍, 而禽太子申; 臣萬乘之魏, 而卑秦·楚, 此其暴於戾定矣. 且楚王之爲
人也, 好用兵而甚務名, 終爲齊患者, 必楚也.」田嬰不聽, 遂內魏王, 而與之
並朝齊侯再三. 趙氏醜之. 楚王怒, 自將而伐齊, 趙應之, 大敗齊於徐州.

【馬陵】지금의 山東省 濮縣 북쪽.
【太子申】魏나라 太子. 103·119·159·310·324·482장 참조.
【魏王】魏나라 惠王. 《史記》에는 襄王으로 되어있다.
【惠施】당시 魏나라 재상. 名家의 대표적인 인물.

【變服折節而朝齊】 신하의 옷으로 갈아입고 동등한 제후라는 절개를 꺾고 齊나라를 朝見함을 말한다.

【楚王】 楚나라 威王. ≪史記≫에는 宣王으로 되어있다.

【田嬰】 靖郭君. 孟嘗君 田文의 아버지.

【張丑】 齊나라 신하.

【徐州】 徐州之戰에 대해서는 102·111·310장 등 참조.

참고 및 관련 자료

1. 馬陵之戰은 324장을 볼 것. 魏나라는 馬陵에서 패배한 2년 후(B.C. 341년) 다시 齊·秦·趙 세 나라의 침략을 받았고, 이듬해(B.C. 340년) 秦나라 商鞅의 속임에 걸려들어 公子 卬까지 포로가 된다. 다시 B.C. 334년 魏 惠王(≪史記≫에는 襄王)은 徐州에 이르러 齊 威王(≪史記≫에는 宣王)을 왕으로 높여 주고 齊王 역시 魏王을 왕으로 올리기로 하였다. 그러자 趙·楚·秦·燕 등이 반발하여 결국 함께 齊나라를 공격하게 된다. 이것이 徐州之戰이다.

2. 鮑本의 평어

『彪謂: 施之策齊·楚, 如視白黑, 數一二, 可謂明矣. 而不能止太子之將, 何邪? 豈言之而不聽邪? 以施之智, 其於策馬陵之戰不勞慮矣. 張丑者, 亦施之倫歟?』

병을 핑계로

혜시惠施가 한(韓, 齊)나라와 위魏나라 사이의 국교를 위해 태자 명鳴을
제나라에 인질로 보냈다. 위왕은 늘 이 태자 명을 그리워하였다. 이때
주창朱倉이 위왕에게 이렇게 계책을 일러주었다.

"왜 병이 났다고 핑계를 대지 않으십니까? 그렇게만 하면 제가 제나라에
가서 전영田嬰에게 이렇게 말하겠습니다. '위왕은 이미 연세도 높으시고
지금 병까지 나셨습니다. 귀하께서는 어서 태자를 돌려보내어 위왕에게
덕을 베푸느니만 못합니다. 그렇지 않으면 초楚나라에 가 있는 위나라
공자 고高를 초나라에서 위나라로 보내어 왕으로 삼을 것입니다. 그렇게
되면 귀국 제나라는 헛된 인질만 잡고 있으면서 게다가 의롭지 못한
행동까지 한다고 오명을 뒤집어 쓸 것입니다'라구요."

　惠施爲韓(齊)·魏交, 令太子鳴爲質於齊. 王欲見之, 朱倉謂王曰:「何不
稱病? 臣請說嬰子曰:『魏王之年長矣, 今有疾, 公不如歸太子以德之. 不然,
公子高在楚, 楚將內而立之, 是齊抱空質而行不義也.』」

【惠施】당시 魏나라 재상. 名家의 대표적인 인물.
【太子 鳴】魏나라 태자.
【魏王】魏나라 惠王. ≪史記≫에는 襄王으로 되어있다.
【朱倉】유세객. 정객.
【田嬰】靖郭君. 薛公. 田文(孟嘗君)의 아버지.
【公子 高】楚나라에 인질로 가 있던 魏나라 公子.

327(23-13) 田需貴於魏王
버드나무 심는 자와 뽑는 자

전수田需가 위왕魏王의 총애를 받게 되자 혜자惠子가 말하였다.

"당신은 반드시 좌우 신하들과 잘 사귀어 둬야 합니다. 지금 무릇 버드나무는 옆으로 심어도 살고 거꾸로 심어도 살아나며 꺾어 심어도 살아납니다. 그러나 가령 열 사람을 시켜 그 쉬운 버들을 심게 하고 한 사람을 뒤따라 뽑아 버리게 하면, 그러한 버드나무도 살아날 길이 없습니다. 그러므로 열 사람이나 되는 많은 사람이 그 잘 살아나는 버드나무를 심는데도 단 한 사람을 이겨내지 못하는 것은 무슨 이유이겠습니까? 심기는 어렵지만 뽑는 것은 쉽기 때문입니다. 지금 비록 그대가 왕에게 그렇게 심어났다고 하지만 그대를 뽑아 버리고자 하는 무리는 더 많다는 걸 아셔야 합니다. 그렇게 되면 그대에게 위험이 따르게 될 것입니다."

田需貴於魏王, 惠子曰:「子必善左右. 今夫楊, 橫樹之則生, 倒樹之則生, 折而樹之又生. 然使十人樹楊, 一人拔之, 則無生楊矣. 故以十人之衆, 樹易生之物, 然而不勝一人者, 何也? 樹之難而去之易也. 今子雖自樹於王, 而欲去子者衆, 則子必危矣.」

【田需】魏나라 相國.
【魏王】魏나라 惠王. ≪史記≫에는 襄王으로 되어있다.
【惠子】惠施, 宋나라 사람. 명가의 대표적인 학자.

> **참고 및 관련 자료**

1. 鮑本의 평어
『補曰: 此與孟子「雖有天下易生之物」云云, 語相類, 而意在自樹. 又云「子必善左右」, 則君子小人之用心可見矣.』

328(23-14) 田需死
어느 나라 출신이냐

전수田需가 죽었다. 그러자 소어昭魚가 소대蘇代에게 말하였다.

"전수가 죽은 후 나는 장의張儀·설공薛公·서수犀首 중에 누구 하나라도 위魏나라의 상국이 될까 두렵소."

소대가 물었다.

"그럼 누가 상국이 되는 것이 그대는 가장 안전하다고 생각하오?"

소어가 의견을 제시하였다.

"내 보기에는 태자太子가 스스로 상국이 되는 것이 가장 좋을 것 같소."

소대가 말하였다.

"제가 북쪽으로 위나라 왕을 만나 뵙고 꼭 그렇게 되도록 하지요."

소어가 물었다.

"어떻게 그게 쉽겠소?"

소대는 이렇게 말하였다.

"그대가 위나라 왕이라고 치고 제가 말해 보리다."

"어디 한번 들어 봅시다."

이에 소대는 이렇게 설명하였다.

"제가 초楚나라로부터 오던 중에 소어昭魚를 만났는데 그가 꽤 근심을 합디다. '무엇을 그리 걱정하느냐'고 물었더니 '전수가 죽은 후 장의·설공·서수, 세 사람 중에 누구 하나가 위의 상국이 될까 두렵다'는 것입니다. 그래서 제가 일러주었습니다. '걱정 마십시오. 위왕은 뛰어난 군주입니다. 장의를 상국으로 삼지는 않을 거요. 왜냐하면 그가 상국이 되면 진秦나라를 위하여 위나라를 얕볼 것이기 때문입니다. 설공도 마찬가지지요. 그도 제齊나라 출신이므로 제나라를 위하고 위나라를 얕볼 것이오. 서수도 마찬가지, 한韓나라 출신이니 한나라를 위해 위나라를 얕볼 것이기 때문입니다. 위왕 같이 현명한 군주가 그런 자들을 상국으로 삼지 않을 것입니다.' 그리고 저는 계속 이렇게 말할 것입니다.

'그러니 태자 스스로 상국이 되도록 하느니만 못합니다. 이렇게 되면 나머지 세 사람은 태자가 장구히 상국일 수는 없다고 생각하고 서로 그 자리를 노리고 자기 나라 힘을 쏟아 위나라를 섬길 것이며, 상국의 도장을 노릴 것입니다. 위나라의 이와 같은 부강함에다가 3만 승乘의 나라 도움을 쥐게 되면, 위나라는 틀림없이 안전할 것입니다. 그러므로 태자 스스로 상국이 되도록 하느니만 못합니다.' 이렇게 말입니다."

그리고는 드디어 북쪽으로 위왕을 만나 이 말을 고하였다. 그리하여 과연 태자 스스로가 상국이 되었다.

田需死. 昭魚謂蘇代曰:「田需死, 吾恐張儀·薛公·犀首之有一人相魏者.」代曰:「然則相者以誰而君便之也?」昭魚曰:「吾欲太子之自相也.」代曰:「請爲君北見梁王, 必相之矣.」昭魚曰:「奈何?」代曰:「君其爲梁王, 代請說君.」昭魚曰:「奈何?」對曰:「代也從楚來, 昭魚甚憂. 代曰:『君何憂?』曰:『田需死, 吾恐張儀·薛公·犀首有一人相魏者.』代曰:『勿憂也. 梁王, 長主也, 必不相張儀. 張儀相魏, 必右秦而左魏; 薛公相魏, 必右齊而左魏; 犀首相魏, 必右韓而左魏. 梁王, 長主也, 必不使相也.』代曰:『莫如太子之自相. 是三人皆以太子爲非固相也, 皆將務以其國事魏, 而欲丞相之璽. 以魏之强, 而持三萬乘之國輔之, 魏必安矣. 故曰, 不如太子之自相也.』」遂北見梁王, 以此語告之, 太子果自相.

【昭魚】昭奚恤, 혹은 昭獻이라고도 하며 楚나라 令尹(相國)을 지냈다.
【蘇代】蘇秦의 동생, 역시 合從說의 游說家.
【張儀·薛公·犀首】張儀는 秦나라를 위해 魏나라에 머물고 있었다. 薛公은 齊나라의 公族인 孟嘗君 田文, 犀首는 韓나라 출신의 公孫衍.
【太子】즉 昭王 遫.
【右秦而左魏】右는 上·大 등 높임의 뜻, 左는 卑下·小 등 낮춤의 뜻(아래도 같다).
【相國】본문에는 丞相, 당시 秦은 丞相, 楚는 令尹 기타 나라는 相國이라 부른다.
【三萬乘】萬乘之國 셋, 秦·齊·韓나라를 뜻한다.

1. ≪史記≫ 魏世家에도 실려 있으며 대략 B.C. 323년쯤이다.

2. ≪史記≫ 魏世家

九年, 與秦王會臨晉. 張儀·魏章皆歸于魏. 魏相田需死, 楚害張儀·犀首·薛公.
楚相昭魚謂蘇代曰:「田需死, 吾恐張儀·犀首·薛公有一人相魏者也.」代曰:
「然相者欲誰而君便之?」昭魚曰:「吾欲太子之自相也.」代曰:「請爲君北, 必相之.」
昭魚曰:「奈何?」對曰:「君其爲梁王, 代請說君.」昭魚曰:「奈何?」對曰:「代也從
楚來, 昭魚甚憂, 曰:『田需死, 吾恐張儀·犀首·薛公有一人相魏者也.』代曰:
『梁王, 長主也, 必不相張儀. 張儀相, 必右秦而左魏. 犀首相, 必右韓而左魏. 薛公相,
必右齊而左魏. 梁王, 長主也, 必不便也.』王曰:『然則寡人孰相?』代曰:『莫若太
子之自相. 太子之自相, 是三人者皆以太子爲非常相也, 皆將務以其國事魏, 欲得
丞相璽也. 以魏之彊, 而三萬乘之國輔之, 魏必安矣. 故曰莫若太子之自相也.』」
遂北見梁王, 以此告之. 太子果相魏.

3. 鮑本의 분석

『補曰: 大事記: 赧王八年書秦逐公孫衍, 謂衍旣去秦, 事不復見. 韓非子載犀首與
張壽爲怨, 陳需新入, 不善犀首, 因使人微殺張壽. 魏王以爲犀首也, 乃誅之. 然則
衍去秦後, 終爲魏所殺也. 愚按, 陳需卽策中田需, 而策以田需死後, 魏欲相犀首,
其說不同, 當考. 又赧王二十二年, 伊闕之敗, 策云公孫衍割地和秦. 大事記猶著
其名, 豈別一人耶? 李兌約五國攻秦時亦有公孫衍, 去此又九年. 上距犀首爲秦
大良造時幾五十年, 嘗疑其甚遠. 說見趙策.』

329(23-15) 秦召魏相信安君
요순 같은 성인도 할 수 없는 일

진秦나라가 위魏나라 재상 신안군信安君을 불렀다. 신안군은 가기를 꺼려하고 있었다. 그러자 소대蘇代가 신안군을 위하여 진왕秦王에게 가서 이렇게 말하였다.

"제가 듣건대 충성되다고 반드시 마땅한 것은 아니며 마땅하다고 반드시 충성된 것은 아니라 합니다. 지금 저는 대왕을 위해 저의 어리석은 뜻을 진설해 볼까 합니다.

제가 아래 관리들에게 성의를 다하지 않아 스스로 목이 떨어지는 죄를 지을까 걱정됩니다. 원컨대 왕께서는 깊이 살펴 주시기 바랍니다. 지금 대왕께서는 위나라에 사람을 보내어 위나라를 조종하여 위나라와의 외교를 완전하게 하려 하십니다. 제가 생각건대 그렇게 되면 위나라와의 외교는 더욱 의심스러운 경지로만 갈 것 같습니다. 도리어 조나라와의 관계만 두절될 것이요, 또 조나라만 더욱 강해지지 않을까 염려됩니다.

무릇 위왕은 신안군信安君 위신魏信을 아주 깊이 신임하고 있습니다. 또 그 지혜와 능력에 높은 자리에 임용되었으니 이는 대단히 두텁게 여긴다는 증거입니다. 그리고 그가 진나라를 받들어야 한다는 데에 매우 난처하게 여기고 있음도 분명합니다. 그런데 대왕께서 사람을 위나라에 보냈지만, 위나라에서 써주지 않으면 왕께서 보낸 그 사자는 아무런 쓸모가 없어집니다. 써준다 해도 이는 위나라로서는 가장 아끼고 익숙한 사람을 저버리고, 두렵고 싫은 사람을 쓰는 경우가 됩니다. 이것이 위왕이 불안해하는 까닭입니다. 무릇 신안군 위신으로서는 만승지국의 일을 맡지 못하고 물러나라고 하니 이는 위신으로서 실행하기 어려운 일입니다.

이처럼 남의 임금으로 하여금 불안에 처하게 하고, 남의 재상으로 하여금 해낼 수 없는 일을 시키면서 서로 친교를 도모한다면 이는 결코 오래 가기가 어려울 것입니다. 이 때문에 제가 위나라와의 친교가 더욱 의심스러운 쪽으로 갈 것이라고 한 것입니다. 또 위신이 면직되고 나면 조나라의 모책꾼들은 틀림없이 이렇게 입방아를 찧을 것입니다. 즉 '위신이 진나라의 요구로 물러나면 진나라는 똑같은 방법으로 자신이 믿고 아끼는 자를 조나라에 보내어 우리도 그들처럼 휘저을 것이다. 그렇게 되면 조나라는 존재해도 나는 망하는 것이요, 조나라는 안전할지 모르나 나는 위험해진다'라구요. 그리고는 위로는 싸울 수밖에 없는 결의를 다질 것이요, 아래로는 끝가지 지켜내겠다는 결심을 굳힐 것입니다. 이 때문에 제가 조나라가 더욱 강해지지 않을까 걱정스럽다고 한 것입니다.

대왕께서는 위나라와 외교를 완벽하게 하면서 동시에 조나라로 하여금 대왕께 조심스럽게 약함을 보이기를 원하십니까? 그렇다면 위신이 등용되어 높은 이름을 얻도록 도와주느니만 못합니다. 위신이 대왕을 섬기게 되면 나라는 편안하고 그 명성도 높아집니다. 그러나 대왕을 떠나게 되면 나라가 위험해 질 뿐더러 그 권위도 가벼워집니다. 그런즉 위신이 임금을 섬기게 되면 위로는 그 주인 된 자를 위해 충성을 베풀 것이요, 아래로는 스스로 남을 위해 후덕을 베풀 것입니다.

그는 왕을 섬김에 있어서 완전할 것입니다. 이를 지켜 본 조趙나라 사람들은 틀림없이 이렇게 여길 것입니다. '위나라는 그 명분과 족속이 우리보다 높지도 않고, 토지 또한 우리처럼 비옥하지도 않건만 위신이 위나라를 보좌하며 진나라를 섬기자 진나라에서 심히 이를 가상히 여기고 있다. 그 때문에 나라의 평안도 얻고 자신의 지위도 높였다. 그런데 우리 조나라는 진나라와 맞서 싸움에 얽혀 있으면서 서로 인질을 요구하고 있다. 그래서 나라는 위험의 형세에 놓여 있다. 이는 훌륭한 계책이 못 된다. 밖으로는 원한을 쌓고 속으로는 임금의 걱정을 만들어 주며, 스스로는 사망의 지경에 빠져 있으니 이것은 완전한 계책이 아니다'라구요.

그러면서 조나라는 지난날의 일을 상심하면서 잘못된 행동을 후회하고, 나아가 그 이익을 위해 많은 땅을 떼어 대왕께 깊이 접근해 올 것입니다. 그렇게 되면 대왕께서는 팔짱을 낀 채, 할양해 오는 조나라 땅을 중요한 이익으로만 여기시면 됩니다. 이는 요堯·순舜이 구하려고 해도 얻지 못한 기회입니다. 원컨대 대왕께서는 잘 헤아려 보시기 바랍니다."

秦召魏相信安君, 信安君不欲往. 蘇代爲說秦王曰:「臣聞之, 忠不必當, 當必不忠. 今臣願大王陳臣之愚意, 恐其不忠於下吏, 自使有要領之罪. 願大王察之. 今大王令人執事於魏, 以完其交, 臣恐魏交之益疑也; 將以塞趙也, 臣又恐趙之益勁也. 夫魏王之愛習魏信也, 甚矣; 其智能而任用之也, 厚矣; 其畏惡嚴尊秦也, 明矣. 今王之使人入魏而不用, 則王之使人入魏無益也. 若用, 魏必舍所愛習而用所畏惡, 此魏王之所以不安也. 夫舍萬乘之事而退, 此魏信之所難行也. 夫令人之君處所不安, 令人之相行所不能, 以此爲親, 則難久矣. 臣故恐魏交之益疑也. 且魏信舍事, 則趙之謀者必曰: 『舍於秦, 秦必令其所愛信者用趙. 是趙存而我亡也, 魏安而我危也.』則上有野戰之氣, 下有堅守之心, 臣故恐趙之益勁也.

大王欲完魏之交, 而使趙小心乎? 不如用魏信而尊之以名. 魏信事王, 國安而名尊; 離王, 國危而權輕. 然則魏信之事主也, 上所以爲其主者忠矣, 下所以自爲者厚矣, 彼其事王必完矣. 趙之用事者必曰: 『魏氏之名族不高於我, 土地之實不厚於我. 魏信以韓(輔)魏事秦, 秦甚善之, 國得安焉, 身取尊焉. 今我講(搆)難於秦兵爲招質, 國處削危之形, 非得計也. 結怨於外, 主(生)患於中, 身處死亡之地, 非完事也.』彼將傷其前事, 而悔其過行; 冀其利, 必多割地以深下王. 則是大王垂拱之割地以爲利重, 堯・舜之所求而不能得也. 臣願大王察之.」

【信安君】魏나라 公族. 재상. 魏信.
【蘇代】유세객. 蘇秦의 동생. 蘇厲와 더불어 유세객 三蘇.
【秦王】秦나라 昭王.
【魏王】魏나라 安釐王.

(참고 및 관련 자료)

1. 蘇代가 堯舜까지 내세우며 말한 부분에 대해 鮑本에서는 이렇게 평하고 있다.
『彪謂: 堯・舜讓天下而何愛於地! 此特辯士欲重其事而言之過, 若此者不一也.』

330(23-16) 秦楚攻魏
태자를 풀어주다

진秦·초楚 두 나라가 위魏나라를 공격하여 피씨皮氏 땅을 포위하였다. 어떤 이가 위나라를 위하여 초왕楚王에게 말하였다.

"진·초 두 나라가 위나라를 공격해 이기면 위나라는 결국 나라가 망할 것이 두려워 진나라에 붙어 버릴 것입니다. 지금 대왕께서는 어찌하여 진나라를 버리고 위나라와 친한 척 해보지 않습니까? 위왕은 기뻐하며 틀림없이 자기 태자를 인질로 보낼 것입니다. 진나라도 초나라를 놓칠까 두려워 땅을 할양해서 대왕께 바칠 것입니다. 그때 비록 다시 진나라와 결합하여 위나라를 쳐도 될 것입니다."

초왕이 말하였다.

"좋습니다."

그리고는 진나라를 배반하고 위나라와 친해 버렸다. 위나라는 과연 태자를 인질로 초나라로 보냈고, 진나라도 두려워 초나라에게 성지城地를 주어 다시 결합하여 위나라를 치자고 요구해 왔다. 진나라 저리질樗里疾은 크게 노하여 위나라와 더불어 초나라를 공격하고 싶었지만, 위나라는 그 태자를 초나라에 인질로 해둔 터라 들어주지 못할 것임을 알게 되었다. 이때 저리질을 위하여 어떤 이가 초왕에게 말하였다.

"외신外臣 저리질이 저를 보내어 대왕을 알현하고 다음과 같이 말씀드리도록 하였습니다. '저의 대왕께서 귀왕께 성지를 바쳐 드리고자 하오나 위나라 태자가 아직 귀국에 있는 터라 감히 실행을 하지 못하고 있습니다. 왕께서 만약 위나라 태자를 풀어주신다면 제가 성과 토지를 바쳐, 다시 진·초 두 나라의 외교를 공고히 하고 저리질을 보내어 위나라를 공격토록 하겠습니다'라구요."

초왕은 그 말을 듣고 말하였다.

"옳구나."

그리하여 위나라 태자를 풀어주었다. 진나라는 이로써 위나라와 결합을 하고는 초나라를 공격하였다.

秦・楚攻魏, 圍皮氏. 爲魏謂楚王曰:「秦・楚勝魏, 魏王之恐也見亡矣,
必舍(合)於秦, 王何不倍秦而與魏王? 魏王喜, 必內太子. 秦恐失楚, 必效城
地於王, 王雖復與之攻魏可也.」楚王曰:「善.」乃倍秦而與魏. 魏內太子
於楚. 秦恐, 許楚城地, 欲與之復攻魏. 樗里疾怒, 欲與魏攻楚, 恐魏之以太子
在楚不肯也. 爲疾謂楚王曰:「外臣疾使臣謁之, 曰『敝邑之王欲效城地,
而爲魏太子之尚在楚也, 是以未敢. 王出魏質, 臣請效之, 而復固秦・楚之交,
以疾攻魏.』」楚王曰:「諾.」乃出魏太子. 秦因合魏以攻楚.

【皮氏】 古地名. 지금의 山西省 河津縣의 楊村.

【魏王】 襄王.

【楚王】 懷王.

【樗里疾】 西周策(2) 참조.

참고 및 관련 자료

1. B.C. 307년 秦나라는 宜陽之戰(002・031・064・068・207・234・384・385・386장)
의 여세를 몰아 樗里疾과 甘茂를 장군으로 삼아 魏나라 皮氏 땅을 공격하였다.
한편 秦・魏 두 나라가 함께 楚나라를 친 것은 B.C. 301년이다.

2. 鮑本의 평어

『補曰: 大事記: 赧王九年, 秦甘茂・樗里疾伐魏皮氏, 未拔, 甘茂棄軍奔齊, 樗里疾
與魏和, 罷兵. 按茂傳, 茂言秦昭王以武遂歸韓, 向壽・公孫衍怨, 讒茂, 茂輟伐魏云.』

331(23-17) 龐蔥與太子質於邯鄲
저자 거리에 나타난 호랑이

방총龐蔥이 태자와 조趙나라 한단邯鄲에 인질로 가서 본국의 혜왕惠王에게 말하였다.

"지금 어떤 한 사람이 저자에 호랑이가 나타났다고 한다면 대왕께서는 믿으시겠습니까?"

"못 믿지."

"두 사람이 그렇게 말한다면 믿겠습니까?"

"나 같으면 의심을 해보겠지."

"세 사람이 똑같은 말을 한다면요?"

그제야 왕은 이렇게 말하였다.

"믿을 걸세."

이에 방총은 이렇게 아뢰었다.

"무릇 저자에 호랑이가 나타나지 않은 것은 확실한 데도 세 사람이 호랑이가 나타났다고 하면 호랑이가 나타난 것이 됩니다.

지금 우리 서울 대량大梁에서 조나라 서울 한단邯鄲까지는 저자에 비길 수 없을 만큼 먼 곳입니다. 그리고 저를 헐뜯는 자는 세 명 정도에 그치지 않습니다. 밝게 통찰하옵소서."

왕은 이렇게 다짐하였다.

"무슨 뜻인지 알겠소."

이에 그들은 길을 떠났다. 그런데 그들을 참소하는 말이 먼저 도착하였다. 뒤에 태자는 인질로 가지 않게 되었고 과연 방총은 더 이상 임금을 만나 볼 수가 없게 되었다.

龐蔥與太子質於邯鄲, 謂魏王曰:「今一人言市有虎, 王信之乎?」王曰: 「否.」「二人言市有虎, 王信之乎?」王曰:「寡人疑之矣.」「三人言市有虎, 王信之乎?」王曰:「寡人信之矣.」龐蔥曰:「夫市之無虎明矣, 然而三人言而 成虎. 今邯鄲去大梁也遠於市, 而議臣者過於三人矣. 願王察之矣.」王曰:

「寡人自爲知.」於是辭行, 而讒言先至. 後太子罷質, 果不得見.

【龐葱】魏나라 장수. 유명한 龐涓(孫臏과 싸워 패한 魏將)의 조카. 그러나
　다른 기록에는 '龐恭'으로 되어있다.
【太子】魏나라 惠王의 太子.
【邯鄲】趙나라 都邑. 지금의 河北省 邯鄲市.
【魏王】惠王. 太子의 父.
【大梁】魏나라 都邑. 지금의 河北省 開封市.

참고 및 관련 자료

1. 이는 馬陵之戰 다음해(B.C. 340년)의 일이다. 태자를 인질로 보내지 않아도
될 일을 방총이 개인적인 욕구에 의해 위나라에 보내려 한 것으로 보인다.
2. 본장은 "三人成虎" 성어의 原典이다.
3. ≪韓非子≫ 內儲說上

龐恭與太子質於邯鄲, 謂魏王曰:「今一人言市有虎, 王信之乎?」曰:「不信」「二人
言市有虎, 王信之乎?」曰:「不信」「三人言市有虎, 王信之乎?」王曰:「寡人信之」
龐恭曰:「夫市之無虎也明矣. 然而三人言而成虎. 今邯鄲之去魏也遠於市. 議臣
者過於三人. 願王察之.」龐恭從邯鄲反, 竟不得見.

4. ≪新序≫ 雜事(二)

魏龐恭與太子質於邯鄲, 謂魏王曰:「今一人來言市中有虎, 王信之乎?」王曰:
「否.」曰:「二人言, 王信之乎?」曰:「寡人疑矣.」曰:「三人言, 王信之乎?」曰:
「寡人信之矣.」龐恭曰:「夫市之無虎明矣, 三人言而成虎. 今邯鄲去魏遠於市,
議臣者過三人, 願王察之也.」魏王曰:「寡人知之矣.」及龐恭自邯鄲反, 讒口果至,
遂不得見.

5. 기타 참고자료

≪事類賦注≫ 20, ≪太平御覽≫ 191·827·891.

332(23-18) 梁王魏嬰觴諸侯於范臺
술을 처음 만든 의적

양梁나라 왕 위영(魏嬰, 惠王)이 범대范臺에 올라 제후들에게 술자리를 베풀었다. 술기운이 오르자 왕은 노군魯君에게 술을 한 잔 권하였다. 노군은 일어서서 자리를 옮겨 경계의 말을 택해 아뢰었다.

"옛날 우禹임금의 딸이 의적儀狄에게 명하여 술을 빚게 하였습니다. 맛이 정말 훌륭하여 우왕에게 바쳤더니 이를 맛본 우왕이 달다고 여기면서도 끝내 의적을 멀리하며 그 좋은 술을 끊어 버리면서 이렇게 말하였다 합니다. '뒤에 틀림없이 이 술 때문에 나라를 망치는 일이 있을 것이다.' 또 제齊 환공桓公이 밤에 속이 불편하자 역아易牙라는 자가 요리를 하여 굽고 지지고 오미五味를 맞춘 후에 환공에게 드렸더니 잘 먹고는 잠이 들어 이튿날까지 깨어나지 못하였습니다. 그리고 환공은 '후세에 반드시 이런 맛 때문에 나라를 망치는 경우가 있을 것이다'라 하였다 합니다.

그리고 진晉 문공文公이 남지위南之威라는 절세미녀를 얻자 3일 동안 정사를 돌보지 않았습니다. 그러다가 문득 그 남지위를 물리쳐 멀리하면서 '뒤에 반드시 여색 때문에 나라를 망치는 경우가 있을 것이다'라 하였다 합니다. 다음으로 초왕楚王이 강대强臺에 올라 붕산崩山을 바라보니 동쪽으로는 강이요, 서쪽은 호수, 그런 절경 속에 방황하다가 죽음도 잊을 지경이었습니다. 그러다가는 다시는 강대에는 오르지 않겠다고 맹세를 하고는 '뒤에 반드시 누대樓臺, 연못을 화려하게 꾸미다가 망할 경우가 있으리라'라 하였다 합니다. 지금 대왕의 잔 속의 술은 의적의 미주요, 상 위의 요리는 역아의 오미이며, 왼쪽에 낀 백태白台, 오른쪽의 여수閭須는 남위와 같은 미색, 게다가 앞의 협림夾林, 뒤의 난대蘭臺는 곧 강대와 같은 놀이터입니다. 이 중에 한 가지만 있어도 족히 나라가 망한다고 하였는데, 대왕께서는 네 가지나 한꺼번에 즐기고 있으니 어찌 경계하지 않을 수 있겠습니까!"

양왕이 이 말을 듣자 연신 훌륭하다고 말하였다.

梁王魏嬰觴諸侯於范臺. 酒酣, 請魯君擧觴. 魯君興, 避席擇言曰:「昔者,
帝女令儀狄作酒而美, 進之禹, 禹飮而甘之, 遂疏儀狄, 絶旨酒, 曰:『後世必有
以酒亡其國者.』齊桓公夜半不嘗, 易牙乃煎敖(熬)燔炙, 和調五味而進之,
桓公食之而飽, 至旦不覺, 曰:『後世必有以味亡其國者.』晉文公得南之威,
三日不聽朝, 遂推南之威而遠之, 曰:『後世必有以色亡其國者.』楚王登强
臺而望崩山, 左江而右湖, 以臨彷徨, 其樂忘死, 遂盟强臺而弗登, 曰:『後世
必有以高臺陂池亡其國者.』今主君之尊, 儀狄之酒也; 主君之味, 易牙之調也;
左白台而右閭須, 南威之美也; 前夾林而後蘭臺, 强臺之樂也. 有一於此,
足以亡其國. 今主君兼此四者, 可無戒與!」梁王稱善相屬.

【魏嬰觴諸侯】梁(본래 魏, 姓氏도 魏氏)의 惠王(곧 孟子가 만난 임금), 이름은
罃(嬰은 음이 같기 때문에 混用한 것), 觴은 술잔, 즉 酒宴을 말함.
【范臺】魏나라 樓臺 이름.
【魯君】魯나라 共公, 이름을 奮.
【儀狄】夏나라 때 술을 잘 빚었다 한다. ≪十八史略≫에 "古有醴酪, 至禹時,
儀狄作酒, 禹飮而甘之, 曰: '後世必有以酒亡國者, 遂疏儀狄.'"이라 하였다.
【易牙】齊桓公 때의 주방장. 桓公에게 환심을 사기 위해 아들을 죽여 요리해서
桓公에게 바쳤다. ≪史記≫ 齊太公世家에 "桓公四十一年, 管仲病, 桓公問曰:
'羣臣誰可相者?' 管仲曰: '知臣莫如君.' 公曰: '易牙如何?' 對曰: '殺子以適君,
非人情, 不可.'"라 하였다.
【南之威】春秋五霸 중의 하나인 晉文公 때의 美人, 혹 南威라고 표기하며
고대에 성과 이름 사이에 흔히 助字 '之'를 넣었다.(예, 介之推·宮之奇 등)
【楚王】누구를 가리키는지 확실치 않다.
【强臺】혹은 荊臺, 혹 章華臺가 아닌가 한다. 지금의 湖北省 監利縣. 楚의
靈王이 건립이 건립한 누대이다.
【崩山】곧 崇山. 지금의 湖南省 澧縣. 즉, 舜임금이 驩兜를 放逐한 곳.
【左江右湖】좌는 동쪽, 우는 서쪽, 江은 長江(지금의 揚子江), 湖는 洞庭湖.
【尊】술잔의 일종.
【夾林·蘭臺】遊樂地인 夾林과 蘭臺.

1. 梁惠王이 逢澤(지금의 河南省 開封縣 남쪽)에서 秦·韓·魯·宋·衛 등 각
나라 군주를 불러 놓고 잔치를 벌였다. 이는 이때의 이야기가 아닌가 한다.

2. 鮑本의 평어

『彪謂: 魯, 周公之後也, 其敎澤存焉. 故齊仲孫湫曰: 猶秉周禮. 韓起亦云: 周禮
盡在魯矣. 仲尼氏作, 縉紳先生萃焉. 於是特爲中國禮義之邦. 觀魯君之所稱說,
則周·孔之澤深矣. 擧觴一時, 而爲天下萬世之明戒, 魯君豈非賢君哉!』

戰
國
策

권24 위책魏策 (三)

총11장(333~343)

333(24-1) 秦趙約而伐魏
보유할 가치가 없는 땅

진秦·조趙 두 나라가 맹약을 맺고 위魏나라를 공격해 왔다. 위왕魏王은 두려워 어찌할 바를 몰랐다. 그러자 망묘芒卯가 왕에게 아뢰었다.

"왕께서는 걱정하지 마십시오. 제가 장의張倚를 조왕趙王에게 사신으로 보내겠습니다."

장의가 조왕에게 가서 이렇게 전하였다.

"무릇 우리나라 업鄴 땅은 형세로 보아, 저희에게는 보유할 만한 가치가 없습니다. 지금 대왕께서 진나라와 결합하여 위나라를 공격하려 하시는데, 청컨대 업 땅을 헌납하여 대왕을 모시겠습니다."

그러자 조왕은 좋아하면서 상국을 불러 명하였다.

"위왕이 업 땅을 내게 주어 진나라와 절교하라고 하는데 어떻소?"

상국도 찬성하였다.

"진나라와 결합해서 위나라를 친다고 하지만 그 이익은 업 땅을 얻는 정도만큼도 못 됩니다. 그런데 지금 칼 하나 쓰지 않고 업 땅을 얻는다니 청컨대 허락하시지요."

여기까지의 알게된 장의가 조왕에게 이렇게 재촉하였다.

"우리는 이미 업 땅을 드린다고 준비가 되어 있습니다. 대왕께서는 우리에게 어떤 보답을 준비하고 계십니까?"

그러자 조왕은 급히 변방 관문을 걸어 잠그고 진나라와 단교해 버렸다. 결국 진·조 두 나라의 국교는 험악해지고 말았다. 이쯤 해놓고 망묘는 조나라 사자에게 일렀다.

"우리가 그대 조나라 대왕을 섬기겠다고 한 것은 업 땅을 잘 지키겠다고 한 일이었다. 지금 조나라에게 업 땅을 주니 안 주니 한 것은 사신인 장의의 잘못된 판단에서 저질러진 일일뿐, 나는 전혀 모르는 일이다."

이렇게 되자 조왕은 오히려 위나라가 진나라의 노한 틈을 타서 자신에게 쳐들어올까 하는 두려움에 할 수 없이 다섯 개 성을 위나라에게 주어 공동으로 진나라에 대처하는 수밖에 없었다.

秦·趙約(約趙)而伐魏, 魏王患之. 芒卯曰:「王勿憂也. 臣請發張倚使.」
謂趙王曰:「夫鄴, 寡人固刑(形)弗有也. 今大王收秦而攻魏, 寡人請以鄴
事大王.」趙王喜, 召相國而命之曰:「魏王請以鄴事寡人, 使寡人絶秦.」
相國曰:「收秦攻魏, 利不過鄴. 今不用兵而得鄴, 請許魏.」張倚因謂趙王曰:
「敝邑之吏效城者, 已在鄴矣. 大王且何以報魏?」趙王因令閉關絶秦. 秦·
趙大惡. 芒卯應趙使曰:「敝邑所以事大王者, 魏完鄴也. 今郊(效)鄴者,
使者之罪也, 卯不知也.」趙王恐魏承秦之怒, 遽割五城以合於魏而支秦.

【魏王】昭王. 이름은 遫, 哀王의 아들.
【芒卯】전국시대 齊나라 사람. 당시 魏나라 장수가 되어 있었다.
【張倚】魏나라 臣下.
【趙王】趙나라 惠文王.
【鄴】魏나라 邑, 지금의 河南省 臨漳縣.

┌─ 참고 및 관련 자료 ─┐

1. 芒卯는 伊闕之戰부터 華陽之戰 사이에 활약하였던 인물이다. 즉 B.C. 293~
273년 사이이다. 그러나 본장의 사건은 그 시기를 알 수 없다.
2. 鮑本에는 이를 '馮亭'의 일로 보고 있다.
『彪謂: 此馮亭上黨之事也, 惠文失之於魏, 孝成失之於韓, 雖所喪敗有多寡之差,
其貪而不明, 眞父子也.』

334(24-2) 芒卯謂秦王
내응해 주는 자

위魏나라 장수 망묘芒卯가 진왕秦王에게 말하였다.

"왕의 신하들 중에 남의 나라에 가서 왕을 위해 내응內應해 주는 자를 아직 보지 못하였습니다. 제가 듣기로 명석한 임금은 내응해 주는 자를 마련해 놓고 일을 한다 하였습니다. 왕께서 위나라로부터 얻고 싶어하는 것은 장양長羊·왕옥王屋·낙림洛林 땅일 것입니다. 왕께서 능히 저를 위나라 사도司徒가 되도록 주선해 주시면, 제가 위나라로 하여금 그 땅을 왕께 바치도록 해드리겠습니다."

진왕이 말하였다.

"좋소."

그리하여 망묘를 위나라의 사도가 되도록 일을 만들었다. 위나라 사도가 된 망묘가 이번에는 위왕魏王에게 말하였다.

"왕께서 가장 염려하시는 것은 상지上地 땅입니다. 진나라에서 가장 갖고 싶어하는 땅은 장양·왕옥·낙림의 땅입니다. 대왕께서 이를 진나라에 헌납하면 상지에 대한 근심은 없어질 것입니다. 그 대신 진나라에게 병력을 보내 달라고 요청하여 동쪽으로 제齊나라를 치는 것입니다. 그러면 땅을 얻는 일이 먼 것은 아닙니다."

위왕은 이런 유혹에 넘어가고 말았다.

"좋소."

이리하여 땅을 진나라에 헌납하였다. 그러나 땅을 준 지 몇 개월이 지나도록 진나라에서는 군대를 보내 주지 않는 것이었다. 이에 위왕은 망묘를 불러 재촉하였다.

"땅을 준 지 몇 달이 되었건만 진나라 군대는 나타나지 않으니 이 어찌된 일이오?"

망묘는 겁을 먹고 대답하였다.

"제가 죽을죄를 지었습니다. 비록 그렇기는 하나 저를 지금 당장 죽이시면 진나라가 땅만 받고 약속을 파기할 때 왕께서는 진나라에게 책임을 물을 길이 없습니다. 저의 죄를 용서해 주시면 제가 왕을 위해 진나라에게 약속을 이행하도록 재촉하겠습니다."

이에 망묘는 진나라에 이르러 진왕에게 이렇게 말하였다.

"위나라가 장양·왕옥·낙림을 이 진나라에게 준 것은, 귀국의 병력을 얻어 동쪽으로 제나라를 치기 위함이었습니다. 지금 땅을 준 지 오래이건만 진나라 병사는 출동시키지 않고 있으니 저는 중간에서 죽음을 면치 못하게 되었습니다. 저는 비록 죽으면 그만이오나 뒤에 산동山東의 여섯 나라가 더 이상 이 진나라를 섬겨 보았자 이익이 없다고 여길까 두렵습니다."

진왕은 두려워 이렇게 말하였다.

"나라 일이 바빠 미처 군대를 출병시키지 못하였소이다. 지금 당장 군대를 출동시키리다."

그로부터 열흘만에 진나라 군사가 다다르자 망묘는 진·위 두 나라의 병사를 묶어 동쪽으로 제나라를 쳐서 22개 현縣을 개척하였다.

芒卯謂秦王曰:「王之士未有爲之中者也. 臣聞明王不胃中而行. 王之所欲於魏者, 長羊·王屋·洛林之地也. 王能使臣爲魏之司徒, 則臣能使魏獻之.」秦王曰:「善.」因任之以爲魏之司徒.

謂魏王曰:「王所患者上地也. 秦之所欲於魏者, 長羊·王屋·洛林之地也. 王獻之於秦, 則上地無憂患. 因請以下兵東擊齊, 攘地必(不)遠矣.」魏王曰:「善.」因獻之秦.

地入數月, 而秦兵不下. 魏王謂芒卯曰:「地已入數月, 而秦兵不下, 何也?」芒卯曰:「臣有死罪. 雖然, 臣死, 則契折於秦, 王無以責臣. 王因赦其罪, 臣爲王責約於秦.」乃之秦, 謂秦王曰:「魏之所以獻長羊·王屋·洛林之地者, 有意欲以下大王之兵東擊齊也. 今地已入, 而秦兵不可下, 臣則死人也. 雖然, 後山東之士, 無以利事王者矣.」秦王慴(懼)然曰:「國有事, 未澹(贍)下兵也, 今以兵從.」後十日, 秦兵下. 芒卯并將秦·魏之兵, 以東擊齊, 啓地二十二縣.

【芒卯】魏나라 장수. 039·096·333·335장 참조.
【秦王】秦의 昭王.

【不胥】胥는 須와 같다. 金正煒의 ≪戰國策補釋≫에 '不'은 '必로' 보아야
한다고 하였다. 따라서 '必須'로 풀이하였다.

【長羊·王屋·洛林】모두 魏나라 땅. 長羊은 위의 長平의 오기로 보기도 한다.
王屋은 위나라 山名(지금의 山西省 陽城縣 서남). 洛林은 河南省 宛陵縣
林鄕.

【司徒】고대 周나라의 관직. 禮敎를 담당하였다.

【魏王】魏나라 昭王.

【上地】魏나라 땅. 지금의 山西省 남부 일대.

【山東】崤山 동쪽의 여섯 나라. 즉 秦나라를 제외한 나머지 나라.

참고 및 관련 자료

1. B.C. 286년 齊나라가 宋나라를 멸하고(483장) 나서 韓·趙·魏·楚·秦 등은
모두 齊나라의 강대함에 경계를 느끼게 된다. 그와 동시에 齊閔王과 사이가
나빠 魏나라로 쫓겨와 재상을 하고 있던 田文(孟嘗君)은 齊나라를 쳐서 자신의
봉지 薛 땅을 회복시키려는 야심에 秦나라와 魏나라는 결합을 추진하게 된다.
마침 이때 趙나라 장수 金投(013·014장)도 역시 秦·趙 두 나라의 결합을
서두르게 되자 이 세 나라가 함께 결합, 齊나라를 치게 된다. 이 사건은 이때쯤의
일로 여겨진다.

335(24-3) 秦敗魏於華
천명도 변한다

진秦나라가 화양華陽에서 위魏나라를 깨뜨려 망묘芒卯를 내쫓고, 위나라의 수도 대량大梁까지 포위하였다. 그러자 수가須賈가 위나라를 위하여 진나라 양후(穰侯, 魏冉)에게 말하였다.

"제가 위나라에서 들은 이야기를 하겠습니다. 위나라의 대신과 관리들은 모두 한결같이 자신의 왕에게 이렇게 조르고 있다는 것입니다. '지난날 혜왕惠王께서 조趙나라를 쳐서 삼량三梁에서 크게 이기고 십만 대군을 몰아 조나라의 서울 한단邯鄲까지 함락시켰습니다. 그때 조나라는 우리에게 전혀 땅을 떼어 주지 않았고, 우리는 한단까지 되돌려 주어 복구시켜 주었습니다. 또 제齊나라가 연燕나라를 공격하여 재상 자지子之를 죽이고 그 나라를 들어 깨뜨렸을 때도 연나라는 제나라에게 땅을 할양하지 않았고 국토를 온전히 복구하였습니다. 이렇게 연나라와 조나라가 나라를 손상 없이 보전하고 군대를 강하게 회복하되 제후들에게 땅을 주어 병탄을 당하지 않은 것은, 능히 굴욕을 참고 땅을 중히 여겼기 때문입니다. 그러나 송宋나라와 중산中山을 보십시오. 이들은 침벌을 당할 때마다 땅을 떼어 주어 이로 말미암아 망하고 말았습니다. 우리 위나라도 연·조 두 나라를 본받을 것이지 송·위를 흉내내어서는 안됩니다. 무릇 진나라는 탐욕스러운 나라로서 친함에 관계없이 우리 위나라를 잠식하여 이 진晉의 옛 땅을 다 먹으려 들 것입니다. 게다가 우리 고자睾子를 이겨 여덟 개 현縣을 주기로 하였었는데, 그 땅을 받기도 전에 다시 군대를 일으켜 쳐들어오고 있습니다. 진나라는 싫증을 모르는 나라입니다. 지금 망묘를 쫓아 버리고 북지北地도 차지하였는데, 이는 진나라 속셈이 그저 우리 양(梁, 魏)나라를 공격하는 데에 있지 않습니다. 장차 임금을 협박하여 더 많은 땅을 할양 받기 위함입니다. 그러니 왕께서는 절대 들어주어서는 안 됩니다. 지금 또 대왕께서 초·조 두 나라를 따르겠다고 해놓고 진나라과 강화講和를 맺게 되면, 초·조 두 나라가 노하여 진나라 섬기기를 다툴 것입니다. 그렇게 되면 진나라는 틀림없이 이들을 받아들일 것입니다. 진나라가 초·조 두 나라를 끼고 우리를 다시 공격하게 되면 나라를 구하려고 해도 구해 낼 수가 없습니다. 원컨대 왕께서는 진나라와 강화를 해서는 안 됩니다. 만약 정히 강화를 하고자 하신다면 아주 적은 땅만을 주어, 이를 바탕으로 인질을 요구하십시오. 그렇지 않으면 진나라에 속고 맙니다.'

이상이 제가 위나라에서 들은 소문입니다. 원컨대 귀하께서는 깊이 헤아려 주십시오.

《주서周書》에 '천명天命이라고 불변하는 것은 아니다'라는 말이 있습니다. 이는 요행이 자주 오는 것은 아니라는 뜻입니다. 무릇 고자에게 이기셨고, 그로 인해 여덟 개 현을 할양받았습니다. 이는 귀국 진나라의 병력이 뛰어남도 아니요, 계략이 교묘해서도 아닙니다. 다만 하늘이 요행을 많이 내려 주었기 때문입니다.

지금 또 망묘를 쫓아내고 위나라 북지까지 들어가 그 수도 대량을 공략하고 있습니다. 이로써 하늘의 행운이 항상 스스로에게 있다고 여기시겠지요. 지혜로운 자는 그렇게 여기지 않습니다. 제가 듣건대 위나라는 전국 1백 개 현의 뛰어난 군사를 다 모아 대량을 지키고 있다 합니다. 제가 보기로는 30만 아래는 아닐 것입니다. 이 30만이나 되는 병력으로 열 길이나 되는 성을 굳게 지키게 되면, 비록 탕湯이나 무왕武王이 다시 살아난다 해도 이를 공략하기가 쉽지 않을 줄 압니다. 무릇 초·조 두 나라의 병력을 경솔하게 믿으면서 열 길이 넘는 성을 30만의 대군을 상대로 싸워 이를 반드시 함락시키겠다는 경우를 저는 천하가 시작되어 지금에 이르기까지 있을 수 있는 일이라고 상상해 보지 못하였습니다.

공격하다가 함락시키지 못하면 진나라 병사들은 지치게 되고 귀하의 봉지 음(陰, 陶) 땅도 사라지고 마는 것입니다. 이렇게 되면 앞서 세워 놓은 공조차 모두 사라지는 것입니다. 지금 위나라는 귀국 진나라와 화전을 할 것인가, 아니면 계속 싸울 것인가를 결정하지 못하고 조그마한 땅을 떼어 진나라에게 주어 화전이 된다면 수락하겠는데, 라고 여기고 있습니다. 원컨대 귀하께서는 초·조 두 나라의 군사들이 위를 돕기 위해 대량에 도달하기 전에 급히 서둘러 적은 땅일지라도 위나라의 화전 제의를 받아들이십시오. 위나라가 지금 망설이고 있으면서 적은 땅이면 된다고 할 때 그들의 욕구를 부추기시면 귀하는 요구하는 바를 얻을 수 있습니다. 초·조 두 나라가 위나라가 자신과의 약속을 깨고 먼저 진나라와 강화를 맺었다고 노하게 되면 틀림없이 세 나라는 다투어 귀국 진나라를 섬길 것입니다. 이렇게 그들의 결합을 흩어 놓고 귀하는 나중에 선택만 하면 됩니다. 게다가 귀하는 일찍이 삼진三晉의 땅을 많이 할양받았습니다. 그러니 어찌 다시 꼭 무력을 사용해야만 합니까? 무력을 쓰지 않고도 위나라는 강絳·안읍安邑을 바쳐오고, 그래서 또한 귀하의 봉지인 음 땅과 두 길을 열어 주며 송宋나라 옛 땅을 다 차지하고, 위衛는 우탄尤憚을 바쳐올 것입니다. 진나라 병사들에게 이미 명령을 내리셨다면 귀하께서 어서 제지하십시오. 무엇을 구한들 어찌 당신 힘으로 되지 않겠습니까? 어찌한들 이루지 못하겠습니까? 저는 원컨대 귀하께서 깊이 헤아려 위험한 행동이 없으시기를 바랍니다."

양후가 말하였다.

"좋소."

그리고는 대량의 포위를 풀어 주었다.

秦敗魏於華, 走芒卯而圍大梁. 須賈爲魏謂穰侯曰: 「臣聞魏氏大臣父兄皆謂魏王曰: 『初時惠王伐趙, 戰勝乎三梁, 十萬之軍拔邯鄲, 趙氏不割, 而邯鄲復歸. 齊人攻燕, 殺子之, 破故國, 燕不割, 而燕國復歸. 燕·趙之所以國全兵勁, 而地不幷乎諸侯者, 以其能忍難而重出地也. 宋·中山數伐數割, 而隨以亡. 臣以爲燕·趙可法, 而宋·中山可無爲也. 夫秦貪戾之國而無親, 蠶食魏, 盡晉國, 戰勝睪子, 割八縣, 地未畢入而兵復出矣. 夫秦何厭之有哉! 今又走芒卯, 入北地, 此非但攻梁也, 且劫王以多割也, 王必勿聽也. 今王循楚·趙而講, 楚·趙怒而與王爭事秦, 秦必受之. 秦挾楚·趙之兵以復攻, 則國救亡不可得也已. 願王之必無講也. 王若欲講, 必少割而有質; 不然必欺』 是臣之所聞於魏也, 願君之以是慮事也. 周書曰: 『維命不于常.』 此言幸之不可數也. 夫戰勝睪子, 而割八縣, 此非兵力之精, 非計之工也, 天幸爲多矣. 今又走芒卯, 入北地, 以攻大梁, 是以天幸自爲常也. 知者不然. 臣聞魏氏悉其百縣勝兵, 以止戍大梁, 臣以爲不下三十萬. 以三十萬之衆, 守十仞之城,臣以爲雖湯·武復生, 弗易攻也. 夫輕信楚·趙之兵, 陵十仞之城, 戴(戰)三十萬之衆, 而志必擧之, 臣以爲自天下之始分以至于今, 未嘗有之也. 攻而不能拔, 秦兵必罷, 陰必亡, 則前功必棄矣. 今魏方疑, 可以少割收也. 願(君)之及楚·趙之兵未任於大梁也, 亟以少割收. 魏方疑, 而得以少割爲和, 必欲之, 則君得所欲矣. 楚·趙怒於魏之先己講也, 必爭事秦. 從是以散, 而君後擇焉. 且君之嘗割晉國取地也, 何必以兵哉? 夫兵不用, 而魏效絳·安邑, 又爲陰啓兩機, 盡故宋, 衛效尤憚. 秦兵已令, 而君制之, 何求而不得? 何爲而不成? 臣願君之熟計而無行危也.」穰侯曰:「善.」乃罷梁圍.

【華陽】 鮑本에는 "華山. 在弘農華陰. 秦紀作華陽. 註, '亭名, 在密縣.' 事在此二年. 正曰: 華陰之華, 去聲. 華下, 華陽, 史無音"이라 하였다.

【芒卯】 魏나라 장수. 039·096·333·334장 참조.

【大梁】 魏나라 서울.

【須賈】 魏나라 中大夫.

【穰侯】 秦나라 재상. 魏冉. 宣太后의 胞弟.

【三梁】 趙나라 땅. 지금의 河北省 永年縣.

【邯鄲】 趙나라의 서울.

【子之】 燕나라 재상. 燕王 噲로부터 왕의 자리를 禪讓받아 큰 혼란을 일으켰던 인물이다.

【睾子】 韓나라 장수. 穰侯列傳에는 '暴鳶'으로, 그리고 위나라 장수로 되어 있다.

【書曰】 《書經》 康誥篇의 구절.

【陰】 《戰國策》의 陰 땅은 모두 다른 史書에는 '陶'로 되어 있다.

【絳】 지금의 山西省 新絳縣.

【安邑】 魏나라 땅.

【兩機】 穰侯의 봉지 陰 땅을 진나라에서 두 길로 통하게 해준다는 뜻.

【尤憚】 憚尤라고도 쓰며, 穰侯列傳에는 선보(單父, 지금의 山東省 單縣 남쪽)로 되어 있다.

참고 및 관련 자료

1. 《史記》 穰侯列傳에도 실려 있으며, B.C. 273년 秦나라의 제3차 大梁 포위 때의 일이다.

2. ≪史記≫ 穰侯列傳

昭王三十二年, 穰侯爲相國, 將兵攻魏, 走芒卯, 入北宅, 遂圍大梁. 梁大夫須賈說穰侯曰:「臣聞魏之長吏謂魏王曰:『昔梁惠王伐趙, 戰勝三梁, 拔邯鄲; 趙氏不割, 而邯鄲復歸. 齊人攻衛, 拔故國, 殺子良; 衛人不割, 而故地復反. 衛·趙之所以國全兵勁而地不幷於諸侯者, 以其能忍難而重出地也. 宋·中山數伐割地, 而國隨以亡. 臣以爲衛·趙可法, 而宋·中山可爲戒也. 秦, 貪戾之國也. 而母親蠶食魏氏, 又盡晉國, 戰勝暴子, 割八縣, 地未畢入, 兵復出矣. 夫秦何厭之有哉! 今又走芒卯, 入北宅, 此非敢攻梁也, 且劫王以求多割地. 王必勿聽也. 今王背楚·趙而講秦, 楚·趙怒而去王, 與王爭事秦, 秦必受之. 秦挾楚·趙之兵以復攻梁, 則國求無亡不可得也. 願王之必無講也. 王若欲講, 少割而有質; 不然, 必見欺.』此臣之所聞於魏也, 願君之以是慮事也. ≪周書≫曰『惟命不于常』, 此言幸之不可數也. 夫戰勝暴子, 割八縣, 此非兵力之精也, 又非計之工也, 天幸爲多矣. 今又走芒卯, 入北宅, 以攻大梁, 是以天幸自爲常也, 智者不然. 臣聞魏氏悉其百縣勝甲以上戍大梁, 臣以爲不下三十萬. 以三十萬之衆守梁七仞之城, 臣以爲湯·武復生, 不易攻也. 夫輕背楚·趙之兵, 陵七仞之城, 戰三十萬之衆, 而志必擧之, 臣以爲自天地始分以至于今, 未嘗有者也. 攻而不拔, 秦兵必罷, 陶邑必亡, 則前功必弃矣. 今魏氏方疑, 可以少割收也. 願君逮楚·趙之兵未至於梁, 亟以少割收魏. 魏方疑而得以少割爲利, 必欲之, 則君得所欲矣. 楚·趙怒於魏之先己也, 必爭事秦, 從以此散, 而君後擇焉. 且君之得地豈必以兵哉! 割晉國, 秦兵不收, 而魏必效絳安邑. 又爲陶開兩道, 幾盡故宋, 衛必效單父. 秦兵可全, 而君制之, 何索而不得, 何爲而不成! 願君熟慮之而無行危.」穰侯曰:「善.」乃罷梁圍.

3. 鮑本의 평어

『彪謂: 賈之說, 不足以已秦也, 爲其爲魏也過深, 而說秦者不切. 夫以秦爲天幸, 而欲其無行危也, 秦豈信之哉! 秦行是何危之有? 且其爲魏之過深也, 適足以疑秦, 豈沮於是哉! 梁圍之解, 將別有故, 非賈力也. 正曰: 大事記略載此章及穰侯攻大梁章, 謂同一術. 愚謂, 魏利於少割, 穰侯喜得此地而罷兵, 亦無不可. 大事記: 周赧王四十年, 秦昭三十二, 魏安釐二, 韓釐二十一, 趙惠文二十四年, 秦以魏冉爲相國, 伐韓, 暴鳶救魏, 魏冉破之, 斬首四萬, 鳶走開封, 魏割八縣以和. 魏冉復伐魏, 走芒卯, 入北宅, 遂圍大梁, 魏割溫以和. 四十一年, 魏背秦與齊從親, 秦魏冉伐魏, 拔四城, 斬首四萬. 四十二年, 趙·魏伐韓華陽, 秦魏冉·白起, 客卿胡傷救韓, 敗魏將芒卯華陽, 斬首十三萬, 取卷·蔡陽·長社. 又敗趙將賈偃, 沈其卒二萬於河, 取觀津. 魏予秦南陽以和. 以其地爲南陽郡, 遷免臣居之. 通鑑綱目書略同, 不著暴鳶, 芒卯等及以地爲南陽郡一節. 補曰: 按史, 魏安釐王二年·三年·四年, 連歲魏冉將兵來伐. 二年之戰, 韓暴鳶救魏敗走. 年表·秦紀·魏世家·魏冉傳皆云兵至大梁. 次年之戰不地. 最後華陽之戰, 趙·魏伐韓, 秦救韓, 敗趙·魏, 走芒卯. 但史所載有差互, 紀以擊芒卯華陽, 傳以走暴鳶, 竝爲次年事. 華陽之戰, 或云得三晉將, 或云攻趙·韓·魏. 八縣·三縣之殊十萬·十五萬之舛. 故大事記參定書之. 今考此策, 須賈之辭, 謂戰勝暴子, 割八縣, 地未畢而兵復出. 此大事記所以書此役繼於走暴鳶之後. 但策首書秦敗魏於華, 恐'於華'二字因下章誤衍也. 又按秦紀: 昭王三十四年, 書秦與魏韓上庸地爲一郡南陽, 免臣遷居之. 三十五年初, 置南陽郡. 大事記於魏予秦南陽後, 書以其地爲南陽郡, 遷免臣居之, 卽以此爲是年事. 按南陽凡二, 其一河南之脩武, 其一鄧州之堵陽. 免臣者, 以罪免, 遷守新邊. 秦不信敵國之民, 故徙其國人使錯居之. 前此二十七年, 攻楚, 赦罪人遷之南陽. 大事記必謂前已備楚, 故今以新得之南陽, 而不知紀書乃謂秦與魏·韓上庸地爲一郡於南陽. 上庸屬漢中, 今房州竹山縣, 則正鄧之南陽也. 次年乃書置南陽郡. 秦南陽郡卽鄧, 而脩武更置河內郡, 不聞兩南陽也. 昭王四十四年, 秦白起攻韓取南陽, 絶大行道, 使秦已置郡, 不應復云爾. 大事記亦書之矣. 此條蓋因魏入南陽以和, 偶與下文南陽免臣相次, 而致誤爾. 因上論大事記文附于此.』

336(24-4) 秦敗魏於華魏王且入朝於秦
삼년 공부를 마치고 돌아온 아들

위魏나라가 화양華陽 땅에서 진秦나라에게 패하자 위왕魏王은 진나라로 가서 왕을 조견하겠다고 나섰다. 그러자 주흔周訢이 말렸다.

"송宋나라에 어떤 자가 배움을 구하러 집 떠난 지 3년 만에 돌아오면서 그 어머니 이름을 불렀습니다. 그 어머니는 '네가 3년 공부하고 오면서 무례하게 어머니의 이름을 마구 부르다니 웬일이냐?'라고 물었습니다. 그러자 그 아들은 '제가 어질다고 여기는 바로는 세상에 요순堯舜보다 더한 이가 없되 그 이름을 부르고, 크다고 여기는 바로는 천지天地보다 더한 것이 없되 이름을 부릅니다. 지금 어머니의 어짊은 요순만 못하고 어머님의 위대함은 천지만 못합니다. 그래서 어머니 이름을 부르는 것입니다'라 하였답니다. 그러자 화가 난 어머니는 '네가 학문에 있어서 배운 대로 모두 실행해 낼 수 있겠느냐? 그렇다면 내 이름을 바꾸어 달리 부를 수도 있을 것이다. 그러나 네가 학문에 있어서 배운 대로 다 실행해 낼 수 없다고 여기느냐? 그렇다면 어머니 이름 부르는 것을 뒤로 미루려무나'라 하였다 합니다.

지금 대왕께서 진나라를 섬기되 그래도 바꾸어 다른 방법으로 입조할 수 있지 않습니까? 원컨대 대왕께서는 다른 방법을 생각하시고 입조를 뒤로 미룸이 옳을 줄 압니다."

왕은 고집을 부렸다.

"그대는 내가 진나라에 들어간 후 살아 나오지 못할 것이라 여기는가? 허관許綰이 내게 '들어가 나오지 못하시면 청컨대 내 머리를 잘라 순장해 주십시오'라 빌었다."

주흔은 다시 이렇게 말하였다.

"저처럼 이렇게 천박한 놈이라 할지라도 어떤 자가 저에게 깊이를 알 수 없는 깊은 못으로 뛰어들라 해놓고 틀림없이 살아 나올 것이라고 주장하면서, 만약 살아 나오지 못하면 쥐대가리를 잘라 그대에게 순장시켜 주겠다고 한다면, 그걸 믿고 실행하지 않을 것입니다. 지금 진나라는 그 속을 알 수 없는 나라, 그 깊이를 알 수 없는 못과도 같습니다. 게다가 허관의 머리쯤이야 쥐대가리 정도의 가치입니다. 왕을 속여 예측할 수 없는 진나라에 들어가게 한 후, 겨우 쥐대가리 쯤으로 왕을 위해 순장한다고 하는데 왕께서는 그렇게 해서는 안됩니다. 또 여쭈어 보지요. 양(梁, 魏)나라와 하내河內 땅을 비교하면 어느 쪽이 급합니까?"

왕이 말하였다.

"그거야 양나라가 급하지."

주흔이 다시 물었다.

"그럼 이 양나라와 대왕의 몸을 비교하면 어떻습니까?"

왕이 대답하였다.

"내 몸이 중하지."

주흔은 이렇게 설명하였다.

"그 셋 중에 임금의 몸이 제일입니다. 하내 땅은 가장 아래입니다. 진나라는 그 제일 못한 하내조차도 요구하지 않고 있는데, 대왕께서는 제일 중한 몸을 바치신다고 하니 이게 될 말입니까?"

그래도 왕은 들으려 하지 않았다. 그래서 이번에 지기支期가 나섰다.

"대왕께서는 초왕楚王을 기다려 보십시오. 초왕이 만약 진나라에 가거든 왕께서는 삼승三乘만 가지고 먼저 진왕을 뵙는 것입니다. 만약 초왕이 진나라에 갈 뜻이 전혀 없음이 밝혀져 초나라와 위나라가 하나로 뭉치면 오히려 진나라에 대항하기에 족합니다."

이에 왕은 겨우 진나라에 가기를 우선 멈추게 되었다. 그러나 왕은 다시 지기를 불러 걱정을 털어놓았다.

"내가 이미 진나라 승상 응후(應侯, 范睢)에게 가기로 허락해 두었었는데 지금 와서 가지 않게 되면 그를 속이는 꼴이 되고 말 것 같소."

지기는 왕을 안심시켰다.

"걱정 마십시오. 제가 장신후長信侯를 시켜 왕께서 진나라에 가지 않아도 되도록 하겠습니다."

그리고 지기는 곧 장신후에게 일렀다.

"왕명으로 상국(장신후)을 불러 오라 하오."

장신후가 물었다.

"왕이 무슨 이유로 저를 소환합니까?"

지기는 시치미를 뗐다.

"저는 모르오. 왕께서 급하게 그대를 찾고 있소."

장신후가 다시 물었다.

"내가 왕을 진나라에 가도록 한 것이 진나라를 위해서이겠습니까? 나는 위나라를 위해서 한 일이오."

지기는 이렇게 말하였다.

"그대는 위나라를 위해 어쨌다고 할 게 아니라 우선 자신을 위해서 일어서시오. 죽기냐, 살기냐, 궁해질거냐, 부해질거냐, 이런 자신의 일부터 처리하고 위나라를 위한다고 해도 되오."

장신후는 다시 이렇게 부탁하였다.

"친구 누공樓公이 온다고 하였는데 그와 같이 가고 싶소."

지기가 재촉하였다.

"왕이 급히 그대를 불렀는데 그대가 가지 않으면 핏발이 옷에 튀길 것이외다!"

장신후가 드디어 나서자 지기는 그 뒤를 따랐다. 그리고 왕을 뵙게 되자 지기가 먼저 왕을 몰래 뵙고 일렀다.

"거짓으로 아픈 척 하시면서 그를 만나십시오. 제가 이미 그를 협박해 두었습니다."

장신후가 입견하여 왕 앞에 이르자 왕이 입을 열었다.

"병이 이리 심하니 어쩌면 좋을꼬? 네 처음에는 이미 응후와 약속을 해놨으니, 생각 같아서는 길에서 죽더라도 꼭 가야 할 것 같은데 어떻소?"

그러자 장신후가 입을 열었다.

"가실 필요 없습니다. 제가 응후에게 잘 말하겠습니다. 조금도 걱정하지 마십시오."

秦敗魏於華, 魏王且入朝於秦. 周訢謂王曰:「宋人有學者, 三年反而名其母. 其母曰:『子學三年, 反而名我者, 何也?』其子曰:『吾所賢者, 無過堯・舜, 堯・舜名; 吾所大者, 無大天地, 天地名. 今母賢不過堯・舜, 母大不過天地, 是以名母也.』其母曰:『子之於學者, 將盡行之乎? 願子之有以易名母也. 子之於學也, 將有所不行乎? 願子之且以名母爲後也.』今王之事秦, 尚有可以易入朝者乎? 願王之有以易之, 而以入朝爲後.」魏王曰:「子患寡人入而不出邪? 許綰爲我祝曰:『入而不出, 請殉寡人以頭.』」周訢對曰:「如臣之賤也, 今人有請臣曰, 入不測之淵而必出, 不出, 請以一鼠首爲女殉者, 臣必不爲也. 今秦不可知之國也, 猶不測之淵也; 而許綰之首, 猶鼠首也. 內王於不可知之秦, 而殉王以鼠首, 臣竊爲王不取也. 且無梁孰與無河內急?」王曰:「梁急.」「無梁孰與無身急?」王曰:「身急.」曰:「以三者, 身, 上也; 河內, 其下也. 秦未索其下, 而王效其上, 可乎?」

王尚未聽也. 支期曰:「王視楚王. 楚王入秦, 王以三乘先之; 楚王不入, 楚・魏爲一, 尚足以捍秦.」王乃止. 王謂支期曰:「吾始已諾於應侯矣, 今不行者欺之矣.」支期曰:「王勿憂也. 臣使長信侯請無內王, 王待臣也.」

支期說於長信侯曰:「王命召相國.」長信侯曰:「王何以臣爲?」支期曰:「臣不知也, 王急召君.」長信侯曰:「吾內王於秦者, 寧以爲秦邪? 吾以爲魏也.」支期曰:「君無爲魏計, 君其自爲計. 且安死乎? 安生乎? 安窮乎? 安貴乎? 君其先自爲計, 後爲魏計.」長信侯曰:「樓公將入矣, 臣今從.」支期曰:「王急召君, 君不行, 血濺君襟矣!」長信侯行, 支期隨其後. 且見王, 支期先入, 謂王曰:「僞病者乎而見之, 臣已恐之矣.」長信侯入見王, 王曰:「病甚奈何? 吾始已諾於應侯矣, 意雖道死, 行乎?」長信侯曰:「王毋行矣! 臣能得之於應侯, 願王無憂.」

【華陽】亭 이름. 지금의 河南省 新鄭縣, 원래 韓나라 땅. 당시 韓·魏 연합군과 秦나라와의 싸움터. 이 싸움에서 韓·魏 두 나라가 패하였다. 당시 魏나라 왕은 安釐王.

【周訢】魏나라 臣下.

【宋】당시 宋나라는 齊나라에게 망한 후였다. 송나라는 춘추시대 五霸(宋襄公)의 한 나라.

【名其母】고대에는 尊長의 이름은 避諱하여야 했다.

【許縮】魏나라 臣下. 본문 내의 뒤쪽 長信侯가 아닌가 한다. 縮의 음은 ≪廣韻≫에 "烏板切, 烏患切"로 본음은 '완'이나 한국 속음으로 '관'으로 읽었다.

【河內】河南省의 黃河 이북. 당시 魏나라는 이 河內와 南陽을 할양하여 秦나라와 강화하였다.

【支期】魏나라 臣下.

【楚王】楚나라 頃襄王.

【應侯】즉 范雎, 秦나라 丞相.

【長信侯】魏나라 相國이며 應侯와 善交, 위의 許縮이 곧 이 사람이 아닌가 한다.

【樓公】樓緩. 趙나라 사람. 일찍이 秦나라에 벼슬하여 丞相을 지낸 바 있다.

참고 및 관련 자료

1. ≪呂氏春秋≫ 應言篇

秦王立帝, 宜陽令許縮誕魏王, 魏王將入秦. 魏敬謂王曰:「以河內孰與梁重?」王曰:「梁重.」又曰:「梁孰與身重?」王曰:「身重.」又曰:「若使秦求河內, 則王將與之乎?」王曰:「弗與也.」魏敬曰:「河內, 三論之下也; 身, 三論之上也. 秦索其下而王弗聽, 索其上而王聽之, 臣竊不取也.」王曰:「甚然.」乃輟行. 秦雖大勝於長平, 三年然後決, 士民倦, 糧食. 當此時也, 兩周全, 其北存. 魏舉陶削衛, 地方六百, 有之勢是而入, 大蚤, 奚待於魏敬之說也? 夫未可以入而入, 其患有將可以入而不入, 入與不入之時, 不可不熟論也.

2. 鮑本의 평어

『彪謂: 周訴之愛王也甚忠, 其論王也甚切, 賢智人也. 釐王不能聽而聽支期, 期豈賢於訴哉? 蓋期之所效者事! 而訴之所論者理, 庸人固可示以事, 而難以理諭也. 微二臣者釐其爲楚懷與!』

337(24-5) 華軍之戰
화양 전투

화양華陽 전투에서 위魏나라는 진秦나라를 이기지 못하였다. 이듬해에 위나라는 장차 단간숭段干崇을 시켜 땅을 진나라에게 떼어 주어 강화를 맺으려 하였다. 그러자 손신孫臣이 나서서 위왕에게 말하였다.

"위나라는 지난번 패했을 때 땅을 떼어주지 않았으니 패전을 잘 이용했다고 할 수 있고, 진나라는 지난 번 이겼을 때에는 땅을 할양 받지 못하였으니 승전을 잘 이용하지 못했다고 할 수 있군요. 지금 이미 1년이나 지난 일을 가지고 땅을 떼어 주자고 하는 것은, 바로 군신들의 사욕 때문인데도 임금께서는 모르고 계십니다. 그렇게 땅을 떼어 주어 진나라의 환심을 사서 관인(官印, 璽)이나 얻고자 하는 것이니 바로 단간숭도 그런 인물입니다. 그런데 왕께서는 오히려 그에게 땅을 할양하는 심부름을 시킨다구요. 토지를 요구하는 것은 진나라입니다. 그런데 왕께서는 오히려 그를 보내 그 기회에 진나라의 관인을 받게 하시고 있습니다. 그는 진나라의 관인으로 봉토를 받고 싶으면 할양한 땅을 쥐고 있을 것이요, 토지를 갖고 싶으면 관인을 쥐고 있을 것입니다. 그 형세로 보아 그에게는 위나라는 안중에도 없습니다. 하물며 모든 간신들이 하나씩 땅을 떼어 진나라에 바치려하고 있습니다. 땅으로서 진나라를 섬기게 되면, 이는 비유컨대 마른 섶을 껴안고 불을 끄러 달려드는 것과 같습니다. 섶이 다 없어지지 않는 한 불은 꺼질리 없습니다. 지금 대왕의 토지는 유한한데 진나라의 요구는 끝나지 않을 것이니, 이야말로 섶을 가지고 불길을 살려 주는 것과 같습니다."

왕은 이렇게 말하였다.

"좋소. 그러나 나는 이미 진나라에게 토지를 떼어 주겠다고 통고를 해놓았소. 변경할 수 없구려."

손신은 이렇게 설명하였다.

"대왕께서는 도박에서 효梟를 쓰는 것을 모르십니까? 먹으려면 먹고 그대로 쥐고 있으려면 그대로 쥐고 있을 수 있는 권리를 말입니다. 대왕께서는 지금 군신들에게 협박을 받아 진나라에 허락해 놓고는 그 때문에 변경할 수 없다고 하시니 어찌 그 지혜를 쓰심이 梟만도 못하십니까?"

위왕은 그제야 수긍하였다.

"좋소."

그리고는 단간숭의 출행을 중지시켰다.

華軍(陽)之戰, 魏不勝秦. 明年, 將使段干崇割地而講.

孫臣謂魏王曰:「魏不以敗之上割, 可謂善用不勝矣; 而秦不以勝之上割, 可謂不能(善)用勝矣. 今處期年乃欲割, 是羣臣之私而王不知也. 且夫欲璽者, 段干子也, 王因使之割地; 欲地者, 秦也, 而王因使之受(授)璽. 夫欲璽者制地, 而欲地者制璽, 其勢必無魏矣. 且夫姦臣固皆欲以地事秦. 以地事秦, 譬猶抱薪而救火也. 薪不盡, 則火不止. 今王之地有盡, 而秦之求無窮, 是薪火之說也.」魏王曰:「善. 雖然, 吾已許秦矣, 不可以革也.」對曰:「王獨不見夫博者之用梟邪? 欲食則食, 欲握則握. 今君劫於羣臣而許秦, 因曰不可革, 何用智之不若梟也?」魏王曰:「善.」乃案其行.

【華軍之戰】 華陽之戰의 오기. 앞의 주 '華陽' 참조.

【段干崇】 魏나라 臣下. 段干은 姓氏이다.

【孫臣謂魏王】 孫臣은 魏나라 신하. ≪史記≫ 魏世家에는 '蘇代'로 되어 있다. 王은 安釐王.

【不以敗之上割】 패한 때에 맞추어 땅을 떼어 바치는 것이 아니다, 즉 패배시기가 지났는데 지금에 와서 땅을 바치려 함을 말한다. 上은 "그 당시"의 뜻.

【梟】 局戲(놀이, 도박의 일종)에서 나무로 깎아 만든 것, 다섯 가지(梟·盧·雉·犢·塞)가 있으며, 그 중의 梟가 으뜸이 된다고 한다. 鮑本에는 "猶上善用勝矣. 補曰: 正義云: 博頭有刻爲梟鳥形者, 擲得梟者, 合食其子. 若不便, 則爲餘行也"라 하였다.

1. ≪史記≫ 魏世家에도 실려 있으며 B.C. 272년이다.

2. ≪史記≫ 魏世家

安釐王元年, 秦拔我兩城. 二年, 又拔我二城, 軍大梁下, 韓來救, 予秦溫以和.
三年, 秦拔我四城, 斬首四萬. 四年, 秦破我及韓·趙, 殺十五萬人, 走我將芒卯.
魏將段干子請予秦南陽以和. 蘇代謂魏王曰:「欲璽者段干子也, 欲地者秦也.
今王使欲地者制璽, 使欲璽者制地, 魏氏地不盡則不知已. 且夫以地事秦, 譬猶抱
薪救火, 薪不盡, 火不滅.」王曰:「是則然也. 雖然, 事始已行, 不可更矣.」對曰:
「王獨不見夫博之所以貴梟者, 便則食, 不便則止矣. 今王曰『事始已行, 不可更』,
是何王之用智不如用梟也?」

338(24-6) 齊欲伐魏
구슬을 얻고 전쟁도 그치고

제齊나라가 위魏나라를 치려
하자 위나라에서는 사람을 제
나라 순우곤淳于髡에게 보내어
이렇게 말하였다.

"제나라가 지금 우리 위나라
를 치려고 하는데 위나라의
환난을 풀어줄 수 있는 사람은
오직 선생밖에 없습니다. 우리
나라에 보벽寶璧 두 쌍과 문채

〈鎏金嵌玉鑲琉璃銀帶鉤〉戰國 魏. 1951 河南 輝縣 출토

나는 말 여덟 필이 있는데 이를 드리겠습니다."

이 제의에 순우곤은 허락하였다.

"좋습니다."

그리고는 들어가 제왕齊王을 달랬다.

"초楚·제 두 나라는 서로 원수 사이이며 위·제 두 나라는 서로 친한
사이입니다. 그런데 무릇 친한 나라를 쳐서, 구적仇敵으로 하여금 그
피폐한 틈에 일어나게 하시려 하니 명분상으로도 추한 일이요, 실제로도
위험하기 그지없는 짓입니다. 대왕께서 하실 일이 아닙니다."

제왕이 동의하였다.

"좋소."

이에 위나라를 치지 않게 되었다. 그런데 어떤 객이 이 사실을 제왕에게
고해 바쳤다.

"순우곤이 위나라를 치지 말자고 한 것은 위나라로부터 구슬과 말을
뇌물로 받고 한 일입니다."

왕은 이를 근거로 순우곤에게 물었다.

"듣자 하니 선생은 위나라로부터 구슬과 말을 받았다는데 그런 일이
정말 있소?"

순우곤이 대답하였다.

"있습니다."

왕이 물었다.

"그렇다면 선생은 나를 위해서 무슨 계책을 세우고 있소?"

순우곤은 이렇게 설명하였다.

"위나라를 치는 일이 잘 해결되지 않아서 위나라가 그 원한으로 나를 찔러 죽였다고 한들 대왕께 무슨 이익이 있겠으며, 만약 진실로 잘 해결되어서 그 고마움으로 위나라가 내게 봉토를 주었다고 한들 왕에게 무슨 손해가 나겠습니까? 왕은 친한 나라를 쳤다는 비방도 듣지 않게 되었고, 위나라로서도 곧 망할 위험이 없게 되었으며, 백성들은 전쟁의 두려움을 벗어나게 되었고 저는 저대로 구슬과 말의 보배를 얻었습니다. 이게 왕에게 무슨 해로울 것이 있단 말입니까?"

齊欲伐魏, 魏使人謂淳于髡曰:「齊欲伐魏, 能解魏患, 唯先生也, 敝邑有寶璧二雙, 文馬二駟, 請致之先生.」淳于髡曰:「諾.」入說齊王曰:「楚, 齊之仇敵也; 魏, 齊之與國也. 夫伐與國, 使仇敵制其餘敝, 名醜而實危, 爲王弗取也.」齊王曰:「善.」乃不伐魏. 客謂齊王曰:「淳于髡言不伐魏者, 受魏之璧·馬也.」王以謂淳于髡曰:「聞先生受魏之璧·馬, 有諸?」曰:「有之.」「然則先生之爲寡人計之何如?」淳于髡曰:「伐魏之事不便, 魏雖刺髡, 於王何益? 若誠不便, 魏雖封髡, 於王何損? 且夫王無伐與國之誹, 魏無見亡之危, 百姓無被兵之患, 髡有璧·馬之寶, 於王何傷乎?」

【淳于髡】 齊나라의 췌서(贅婿)로 博聞强記하며 滑稽善辯한 인물이었다.
【文馬二駟】 '文'은 '紋彩'의 뜻. 二駟는 八匹, 즉 四馬 수레 두 대.

339(24-7) 秦將伐魏
거꾸로 땅을 할양한 진나라

진秦나라가 장차 위魏나라를 쳐들어오려 하였다. 위왕魏王이 이를 듣고 밤중에 맹상군孟嘗君을 만나 물었다.

"진나라가 장차 우리 위나라를 치려 하오. 그대는 나를 위해 대책을 마련해 주어야겠소. 어찌하면 좋겠소?"

맹상군은 이렇게 대답하였다.

"제후들의 도움만 얻어낼 수 있다면 나라를 지켜낼 수 있을 것입니다."

왕이 부탁하였다.

"그대가 좀 다녀왔으면 합니다."

그리고는 후하게 수레 1백 승을 준비해 주었다.

맹상군은 먼저 조趙나라로 가서 조왕趙王에게 요구하였다.

"저는 귀국 조나라의 군대를 빌어 위나라를 구원하고 싶소."

조왕은 난색을 표명하였다.

"나는 그럴 수 없소."

맹상군이 말하였다.

"무릇 감히 대왕에게 병력을 빌려달라는 것은 대왕께 충성하기 위함이오."

왕이 물었다.

"그게 무슨 뜻인지 들려줄 수 있겠소?"

맹상군은 이렇게 설명하였다.

"무릇 귀국 조나라 군대는 우리 위나라 군대만큼 강하지 못하고, 위나라 병력이 조나라보다 약하지 않습니다. 그럼에도 귀국 조나라는 해마다 위험한 일도 없고 백성 또한 죽는 자가 없습니다. 그에 비하여 위나라는 해마다 위험에 처하고 해마다 백성이 죽습니다. 무슨 이유에서 이렇겠습니까? 바로 위나라가 조나라의 서쪽에 있어 진나라로부터 울타리 역할을 해주고 있기 때문입니다. 그런데 지금 귀국 조나라가 우리 위나라를 구해 주지 않는다면, 위나라는 피로써 진나라와 맹약을 맺어 연합해 버릴 것입니다. 그렇게 되면 귀국 조나라는 강한 진나라와 국경이 맞닿게 됩니다. 땅이 해마다 위태로워지고 백성 역시 해마다 죽어갈 것입니다. 그래서 제가 대왕에게 충성을 하기 위한 것이라고 말씀드린 것입니다."

이 말에 조왕은 허락을 하고 군대 10만과 병거 3백 승을 내주었다. 전문(田文, 孟嘗君)은 다시 북쪽으로 연燕나라 왕을 찾아갔다.

"지난날 저의 부친 전영田嬰께서 늘 연·위 나라 두 임금을 교류시키셨습니다. 지금 진나라가 위나라를 공격하려 합니다. 원컨대 대왕께서 구해 주시기 바랍니다."

연왕은 거절하였다.

"우리나라는 2년 동안이나 곡식이 익지 못하고 있소. 지금 다시 수천 리를 넘어 위나라를 구하라니 그럴 수 있겠소?"

전문은 이렇게 설명하였다.

"수천 리를 지나 남을 구원한다는 것은 이 나라가 그만큼 안전하다는 뜻입니다. 지금 위나라 사정을 보십시오. 문만 열면 바로 적군과 마주칩니다. 그런 경우 수천 리를 넘어 남을 돕고 싶어도 그것이 가능하겠습니까?"

연왕이 여전히 허락할 뜻을 보이지 않자 전문은 다시 이렇게 겁을 주었다.

"저는 대왕께 유리한 계책을 말씀드렸는데도 왕께서 저의 충성스런 책략을 들어주지 않으시니, 좋습니다. 저는 떠나겠습니다. 그러나 장차 천하에 큰 변고가 있을 것이 두렵습니다."

왕이 놀라 물었다.

"큰 변고란 뭐요?"

전문이 말하였다.

"진나라가 위나라를 공격하고 있지만 아직 이기지는 못하고 있습니다. 그러나 위나라의 누대樓臺는 이미 불탔고, 놀이터도 다 빼앗기고 말았습니다. 이 절박한 때에 귀국 연나라가 위나라를 구해 주지 않으면 위왕은 어쩔 수 없이 부절符節을 꺾고 땅을 떼어, 나라의 반을 진나라에게 주고 말 것입니다. 그러면 진나라는 철수할 것입니다. 진나라가 위나라에서 철수하고 나면 위나라는 한·위 두 나라의 병력을 합해 놓고, 서쪽 진나라에 가서 군대를 빌려 달라고 할 것입니다. 조나라처럼 많은 군대와 네 나라의

힘이 함께 귀국 연나라를 치기 위해서지요. 그때 왕께서는 어느 것이
이익이라고 보십니까? 수천 리를 지나 남을 돕는 것이 이익입니까?
아니면 연나라 남문을 나서서 적이 쳐들어오는 것을 구경하는 것이
이익입니까? 그때 상대 나라는 길은 가깝고 물자를 옮기기도 쉽습니다.
왕께서는 어느 것이 이익이라고 보십니까?"

연왕은 이 말을 듣자 놀랄 수밖에 없었다.

"그대는 어서 떠나시오. 내 그대의 말을 다 들어주리다."

이에 병사 8만과 병거 2백 승을 일으켜 전문을 따르게 하였다. 위왕은
크게 기뻐하였다.

"그대가 연·조 두 나라로부터 얻어온 군대가 많기도 하고 또 신속하기도
하군요."

한편 진왕秦王은 크게 두려워하여 거꾸로 자신의 땅을 떼어 위나라에
주면서 강화를 요청해 왔다. 위왕은 연·조 두 나라의 병력을 귀국시키고
전문에게 땅을 봉해 주었다.

秦將伐魏. 魏王聞之, 夜見孟嘗君, 告之曰:「秦且攻魏, 子爲寡人謀,
奈何?」孟嘗君曰:「有諸侯之救, 則國可存也.」王曰:「寡人願子之行也.」
重爲之約車百乘. 孟嘗君之趙, 謂趙王曰:「文願借兵以救魏.」趙王曰:
「寡人不能.」孟嘗君曰:「夫敢借兵者, 以忠王也.」王曰:「可得聞乎?」孟嘗
君曰:「夫趙之兵, 非能彊於魏之兵; 魏之兵, 非能弱於趙也. 然而趙之地不
歲危, 而民不歲死; 而魏之地歲危, 而民歲死者, 何也? 以其西爲趙蔽也.
今趙不救魏, 魏歃盟於秦, 是趙與强秦爲界也, 地亦且歲危, 民亦且歲死矣.
此文之所以忠於大王也.」趙王許諾, 爲起兵十萬, 車三百乘.

又北見燕王曰:「先日公子常約兩王之交矣. 今秦且攻魏, 願大王之救之.」
燕王曰:「吾歲不熟二年矣, 今又行數千里而以助魏, 且奈何?」田文曰:
「夫行數千里而救人者, 此國之利也. 今魏王出國門而望見軍, 雖欲行數
千里而助人, 可得乎?」燕王尚未許也. 田文曰:「臣效便計於王, 王不用臣之
忠計, 文請行矣. 恐天下之將有大變也.」王曰:「大變可得聞乎?」曰:「秦攻
魏未能克之也, 而臺已燔, 游已奪矣. 而燕不救魏, 魏王折節割地, 以國之半

與秦, 秦必去矣. 秦已去魏, 魏王悉韓・魏之兵, 又西借秦兵, 以因趙之衆, 以四國攻燕, 王且何利? 利行數千里而助人乎? 利出燕南門而望見軍乎? 則道里近而輸又易矣, 王何利?」燕王曰:「子行矣, 寡人聽子.」乃爲之起兵 八萬, 車二百乘, 以從田文.

　　魏王大說, 曰:「君得燕・趙之兵甚衆且亟矣.」秦王大恐, 割地請講於魏. 因歸燕・趙之兵, 而封田文.

【魏王】魏나라 昭王.
【孟嘗君】田文. 당시 魏나라 재상을 지냈다.
【趙王】趙나라 惠文王.
【燕王】燕나라 昭王.
【公子】孟嘗君의 아버지 靖郭君 田嬰.
【秦王】秦나라 昭王.

참고 및 관련 자료

1. ≪史記≫ 孟嘗君列傳에 의하면 孟嘗君이 齊나라를 떠나 魏나라 재상이 된 것은 B.C. 286년이다. 그 후 다시 B.C. 284년에 자신의 봉지 薛로 되돌아온다. 따라서 본장의 내용은 孟嘗君이 魏나라 재상으로 있을 때의 사건으로 보인다.
2. 鮑本의 평어
『彪謂: 田文可謂善言者矣. 其說趙也, 邇而不偪. 其說燕也, 直而不倨. 與夫嗑口 虛喝者, 異矣.』

340(24-8) 魏將與秦攻韓
포악한 진나라

위魏나라가 장차 진秦나라와 더불어 한韓나라를 치려 하자 주기(朱己, 無忌, 信陵君)가 위왕魏王에게 아뢰었다.

"진나라는 융적戎翟과 같은 야만 풍속에다가 호랑지심虎狼之心을 품고 있으며 탐리포려貪利暴戾하며 믿을 구석이 없습니다. 또한 예의나 덕행 따위는 모릅니다. 이익만 있으면 곧 친척이나 형제도 돌보지 않아 마치 금수와도 같습니다. 이는 천하가 다 아는 바입니다. 그러니 은혜를 베풀어 준다거나 덕행을 쌓아 줄 만한 가치가 전혀 없는 나라입니다. 그러므로 그 나라 태후는 왕의 모친이면서도 근심으로 죽었고, 양후穰侯는 외삼촌에다가 공로까지 막대하였건만 결국 축출 당하고 말았습니다. 두 형제도 아무런 죄가 없건만 둘 모두 그 봉지까지 다시 탈취 당하였습니다. 이처럼 친척 형제에게도 이와 같은데 하물며 서로 으르렁대는 적국 사이에야 오죽하겠습니까? 지금 대왕께서는 진나라와 더불어 한나라를 공격하여, 진나라에 더욱 가까이 해보겠다고 하시나 제게는 의심스러운 것이 있습니다. 왕이 만약 모르고 계셨다면 이는 명석하지 못한 때문이요, 신하들이 이를 알면서도 간언하지 않았다면 이는 충성이 없기 때문입니다.

지금 한나라의 사정은, 안으로 하나의 여자가 약한 어린 임금을 보좌하고 있다가 내란이 일어나고 말았습니다. 그러한 나라가 밖으로는 강한 진·위 두 나라 병사를 지탱해 내면서 망하지 않을 수 있는 나라라 보십니까? 결국 한나라가 망하고 나면 진나라는 곧 정鄭나라 옛 땅과 대량大梁 부근까지 다 차지해 버릴 것입니다. 이렇게 된 후 대왕은 평안하리라 여기십니까? 대왕께서 옛 땅을 찾으려고 덤볐다가는 도리어 진나라의 화를 짊어지게 됩니다. 대왕께서는 이를 이익이라고 보십니까? 진나라는 일없이 평화스럽기를 바라는 나라가 아닙니다. 한나라를 멸망시킨 후에는 틀림없이 다시 일을 벌일 것입니다. 일이 벌어지면 즉시 쉽고 유리한 것을 선택합니다. 즉 일을 벌이되 결코 초楚나라나 조趙나라는 건드리지 않는다는 것입니다. 왜냐구요? 그것은 험준한 태항산太行山을 넘고 황하를 건너 벽지인 한나라의 상당上黨을 거쳐 강대국 조나라를 치고자 한다면 지난날 알여關與 전투에서처럼 참패하기 십상이기 때문입니다. 진나라처럼 약은 나라가 이런 실수를 되풀이할 리가 없습니다. 또 하내河內를 건너 업鄴과 조가朝歌 땅을 등지고 장수漳水와 부수滏水를 가로질러 조나라 병사와 한단邯鄲의 교외에서 단판 승부를 가리는 것과 같은 방법도 택하지 않을 것입니다. 이것은 지난날 지백智伯이 입었던 패배이기 때문입니다. 진나라는 그렇게 할 리가 없지요. 그럼 초나라를 친다고 해보십시오. 반드시 산곡을 넘고 걸어서 3천여 리를 넘어 민애澠隘의 요새를 친다는 것은 행로도 멀 뿐 아니라 공격하기도 힘든 것입니다. 진나라가 이런 싸움을 할 리가 없습니다. 그럼 다른 방법으로 하외河外를 경과해서 대량大梁을 등지고, 오른쪽으로 상채上蔡와 소릉召陵을 끼고, 초병楚兵과 진성陳城의 교외에서 단판승부를 내는 것과 같은 싸움도 하지 않을 것입니다. 그래서 진나라는 결코 초나라나 진(조)나라를 공격 대상으로 삼지는 않을 것이며, 위衛나라나 제齊나라도 아닙니다. 한나라를 멸망시킨 후에 진나라가 출병하는 날은 바로 위나라 이외에는 더 적당한 공격 대상이 없을 것입니다.

　진나라는 본래 회懷·지地·형구刑丘·안성安城·궤진垝津 등의 유리한 통로가 있어, 이 길을 통해 하내河內를 죄어들면 우리 하내의 공共 땅과 급汲 땅은 위험하지 않은 곳이 없게 됩니다. 그 후에 진나라는 정지鄭地를 바탕으로 원옹垣雍을 얻게 되면 형택滎澤의 물길을 터서 우리의 도읍 대량에 부어댈 것입니다. 그렇게 되면 우리 대량은 멸망할 수밖에 없습니다.

　대왕의 사자들 잘못은 너무나 컸습니다. 진나라에 가서 안릉씨安陵氏를 참훼하였습니다. 진나라는 허許 땅을 갖고싶어 한 지가 오래됩니다. 그러나 진나라 섭양葉陽·곤양昆陽·무양舞陽과 고릉高陵의 접경지대 사람들의 요구에 대해 진나라는 사신의 악담을 듣고 그대로 들어주었습니다. 그래서 안릉씨가 망하자 그 땅도 그대로 잃고 말았습니다. 진나라가 지금 무양의 북쪽을 감고 동진하여 허 땅을 누른다면 남국은 틀림없이 위험해질 것입니다. 남국이 비록 위험이 없다 할지라도 어찌 위로서는 안전하다 하겠습니까? 하물며 한나라를 미워하면서 안릉씨를 감싸지 않을 것, 이것은 그럴 만하다고 합시다. 그러나 다만 진나라가 남국을 사랑하지 않는 데 대한 우려를 하지 않는 것은 그릇된 것입니다.

옛날 진이 하서河西 밖에까지 세력을 뻗치지 못하였을 때는 진晉, 위魏의 서울 대량까지는 1천 리가 넘는 거리였고, 산과 강이 가로막아 주었으며, 그 사이에 주周나라와 한나라가 가로놓여 그를 격리시키고 있었습니다. 그러나 임향林鄕에 주둔군을 둔 이후 지금까지 진나라가 위나라를 열 차례나 공격하여, 그 중 다섯 번은 변경의 마을은 다 점령당하여 문대文臺와 수도垂都도 내리 병화를 입어, 나무 숲조차 다 베어져 사슴들도 사라져 버렸습니다. 뒤이어 나라까지 포위당하게 되었던 것입니다. 또다시 진나라 의 말발굽은 대량의 북쪽을 넘어 동쪽으로 도陶·위衛의 교외까지 이르고, 북쪽으로는 감鄒까지 뻗쳐 진나라에게 빼앗긴 땅은 화산華山 이북과 하외河外, 하내河內의 모든 곳으로, 대현大縣이 몇 백 개요, 명도名都가 수 십 곳입니다. 진나라가 지금 하서에 있어 우리 서울 대량과 1천 리라고 하나 그 화환禍患은 이렇게 절박한 것입니다. 하물며 진나라로서 만약 한나라의 중간 차단이 없어지고, 정 땅에 있어서 하산의 장애가 사라지고, 주·한 두 나라의 중간 방비 역할이 없어지게 된다면 대량까지는 1백 리밖에 되지 않아 그 위험은 1백 배 넘을 것입니다.

지난 날 합종이 이루어지지 않아 초·위 두 나라는 서로 의심을 품고 있는 상태, 게다가 한나라 또한 결약을 맺을 수 없는 관계입니다. 지금 한나라는 진나라로부터 3년에 걸친 공격을 받고 있습니다. 진나라는 이를 흔들면서 한나라에게 강화를 요구하고 있지만 한나라로서는 그랬다 가는 멸망할 것을 뻔히 알기 때문에 들어주지 않고 버티고 있는 것입니다. 그러면서 자기의 왕자를 조나라에 인질로 보내어 천하 제국이 합해 대열을 이루어 진나라에 대항하기를 청하고 있는 것입니다.

제가 보기에 초·조 두 나라는 틀림없이 한나라와 공동으로 진나라를 공격할 것입니다. 왜 그렇겠습니까? 이는 진나라의 욕망이 끝이 없다는 것을 모두가 알고 있기 때문입니다. 즉 진나라는 천하의 병사를 다 없애 버리고 해내의 백성을 모두 자기 신하로 만들기 전에는 절대로 싸움을 그치지 않을 것이라는 것을 말입니다. 그러므로 제 생각으로는 왕께서는 합종의 방법을 따르는 게 합당할 줄 압니다. 대왕께서는 속히 초·조

두 나라와 결약하셔서서 한·위 두 나라 사이에 인질을 묶어두고, 한·위 두 나라를 보존시키는 일을 급선무로 삼으십시오. 다음 이를 구실로 한나라에게 옛 땅을 돌려 달라고 요구하십시오. 한나라는 틀림없이 요구를 들어 줄 것입니다. 이렇게 되면 왕은 백성에게 조금도 노고를 들이지 않고 옛 땅을 얻게 됩니다. 이런 공로는 진나라와 합해서 한나라를 친 다음의 이익보다 훨씬 큽니다. 그렇게만 되면 결국 진나라와 국경을 맞대는 위험에서도 벗어날 수 있게 됩니다. 무릇 한나라를 보존시키고 위나라를 안정시키며 천하의 이익을 독차지하게 될 좋은 기회는 바로 지금입니다. 그리고 한의 상당上黨과 공共, 막莫 땅을 통하게 하여 그곳에 세관稅關을 설치, 출입자들에게 관세를 물게 하면, 이는 우리 위나라가 한나라의 상당을 잘 이용하는 격이 됩니다. 함께 그 세금을 나눠 가지면 나라도 부유하게 할 수 있습니다. 이런 방법을 쓰면 한나라는 반드시 위나라를 은덕스럽게 여기며 사랑하며 중히 여기면서도 두려워하여, 우리 위나라를 감히 배반하지 못할 것입니다. 이는 곧 한나라가 위나라의 현이 되는 것과 같습니다. 한나라가 위나라의 현 쯤 되고 나면 위衛·대량·하외는 안심해도 됩니다. 한나라를 진나라의 공격으로부터 구출해 주지 않으면 이주二周가 위험해지고 안릉安陵은 쉽게 진나라의 소유가 될 것이요, 초·조 두 나라는 크게 상처를 입게 되고 위衛나라와 제나라는 진나라에게 두려움을 느끼게 되어, 천하 제후가 다 다투어 서쪽의 진나라를 섬기겠다고 치달아 갈 것이니, 잘못하다가는 임금께서도 진나라에 입조入朝하여 신하가 될 날이 결코 멀지 않을 것입니다."

魏將與秦攻韓, 朱己(無忌)謂魏王曰:「秦與戎翟同俗, 有虎狼之心, 貪戾好利而無信, 不識禮義德行. 苟有利焉, 不顧親戚兄弟, 若禽獸耳. 此天下之所同知也, 非所施厚積德也. 故太后母也, 而以憂死; 穰侯舅也, 功莫大焉, 而竟逐之; 兩弟無罪, 而再奪之國. 此於其親戚兄弟若此, 而又況於仇讎之敵國也? 今大王與秦伐韓而益近秦, 臣甚或之, 而王弗識也, 則不明矣. 羣臣知之, 而莫以此諫, 則不忠矣. 今夫韓氏以一女子承一弱主, 內有大亂, 外安能支强秦·魏之兵, 王以爲不破乎? 韓亡, 秦盡有鄭地, 與大梁鄰, 王以爲

安乎? 王欲得故地, 而今負强秦之禍也, 王以爲利乎? 秦非無事之國也,
韓亡之後, 必且便事; 便事, 必就易與利; 就易與利, 必不伐楚與趙矣. 是何也?
夫越山踰河, 絶韓之上黨而攻强趙, 則是復閼與之事也, 秦必不爲也. 若道
河內, 倍鄴·朝歌, 絶漳·滏之水, 而以與趙兵決勝於邯鄲之郊, 是受智伯之
禍也, 秦又不敢. 伐楚, 道涉而(山)谷行三十(千)里, 而攻危隘之塞, 所行者
甚遠, 而所攻者甚難, 秦又弗爲也. 若道河外, 背大梁, 而右上蔡·召陵, 以與
楚兵決於陳郊, 秦又不敢也. 故曰: 秦必不伐楚與趙矣, 又不攻衛與齊矣. 韓亡
之後, 兵出之日, 非魏無攻矣.

秦故有懷·地·刑(邢)丘·之(安)城·垝津, 而以之臨河內, 河內之共·
汲莫不危矣. 秦有鄭地, 得垣雍, 決熒(滎)澤, 而水大梁, 大梁必亡矣. 王之使
者大過矣, 乃惡安陵氏於秦, 秦之欲許之久矣. 然而秦之葉陽·昆陽與舞
陽·高陵鄰, 聽使者之惡也, 隨安陵氏而欲亡之. 秦繞舞陽之北, 以東臨許,
則南國必危矣. 南國雖無危, 則魏國豈得安哉? 且夫憎韓, 不受安陵氏, 可也,
未不患秦, 之不愛南國非也.

異日者, 秦乃在河西, 晉國之去梁也, 千里有餘, 河山以蘭之, 有周·韓而
間之. 從林軍以至于今, 秦十攻魏, 五入國中, 邊城盡拔. 文臺墮, 垂都焚,
林木伐, 麋鹿盡, 而國繼以圍. 又長驅梁北, 東至陶·衛之郊, 北至乎闞,
所亡乎秦者, 山北·河外·河內, 大縣數百, 名都數十. 秦乃在河西, 晉國之
去大梁也尚千里, 而禍若是矣. 又況於使秦無韓而有鄭地, 無河山以蘭之,
無周·韓以間之, 去大梁百里, 禍必百此矣.

異日者, 從之不成矣, 楚·魏疑而韓不可得而約也. 今韓受兵三年矣, 秦撓
之以講, 韓知亡, 猶弗聽, 投質於趙, 而請爲天下雁行頓刃. 以臣之觀之,
則楚·趙必與之攻矣. 此何也? 則皆知秦之無窮也, 非盡亡天下之兵, 而臣
海內之民, 必不休矣. 是故臣願以從事乎王, 王速受楚·趙之約, 而挾韓·魏
之質, 以存韓魏務, 因求故地於韓, 韓必效之. 如此則士民不勞而故地得,
其功多於與秦共伐韓, 然而無與强秦鄰之禍.

夫存韓安魏而利天下, 此亦王之大時已. 通韓之上黨於共·莫, 使道已通,
因而關之, 出入者賦之, 是魏重質韓以其上黨也. 共有其賦, 足以富國, 韓必
德魏·愛魏·重魏·畏魏, 韓必不敢反魏. 韓是魏之縣也. 魏得韓以爲縣,

則衛·大梁·河外必安矣. 今不存韓, 則二周必危, 安陵必易. 楚·趙楚大破,
衛·齊甚畏, 天下之西鄕而馳秦, 入朝爲臣之日不久.」

【魏將與秦攻韓】周赧王 50년(B.C. 265년)에 魏나라가 먼저 齊·楚 두 나라의
공격을 받게 되자 秦나라가 魏나라를 도왔다. 마침 秦나라는 趙나라와 약정하여
韓나라를 치려던 참이었는데, 魏나라는 秦나라의 고마움을 생각해서 秦·趙
두 나라의 연합군에 가담, 韓나라를 친 후 잃은 땅을 회복하려 하였다. 이때
본문에서처럼 無忌가 간언하여 저지시킨 것이다.

【朱己謂魏王】朱己는 無忌의 오기로 본다. 無忌는 魏昭王의 庶子이며 安釐王의
異母弟. 安釐王이 卽位하자 그를 信陵君에 封해 주었다. 가장 현명하며 食客
3천 명을 거느렸다. 자주 秦軍을 敗北시켜 천하에 이름을 날렸다. 여기서
魏王은 安釐王을 말한다. 본문의 '朱己'는 ≪史記≫에는 '無忌'로 되어 있다.

【戎翟】翟은 狄과 같다. 西戎北狄.

【故太后也, 而以憂死……親戚兄弟若此】秦나라 昭襄王의 生母인 芈氏(楚나라
사람)는 宣太后가 되어 그의 異父同母弟인 穰侯에게 정치 실권을 맡겼다.
권력이 그쪽으로 지나치게 기울자 昭襄王은 크게 근심한 나머지 周赧王
49년(B.C. 226년)에 范雎의 의견에 따라 宣太后를 廢하고, 穰侯를 陶 땅에서
放逐하고, 同母弟인 高陵君(顯)과 涇陽君(悝)을 關外로 추방하였다. 穰侯는
곧 魏冉이다.

【韓氏以一女子承一弱主】韓나라 桓惠王이 卽位한 9년 母后가 실권을 잡았다.

【鄭地】周烈王 원년(B.C. 375년)에 鄭나라는 韓나라의 침략을 받아 陽翟(河南省
禹縣)에서 新鄭(河南省 新鄭縣)으로 도읍을 옮겼다. 마침 이곳은 위나라
도읍 大梁과 가까웠다.

【便事】≪史記≫에는 '更事'로 되어있다.

【閼與之事】閼與는 韓나라 地名. 뒤에 趙나라로 넘어갔다. 지금의 山西省
和順縣 부근. 周赧王 405년(B.C. 270년)에 秦나라가 韓나라 閼與를 공격하자
韓나라는 趙나라의 도움을 요청, 趙나라는 즉시 趙奢로 하여금 구원에 나섰다.
趙奢는 奇兵을 써서 秦軍을 대패시키고 馬服君의 封을 받았다.

【鄴, 朝歌】鄴은 河南省 臨漳縣, 朝歌는 河南省 淇縣.

【漳滏】물 이름. 漳水의 옛 물길은 鄴, 邯鄲·成安 등지였으며, 滏水는 그
支流이다.

【智伯之禍】춘추 말기 晉나라가 처음 六卿에 의해 分離되었다가 三晉으로 될 때의 일. 智伯(荀瑤)이 周定王 16년(B.C. 591년) 韓氏·魏氏를 대동하고 趙氏를 공격할 때 물길을 터 趙의 都邑 晉陽을 포위하자 趙氏(襄子)가 도리어 韓氏, 魏氏와 密約을 맺고 智伯의 군내로 물길을 돌려 쳐버렸다. 결국 智氏는 망하고 晉은 韓·魏·趙의 三晉으로 정립되었다.

【危隘之塞】≪史記≫에는 '冥阨之塞'로 되어있다. 冥阨은 地名, 즉 澠隘, 혹은 冥山, 石城山, 지금의 河南省 信陽縣, 東南의 平靖關, 楚나라 要塞.

【所攻者甚難】≪史記≫ 索隱에 "攻亦作致, 戰國策作致軍, 言致軍糧難也"라 하였다. 致는 輸送을 말한다.

【若道河外 背大梁……決於陳郊】陳은 춘추시대 陳나라. 지금의 河南省 淮陽縣. 上蔡도 역시 춘추시대 蔡나라 도읍지, 지금의 河南省 上蔡縣. 召陵은 지금의 河南省 郾師縣. 이상 모두 楚나라 땅.

【不攻衛與趙】衛나라와 趙나라는 훨씬 동쪽에 있으므로 칠 수 없음을 말한다.

【懷, 地, 刑丘, 安城, 垝津】모두 魏나라 땅으로(역시 河南省) 秦나라에게 빼앗긴 곳. 懷는 沁陽縣. 地는 ≪史記≫에 茅, 獲嘉縣. 刑丘는 ≪史記≫에 邢丘, 沁陽縣. 安城은 原武縣, 垝津은 延津, 즉 延津縣.

【共·汲】둘 모두 魏나라 邑名, 각각 河南省의 輝縣, 汲縣에 있다.

【鄭地】成皐, 滎陽을 가리킨다.

【垣雍】魏나라 邑名. 河南省 原武縣.

【決滎澤而水大梁】滎澤(못 이름)의 물길을 터서 大梁(魏의 도읍)을 물바다로 만든다는 뜻. 과연 秦始皇은 장군 王賁(王翦의 아들)을 보내어 魏나라를 공격할 때 이 방법으로 魏나라를 멸망시켰다. 滎澤은 漢 平帝 때 메워 버렸다. 그 터는 지금의 河南省 汜水縣에 있다.

【安陵氏】安陵은 河南省 鄢陵縣, 魏 襄王의 동생 成侯의 封地, 뒤에 魏나라 安陵君 成侯와 소원해지자 魏나라는 오히려 그를 秦나라에 참훼하여 치게 하였다.

【許】땅이름. ≪史記≫에는 '誅'(죽여 버리다)」로 되어 있다.

【葉陽·昆陽】秦나라 地名. 둘 모두 河南省 葉縣에 있다.

【舞陽·高陵】魏나라 地名. 舞陽은 河南省 舞陽縣, ≪史記≫에는 高陵이 없다. 高陵은 陝西省의 高陵縣으로 秦나라 땅.

【隨安陵氏而欲亡之】≪史記≫ 正義에 "隨, 猶聽也, 無忌說言使者惡安陵氏, 亦聽秦亡安陵氏, 然繞舞陽之北以東臨許, 許必危矣, 秦有許地, 魏國可無害"라

하였다.

【許】 춘추시대 許나라. 지금의 河南省 許昌縣.

【南國】 許 땅의 남쪽. 韓나라 땅. 이곳은 魏나라의 남쪽에 있었으므로 南國이라 칭하였다.

【河西】 春秋 및 戰國 초기에 秦나라는 그저 陝西, 甘肅省의 黃河 以西에 불과한 좁은 땅이었다.

【林軍】 林鄕의 주둔군. 林鄕(林中)은 지금의 河南省 新鄭縣 부근.

【秦十攻魏 五入國中】 ≪史記≫에는 "秦七攻魏, 五入圃中"이라 하였고, 索隱에 "圃卽圃田, 鄭藪(大湖), 屬魏"라 하였다. 圃田은 河南成 中牟縣.

【文臺墮垂道焚】 文臺는 부서지고 垂都는 불탐. 文臺는 魏나라 누대 이름. 지금의 山東省 荷澤縣, 垂都는 ≪史記≫ 集解에 "句陽有垂亭"이라 하였다.

【國繼以圍】 國은 國都 大梁. 周赧王 40년(B.C. 275년)에 秦나라가 魏나라를 쳐서 大梁을 포위한 일.

【陶】 지금의 山東省 定陶縣.

【衛】 춘추시대 衛나라 도읍이었던 楚丘, 지금의 河南省 滑縣.

【平闞】 이곳에는 '乎闞'으로 되어 있으나, ≪史記≫에는 '平'으로 되어있다. 즉 齊나라의 平陸. 지금의 山東省 汶上縣, 闞은 역시 山東省 汶上縣, 西南의 南旺湖.

【雁行頓刃】 雁行은 기러기가 진을 치고 가는 모습. 頓刃은 칼날을 꺾음. 즉 韓·趙 두 나라가 합하여 秦나라 공격을 막음.

【挾韓魏之質】 ≪史記≫에는 '魏'字가 없다. 즉 魏가 韓의 人質을 끼고 행동하다. 혹은 '韓·魏 두 나라가 서로 인질을 교환하다'의 뜻이다.

【大時己】 ≪史記≫에는 "天時己"로 되어있다.

【莫】 ≪史記≫에는 寊, 이는 魏邑, 지금의 河南省 修武縣.

참고 및 관련 자료

1. ≪史記≫ 魏世家에도 실려 있으며, 274장과 연결되어 있다. 시간은 대략 B.C. 262년이다. 367장 참조.

2. ≪史記≫ 魏世家

魏王以秦救之故, 欲親秦而伐韓, 以求故地. 无忌謂魏王曰:「秦與戎翟同俗, 有虎狼之心, 貪戾好利無信, 不識禮義德行. 苟有利焉, 不顧親戚兄弟, 若禽獸耳, 此天下之所識也, 非有所施厚積德也. 故太母后也, 而以憂死; 穰侯舅也, 功莫大焉, 而竟逐之; 兩弟無罪, 而再奪之國. 此於親戚若此, 而況於仇讎之國乎? 今王與秦共伐韓而益近秦患, 臣甚惑之. 而王不識則不明, 群臣莫以聞則不忠.

今韓氏以一女子奉一弱主, 內有大亂, 外交彊秦魏之兵, 王以爲不亡乎? 韓亡, 秦有鄭地, 與大梁鄰, 王以爲安乎? 王欲得故地, 今負彊秦之親, 王以爲利乎? 秦非無事之國也, 韓亡之後必將更事, 更事必就易與利, 就易與利必不伐楚與趙矣. 是何也? 夫越山踰河, 絕韓上黨而攻彊趙, 是復閼與之事, 秦必不爲也. 若道河內, 倍鄴‧朝歌, 絕漳滏水, 與趙兵決於邯鄲之郊, 是知伯之禍也, 秦又不敢. 伐楚, 道涉谷, 行三千里. 而攻冥阨之塞, 所行甚遠, 所攻甚難, 秦又不爲也. 若道河外, 倍大梁, 右(蔡左)(上蔡)‧召陵, 與楚兵決於陳郊, 秦又不敢. 故曰秦必不伐楚與趙矣, 又不攻衛與齊矣.

夫韓亡之後, 兵出之日, 非魏無攻已. 秦固有懷‧茅‧邢丘, 城垝津以臨河內, 河內共‧汲必危; 有鄭地, 得垣雍, 決熒澤水灌大梁, 大梁必亡. 王之使者出過而惡安陵氏於秦, 秦之欲誅之久矣. 秦葉陽‧昆陽與舞陽鄰, 聽使者之惡之, 隨安陵氏而亡之, 繞舞陽之北, 以東臨許, 南國必危, 國無害(已)(乎)?

夫憎韓不愛安陵氏可也, 夫不患秦之不愛南國非也. 異日者, 秦在河西晉, 國去梁千里, 有河山以闌之, 有周韓以閒之. 從林鄉軍以至于今, 秦七攻魏, 五入圍中, 邊城盡拔, 文臺墮, 垂都焚, 林木伐, 麋鹿盡, 而國繼以圍. 又長驅梁北, 東至陶衛之郊, 北至平監. 所亡於秦者, 山南山北, 河外河內, 大縣數十, 名都數百. 秦乃在河西晉, 去梁千里, 而禍若是矣, 又況於使秦無韓, 有鄭地, 無河山而闌之, 無周韓而閒之, 去大梁百里, 禍必由此矣.

異日者, 從之不成也, 楚‧魏疑而韓不可得也. 今韓受兵三年, 秦橈之以講, 識亡不聽, 投質於趙, 請爲天下鴈行頓刃, 楚‧趙必集兵, 皆識秦之欲無窮也, 非盡亡天下之國而臣海內, 必不休矣. 是故臣願以從事王, 王速受楚趙之約, (趙)(而)挾韓之質以存韓, 而求故地, 韓必效之. 此土民不勞而故地得, 其功多於與秦共伐韓, 而又與彊秦鄰之禍也.

夫存韓安魏而利天下, 此亦王之天時已. 通韓上黨於共‧甯, 使道安成, 出入賦之, 是魏重質韓以其上黨也. 今有其賦, 足以富國. 韓必德魏愛魏重魏畏魏, 韓必不敢反魏, 是韓則魏之縣也. 魏得韓以爲縣衛, 大梁‧河外必安矣. 今不存韓, 二周‧安陵必危, 楚‧趙大破, 衛‧齊甚畏, 天下西鄉而馳秦入朝而爲臣不久矣.」

3. 鮑本의 평어

『彪謂: 言秦之情者衆矣, 無白於此者也. 補曰: 大事記云, 信陵君之諫, 世家不載, 其從違亦不書, 與秦同伐韓, 取故地, 必以其言而止也. 信陵之言, 深切綜練, 識天下之大勢, 使魏能用其計, 糾率楚·趙, 竭力助韓, 則韓不失上黨·趙不至敗長平, 六國不至爲秦所吞矣! 謀既不用, 又以矯殺晉鄙, 流落於外. 六國垂亡, 魏始再用之, 猶能收合諸侯, 折强秦之鋒. 若用之於上黨, 長平未敗之前, 天下雌雄之勢, 未可量也! 此章大事記據史文具載, 又以策文易史之難通者, 註釋甚詳, 而於信陵尤惓惓歸重焉. 太史公謂, 說者皆以魏不用信陵君, 故國削弱至于亡, 天方令秦平海內, 魏雖得阿衡之佐, 曷益乎! 劉知幾譏其舍人事而言天. 大事記之言, 殆爲遷發也. 愚謂, 戰國四公子竝稱, 特以好士之故. 黃歇亂人, 其事惡矣. 趙勝不能用趙奢·廉頗, 而割地以召田單, 受馮亭之嫁禍, 幾至亡國. 田文怒小丈夫之譏, 而滅一縣, 不忍呂禮之嫉害, 而爲宗國召兵, 尚奚足言哉? 若其合從難秦, 歇既敗衄, 勝僅合楚·趙之交, 以佐魏救. 獨孟嘗·信陵, 兩戰敗秦. 文臨函谷, 無攻以求楚東國, 而名義索然. 信陵存趙却秦, 義烈甚高, 河外之戰, 威震天下. 且退讓不伐, 聞過能悔, 其才與智, 皆非餘子比也. 因大事記稱惜之言, 輒附著之.』

341(24-9) 葉陽君約魏
아들에게 봉지를

조趙나라 섭양군(葉陽君, 奉陽君의 오기)이 조·위魏 두 나라의 맹약을 성사시키자 위왕魏王은 이를 고맙게 여겨 그의 아들에게 봉지를 내려 주려고 하였다. 이때 어떤 이가 위왕에게 말하였다.

"대왕께서는 일찍이 장수漳水를 건너 몸소 조나라 한단邯鄲까지 가서 조왕을 알현하면서, 갈벽葛薛·음성陰成 땅을 바쳤습니다. 이를 조왕의 양읍養邑으로 쓰라는 명목으로 말입니다. 그때 조왕은 대왕께 아무런 보답도 없었습니다. 그런데 지금 왕께서 봉양군의 아들에게까지 하양河陽과 고밀姑密을 봉지로 주신다구요? 저는 왕께서 취할 일은 아니라고 봅니다."

위왕은 계획을 취소해 버렸다.

葉(奉)陽君約魏, 魏王將封其子, 謂魏王曰:「王嘗身濟漳, 朝邯鄲, 抱葛薛·陰成以爲趙養邑, 而趙無爲王有也. 王能又封其子問(河)陽姑衣(密)乎? 臣爲王不取也.」魏王乃止.

【葉陽君】 270장의 내용으로 보면 奉陽君의 오기이다.
【魏王】 魏나라 昭王.
【葛薛·陰成】 모두가 魏나라 땅. 혹은 葛薛(河北省 肥陽縣 서남) 陰成(그 부근)으로 보기도 한다.
【養邑】 湯沐邑(목욕비나 마련하기 위해 조세를 걷는 땅)과 비슷한 의미.
【問陽·姑密】 河陽(즉 河雍, 지금의 河南省 孟縣 서남)과 姑密(河陽 부근)의 오기로 본다. 모두 魏나라 땅.

참고 및 관련 자료
1. 이는 成皐之戰(B.C. 288년) 중의 일로 270장의 일부가 아닌가 한다.

342(24-10) 秦使趙攻魏
괵나라와 우나라

진秦나라가 조趙나라로 하여금 위魏나라를 공격하도록 하였다. 이에 위왕魏王은 조왕趙王에게 이렇게 전하였다.

"우리 위나라를 공격하는 것은 바로 귀국 조나라가 망하는 시작입니다. 옛날 춘추시대 진晉나라가 우虞나라를 치고자 먼저 괵虢나라를 쳤습니다. 괵나라를 친 것은 바로 우나라 멸망의 시작이었습니다. 그래서 진나라에서는 순식荀息에게 말과 구슬을 주어 우나라에 사신으로 보낸 다음, 우나라에게 괵을 칠 길을 빌려 달라고 하였던 것입니다. 우나라의 충신 궁지기宮之奇가 극력 반대하였지만 우나라 임금은 이를 듣지 않고 마침내 진나라에게 길을 빌려주고 말았지요. 이에 진나라는 괵나라를 치고 돌아오는 길에 우나라를 쳐 없애버렸습니다. 그래서 《춘추春秋》에 이를 기록하되 모두 우나라 임금의 잘못으로 적고 있는 것입니다. 지금 귀국 조나라보다 강한 나라는 없습니다. 아울러 제·진 두 나라와 결합되어 있고 귀하조차 현명하여 그대 명성만 듣고도 도와주는 자가 많습니다. 그 때문에 진秦나라에서는 뱃속의 병처럼 여기고 있는 나라가 바로 귀국 조나라입니다. 우리 위나라는 귀국에 있어서 괵나라와 같고, 귀국 조나라는 우리 위나라에게 있어서 우나라와 같습니다. 진나라 말을 듣고 우리 위나라를 공격하는 것은 귀국이 곧 우나라처럼 되리라는 뜻입니다. 원컨대 대왕은 깊이 헤아려 보시기 바랍니다."

秦使趙攻魏, 魏謂趙王曰:「攻魏者, 亡趙之始也. 昔者, 晉人欲亡虞而伐虢; 伐虢者, 亡虞之始也. 故荀息以馬與璧假道於虞, 宮之奇諫而不聽, 卒假晉道. 晉人伐虢, 反而取虞. 故春秋書之, 以罪虞公. 今國莫强於趙, 而幷齊·秦, 王賢而有聲者相之, 所以爲腹心之疾者, 趙也. 魏者, 趙之虢也; 趙者, 魏之虞也. 聽秦而攻魏者, 虞之爲也. 願王之熟計之也.」

【魏王】魏나라 昭王.
【虞】춘추시대 晉나라 곁에 있던 小國. 晉에게 망하였다.(山西省 平陸縣)
【虢】역시 춘추시대 晉나라 옆의 小國. 晉에게 망하였다.(河南省 陝縣)
【荀息】虞나라에 사신으로 갔던 晉나라 신하.
【宮之奇】虞나라의 대부.

1. 虞와 虢의 멸망(B.C. 658년)은 널리 알려진 이야기로 춘추시대 晉獻公(B.C. 676~651년 재위) 때의 일이며, "脣亡齒寒"의 고사를 남겼다. 이에 관련된 이야기는 본 ≪戰國策≫ 056장에도 실려 있다.

2. ≪左傳≫ 僖公 2年
晉荀息請以屈産之乘與垂棘之璧假道於虞以伐虢. 公曰:「是吾寶也.」 對曰: 「若得道於虞, 猶外府也.」 公曰:「宮之奇存焉.」 對曰:「宮之奇之爲人也, 懦而不能强諫. 且少長於君, 君暱之; 雖諫, 將不聽.」 乃使荀息假道於虞, 曰:「冀爲不道, 入自顚輪, 伐鄍三門. 冀之旣病, 則亦唯君故. 今虢爲不道, 保於逆旅, 以侵敝邑之南鄙. 敢請假道, 以請罪于虢.」 虞公許之, 且請先伐虢. 宮之奇諫, 不聽, 遂起師. 夏, 晉里克·荀息帥師會虞師, 伐虢, 滅下陽. 先書虞, 賄故也.

3. ≪左傳≫ 僖公 5年
晉侯復假道於虞以伐虢. 宮之奇諫曰:「虢, 虞之表也; 虢亡, 虞必從之. 晉不可啓, 寇不可翫. 一之謂甚, 其可再乎? 諺所謂'輔車相依, 脣亡齒寒'者, 其虞, 虢之謂也.」 公曰:「晉, 吾宗也, 豈害我哉?」 對曰:「大伯·虞仲, 大王之昭也; 大伯不從, 是以不嗣. 虢仲·虢叔, 王季之穆也, 爲文王卿士, 勳在王室, 藏於盟府. 將虢是滅, 何愛於虞? 且虞能親於桓·莊乎? 其愛之也, 桓·莊之族何罪? 而以爲戮, 不唯偪乎? 親以寵偪, 猶尙害之, 況以國乎?」 公曰:「吾享祀豐絜, 神必據我.」 對曰: 「臣聞之, 鬼神非人實親, 惟德是依. 故周書曰:'皇天無親, 惟德是輔.' 又曰:'黍稷非馨, 明德惟馨.' 又曰:'民不易物, 惟德繄物.' 如是, 則非德, 民不和, 神不享矣. 神所馮依, 將在德矣. 若晉取虞, 而明德以薦馨香, 神其吐之乎?」 弗聽, 許晉使. 宮之奇以其族行, 曰:「虞不臘矣. 在此行也, 晉不更擧矣.」 八月甲午, 晉侯圍上陽. 問於卜偃曰:「吾其濟乎?」 對曰:「克之.」 公曰:「何時?」 對曰:「童謠云, '丙之晨, 龍尾伏辰; 均服振振, 取虢之旂. 鶉之賁賁, 天策焞焞, 火中成軍, 虢公其奔.' 其九月·十月之交乎! 丙子旦, 日在尾, 月在策, 鶉火中, 必是時也.」 冬十二月丙子, 朔,

晉滅虢. 虢公醜奔京師. 師還, 館于虞, 遂襲虞, 滅之. 執虞公及其大夫井伯, 以媵
秦穆姬, 而修虞祀, 且歸其職貢於王. 故書曰:「晉人執虞公」, 罪虞, 且言易也.

4. 鮑本의 평어

『正曰:「今國莫强於趙而兼齊・秦」句,「王賢而有聲者相之」句. 言趙强兼齊・秦,
王旣賢而又有聲望者相之, 所以爲秦腹心之疾也. 如此乃協. 此士引喩明切, 謂春
秋罪虞, 亦不悖. 秦使趙攻魏之事無見, 或因其言而止歟?』

343(24-11) 魏太子在楚
초나라에 인질로 있는 위나라 태자

위魏나라 태자太子 政가 초楚나라에 있을 때였다. 어떤 이가 태자의 수행원 누자樓子에 대하여 언릉鄢陵에서 이렇게 말하였다.

"귀하는 제齊·초楚 두 나라가 결합되어 귀국의 피씨皮氏 땅을 구원해 줄 것을 기다리고 있지요? 그러나 지금 형세로 보아 제·초 두 나라는 연합될 수 없습니다. 귀국의 적강翟强이 귀국에서 환영을 받지 못하는 이유는 그대가 없기 때문입니다. 그 적강의 무리들은 모두가 제나라와 진秦나라가 합하여서 초나라를 배제함으로써 귀하를 경시하려 합니다. 그러니 귀하는 제왕齊王에게 이렇게 말하십시오. '위나라가 진나라의 침략을 받는 것은 결코 진나라가 앞장서서 자신의 뜻에 의해 시작된 것이 아닙니다. 바로 위나라의 제나라 섬김에 증오심을 가진 초나라가 진나라를 부추겨 위나라를 공격하는 것입니다'라구요. 그러면 제나라는 초나라를 치려 할 것이며, 또한 초나라가 자신에게 잘 대해 주지 않는 점에 대해 노할 것입니다. 그리고는 위나라에게는 땅을 진나라에게 떼어 주면서 강화를 맺으라고 권할 것입니다. 지금 초나라는 장의張儀의 위세에다가 진·한韓 두 나라가 중시하고 있어 제왕이 아주 껄끄럽게 여기고 있습니다. 위왕 역시 이를 아는 한 쉽게 덤비지도 못합니다. 지금 제나라와 진나라의 중함을 업고 초나라를 배제하여 귀하를 경홀히 하는 상황을, 저는 귀하를 위하여 걱정스럽게 여기고 있습니다. 제나라와 초나라가 한결같이 땅을 떼어 진나라와 강화를 하면서 어찌 모두 초나라를 중개로 하겠습니까? 진나라가 초나라를 매우 급박하게 공격하여 초나라 병사가 물러나면 위왕은 틀림없이 두려움을 느낄 것입니다. 그때 귀하는 분수汾水의 북쪽을 진나라에게 떼어 주고 강화하면서 진나라와 친교를 맺어 제나라를 고립시키는 것입니다. 그리하여 진·초 두 나라가 귀하를 중히 여기면 귀하는 틀림없이 위나라 재상이 될 수 있습니다. 제가 알기로는 진왕秦王과 진나라 장수 저리질樗里疾 또한 이를 원하고 있습니다. 제가 그대를 위해 진나라에 가서 설득해 드리겠습니다."

그리고 그는 진나라에 가서 저리질에게 이렇게 말하였다.

"피씨 땅을 공격하는 일은 이 나라 왕의 가장 큰 관심사입니다. 그런데 아직 함락시키지 못하고 있습니다. 천하 제후들은 이 일로 진나라를 매우 깔보고 있습니다. 더구나 피씨를 함락시키기만 하면 다음으로 한·위 두 나라를 공격하는 데에도 큰 도움이 될 텐데 말입니다."

저리질은 이렇게 대답하였다.

"내 이미 위나라와 강화를 맺었소. 더 이상 그럴 필요가 없소."

이 말에 그는 다시 반박하였다.

"제가 어리석은 생각으로 귀하의 의중을 떠보겠습니다. 저에게 죄를 내리지 않으신다면 말입니다. 피씨만 차지하는 것은 나라에 큰 이익이 됩니다. 그런데 이를 위나라에게 되돌려 준 것은 귀하가 끝내 지켜내기 어려울 것이라는 판단 때문이었지요. 그래서 위나라에게 준 것입니다. 그러나 지금 귀하는 공격하고도 지켜낼 여유까지 있는데 어찌하여 이를 소유하지 않습니까?"

저리질이 물었다.

"그게 무슨 뜻이오?"

그는 이렇게 설명하였다.

"위나라 왕이 믿고 있는 것은 제나라와 초나라입니다. 그리고 위왕이 부리고 있는 신하는 누비樓鼻와 적강翟强입니다. 지금 제왕이 위왕에게 이렇게 말하고 있습니다. '강화를 할 것인가 계속 싸울 것인가 하는 문제는 우리 제나라 병사의 결정이다. 구해 주지 못하겠다'라구요. 초왕은 위나라가 누자樓子를 재상으로 삼지 않은 데 대해 화를 내고, 적강翟强을 시켜 강화에 임하라고 하면서 원망스런 얼굴빛으로 위나라와 절교해 버렸습니다. 위왕은 나라가 곧 망할 것을 두려워하고 적강은 적강대로 제나라와 진나라를 결합시켜 초나라를 멀리하면서 누비를 멸시하고 있습니다. 또 누비는 누비대로 진나라와 초나라를 결합시켜 제나라를 배제함으로써 적강에게 타격을 주려 하고 있습니다. 그러니 귀하는 위나라의 강화를 저지하면서 누비에게 사람을 보내어 이렇게 전하게 하십시오. '그대 누비는 나 저리질에게 분수汾水의 북쪽 땅을 줄 수 있소? 그러면 초나라와 결합을 맺고 제나라를 배제하여 그대가 중용되도록 해주겠소. 이것이 내가 해줄 수 있는 일이오'라구요. 그러면 누비와 초왕은 급해지겠지요. 다음 다시 적강에게도 똑같이 말하십시오. '그대 적강은 나 저리질에게 분수의 북쪽 땅을 줄 수 있소? 그러면 제나라와 결합을 맺고 초나라를 배제하여 그대가 중용되도록 해주겠소'라구요. 이렇게 되면 이번에는 적강과 제나라가 급해집니다. 이는 귀하가 밖으로 제·초 두 나라를 얻어 활용할 수 있고, 안으로는 누비와 적강을 보좌로 삼을 수 있게 되는 것입니다. 그렇게만 되면 어찌 하동河東에 땅을 갖지 못할 리가 있겠습니까?"

魏太子在楚. 謂樓子於鄢陵曰:「公必且待齊·楚之合也, 以救皮氏? 今齊·楚之理, 必不合矣. 彼翟子之所惡於國者, 無公矣. 其人皆欲合齊·秦外楚以輕公, 公必謂齊王曰:『魏之受兵, 非秦實首伐之也, 楚惡魏之事王也, 故勸秦攻魏.』齊王故欲伐楚, 而又怒其不己善也, 必令魏以地聽秦而爲和. 以張子之强, 有秦·韓之重, 齊王惡之, 而魏王不敢據也. 今以齊·秦之重, 外楚以輕公, 臣爲公患之. 鈞之出地, 以爲和於秦, 豈若由楚乎? 秦疾攻楚, 楚還兵, 魏王必懼, 公因寄(割)汾北以予秦而爲和, 合親以孤齊, 秦·楚重公, 公必爲相矣. 臣意秦王與樗里疾之欲之也, 臣請爲公說之.」

乃請(謂)樗里子曰:「攻皮氏, 此王之首事也, 而不能拔, 天下且以此輕秦. 且有皮氏, 於以攻韓·魏, 利也.」樗里子曰:「吾已合魏矣, 無所用之.」對曰:「臣願以鄙心意公, 公無以爲罪. 有皮氏, 國之大利也, 而以與魏, 公終自以爲不能守也, 故以與魏. 今公之力有餘守之, 何故而弗有也?」樗里子曰:「奈何?」曰:「魏王之所恃者, 齊·楚也; 所用者, 樓虜(鼻)·翟强也. 今齊王謂魏王曰:『欲講, 攻於齊王兵之辭也, 是弗救矣.』楚王怒於魏之不用樓子, 而使翟强爲和也, 怨顔已絕之矣. 魏王之懼也見亡, 翟强欲合齊·秦外楚, 以輕樓虜; 樓虜欲合秦·楚外齊, 以輕翟强. 公不如按魏之和, 使人謂樓子曰:『子能以汾北與我乎? 請合於楚外齊, 以重公也, 此吾事也.』樓子與楚王必疾矣. 又謂翟子:『子能以汾北與我乎? 必爲合於齊外於楚, 以重公也.』翟强與齊王必疾矣. 是公外得齊·楚以爲用, 內得樓虜·翟强以爲佐, 何故不能有地於河東乎?」

【魏 太子】 魏나라 公子 政. 뒤에 魏나라 昭王이 되었다. ≪史記≫ 魏世家에
의하면 太子 政은 B.C. 307년에 秦나라에 갔으며, 皮氏之戰(330·397장)이
일어나자 樓廩의 책략에 따라 楚나라에 갔다.

【鄢陵】 楚나라 땅.

【樓子】 '樓廩', '樓鼻'로도 쓴다. 太子 政에게 皮氏之戰의 해결을 위해 楚나라에
함께 가기를 청하여 수행하였던 인물. 357·385장 참조.

【皮氏】 지금의 山西省 河津縣 서남. 魏나라 땅. 皮氏之戰에 대해서는 330·397장
참조.

【翟强】 魏나라 신하.

【齊王】 宣王. ≪史記≫에는 閔王으로 되어있음.

【張儀】 連橫說의 대가.

【魏王】 惠王, 혹은 襄王.

【汾水】 지금의 山西省 寧武縣에서 발원하여 陽曲·太原·河津을 거쳐 황하로
들어가는 물.

【秦王】 武王.

【樗里疾】 秦나라 장수.

【河東】 지금의 山西省 黃河 동쪽 지역.

⌈ 참고 및 관련 자료 ⌉

1. 이 사건은 B.C. 306년의 일이다. 330·385장 등 참조.

2. 鮑本의 평어

『按, 此蓋樓廩在楚, 欲因楚和秦以息攻鄢陵, 不順也, 故此士說之, 又說樗里.
凡其辭兩言齊楚·翟樓, 示無所偏也. 而於楚, 獨曰'吾事', 則是爲樓子也.』

戰國策

권25 위책魏策(四)

총27장(344~370)

344(25-1) 獻書秦王
뱀의 머리와 꼬리

(문장이 탈락됨) 진왕秦王에게 글을 올려 말하였다.

"지난번 제가 듣기로 대왕께서 양(梁, 魏)나라를 치겠다고 모책을 세우셨다는데 그것은 옳은 계책이 아닌 것 같습니다. 대왕께서는 깊이 헤아려 보시기 바랍니다. 양나라는 산동山東의 허리입니다. 여기에 뱀이 있다고 칩시다. 그놈의 꼬리를 치면 곧 머리가 공격할 것이요, 머리를 치면 꼬리가, 그의 허리를 치면 꼬리와 머리가 동시에 반격해 올 것입니다.

지금 양왕梁王은 천하의 몸통입니다. 진나라가 양나라를 치면 이는 곧 산동 각국의 등뼈를 건드리겠다는 것을 천하에 밝히는 꼴이 되어, 산동 각국의 머리와 꼬리가 자신의 몸통을 구하려 달려들 것입니다. 산동 각국은 곧 양나라가 망하는 것을 보고 겁을 먹을 것이며, 겁을 먹고나면 이내 합해버릴 것입니다.

산동은 아직도 강합니다. 제가 보기에 진나라는 선 채로 그 근심을 맞아야 할 것입니다. 제가 대왕을 위해 계책을 일러 드리건대, 남쪽으로 초楚나라를 공격하느니만 못합니다. 남쪽으로 일을 벌리면 초나라는 병력이 약해서 천하가 나선다 해도 구해 낼 수가 없습니다. 그런 방법으로 진나라의 영토를 넓힐 수 있고, 나라를 부강하게 할 수 있으며, 병력은 강해지고 주상께서는 높임을 받을 수 있습니다. 대왕께서는 탕湯임금이 걸桀을 친 일을 듣지 못하셨습니까? 먼저 약한 밀수씨密須氏에게 자기의 병력을 시험하여, 이를 병법의 교훈으로 삼아 그 밀수씨를 얻은 다음, 탕은 걸을 복종시켰던 것입니다.

지금 진나라는 산동 여러 나라와 원수가 되어 버렸습니다. 만약 먼저 약한 나라에 시험을 하고, 이를 교훈으로 삼지 않으면, 진나라 군대는 틀림없이 큰 좌절을 당할 것이요, 국가는 큰 우환에 빠지게 될 것입니다."

진왕秦王이 이를 듣고 과연 먼저 초나라의 남전藍田과 언鄢, 영郢을 공략하였다.

(闕文)獻書秦王曰:「昔(臣)竊聞大王之謀出事於梁, 謀恐不出於計矣, 願大王之熟計之也. 梁者, 山東之要也. 有蛇於此, 擊其尾, 其首救; 擊其首, 其尾救; 擊其中身, 首尾皆救. 今梁王, 天下之中身也. 秦攻梁者, 示天下要斷山東之脊也, 是山東首尾皆救中身之時也. 山東見亡必恐, 恐必大合, 山東尚強, 臣見秦之必大憂可立而待也. 臣竊爲大王計, 不如南出. 事於南方, 其兵弱, 天下必(不)能救, 地可廣大, 國可富, 兵可強, 主可尊. 王不聞湯之伐桀乎? 試之弱密須氏以爲武敎, 得密須氏而湯之(知)服桀矣. 今秦國(欲)與山東爲讎, 不先以弱爲武敎, 兵必大挫, 國必大憂.」秦果南攻藍田·鄢·郢.

【秦王】秦나라 昭襄王. 이름은 稷.
【山東】殽山의 동쪽.
【密須氏】고대 나라 이름, 密國이라고도 한다. 商代 姞姓의 나라, 周文王이 멸망시켰다. 여기서는 湯이라고 한 것은 아마 잘못인 듯하다. 姬·姜·姞·姚·嬀·嬴氏 등은 古代 母系社會에서 생겨난 姓이다.
【藍田·鄢·郢】모두 楚나라 邑. 藍田은 陝西省 藍田縣, 鄢은 湖北省 自忠縣, 郢은 湖北省 江陵縣, 楚나라 都邑이었다.

> 참고 및 관련 자료

1. 鮑本의 평어
『彪謂: 征伐先後, 理正應爾. 故司馬爲秦議, 以伐蜀爲先. 而我藝祖欲平太原諸國, 亦先平蜀. 正曰: 秦之攻楚, 多道藍田·武關以出攻, 如敗楚藍田之云. 秦人善遠交近攻之策, 蠶食諸侯, 先三晉而後齊·楚, 卒以成功, 其用兵之序可考矣. 此策, 魏畏秦攻, 移禍於楚, 故飾爲之辭. 而鮑謂征伐先後, 理正應爾, 夫豈識當時人勢哉! 又以司馬錯先伐蜀, 宋欲平太原, 亦先平蜀, 爲試於弱之徵, 謬矣.』

345(25-2) 八年謂魏王
이웃을 믿다가 망한 나라들

8년에 (문장이 탈락됨) 위왕魏王에게 말하였다.

"옛날 조曹나라는 제齊나라를 믿고 진晉나라를 깔보다가 제나라가 마침 이釐·거莒를 치느라고 정신없을 때, 진나라는 이에 조나라를 멸망시켰습니다. 증繒나라는 제나라를 믿고 월越나라에게 횡포를 부리다가 제나라 내에 전화田和의 난이 일어나자, 월나라는 이 증나라를 멸망시켰습니다. 정鄭나라는 위魏나라의 힘을 믿고 한韓나라를 깔보다가 위나라가 유관楡關을 칠 때, 한나라가 이를 멸망시키고 말았습니다. 또 원原나라는 진秦나라와 적翟을 믿고 진晉나라를 얕잡아 보다가 진·적 두 나라에 기황饑荒이 들자, 이 틈에 진晉나라는 이를 멸망시키고 말았습니다. 그런가 하면 중산中山은 제·위 두 나라를 믿고 조趙나라를 가볍게 보다가 제·위가 초나라를 치는 틈에 조나라가 중산을 쳐 없애 버리고 말았습니다.

이 다섯 나라가 멸망한 까닭은 오히려 뭔가 믿는 데가 있었기 때문이었습니다. 유독 이 다섯 나라만 그러한 것이 아니고, 천하에 망한 나라는 모두 이런 이유 때문입니다. 무릇 나라를 다스리며 믿지 못할 것은 너무나 많습니다. 그 변화를 가히 헤아릴 수 없습니다. 혹 정교政教가 닦이지 않는 것, 상하가 화목하지 못한 것, 이러한 때에는 아무 것도 믿어서는 안됩니다. 혹 제후의 이웃 나라들에게 우환이 있을 때에도 아무 것도 믿어서는 안됩니다. 또 농사는 흉년이 들고, 쌓아둔 곡식도 다할 때에도 그 누구를 믿어서도 안됩니다. 그런가 하면 이익에 있어서의 변화와 화환禍患이 가까이 있을 때에도 남을 믿어서는 안됩니다. 저는 이로써 나라라고 하는 것은 다른 아무 것도 믿어서는 안 된다고 생각하는 것입니다. 왕께서는 지금 초나라의 강함과 춘신군春申君의 말이라면 다 믿고 있습니다. 이로써 진秦나라의 과녁이 되고 있으면서도, 오랫동안 이를 알아차리지 못하고 있습니다. 다시 말해 춘신군에게 무슨 변고가 생기면 왕은 곧 홀로 진나라의 화를 받아야 합니다. 대왕은 만승의 대국을 다스리면서 단 한 사람에게 운명을 맡기고 있으니 제가 보기에 그 계책이 너무 불완전한 것 같습니다. 대왕께서는 이를 잘 헤아려 주시기 바랍니다."

八年, (闕文)謂魏王曰:「昔曹恃齊而輕晉, 齊伐釐·莒而晉人亡曹. 繒恃齊以悍越, 齊和子亂而越人亡繒. 鄭恃魏以輕韓, (魏)伐楡關而韓氏亡鄭. 原恃秦·翟以輕晉, 秦·翟年穀大凶而晉人亡原. 中山恃齊·魏以輕趙, 齊·魏伐楚而趙亡中山. 此五國所以亡者, 皆其所恃也. 非獨此五國爲然而已也, 天下之亡國皆然矣. 夫國之所以不可恃者多, 其變不可勝數也. 或以政教不脩, 上下不輯, 而不可恃者; 或有諸侯鄰國之虞, 而不可恃者; 或以年穀不登, 稸(畜)積竭盡, 而不可恃者; 或化於利, 比於患. 臣以此知國之不可必恃也. 今王恃楚之强, 而信春申君之言, 以是質秦, 而久不可知. 卽春申君有變, 是王獨受秦患也. 卽王有萬乘之國, 而以一人之心爲命也. 臣以此爲不完, 願王之熟計之也.」

【魏王】安釐王.
【曹】춘추시대 나라 이름. 山東省 曹縣, 春秋 때 宋나라에게 망하였다. 여기서의 일은 晉文公이 曹나라를 벌하고 共公을 사로잡은 일.
【釐·莒】둘 모두 山東省에 있던 나라. 釐는 萊.
【繒】鄫이라고도 쓰며, 山東省 嶧縣 부근. 春秋 때 莒에게 망하였다. 여기서 越에게 망하였다고 한 것은 잘못인 듯하다.
【和子亂】田和가 齊나라 왕위를 찬탈한 일.
【楡關】戰國 때 韓나라 땅.
【原】周畿(周室의 왕터 근처)의 나라, 지금의 河南省 濟源縣 근처.
【秦·翟】둘 모두 나라 이름. 지금의 山西省에 있었음.
【中山】지금의 河北省, 戰國 때 趙나라에게 망하였다.
【春申君】전국사공자 중의 하나. 黃歇. 당시 楚나라 相國(令尹)이었다.
【以是質秦】여기서의 '質'은 과녁(箭靶子)으로 본다. '위나라가 진나라의 과녁이 되다'의 뜻이다.

346(25-3) 魏王問張張旄
앉아서 망하기를 기다리는 나라

위왕魏王이 장모張旄에게 물었다.

"내가 진秦나라와 결합하여 한韓나라를 치려 하는데 그대 생각은 어떻습니까?"

장모는 이렇게 되물었다.

"한나라는 앉아서 망하기를 기다리는 나라입니까? 아니면 땅을 떼어 주면서라도 천하를 합종시키려 하는 나라입니까?"

왕이 대답하였다.

"땅을 떼어 주면서라도 천하 합종을 원하겠지요."

장모가 다시 물었다.

"그렇다면 한나라는 위나라를 원망합니까? 진나라를 원망합니까?"

왕이 말하였다.

"우리 위나라에게 원한을 품고 있지요."

장모가 또 물었다.

"한나라는 진나라가 강하다고 여깁니까? 우리 위나라가 강하다고 여깁니까?"

왕이 대답하였다.

"진나라를 강하다고 여기겠지요."

장모가 또 물었다.

"한나라로서 땅을 떼어 주되 강한 자에게 주어 원망을 적게 받으려 하겠습니까? 아니면 약한 자에게 주어 큰 나라의 원망을 들으려 하겠습니까?"

왕이 대답하였다.

"강한 나라에 땅을 떼어 주어 원망을 적게 들으려 하겠지요."

장모는 이렇게 말했다.

"그렇다면 한나라를 공격하는 일은 왕 스스로 아시겠네요."

魏王問張旄曰:「吾欲與秦攻韓, 何如?」張旄對曰:「韓且坐而胥亡乎? 且割而從天下乎?」王曰:「韓且割而從天下.」張旄滴曰:「韓怨魏乎? 怨秦乎?」王曰:「怨魏.」張旄曰:「韓强秦乎? 强魏乎?」王曰:「强秦.」張旄曰: 「韓且割而從其所强, 與所不怨乎? 且割而從其所不强, 與其所怨乎?」王曰: 「韓將割而從其所强, 與其所不怨.」張旄曰:「攻韓之事, 王自知矣.」

【魏王】安釐王, 度.

【張旄】魏나라 謀臣. 195장 참조.

【與秦攻韓】周赧王 50년(B.C. 265년) 魏나라가 齊·楚 두 나라의 공격을 받자 秦나라가 이를 구제해 주었다. 마침 秦나라는 趙나라와 결약하여 韓나라를 치려 하였었는데, 魏나라는 秦나라의 은덕을 생각해서 이에 가담하려 하였다. 公子 無忌가 절실히 諫言해서 이를 저지시켰다. (魏策 "魏將與秦攻韓" 참조)

347(25-4) 客謂司馬食其曰
원수에게 이용당하는 격

어떤 객이 사마이기司馬食其에게 말하였다.

"생각건대 먼 훗날 천하를 하나로 통일할 자는 천하를 잘 알지 못하는 자일 것입니다. 또 위나라 혼자서 진나라와 상대하여 싸워야 한다고 주장하는 자는 위나라를 잘 모르는 자입니다. 그런가 하면 합종을 주장하는 이들을 두고, 이상의 두 가지를 다 모른다고 하는 자는 역시 합종을 주장하는 자들을 모르는 자입니다. 그런데 이렇게 합종을 주장하는 이들을 어떻게 해석해야 될까요? 이들은 합종을 주장하지 않으면 경시를 받지요. 높은 지위를 얻기 위한 것이지 실제로 합종을 바라는 것은 아닙니다. 그대의 처신은 이처럼 중요합니다. 그런데 그대는 어찌 삼국과 동맹을 굳어지는 이 때를 이용하지 않습니까? 그리하여 스스로를 진나라에 팔면 진나라에서는 그대를 틀림없이 받아 줄 것인데요. 그와 반대가 되면 연횡을 주장하는 자들이 장차 그대를 업고 진나라에 합해지기를 시도할 것입니다. 이는 그대의 좋은 자질을 도리어 원수에게 이용당하는 격이 되고 마는 것입니다."

客謂司馬食其曰:「慮久以天下爲可一者, 是不知天下者也. 欲獨以魏支秦者, 是又不知魏者也. 謂玆公不知此兩者, 又不知玆公者也. 然而玆公爲從, 其說何也? 從則玆公重, 不從則玆公輕, 玆公之處重也, 不(以)實爲期. 子何不疾及三國方堅也? 自賣於秦, 秦必受子. 不然, 橫者將圖子以合於秦, 是取子之資, 而以資子之讎也.」

【司馬食其】魏나라 신하. 食은 '이'로 읽는다.
【玆公】합종을 주장하는 부류로 보았다.(溫洪隆)
【秦必受子】司馬食其가 이 때를 기회로 연횡을 주장하는 이들이 활동할 수 있도록 유혹한 것으로 보인다.
【資子之讎】鮑本에 "謂橫人將以食其(人名)之從惡之於秦. 讎, 秦也. 正曰: 時與人不可考"라 하였다.

348(25-5) 魏秦伐楚
서로 싸우게 두십시오

위魏·진秦 두 나라가 함께 초楚나라를 쳤다. 그러나 위왕魏王은 이를 그만두었으면 하고 있었다. 이에 누완樓緩이 위왕에게 이렇게 말하였다.

"왕께서 진나라와 함께 초나라를 치지 않으면 초나라가 장차 진나라와 더불어 우리 위나라를 쳐올 것입니다. 그러니 왕께서는 진나라와 초나라를 싸우도록 하느니만 못합니다. 그때 왕께서는 서로 교대로 이들을 다룰 수 있습니다."

魏·秦伐楚, 魏王不欲. 樓緩謂魏王曰:「王不與秦攻楚, 楚且與秦攻王. 王不如令秦·楚戰, 王交制之也.」

【魏王】魏나라 襄王.
【樓緩】趙나라 신하. 당시 연횡파의 정치가로 魏나라에 와 있었던 듯하다. 095·132·321·385장 참조.

349(25-6) 穰侯攻大梁
구설수에 오르지 않도록

진秦나라 양후(穰侯, 魏冉)가 위魏나라 서울 대량大梁을 공격하여 북영北郢 까지 올라왔다. 위왕魏王은 두려워 장차 진나라에 복종하려던 참이었다. 이 때 어떤 이가 양후에게 말하였다.

"그대는 초楚나라를 공격하여 완宛·양穰 땅을 얻어 봉지를 도 땅까지 넓혔고, 제齊나라를 공격하여 강剛·박博을 얻어 도 땅을 넓혔습니다.

그리고 다시 (우리 위나라를 공격하여) 허許·언릉鄢陵을 얻어 도 땅을 넓혔 습니다. 그런데도 귀국 진나라 왕이 일언반구도 묻지 않는 것은 무슨 이유인지 아십니까? 이는 아직 우리 대량大梁을 함락시키지 못하였기 때문입니다. 오늘 곧 대량이 그대에게 함락되면 지난날의 허許·언릉鄢陵이 틀림없이 구설수에 오를 것입니다. 구설수에 오르면 그대는 궁색해집니다. 그대를 위하여 계책을 일러드리건대 더 이상 우리를 공격하지 않는 것이 편할 것입니다."

穰侯攻大梁, 乘北郢, 魏王且從. 謂穰侯曰:「君攻楚得宛·穰以廣陶, 攻齊 得剛·博以廣陶, (攻魏)得許·鄢陵以廣陶; 秦王不問者, 何也? 以大梁之未 亡也. 今日大梁亡, 許·鄢陵必議, 議則君必窮. 爲君計者, 勿攻便.」

【穰侯】魏冉. 秦나라 宣太后의 胞弟이며 재상을 지냈다.
【大梁】魏나라 수도.
【北郢】335장에는 北地. 즉 그 북쪽이라는 뜻.
【魏王】魏나라 安釐王.
【宛】지금의 河南省 南陽縣. 楚나라 땅.
【穰】지금의 河南省 鄧縣 동남. B.C. 292년 秦나라에 함락되어 穰侯의 봉지가 되었다.
【陶】≪戰國策≫에 '陰'으로 나오는 땅. 定陶. 魏冉(穰侯)의 封地.
【剛】壽로도 쓰며, 지금의 山東省 寧陽縣 동북.

【博】壽 땅의 부근. 둘 모두 齊나라 땅. 양후의 齊나라 공격은 ≪史記≫ 穰侯列傳에
B.C. 271년의 일로 되어 있다.

【許】魏나라 땅. 340장 참조.

【鄢陵】당시 魏나라 땅. 343장 참조.

【秦王】秦나라 昭王.

참고 및 관련 자료

1. 鮑本의 설명

『補曰: 魏昭王十三年秦兵至大梁, 卽取魏安城之役. 安釐王二年, 秦魏冉伐魏,
走芒卯, 入北宅, 遂圍大梁, 魏割溫以和. 以役皆冉相時, 而敗芒卯則冉將以伐.
此策當在其時.』

350(25-7) 白珪謂新城君曰
나를 비방하는 자

백규白珪가 진秦나라 신성군新城君에게 일렀다.

"밤길을 다니는 자는 아무런 잘못이 없건만 개가 자기를 짖지 못하도록 금하기는 어렵습니다. 따라서 저는 임금秦 昭王 앞에서 그대를 이러쿵저러쿵 하는 말을 하지 않을 수는 있지만 그대 앞에서 누군가가 저를 비방하는 것은 금지시킬 수가 없습니다."

白珪謂新城君曰:「夜行者能無爲姦, 不能禁狗使無吠己也. 故臣能無議君於王, 不能禁人議臣於君也.」

【白珪】 白圭로도 쓰며 魏나라 재상. 大商人.
【新城君】 秦나라 신하인 芈戎. 秦昭王의 舅父이며 먼저 華陽君에 봉해졌다가 다시 新城君에 봉해졌다.

> **참고 및 관련 자료**

1. 《史記》 貨殖列傳에 白圭는 周나라 사람으로 되어 있고, 魏文侯(재위 B.C. 445~396년) 때에 장사를 하여 큰 부자가 되었다고 하였다. 그래서 흔히 장사꾼의 始祖로 일컫는다. 《孟子》 告子章(下)에는 白圭는 성은 白이요, 이름은 丹이며 字가 圭라 하였다. B.C. 320~300년대쯤에 孟子와 경제문제를 토론한 인물로 되어 있다. 또 《韓非子》 內儲說에는 白圭는 魏나라 재상으로 韓나라 재상 暴譴과 교분이 있었던 것으로 되어 있다. 만약 이 暴譴이 335장의 暴鳶과 同一人이라면 대체로 B.C. 270년대 사람으로 본 장의 新城君과 같은 시대가 된다. 따라서 韓非의 說이 타당한 듯하다. 358·459장 참조.
2. 본 장의 내용은 韓策(三) 440에도 실려 있다.
段産謂新城君曰:「夫宵行者能無爲姦, 而不能令狗無吠己. 今臣處郎中, 能無議君於王, 而不能令人毋議臣於君. 願君察之也.」

351(25-8) 秦攻韓之管
남의 의견을 청취하라

진秦나라가 한韓나라 관읍管邑을 공격하자 위魏나라는 군대를 일으켜 한나라를 도우려 하였다. 소기昭忌가 말렸다.

"무릇 진나라는 강국입니다. 한·위 두 나라가 그 강한 진나라와 국경을 맞대고 있는 한 진나라가 출병하지 않으면 그뿐이지만 만약 공격을 하였다 하면 한나라 아니면 위나라가 당하게 마련입니다. 지금 다행히 한나라가 공격을 받고 있으니 이는 위나라로서는 복된 일입니다. 이럴 때 대왕이 만약 그를 구해서 한나라의 위험을 풀어 주면 한나라의 관읍이 당하듯 우리 위나라의 수도 대량이 당할 것입니다."

왕은 듣지 않고 말하였다.

"만약 한나라를 도와주지 않으면 한나라가 우리 위나라를 원망하여 서쪽으로 진나라와 합해 버릴 것이오. 진·한 두 나라가 뭉치면 우리는 더 위험해지게 되오."

그리고는 드디어 한나라를 구해 주었다. 진나라는 과연 관 땅의 포위를 풀고 위나라를 공격해 왔다. 왕은 두려움에 어쩔 줄 모르며 소기를 불렀다.

"내가 그대의 계획을 듣지 않아 화가 여기까지 이르렀소. 어찌하면 좋겠소?"

소기는 얼른 진나라로 가서 진왕을 만났다.

"신이 듣건대 지혜롭고 밝은 임금은 정사를 처리함에 사사로운 의를 끼고 하지 않습니다. 여러 의견을 참고하여 행하는 것입니다. 대왕께서는 위나라를 공격하지 마시고 제 의견을 들어 주셨으면 합니다."

왕이 물었다.

"무슨 뜻이오?"

소기는 이렇게 말하였다.

"산동 여러 나라의 합종이란 때로는 합치고 때로는 분리되는데 그 이유를 아십니까?"

왕이 말하였다.

"모르겠소"

소기는 이렇게 설명하였다.

"천하가 합종하는 것은 대왕 진나라가 하나의 나라만 공격하는 것이 아닐 때 이루어지고, 분리될 때는 진나라가 그 중 어느 하나의 나라만 공격할 때 나타납니다. 지금 한나라 관읍을 공격하여 그 나라를 위태롭게 만들어 놓고 그것이 끝나기도 전에 대량을 공격하시니, 천하 합종이 이 때보다 더 명확한 때는 없었습니다. 진나라의 이러한 요구에 대하여 모두들 더 이상 견뎌낼 수 없다고 여기고 있습니다. 그러므로 대왕을 위해 계책을 일러드리건대 조나라를 먼저 제압하느니만 못합니다. 진나라가 조나라만 제압해 놓으면 연燕나라는 감히 진나라를 섬기지 않을 수 없게 되고, 형(荊, 楚)나라와 제齊나라도 능히 홀로 합종할 수는 없습니다. 천하가 진나라에게 대적하게 하였다가는 진나라는 약해지고 말 것입니다."

진왕은 과연 위나라 공격을 철회하였다.

秦攻韓之管, 魏王發兵救之. 昭忌曰:「夫秦强國也, 而韓·魏壤梁(秦), 不出攻則已, 若出攻, 非於韓也必魏也. 今幸而於韓, 此魏之福也. 王若救之, 夫解攻者, 必韓之管也; 致攻者, 必魏之梁也.」魏王不聽, 曰:「若不因救韓, 韓怨魏, 西合於秦, 秦·韓爲一, 則魏危.」遂救之.

秦果釋管而攻魏. 魏王大恐, 謂昭忌曰:「不用子之計而禍至, 爲之奈何?」昭忌乃爲之見秦王曰:「臣聞明主之聽也, 不以挾私爲政, 是參行也. 願大王無攻魏, 聽臣也.」秦王曰:「何也?」昭忌曰:「山東之從, 時合時離, 何也哉?」秦王曰:「不識也.」曰:「天下之合也, 以王之不必也; 其離也, 以王之必也. 今攻韓之管, 國危矣, 未卒而移兵於梁, 合天下之從, 無精於此者矣. 以爲秦之求索, 必不可支也. 故爲王計者, 不如齊(制)趙. 秦已制趙, 則燕不敢不事秦, 荊·齊不能獨從. 天下爭敵於秦, 則弱矣.」秦王乃止.

【管】지금의 河南省 鄭州市 북쪽. 367장 참조.
【魏王】昭王.

【昭忌】魏나라 臣下.

【壞秦】원문에는 '壞梁'으로 되어 있다. '梁'은 '秦'의 오기이다.

【秦王】昭襄王.

1. 鮑注의 평어

『彪謂: 鄰國有兵, 求之, 卹鄰之義. 昭王言是也. 秦伐韓而魏救之, 挑秦之禍, 昭忌之言亦是也. 要之, 從約堅則宜救, 猶救同室之鬪也. 無從約而救之, 則是鄉鄰有鬪, 被髮纓冠而往, 是豈不可已乎?』

352(25-9) 秦趙橫難而戰
둘이 싸우면 내가 높아진다

진秦·조趙 두 나라가 서로 얽혀 싸우고 있었다. 이때 어떤 이가 위왕魏王에게 일러주었다.

"왕께서는 조나라를 거두어 진나라에 대항하느니만 못합니다. 만약 조나라와 합하지 않으면 조나라 혼자서는 피폐된 군사를 가지고 진나라를 이겨낼 수가 없습니다. 조나라를 도와주리라고 하면 조나라는 진나라와 얽혀 틀림없이 다시 전투를 벌일 것입니다. 싸움이 붙으면 둘 모두 위魏나라를 중시하게 됩니다. 이는 진나라와 조나라를 함께 제어하는 방법입니다. 그 후에는 왕께서 하고 싶은 대로 제齊나라와 조나라를 거두어들여 형(荊, 楚)나라를 칠 수도 있고, 또 원하기만 한다면 형나라와 조나라를 거두어들여 제나라를 칠 수도 있습니다. 그러면 두 나라는 대왕을 동쪽의 맹주로 모시고자 기다릴 것입니다."

秦·趙構難而戰, 謂魏王曰:「不如齊(收)·趙而構之秦. 王不構趙, 趙不以毀構矣; 而構之秦, 趙必服闘, (闘)必重魏; 是幷制秦·趙之事也. 王欲焉而收齊·趙攻荊, 欲焉而收荊·趙攻齊, 欲王之東長之待之也.」

【秦趙構難而戰】鮑注에 "長平之役. 此十七年. 正曰: 秦·趙之戰多矣, 此策時不可考"라 하였다.
【魏王】魏 安釐王.
【不如齊趙而構之難】 '齊'는 '收'의 잘못으로 본다. 한편 鮑注에는 "構者, 合其戰也. 收趙而助之, 趙必與秦合戰"이라 하였다.
【趙不以毀構】鮑注에 "毀, 折也. 言不收趙. 趙不能以毀折之兵獨與秦合戰"이라 하였다.
【欲王之東長】鮑注에 "荊, 齊在魏東, 不樂屬秦, 而欲魏爲之長"이라 하였다.

353(25-10) 張平之役
거짓 약속

장평長平 전투에 진秦·조趙 두 나라가 얽혀 있을 때였다. 이때 조나라 평도군平都君이 위왕魏王에게 말하였다.

"대왕께서는 어찌하여 제후들과 연합하여 조나라를 도와 진나라에 대항하지 않습니까?"

위왕이 말하였다.

"진나라는 내게 원옹垣雍 땅을 준다고 약속하였소."

평도군이 말하였다.

"제가 보기에는 그 원옹 땅을 할양한다는 약속은 빈말입니다."

왕이 물었다.

"무슨 소리요?"

평도군은 이렇게 설명하였다.

"진나라와 조나라는 장평 싸움에서 서로 힘의 평형을 이루고 있어서 승부를 내지 못하고 있습니다. 천하가 만약 진나라와 연합하면 조나라는 없는 것이요, 조나라와 연합하면 진나라가 사라져 버립니다. 진왕은 이런 상태에서 대왕의 마음이 변하여 조나라와 연합할까 두려운 나머지 원옹 땅을 미끼로 대왕을 유혹하고 있는 것입니다. 만약 진나라가 조나라를 이긴다면 왕은 감히 진나라에게 원옹 땅을 달라고 요구할 수 있겠습니까?"

왕이 말하였다.

"그렇게 하지 못할 것 같습니다."

평도군이 말을 이었다.

"진나라가 조나라를 이기지 못하였는데도 한韓나라를 시켜 원옹 땅을 달라고 요구할 수 있겠습니까?"

왕이 말하였다.

"그것도 쉽지 않겠지요."

평도군이 말하였다.

"그 때문에 제 말은 그 약속은 빈 말이라는 것입니다."

위왕은 그제야 수긍하였다.

"과연 그렇군."

張平之役, 平都君說魏王曰:「王胡不爲從?」魏王曰:「秦計吾以垣雍.」
平都君曰:「臣以垣雍爲空割也.」魏王曰:「何謂也?」平都君曰:「秦·趙久相
持於長平之下而無決. 天下合於秦, 則無趙; 合於趙, 則無秦. 秦恐王之變也,
故以垣雍餌王也. 秦戰勝趙, 王敢責垣雍之割乎?」王曰:「不敢.」「秦戰不
勝趙, 王能令韓出垣雍之割乎?」王曰:「不能.」「臣故曰, 垣雍空割也.」
魏王曰:「善.」

【長平之役】秦策 "張儀說秦王"篇 참조. 秦昭王 46년과 그 이듬해(B.C. 261~
260년)에 걸쳐 秦나라와 趙나라가 長平에서 벌인 큰 전쟁. 결국 조나라가
대패하여 40만 병사가 생매장 당하였다. 長平은 조나라 영토로 지금의 山西省
高平縣 서북.

【平都君】혹 平都侯라고도 하며 趙나라 신하.

【魏王】安釐王.

【垣雍】韓나라 邑 이름. 지금의 河南省 原武縣. 秦昭王이 長平 싸움을 끝낸
이듬해 韓나라가 이 땅을 秦나라에게 바쳤다. 그러나 이때 이미 韓나라는
그 땅을 秦나라에게 주겠다고 약속한 것을 秦나라는 이것을 다시 魏나라에게
주겠다고 미리 약속하였다.

참고 및 관련 자료

1. 이 사건은 長平之戰(B.C. 261~260년) 중의 일이다. 232·257장 등 참조.

354(25-11) 樓梧約秦魏
재상을 하나 써달라고

누오樓梧가 진秦·위魏 두 나라가 맹약을 맺도록 주선하고 장차 진왕秦王과 국경에서 만나도록 하였다. 그리고 먼저 위왕魏王에게 일러주었다.

"진왕과 만나실 때 재상을 대동하지 않으면 진왕은 대왕께 재상을 하나 써달라고 추천할 것입니다. 왕께서 이를 들어주지 않으면 진나라와 국교만 악화되지요. 그렇다고 들어주게 되면 왕께서 쓰고 싶은 인물은 뒤로 밀려나게 됩니다. 게다가 그 재상은 제후들과의 모든 사무를 관장하면서 왕의 위에 군림하여 처리할 것입니다. 또 그 회담에서 진나라가 중시하는 자를 재상으로 삼게 되면, 이는 제齊나라를 잃게 되는 셈입니다. 진나라는 틀림없이 이 우리 위나라가 강해지는 것을 약화시키려 할 것입니다. 그러니 지금 먼저 제나라 편을 드는 자가 있으면 그를 재상으로 삼는 것이 상책입니다. 제나라에서는 아주 좋아할 것입니다. 이렇게 되면 제나라를 등에 업고 진왕과 회담을 하게 되어 진왕은 틀림없이 대왕을 중시하게 될 것입니다."

樓梧約秦·魏, 將令秦王遇於境. 謂魏王曰:「遇而無相, 秦必置相. 不聽之, 則交惡於秦; 聽之, 則後王之臣, 將皆務事諸侯之能令於王之上者. 且遇於秦而相秦者, 是無齊也, 秦必輕王之強矣. 有齊者, 不若相之, 齊必喜, 是以有雍(齊)者與秦遇, 秦必重王矣.」

【樓梧】106장의 樓虜와 같은 인물로 보인다. 魏나라 사람. 樓郜로도 쓴다.
【秦王】秦나라 昭王.
【魏王】魏나라 安釐王.

355(25-12) 芮宋欲絶秦趙之交
단교를 위한 술수

위魏나라 신하 예송芮宋이 진秦·조趙 두 나라를 단교시키려고 술수를 썼다. 그리하여 고의로 위나라가 진나라 태후太后에게 주었던 양읍養邑을 회수해버렸다. 진왕이 노했다. 예송은 이렇게 둘러댔다.

"원래 저희 위나라는 모든 것을 귀국 진왕에게 의탁하려 하였습니다. 그런데 왕께서는 받아 주지 않으셨습니다. 그래서 할 수 없이 이번에는 조나라에게 의지하려고 하였더니 조나라 신하 이학李郝이 저에게 이렇게 말하더군요. '그대 말로는 진나라와 아무런 관계도 없으면서, 그러면서 진나라 태후에게 양읍을 주었다니, 이는 우리도 그렇게 속이려는 것이다' 라구요. 그래서 저희는 그 태후에게 주었던 그 땅을 회수하기로 한 것입니다."

그러자 진왕은 화를 내며 드디어 조나라와 단교하고 말았다.

芮宋欲絶秦·趙之交, 故令魏氏收秦太后之養地, 秦王於秦(或作怒). 芮宋謂秦王曰：「魏委國於王, 而王不受, 故委國於趙也. 李郝謂臣曰：『子言無秦, 而養秦太后以地, 是欺我也.』故撤邑收之.」秦王怒, 遂絶趙也.

【芮宋】魏나라 策士.
【太后】宣太后(?) 秦 昭王의 어머니이며 穰侯의 同母姊.
【養邑】湯木邑, 휴양비나 목욕비 정도로 쓰라는 뜻의 세금 전용 도시나 땅.
【李郝】趙나라 신하.

356(25-13) 爲魏謂楚王
지혜가 모자라다

어떤 이가 위魏나라를 위하여 초왕楚王에게 말하였다.

"설령 진秦나라에게 위나라를 토벌해 달라고 해도 진나라는 들어주지 않을 것입니다. 도리어 진나라에게 지혜가 모자라다는 창피만 받게 되고, 위나라와는 외교만 악화됩니다. 초나라와 위나라 사이에 원한이 생기면 진나라가 중시됩니다. 그러니 왕께서는 천하의 순리대로 제齊나라를 쳐서 얻은 토지를 위나라에게 주느니만 못합니다. 그렇게 되면 병력의 손해도 없이 외교는 그대로 굳건해지고, 얻고자 하는 것도 얻을 수 있을 것입니다."

爲魏謂楚王曰:「索攻魏於秦, 秦必不聽王矣, 是智困於秦, 而交疏於魏也. 楚·魏有怨, 則秦重矣. 故王不如順天下, 遂伐齊, 與魏便地, 兵不傷, 交不變, 所欲必得矣.」

【魏】 당시는 魏나라 昭王(?).
【楚王】 楚나라 頃襄王(?).
【順天下】 B.C. 284년 燕將 樂毅가 燕·韓·趙·魏·秦을 모아 齊나라를 친 일이 아닌가 한다.

357(25-14) 管鼻之令翟强與秦事
중원과 초나라 사람의 성격차이

위魏나라 관비管鼻가 적강翟强을 진秦나라에 보내어 강화의 일을 처리하도록 하였다. 이때 어떤 이가 적강을 위하여 위왕魏王에게 말하였다.

"관비와 적강의 관계는 마치 중원 사람과 초나라 사람의 성격 차이와 같습니다. 중원 사람들은 초나라 사람이 급한 것을 보면 칼을 차는 행동을 하면서도 일부러 느릿느릿 행동하지요. 그러면 초나라 사람들은 중원 사람이 느려 터진 것을 싫어하여 더욱 서두르게 됩니다. 지금 관비가 진나라의 전사傳舍로 갔더니 가는 곳마다 묵을 자리가 없어 부족합니다. 적강이 이렇게 들어갔건만 진나라에서 그를 제대로 덮어줄 잠자리도 마련해 주지 못하고 있습니다. 적강은 왕께서 귀히 여기는 신하입니다. 진나라에서 이렇게 허술하게 대접하도록 두어도 되겠습니까?"

管鼻之令翟强與秦事, 謂魏王曰:「鼻之與强, 猶晉人之與楚人也. 晉人見楚人之急, 帶劍而緩之; 楚人惡其緩而急之. 令(今)鼻之入秦之傳舍, 舍不足以舍之. 强之入, 無蔽於秦者. 强, 王貴臣也, 而秦若此其甚, 安可?」

【管鼻】 魏나라의 重臣인 듯하다. 또 343·385장의 樓鼻가 아닌가 한다.
【翟强】 魏나라 신하.
【魏王】 魏의 襄王, 혹은 昭王.
【晉人】 三晉. 즉 黃河 유역의 中原.
【無蔽】 해석이 일치하지 않는다. 여기서는 '덮어주다'로 잠정 해석하였다.

참고 및 관련 자료

1. 이는 管鼻와 翟强의 알력을 표현한 것이다.(鮑彪) 그러나 晉楚 사람의 성격을 비유로 든 것은 무슨 뜻인지 명확히 알 수 없다.
2. 鮑本의 평어
『秦待己已厚, 可以不與秦事. 秦輕强矣, 欲其中重之, 必令與秦事乃可. 正曰:

翟强欲合齊・秦外楚, 以輕樓鼻; 樓鼻欲合秦・楚外齊. 以輕翟强. 鼻・强不合, 而謂鼻令强與秦事者, 鼻容强爲之. 秦入鼻言, 故輕强. 此土蓋爲强言, 以激魏王者也. 此當在襄王時.』

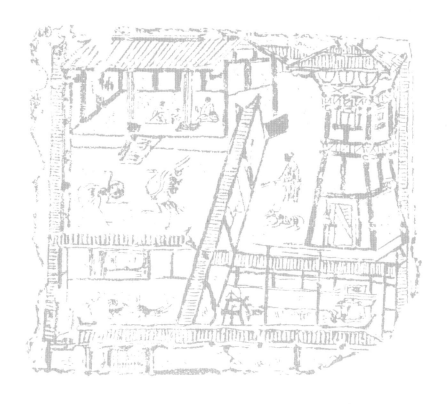

358(25-15) 成陽君欲以韓魏聽秦
감금이냐 인질이냐

성양군成陽君이 한韓·위魏 두 나라에게 진秦나라의 말을 듣도록 하고
싶었다. 그러나 위왕魏王은 이를 불리하다고 여겼다. 이때 백규白圭가
위왕에게 말하였다.

"왕께서는 몰래 성양군을 살피게 하여 이렇게 전하도록 하십시오.
즉 '그대가 진나라에 들어가면 진나라는 틀림없이 그대를 감금해 버리고,
그대 한韓나라로부터 많은 땅을 할양 받으려 할 것이다. 그대 조국 한나라
에서 이를 들어주지 않으면 진나라는 그대를 인질로 묶어둔 채 한나라를
치게 된다. 그러니 그대는 차라리 천천히 진나라로 가면서 진나라에게
다른 인질을 요구토록 하느니만 못하다'라구요. 그렇게 되면 성양군은
틀림없이 진나라에 가지 않으려 할 것입니다. 진·한 두 나라가 연합하지
않는 한 왕께서는 그 위치가 높아지게 마련입니다."

成陽君欲以韓·魏聽秦, 魏王弗利. 白圭(珪)謂魏王曰:「王不如陰侯(使)
人說成陽君曰:『君入秦, 秦必留君, 而以多割於韓矣. 韓不聽, 秦必留君,
而伐韓矣. 故君不如安行, 求質於秦.』成陽君必不入秦, 秦·韓不敢合,
則王重矣.」

【成陽君】韓나라의 신하. 081·272·431장의 成陽君과는 다른 인물인 듯하다.
【魏王】魏나라 昭王(?).
【白圭】魏나라 재상. 350·459장 참조.

359(25-16) 秦拔寧邑
믿을 수 없는 제후들

진秦나라가 위魏나라 영읍寧邑을 함락시키자 위왕魏王이 사람을 진왕秦王에게 보내어 이렇게 말하였다.

"왕께서 영읍을 되돌려 주시면 제가 천하의 제후들 중 우선 먼저 귀국과 강화를 서두르겠습니다."

그러자 진나라 재상 위염魏冉이 진왕에게 이렇게 말하도록 권하였다.

"왕께서는 들어주지 마십시오. 위왕은 천하의 다른 제후들을 더 이상 믿을 수 없다는 것을 알기 때문에, 우선 먼저 우리와 강화를 맺자고 하는 것입니다. 무릇 영읍을 잃은 쪽에서 그의 두 배되는 땅으로 강화를 제의한다면 모를까 도리어 영읍을 얻은 우리가 그 땅을 돌려주면서까지 강화를 할 필요가 있겠습니까?"

秦拔寧邑, 魏王令之(人)謂秦王曰:「王歸寧邑, 吾請先天下構(講).」
魏魏王(冉)曰:「王無聽. 魏王見天下之不足恃也, 故欲先構. 夫亡寧者,
宜割二寧以求構; 夫得寧者, 安能歸寧乎?」

【寧邑】韓나라 故地. 지금의 河南省 淇縣.
【魏王】安釐王.
【秦王】昭王.
【魏魏王】'魏'자는 연문이며 '魏王'은 '魏冉'의 오기이다. 魏冉은 秦나라 재상 穰侯이다.

참고 및 관련 자료

1. 秦나라가 韓나라 寧邑을 함락시킨 것은 邯鄲之戰(089·091·256·258·366장) 때에 魏나라 信陵君이 趙나라를 도와 秦나라를 격패시키자 화가 난 秦나라가 魏나라에 보복하기 위하여 魏나라 寧邑을 공격한 것이다. 한편 原文의 "魏魏王曰"은 "魏冉曰"의 오기이다.

360(25-17) 秦罷敢鄲
다루기 쉬운 나라

진秦나라가 조趙나라 한단邯鄲의 포위를 풀고 이번에는 위魏나라를 공격
하여 영읍寧邑을 빼앗았다. 이때 오경吳慶이 위나라가 진나라에 강화를
요청할까 걱정이 되어 위왕魏王에게 말하였다.

"진나라가 우리 위나라를 공격하는 이유를 아십니까? 천하 제후들은
모두 대왕께서 진나라와 친한 것으로 알고 있었습니다. 그런데 왕께서
도리어 진나라와 친하지도 않았고, 진나라는 이에 철수한 것입니다.
천하가 모두 대왕을 약하다고 말하고 있습니다. 그러나 우리 위나라는
결코 이주二周만큼 약하지는 않습니다. 그런데 진나라가 조나라 한단에서
철수하면서 동·서 이주를 경과하여 우리를 공략하는 것은 우리 위나라는
다루기 쉽다고 여겼기 때문입니다. 왕께서도 역시 약하면 공격을 불러온
다는 것을 아셨겠지요?"

秦罷邯鄲, 攻魏, 取寧邑. 吳慶恐魏王之構(講)於秦也, 謂魏王曰:「秦之
攻王也, 王知其故乎? 天下皆曰王近也. 王不近秦, 秦之所去. 皆曰王弱也.
王不弱二周, 秦人去邯鄲, 過二周而攻王者, 以王爲易制也. 王亦知弱之召
攻乎?」

【取寧邑】이는 359장 참고란을 볼 것.
【吳慶】위나라의 대신으로 진나라와의 강화에 반대 의견을 가지고 있었다.
【魏王】安釐王.
【天下皆曰王近也】鮑注에 "近, 親也. 天下以魏爲親秦, 故外之, 秦因攻之"라
　하였다.
【王不近秦, 秦之所去】鮑注에 "去, 猶遠. 正曰: 王非親秦, 乃秦之所欲攻去者"라
　하였다.

361(25-18) 魏王欲攻邯鄲
목적지와 반대방향으로 가는 사람

위왕魏王이 조趙나라 한단邯鄲을 공격하려 하였다. 이때 위나라 신하 계량季梁이 이 소식을 듣고 사신으로 가는 길에 중도에서 되돌아왔다. 옷도 풀지 않고 머리의 티끌을 씻어내지도 않은 상태였다. 그런 모습으로 곧 위왕을 만났다.

"지금 제가 돌아오는 길에 큰 길에서 사람을 만났습니다. 그는 북쪽을 향해 수레를 몰면서 '지금 초楚나라로 가고자 한다'라 하더군요. 그래서 '그대는 초나라로 간다면서 어찌 북쪽을 향해 가는가?'라고 물었지요. 그랬더니 그는 '나의 말은 훌륭하여 잘 달린다'라고 하는 것입니다. 그래서 어이가 없어 '말이 아무리 좋다 해도 북쪽은 초나라로 가는 길이 아니오'라 하였더니 이번에는 '나는 노자도 많소'라는 것입니다. 그래서 '아무리 노자가 많더라도 분명 이 길은 초나라로 가는 길이 아닙니다'라 하였더니 그래도 그는 '나의 마부는 뛰어나다'라는 것입니다. 나는 '이제껏 말한 것들이 뛰어나면 뛰어날수록 초나라로부터는 그만큼 멀어지는 것이오'라 하였지요.

지금 왕께서는 군대를 움직여 패왕霸王의 업을 이루어 천하 제후의 신임을 얻으려 하고 있습니다. 앞서 행인처럼 왕은 나라도 크고 병력도 뛰어납니다. 그런데 한단을 공격하여 땅을 넓히고 명예를 얻으려 하시니, 이들 이 몇 가지가 뛰어날수록 왕의 패업 성취는 멀어지는 것입니다. 마치 초나라로 간다면서 북쪽으로 말을 모는 것처럼 말입니다."

魏王欲攻邯鄲, 季梁聞之, 中道而反, 衣焦不申(信), 頭塵不去(浴), 往見王曰:「今者臣來, 見人於大行, 方北面而持其駕, 告臣曰:『我欲之楚.』臣曰:『君之楚, 將奚爲北面?』曰:『吾馬良.』臣曰:『馬雖良, 此非楚之路也.』曰:『吾用多.』臣曰:『用雖多, 此非楚之路也.』曰:『吾御者善.』『此數者愈善, 而離楚愈遠耳.』今王動欲成霸王, 擧欲信於天下. 恃王國之大, 兵之精銳, 而攻邯鄲, 以廣地尊名, 王之動愈數, 而離王愈遠耳. 猶至楚而北行也.」

【魏王】魏 惠王.
【邯鄲】趙나라의 서울.
【季梁】魏나라의 신하.

참고 및 관련 자료

1. 본장은 335장과 관련이 있으며 魏나라의 邯鄲 공격은 B.C. 353년의 일이다.

362(25-19) 周肖謂宮他曰
외교관이 되고 싶소

주초周肖가 궁타宮他에게 부탁하였다.

"그대는 저를 위하여 제왕齊王에게 가서 이렇게 부탁해 주시오. 즉 '주초는 외교관이 되고 싶어합니다'라구요. 그래서 제나라가 저의 위나라에서의 활동을 도와 줄 수 있도록 말입니다."

그러자 궁타가 이렇게 말하였다.

"안 됩니다. 이는 제나라에게 위나라가 당신을 경시하는 것으로 보이는 것입니다. 무릇 제나라는 위나라에서 힘도 없는 자를 써서 위나라에 해가 되는 일을 하지도 않을 것이구요. 그러니 그대는 제나라에게 귀하가 위나라에서 중요한 인물임을 보이는 편이 낫습니다. 그리고는 제왕에게 이렇게 말하시오. '왕께서 위나라에게 구하는 것은 모두 위나라로 하여금 들어주도록 제가 주선하겠습니다'라구요. 그러면 제나라에서는 틀림없이 그대를 위하게 될 것입니다. 이는 바로 그대가 제나라를 얻게 되고 나아가 그 제나라를 바탕으로 위나라에서 중시되는 인물이 될 수 있는 길입니다."

周肖謂宮他曰:「子爲肖謂齊王曰:『肖願爲外臣.』令齊資我於魏」宮他曰:「不可, 是示齊輕也. 夫齊不以無魏者以害有魏者, 故公不如示有魏. 公曰:『王之所求於魏者, 臣請以魏聽.』齊必資公矣, 是公有齊, 以齊有魏也.」

【周肖】魏나라 신하. 322장의 周霄가 아닌가 한다.
【宮他】周나라 사람. 당시 魏나라에 와 있었던 듯하다. 026·042·448장 참조.
【齊王】齊의 閔王(?).

왕곁에 측근을 심어두다

주최周㝡는 제齊나라와 가까웠고, 적강翟强은 초楚나라와 가까웠다.
이 두 사람은 장의張儀를 위魏나라에서 쫓아내려고 벼르고 있었다. 장의가
이 소식을 듣자 자기 사람 하나를 시켜 위왕 곁에서 빈객을 담당하는
임무를 맡는 측근으로 써서 알현하는 자를 감시하도록 하였다. 이로부터
두 사람은 감히 장의를 헐뜯지 못하였다.

周㝡善齊, 翟强善楚. 二子者, 欲傷張儀於魏. 張子聞之, 因使其人爲見者
㘷夫聞見者, 因無敢傷張子.

【周㝡】 당시 魏나라에 와 있었던 듯하다. 周最로도 쓴다.
【翟强】 魏나라 신하.
【張儀】 張儀가 魏나라에 있었던 기간은 B.C. 310년부터 2년간이다.
【見者㘷夫間見者】 임금 앞에서 임금을 알현하려는 자들을 관리 · 안내하는
임무를 맡은 자를 말한다.

364(25-21) 周冣入齊
그대를 섬기는데 지장이 없습니다

주최周冣가 위魏나라로부터 제齊나라로 도망가 버렸다. 그러자 진왕秦王이 노하여 요가姚賈를 위왕魏王에게 보내어 질책하였다. 위왕은 진왕秦王에게 이렇게 전하도록 하였다.

"우리 위나라가 진왕을 위하여 천하에 널리 통하도록 해주고 있던 인물이 주최였습니다. 그런데 지금 주최가 과인을 버리고 제나라로 도망갔습니다. 제나라는 천하에 통하는 인물이 없었습니다. 저희들이 귀국 진왕을 섬기는 데는 제나라와는 아무런 영향이 없습니다. 귀국이 무력으로 제나라를 치려거든 조趙나라를 끌어들이면 끝나는 일입니다."

周冣入齊, 秦王怒, 令姚賈讓魏王. 魏王爲之謂秦王曰:「魏之所以爲王通天下者, 以周冣也. 今周冣遁寡人入齊, 齊無通於天下矣. 敝邑之事王, 亦無齊累矣. 大國欲急兵, 則趣趙而已.」

【周冣】魏나라에 있던 유세객. 원래 周나라 사람으로 秦나라를 대신하여 위나라에서 활동했으며 당시 秦나라와 齊나라는 불편한 관계였다.
【秦王】秦의 昭王.
【姚賈】유세객. 魏나라 사람. 그러나 鮑彪는 陳賈의 오기라 하였다. 110·283장 참조.
【魏王】魏의 昭王.
【齊無通於天下】鮑本에 "齊·秦爲敵, 魏旣以最通天下於秦, 則外齊矣. 今最入齊, 天下不知, 以謂魏使之齊, 敗齊事, 因不通齊矣. 正曰: 齊·秦爲敵, 齊逐最而魏收之, 天下信魏之不與最, 故曰魏王通天下. 今最遁入齊, 則天下知魏絶最, 而齊收之, 齊何以通於天下乎?"라 하였다.

1. 鮑本의 姚賈에 대해 평가

『促使應秦也. 魏不善最, 而言爲最, 所以自爲也. 按此姚賈與始皇所問之人, 相去八十餘年. 高誘欲以爲陳賈, 若此人者可也. 蓋陳, 舜後, 得爲姚姓. 而孟子與秦武・魏哀時猶相及, 獨以最, 韓非相毀之人, 爲此人, 則年時相絶太遠矣, 可乎哉?』

365(25-22) 秦魏爲與國
급한 줄 알면서도

진秦·위魏 두 나라가 동맹을 맺자 제齊·초楚 두 나라가 연합하여 위나라를 쳐들어왔다. 위나라는 곧 사신을 진나라에 보내어 구원을 요청하였는데, 그 사신들의 관冠과 수레덮개가 서로 이어져 보일 정도로 많았다. 그러나 진나라는 구원병을 보내 줄 생각을 않고 있었다. 이때 위나라 당저唐且라고 하는 노인이 있어 나이가 이미 90이 넘었다. 그가 위왕에게 나타나 이렇게 말하였다.

"저를 진나라로 보내 주시면 제가 진왕을 설득해서 저보다 구원병이 먼저 도착하게 할 테니 어떻습니까?"

위왕이 허락하였다.

"공경해 받들겠습니다."

그리고는 곧 거마를 준비하여 그를 진나라에 보냈다. 그가 진나라에 이르자 진왕이 먼저 물었다.

"노인장께서 망연한 모습으로 먼 곳에서부터 여기까지 오시느라고 심히 고생하셨습니다. 그 동안 위나라 사신이 자주 달려와서 과인도 위나라가 무척 급하다는 것을 알고 있습니다."

당저는 이렇게 말하였다.

"대왕께서 이미 우리가 급하다는 것을 알면서도 아직 구원병을 보내지 않는 것을 보니, 대왕의 참모들이 임무를 제대로 하지 않았음을 알겠습니다. 또 무릇 위나라는 만승의 대국입니다. 그러면서도 귀국에 대하여 자칭 동방의 번속藩屬이라고 일컫고 일체 관대와 제도를 귀국으로부터 받고 춘추春秋에 귀국을 위해 제사를 지내 주는 이유는, 귀국이 강성해서 족히 친하여 화목할 만하다고 여겼기 때문입니다. 지금 제·초 두 나라의 군사들이 이미 우리 위나라 교외까지 이르렀는데 대왕의 구원병이 오지 않으니, 위나라는 급하게 되면 그들에게 땅을 떼어 주고 화친을 맺을 수밖에 없습니다. 그때는 비록 왕이 돕고 싶어도 이미 때는 늦게 되고, 오히려 만승의 동맹국인 위나라를 잃는 것이 됩니다. 게다가 두 개의 강한 만승국 제·초까지 적이 되고 마는 것입니다. 제가 보기에는 대왕의 참모들은 그 임무를 다하지 못하고 있군요."

진왕이 듣고 크게 깨달아 감탄하였다. 그리고는 즉시 군사를 일으켜 밤낮 쉬지 않고 위나라로 달려가게 하였다. 제·초 두 나라는 이 소식을 듣자 병사를 이끌고 철수해 버렸다. 위나라가 다시 나라를 보전하게 된 것은 모두 당저의 유세 덕분이었다.

秦·魏爲與國. 齊·楚約而欲攻魏, 魏使人求救於秦, 冠蓋相望, 秦救不出. 魏人有唐且者, 年九十餘, 謂魏王曰:「老臣請出西說秦, 令兵先臣出可乎?」 魏王曰:「敬諾.」遂約車而遣之. 唐且見秦王, 秦王曰:「丈人芒然乃遠至此, 甚苦矣. 魏來求救數矣, 寡人知魏之急矣.」唐且對曰:「大王已知魏之急而 救不至者, 是大王籌筴之臣無任矣. 且夫魏一萬乘之國, 稱東藩, 受冠帶, 祠春秋者, 以爲秦之强足以爲與也. 今齊·楚之兵已在魏郊矣, 大王之救不至, 魏急則且割地而約齊·楚, 王雖欲救之, 豈有及哉? 是亡一萬乘之魏, 而强 二敵之齊·楚也. 竊以爲大王籌筴之臣無任矣.」秦王芙然愁悟, 遽發兵, 日夜赴魏. 齊·楚聞之, 乃引兵而去. 魏氏復全, 唐且之說也.

【冠蓋相望】蓋는 수레의 덮개. 사신의 관이나 그 수레가 서로 이어져 보일 정도로 자주 秦나라에 많은 사신을 보냄을 말한다.
【唐且】《史記》에는 唐雎로 되어있다. 魏나라 사람으로 뒤에 上卿에 봉해졌다.
【魏王】安釐王.
【秦王】昭襄王.
【籌筴之臣】計謀를 세우는 왕의 참모.
【稱東藩, 受冠帶, 祠春秋……】본 〈魏策〉의 "蘇子爲趙合從說魏" 참조.

참고 및 관련 자료

1. 《史記》 魏世家

齊·楚相約而攻魏, 魏使人求救於秦, 冠蓋相望也, 而秦救不至. 魏人有唐雎者, 年九十餘矣, 謂魏王曰:「老臣請西說秦王, 令兵先臣出.」魏王再拜, 遂約車而遣之 唐雎到, 入見秦王. 秦王曰:「丈人芒然乃遠至此, 甚苦矣! 夫魏之來求救數矣,寡人知魏之急已.」唐雎對曰:「大王已知魏之急而救不發者, 臣竊以爲用策之臣無任矣. 夫魏, 一萬乘之國也, 然所以西面而事秦, 稱東藩, 受冠帶, 祠春秋者, 以秦之彊足以爲與也. 今齊·楚之兵已合於魏郊矣, 而秦救不發, 亦將賴其未急也. 使之大急, 彼且割地而約從, 王尙何救焉? 必待其急而救之, 是失一東藩之魏而彊二敵之齊·楚, 則王何利焉?」於是秦昭王遽爲發兵救魏. 魏氏復定.

2. ≪新序≫ 雜事(三)

昔者, 秦魏爲與國, 齊楚約而欲攻魏, 魏使人求救於秦, 冠蓋相望, 秦救不出. 魏人有唐且者, 年九十餘, 謂魏王曰:「老臣請西說秦, 令兵先臣出, 可乎?」魏王曰:「敬諾.」遂約車而遣之. 且見秦王. 秦王曰:「丈人罔然乃遠至此, 甚苦矣. 魏來求救數矣, 寡人知魏之急矣.」唐且答曰:「大王已知魏之急而救不至, 是大王籌筴之臣失之也. 且夫魏一萬乘之國也. 稱東藩, 受冠帶, 祠春秋者, 爲秦之强, 足以爲與也. 今齊楚之兵已在魏郊矣, 大王之救不至, 魏急則且割地而約齊楚, 王雖欲救之, 豈有及哉? 是亡一萬乘之魏, 而强二敵之齊楚也. 竊以爲大王籌筴之臣失之矣.」秦王懼然而悟. 遽發兵救之, 馳鶩而往. 齊楚聞之, 引兵而去, 魏氏復故. 唐且一說, 定彊秦之筴, 解魏國之患, 散齊楚之兵, 一擧而折衝消難, 辭之功也. 孔子曰:「言語宰我, 子貢.」故詩曰:『辭之集矣, 民之洽矣. 辭之懌矣, 民之莫矣.』唐且有辭, 魏國賴之, 故不可以已.

366(25-23) 信陵君殺晉鄙
신릉군이 진비를 죽이고

신릉군信陵君이 진비晉鄙를 죽이고 달려가 한단邯鄲을 구하여 진秦나라 군사를 깨뜨리고 조趙나라를 보전시켜 주었다. 조왕趙王은 고마워 직접 교외에까지 나가 그를 마중하였다. 당저唐且가 신릉군에게 말하였다.

"제가 들으니 일에는 알아서는 안 되는 일이 있고, 알지 않을 수 없는 일이 있고, 또 잊지 못할 일이 있고 잊어서는 안 되는 일이 있다 합디다."

신릉군이 말하였다.

"그게 무슨 뜻이오?"

당저는 이렇게 설명하였다.

"남이 나를 미워할 때는 알아보지 않을 수 없고, 내가 남을 미워하게 될 때는 남이 그 사실을 알게 해서는 안 됩니다. 또 남이 내게 덕을 베풀어주었을 때는 가히 이를 잊어서는 안 되고, 내가 남에게 은덕을 베풀어주었을 때는 이를 깨끗이 잊어버려야 합니다.

지금 귀하는 진비를 죽여 한단을 구해 주고, 진나라 군대를 패주시켜 조나라를 보전해 주었으니 이는 남에게 큰 덕을 베풀어 준 것입니다.

그래서 조왕이 스스로 교외까지 나와 왕과 뜻밖의 만남이 이루어지게 된 것이니 이때야말로 그대는 베풀어주었던 은덕을 까맣게 잊으십시오."

신릉군이 말하였다.

"나(無忌, 申陵君)는 그대의 가르침을 받들겠소이다."

信陵君殺晉鄙, 救邯鄲, 破秦人, 存趙國, 趙王自郊迎. 唐且謂信陵君曰:
「臣聞之曰, 事有不可知者, 有不可不知者; 有不可忘者, 有不可不忘者.」
信陵君曰:「何謂也?」對曰:「人之憎我也, 不可不知也; 吾憎人也, 不可得而知也. 人之有德於我也, 不可忘也; 吾有德於人也, 不可不忘也. 今君殺晉鄙, 救邯鄲, 破秦人, 存趙國, 此大德也. 今趙王自郊迎, 卒然見趙王, 臣願君之忘之也.」信陵君曰:「無忌謹受教.」

【信陵君殺晉鄙】魏나라 公子 無忌는 전국사공자(齊의 孟嘗君, 趙의 平原君, 楚의 春申君, 魏의 信陵君) 중 가장 덕망이 있었다. 그런데 이 信陵君의 누이는 바로 趙나라 平原君의 아내였다. 마침 秦나라는 長平싸움에서 이긴 후 계속 진격하여 趙나라 서울 邯鄲을 포위하였다. 이렇게 되자 平原君은 魏나라 信陵君(즉 처남)에게 구원을 요청해 왔다. 그래서 信陵君은 王에게 出兵을 요청하였지만 끝내 거절을 당하고 말았다. 信陵君은 생각 끝에 食客 중에 문지기 侯嬴을 시켜 왕의 애첩 如姬를 꾀어 兵符를 훔쳐내어 당시 장군인 晉鄙에게로 갔다. 晉鄙가 의심을 품자 데리고 갔던 도살업자 朱亥로 하여금 晉鄙를 죽이고 군대를 탈취하여 趙나라를 구해 준다. ≪史記≫ 魏公子 列傳 참조.

【趙王】趙나라 孝成王 丹.

【唐且】앞 篇의 注 참조.

【吾憎人也, 不可得而知也】陳銖의 ≪戰國策≫ 註에 "謂此種懷恨於心, 陰險猥鄙, 人不宜得知也"라 하였다.

> ### 참고 및 관련 자료

1. 魏나라 信陵君 無忌가 趙나라 平原君 趙勝을 구해준 이야기는 ≪史記≫ 魏世家에 상세히 실려있다.

2. 鮑本의 평어

『彪謂: 唐雎比十一年求救, 年已九十餘, 至是又十年, 其陳誼益高, 所謂老期稱道 不亂者歟? 賢矣!』

367(25-24) 魏攻管而不下
항복할 수 없다

위魏나라가 한韓나라 관管 땅을 공격하였으나 이를 함락시키지 못하고 있었다. 이 관 땅의 수비는 바로 위나라 안릉安陵 출신 축고縮高라는 사람의 아들이었다. 위나라 신릉군信陵君은 이를 이용하기 위해 먼저 사람을 안릉군安陵君에게 보내어 이렇게 말하였다.

"그대는 축고를 관 땅으로 보내어 항복을 권유하시오. 내 그에게 오대부五大夫의 관직을 주어 지절위持節尉로 임명하겠소."

그러자 안릉군은 사신에게 이렇게 말하였다.

"이 안릉은 작은 나라입니다. 그 백성들을 마구 부릴 수 없습니다. 사신을 직접 보내십시오. 청컨대 제가 관리를 보내어 사신을 인도하여 축고가 있는 곳까지 안내해 드리겠소. 그리하여 신릉군의 명령에 보고토록 하겠습니다."

사자가 축고에게 이르러 신릉군의 명령을 전달하자 축고는 이렇게 말하였다.

"그대가 나를 이렇게 찾아온 것은 장차 나를 시켜 내 아들이 있는 관 땅을 공격하도록 하기 위함이렷다. 무릇 아비로서 그 아들이 지키는 성을 공격하라는 일은 철든 사람이면 누구나 웃음거리라고 할 것이다. 이는 또 아들로 하여금 그 한나라 신하된 자로서 자기의 군주를 배반하고 항복하라는 것이니, 이야말로 아비가 아들에게 배신을 가르치는 것밖에 안 된다. 이런 윤상倫常에 어긋나는 일은 신릉군조차도 좋아하는 일이 아닌 줄 안다. 감히 두 번 절하며 거절한다고 전하라."

사자가 이 말을 다시 신릉군에게 전하였다. 신릉군은 크게 노하여 다시 사람을 안릉군에게 보냈다.

"안릉이라는 땅은 바로 위나라 관할이다. 지금 내가 관 땅을 공격하여 만약 함락시키지 못하면 우리는 진나라의 공격을 받게 된다. 그러면 이 나라 사직이 위태로워진다. 원컨대 그대는 축고를 산 채로 묶어 보내라. 그렇게 하지 않으면 나 무기無忌는 십만 군사를 이끌고 먼저 안릉의 성 밑에 다다르리라."

안릉군은 이렇게 거부하였다.

"나의 선군 성후成侯께서는 일찍이 양왕襄王의 조서를 받고, 이 땅을 지키면서 몸소 태부大府에 간직한 헌법을 받으셨다. 그 법에 이렇게 기록되어 있다. '자식이 아비를 죽인다거나 신하가 임금을 죽인 경우에는, 그 형벌이 어떤 경우라도 사면을 받지 못한다. 나라에 비록 대사면이 있어, 적에게 투항하거나 성을 버리고 도망친 자일지라도 풀어주는 그러한 대사면에서도 제외한다.' 지금 축고는 스스로 높은 직위를 사임하고 있다. 이는 부자지의父子之義를 온전히 하기 위함이다. 그런데 귀하께서는 산 채로 잡아 보내라 하시니 이는 나로 하여금 지난날 양왕께서 내리셨던 대원칙을 져버리고, 또 그 태부의 헌법조차 폐기하라는 뜻이다. 비록 죽는 한이 있어도 그렇게는 못하겠다."

축고가 이 이야기를 듣고는 이렇게 말하였다.

"신릉군은 그 사람됨이 표독하고 제멋대로입니다. 지금 사직하심은 도리어 틀림없이 나라의 큰 화가 될 것입니다. 나는 지금 이미 부자지의를 온전히 했으니, 이제 남의 신하된 도리를 위배하지 않고자 합니다. 그러니 어찌 나의 안릉군이 위나라로부터 고통을 받고 있게 할 수 있겠습니까?"

그리고는 신릉군의 사자가 묵고 있는 곳으로 찾아가 그가 보는 앞에서 목을 찔러 죽어 버렸다.

신릉군은 축고가 죽었다는 소식을 듣자 소복을 입고 잘못을 뉘우쳤다. 그리고 사자를 안릉군에게 보내어 이렇게 사죄의 말을 전하도록 하였다.

"나 무기는 소인입니다. 사려가 깊지 못해 그대에게 실언을 하였소! 감히 재배드리며 죄를 용서해 주시기를 빕니다."

魏攻管而不下. 安陵人縮高, 其子爲管守. 信陵君使人謂安陵君曰:「君其遣縮高, 吾將仕之以五大夫, 使爲持節尉.」安陵君曰:「安陵, 小國也, 不能必使其民. 使者自往, 請使道使(吏)者至縞(縮)高之所, 復信陵君之命.」縮高曰:「君之幸高也, 將使高攻管也. 夫以父攻子守, 人大笑也. 是臣而下, 是倍主也. 父教子倍, 亦非君之所喜也. 敢再拜辭.」

使者以報信陵君, 信陵君大怒, 遣大使之安陵曰:「安陵之地, 亦猶魏也.
今吾攻管而不下, 則秦兵及我, 社稷必危矣. 願君之生束縮高而致之. 若君
弗致也, 無忌將發十萬之師, 以造(告)安陵之城.」安陵君曰:「吾先君成侯,
受詔襄王以守此地也, 手受大府之憲. 憲之上篇曰:『子弒父, 臣弒君, 有常
(刑)不赦. 國雖大赦, 降城亡子不得與焉.』今縮高謹解大位, 以全父子之義,
而君曰『必生致之』, 是使我負襄王詔而廢大府之憲也, 雖死終不敢行.」

縮高聞之曰:「信陵君爲人, 悍而自用也. 此辭反必爲國禍. 吾已全己,
無爲(違)人臣之義矣, 豈可使吾君有魏患也?」乃之使者之舍, 刎頸而死.

信陵君聞縮高死, 素服縞素辟舍, 使使者謝安陵君曰:「無忌, 小人也,
困於思慮, 失言於君, 敢再拜釋罪.」

【管】韓나라 땅. 351장 참조.
【安陵】地名. 340장 참조. 지금의 河南省 鄢陵縣 서북.
【縮高】安陵 사람. 그의 아들이 韓나라 管의 守長이었다.
【信陵君】魏나라 公子인 無忌. 전국 사공자의 하나.
【安陵君】安陵이라는 땅(나라)의 군장으로 魏나라의 속국.
【五大夫】관직 이름.
【持節尉】符節을 지니고 사신으로 다니는 武官. 여기서는 管을 공략하러
  보내겠다는 뜻.
【請使道使(吏)者至縞(縮)高之所】이 부분은 《資治通鑑》의 표현과 다르며,
  표점도 차이가 있다.
【無忌】信陵君의 이름. 魏 無忌.
【成侯】安陵君의 선대.
【襄王】魏나라의 襄王.
【大府】大는 太와 같다. 《資治通鑑》에는 '太府'로 되어있다. 魏나라의 문서
  보관 창고이다. 《資治通鑑》의 주에 「太府, 魏國藏圖籍之府」라 하였다.
【安陵之地, 亦猶魏也】三晉 초기 安陵 땅은 魏나라 穰侯의 관리를 받았다.
【辟舍】正房을 떠나 別處에 거하는 것. 잘못을 뉘우침을 말한다. 373장 참조.

1. ≪資治通鑑≫ 秦紀(一)

安陵人縮高之子仕於秦, 秦使之守管. 信陵君攻之不下, 使人謂安陵君曰:「君其遣
縮高, 吾將仕之以五大夫, 使爲執節尉.」安陵君曰:「安陵, 小國也, 不能必使其民.
使者自往請之.」使史導使者至縮高之所, 使者致信陵君之命. 縮高曰:「君之幸
高也, 將使高攻管也. 夫父攻子守, 人之笑也. 見臣而下, 是倍主也. 父敎子倍,
亦非君之所喜. 敢再拜辭!」

使者以報信陵君, 信陵君大怒, 遣使之安陵君所曰:「安陵之地, 亦猶魏也. 今吾攻
管而不下, 則秦兵及我, 社稷必危矣. 願君之生束縮高而致之! 若君弗致, 無忌將
發十萬之師, 以造安陵之城下.」安陵君曰:「吾先君成侯, 受詔襄王以守此城也,
手受太府之憲. 憲之上篇曰:『臣弑君, 子弑父, 有常不赦. 國雖大赦, 降城亡子,
不得與焉.』今縮高謹辭大位, 以全父子之義, 而君曰『必生致之』, 是使我負襄王
之詔而廢太府之憲也, 雖死, 終不敢行!」

縮高聞之曰:「信陵君爲人, 悍猛而自用. 此辭必反爲國禍. 吾已全己, 無違人臣之
義矣, 豈可使吾君有魏患乎?」乃之使者之舍, 刎頸而死.

信陵君聞之, 縞素辟舍, 使使者謝安陵君曰:「無忌, 小人也, 困於思慮, 失言於君,
敢再拜辭罪!」

2. 鮑本의 평어

『彪謂: 縮高之義直, 而善處死. 夫以信陵之愎而好遂, 高不死, 必加兵安陵, 城破
之日, 固不免死, 而以此死易一國之命, 可不謂仁乎? 正曰: 信陵君賢而服義,
使其再聞安陵之辭, 亦將翻然而悔矣. 師不以直, 逞欲殘民, 決不爲也. 縮高不忍
須臾之死, 而成其過, 惜哉!』

368(25-25) 魏王與龍陽君共船而釣
남색의 물고기 낚시

위왕魏王이 용양군龍陽君과 함께 배를 타고 낚시질을 하고 있었다. 용양군이 열댓 마리의 고기를 낚고 나서 울음을 터뜨렸다. 왕이 의아히 여겨 물었다.

"무슨 불안함이 있는가? 있다면 왜 내게 말하지 않는가?"

용양군이 말하였다.

"제가 감히 무슨 불편함이 있겠습니까?"

왕이 다시 물었다.

"그러면 무슨 일로 울고 있는가?"

용양군이 대답하였다.

"저는 이렇게 낚인 물고기 신세가 될 것입니다."

왕이 물었다.

"무슨 뜻인가?"

용양군은 이렇게 설명하였다.

"저는 처음 걸려든 고기를 낚고 나서 아주 기뻤습니다. 그러나 그 뒤 더 큰 놈을 잡자 생각이 달라져 처음 것은 거들떠보지도 않게 되었습니다. 지금 저의 신세가 바로 임금님에게 있어서 처음 잡은 고기를 버리게 됨과 같아지리라 여깁니다. 저는 이렇게 못 생겼으면서도 임금을 위해 침석枕席을 털며 가까이 모시고 있습니다. 저의 작위는 군君에까지 이르렀고 밖을 걸어가면 사람들이 저를 위해 길을 비켜날 정도로 높아졌습니다. 이 하늘 아래 미인美人은 얼마든지 있습니다. 그들이 제가 임금께 이런 사랑을 받고 있다는 것을 들으면 반드시 예쁜 옷으로 치장을 하고 임금께 달려올 것입니다. 그러면 저는 방금 말씀드린 처음 잡은 고기와 같아 버림받고 말겠지요. 그러니 어찌 눈물을 흘리지 않을 수 있겠습니까?"

위왕이 말하였다.

"아! 그런 생각을 가졌다면 어찌 내게 미리 말하지 않았는가?"

그리고는 즉시 국내에 포고령을 내려 이렇게 선포하였다.

"감히 미인을 내게 바치는 자가 있으면 삼족을 멸하리라."

이로 말미암아 보건대 임금 가까이 있는 자는 그 아첨과 꾸밈이 빈틈 없도다. 또 그 꾸밈과 얽어맴은 지극히 완전한 것이다. 지금 1천 리 밖에 미인을 바치고자 하여 그 보내진 미인이 반드시 사랑을 받으리라는 보장이 있는가? 설령 사랑을 받는다 해도 또 반드시 중용되겠는가? 그럼에도 가까이 있는 자는 서로 더불어 원망하면서, 자신에게 화가 미치는 것만 보고 복이 되는 것은 보지 못하고, 원한이 있는 것만 보았지 덕이 있는 것은 보지 못한다. 그러니 이는 지혜로운 자가 취할 바가 아니다.

魏王與龍陽君共船而釣, 龍陽君得十餘魚而涕下. 王曰:「有所不安乎? 如是, 何不相告也?」對曰:「臣無敢不安也.」王曰:「然則何爲涕出?」曰: 「臣爲王之所得魚也.」王曰:「何謂也?」對曰:「臣之始得魚也, 臣甚喜, 後得又益大, 今臣直欲棄臣前之所得矣. 今以臣凶惡, 而得爲王拂枕席. 今臣爵至人君, 走人於庭, 辟(避)人於途. 四海之內, 美人亦甚多矣, 聞臣之 得幸於王也, 必褰裳而趨王. 臣亦猶褰臣之前所得魚也, 臣亦將棄矣, 臣安 能無涕出乎?」魏王曰:「誤! 有是心也, 何不相告也?」於是布令於四境之 內曰:「有敢言美人者族.」由是觀之, 近習之人, 其摯詘也固矣, 其自纂繁也 完矣. 今由千里之外, 欲進美人, 所效者庸必得幸乎? 假之得幸, 庸必爲我 用乎? 而近習之人相與怨, 我見有禍, 未見有福; 見有怨, 未見有德, 非用知 之術也.

【魏王】 魏의 安釐王.
【龍陽君】 자세히 알 수 없으나 魏나라의 倿臣. 幸臣으로 총애를 받아 君의 작호까지 받은 자인 듯하다. 한편 내용으로 보아 여인으로 보기도 하며 또는 男色으로도 본다. 鮑本에 "魏之幸臣. 正曰: 幸姬也. 策言美人, 又云拂枕席, 此非楚安陵君·鄢陵君·壽陵君·趙建信君之比. 長孫佐輔于武陵等詩用'前魚' 字, 皆以宮人言之"라 하였다.
【誤】 '談'의 오기이다.(王念孫, 王引之)

1. 본장의 龍陽君에 근거하여 후세에 男色을 '龍陽'이라 한다.

노애냐 여불위냐

진秦나라가 위魏나라를 공격, 사태가 급박해졌을 때 어떤 이가 위왕魏王에게 일러주었다.

"버리느니 차라리 이를 지켜서 쓰는 것이 쉽고, 죽느니 차라리 포기하는 것이 쉽습니다. 그런데 버리는 데에만 능하여 잘 지켜내지 못하고, 능히 죽을 줄을 알면서 버릴 줄을 모르니 이것이 사람들의 큰 과오입니다.

지금 대왕께서는 수백 리의 땅을 잃고, 수십 개의 성을 빼앗겨 나라의 근심을 해결하지 못하고 있습니다. 이는 왕께서 자꾸 땅을 떼어 주기만 하였지 지키려고 들지 않았기 때문입니다. 지금 진나라는 막강한 나라로서 천하에 대적할 상대가 없습니다. 그에 비해 이 위나라의 약함은 너무 심합니다. 그 때문에 왕께서는 일찍이 진나라에 인질로 가기도 하였었습니다. 이는 왕께서 차라리 죽는 편이 낫지 버리기는 싫다고 고집을 부렸기 때문입니다. 이는 거듭된 과오입니다. 지금 저의 계책을 쓰시면 비록 땅은 조금 훼손될지 모르나 나라는 상하지 않을 것이요, 체신은 낮아지나 신욕이 고되지는 않을 것입니다. 즉 근심을 해결하고 원수를 갚을 수 있습니다.

진나라에서는 지금 그 국경 내의 높은 관리로부터 평생토록 수레나 끄는 천한 사람들까지 모두 '노애嫪毒 편을 들 것인가, 여불위呂不韋 편을 들 것인가'라 하고 있습니다. 비록 여염집 아래나 관청의 위에서나 모두 이와 같이 수군거리고 있는 지금, 왕께서는 땅을 떼어 진나라에게 주면서 이를 노애의 공으로 만들어 주십시오. 몸을 낮추어 진을 높이는 것은 노애를 통해야 된다는 뜻입니다. 왕께서 온 이 위나라를 들어 노애를 높여 주면, 노애는 여불위를 이길 것이며 또 위나라 힘으로 인해 노애가 승리하면, 태후가 귀하게 느끼는 고마움은 골수에 깊이 사무칠 것입니다. 그러면 대왕과 진나라의 관계는 천하에 가장 우대받는 자리가 될 것입니다.

이제껏 진나라와 위나라의 교류는 1백 번이라면 그 1백 번 모두 서로 속이는 것이었습니다. 지금 노애가 진나라에서 득세하고 위와의 교류가 천하 제일이 된다면, 이 하늘 아래 그 누군들 여불위를 버리고 노애를 따르지 않을 자가 있겠습니까? 천하가 여불위를 버리고 노애를 따르게 되면 왕께서는 여불위에 대한 원한을 갚게 되는 것입니다."

秦攻魏急. 或謂魏王曰:「棄之不如用之之易也, 死之不如棄之之易也. 能棄之弗能用之, 能死之弗能棄之, 此人之大過也. 今王亡地數百里, 亡城數十, 而國患不解, 是王棄之, 非用之也. 今秦之强也, 天下無敵, 而魏之弱也甚, 而王以是質(賓)秦, 王又能死而弗能棄之, 此重過也. 今王能用臣之計, 虧地不足以傷國, 卑體不足以苦身, 解患而怨報.

秦自四境之內, 執法以下至於長輓者, 故畢曰:『與嫪氏乎? 與呂氏乎?』雖至於門閭之下, 廊廟之上, 猶之如是也. 今王割地以賂秦, 以爲嫪毒功; 卑體以尊秦, 以因嫪毒. 王以國贊嫪毒, 以嫪毒勝矣. 王以國贊嫪乂氏(毒), 太后之德王也, 深於骨髓, 王之交最爲天下上矣. 秦·魏百相交也, 百相欺也. 今由嫪氏善秦而交爲天下上, 天下孰不棄呂氏而從嫪氏? 天下必合(舍)呂氏而從嫪氏, 則王之怨報矣.」

【或謂魏王曰】鮑本에는 이 '어떤 이'를 구체적으로 孔叢子가 아닌가 여기고 있다. 鮑本에 "補曰: 孔叢子云: '秦急攻魏, 魏王恐. 或謂子順曰: 如之何? 答曰: 吾私其計, 然豈能賢於執政, 故無言焉. 魏王聞之, 駕如孔氏親問焉, 曰: 國亡矣, 如之何? 對曰'云云. 下文竝同"이라 하였다.

【魏王】魏의 景湣王.

【嫪毒】秦始皇의 生母인 太后의 情夫. 呂不韋의 계략에 의해 거짓 환관이 되어 太后를 모셔 아이를 가졌다. 뒤에 始皇(政)에게 발각되어 참살당하였다. 《史記》 呂不韋列傳 및 본 《戰國策》 107·220장 등 참조.

【呂不韋】文信侯. 秦始皇의 실제 아버지. 《史記》 呂不韋傳 및 본 《戰國策》 107·108·109장 등 참조.

【太后】莊襄王의 아내이며 秦始皇의 生母. 呂不韋의 애첩으로 趙나라 邯鄲에 와 있던 子楚(뒤에 莊襄王)에게 呂不韋의 아기를 가진 채 옮겨가서 뒤에 后가 되었다. 그 아이가 政(秦始皇)이다. 계속 呂不韋와 私通하다가 呂不韋가 꾀를 써서 嫪毒를 소개시켜 주자 이를 지극히 사랑하여 몰래 두 아이를 낳았다. 자세한 것은 《史記》 呂不韋傳을 참조할 것.

1. ≪史記≫ 秦始皇本紀에 의하면 始皇 8년(B.C. 239년)에 嫪毐는 長信侯에 봉해진다. 이때부터 그는 방종하게 굴다가 이듬해 반란을 일으켜 결국 실패하고 車裂刑을 당한다. 秦始皇은 12세에 즉위하여 국정을 呂不韋가 잡고 있었다. 그러나 呂不韋는 太后와의 옛 비밀 때문에 새로 太后의 情夫가 된 노애를 다스리지 못하고, 서로 반목 상태를 이루다가 끝내 嫪毐의 반란으로 일단락을 고하게 된 것이다. 따라서 이 사건은 秦始皇 8년 이전의 일로 보여진다.

2. 鮑本의 평어

『正曰: 大事記以此章附見於始皇八年封嫪毐長信侯之下, 謂嫪·呂爭權, 略見於此. 景閔元年, 秦拔二十城, 策言亡地數百里, 亡城數十, 則此在後矣. 二年, 拔朝歌, 三年, 拔汲. 大事記所書, 則拔汲之年. 所謂秦攻魏急者, 蓋其時矣. 補曰: 大事記曰: 子順進退有聖賢之風, 寧忍出此乎?』

370(25-27) 秦王使人謂安陵君
천하가 상복을 입어야 하오

진왕(秦王, 始皇)이 사람을 보내어 위魏나라 안릉군安陵君에게 이렇게 요구하였다.

"내가 5백 리의 땅과 그대의 봉지 안릉 땅을 바꾸고 싶다. 그대는 내 요구를 허락하라."

안릉군은 거절하였다.

"대왕께서 그렇게 넓은 땅을 작은 것과 바꾸려 하시니 그 은혜는 정말 훌륭합니다. 비록 그렇기는 하나 이 땅은 선왕에게 받은 땅이라 종신토록 지키고 싶습니다. 감히 바꿀 수 없습니다."

진왕은 화가 치솟았다. 한편 안릉군은 당저唐且를 사신으로 삼아 진나라에 보냈다. 진왕은 당저를 보자 다짜고짜로 물었다.

"내가 5백 리나 되는 땅으로 안릉과 바꾸자 하였더니, 안릉군이 내 말을 듣지 않고 있소. 웬일이오? 이미 우리 진나라는 한나라와 위나라를 멸망시키고 있으면서, 50리의 안릉을 그냥 두고 있는 것은 안릉군을 어른으로 대접해서 그런 거요. 그래서 뜻에도 두고 있지 않았소. 그런데 지금 그 열 배의 땅을 주어 안릉군의 땅을 넓혀 준다해도 과인의 뜻을 거역하고 있으니 나를 깔보는 것이 아닌지요?"

당저는 이렇게 대답하였다.

"아닙니다. 그런 이유가 아닙니다. 안릉군이 선왕으로부터 받은 땅을 지키겠다고 하는 뜻은 비록 1천 리을 준다 해도 꺾을 수 없을 것입니다. 어찌 5백 리를 가지고 그러십니까?"

진왕은 더욱 화가 났다.

"그대는 천자가 화를 내면 어떻게 되는지 아오?"

당저가 대답하였다.

"모릅니다."

진왕은 이렇게 말하였다.

"천자가 화를 내면 시체가 1백만이나 엎어지고, 유혈이 1천 리에 뻗치게 되오."

당저는 이렇게 되물었다.

"그렇다면 대왕께서는 포의布衣가 노하면 어떻게 되는지 들어 보셨습니까?"

진왕은 이렇게 빈정댔다.

"포의가 노해봤자 모자를 벗고 맨발로 쫓아 나가 머리를 땅에 조아리며 용서를 빌면 될 따름이지."

그러자 당저는 이렇게 말하였다.

"그건 용렬한 사나이가 노했을 때이지요. 선비가 화났을 때가 아니오. 무릇 전제專諸가 오왕吳王 요僚를 찔렀을 때 혜성이 달을 침식하였고, 섭정聶政이 한괴韓傀를 찔렀을 때 흰 무지개가 해를 꿰뚫었으며, 요리要離가 경기慶忌를 찌를 때 독수리가 궁전 위를 맴돌았소. 이 세 사람은 모두 포의의 선비, 품은 분노를 미처 나타내지도 않았을 때 하늘에 이미 그 징조를 내려주었소. 지금 나까지 합하면 네 명, 만약 이렇게 선비들이 노하면 죽는 시체는 둘(왕과 자기 자신), 유혈은 다섯 걸음 안이지만 천하가 상복을 입어야 하오. 오늘이 바로 그 날인가 하오."

그리고 당저는 칼을 뽑아들고 일어섰다. 진왕은 놀라 떨며 한참을 무릎을 꿇고 빌었다.

"선생은 앉으십시오. 어찌 이렇게까지! 잘 알았습니다. 제가 알았습니다. 무릇 한·위 두 나라가 멸망하였는데도 안릉군은 50리 땅으로 견뎌내고 있는 것은 그건 바로 선생 같은 분이 계시기 때문이었군요."

秦王使人謂安陵君曰:「寡人欲以五百里之地易安陵, 安陵君其許寡人.」安陵君曰:「大王加惠, 以大易小, 甚善. 雖然, 受地於先生(王), 願終守之, 弗敢易.」秦王不說. 安陵君因使唐且(睢)使於秦. 秦王謂唐且曰:「寡人以五百里之地易安陵, 安陵君不聽寡人, 何也? 且秦滅韓亡魏, 而君以五十里之地存者, 以君爲長者, 故不錯意也. 今吾以十倍之地, 請廣於君, 而君逆寡人者, 輕寡人與?」唐且對曰:「否, 非若是也. 安陵君受地於先生而守之, 雖千里不敢易也, 豈直五百里哉?」秦王怫然怒, 謂唐且曰:「公亦嘗聞天下之怒乎?」唐且對曰:「臣未嘗聞也.」秦王曰:「天子之怒, 伏屍百萬, 流血千里.」
唐且曰:「大王嘗聞布衣之怒乎?」秦王曰:「布衣之怒, 亦免冠徒跣, 以頭搶
地爾.」唐且曰:「此庸夫之怒也, 非士之怒也. 夫專諸之刺王僚也, 彗星襲月;
聶政之刺韓傀也, 白虹貫日; 要離之刺慶忌也, 倉鷹擊於殿上. 此三子者,
皆布衣之士也, 懷怒未發, 休祲降於天, 與臣而將四矣. 若士必怒, 伏屍二人,
流血五步, 天下縞素, 今日是也.」挺劍而起. 秦王色撓, 長跪而謝之曰:
「先生坐, 何至於此! 寡人諭矣. 夫韓·魏滅亡, 而安陵以五十里之地存者,
徒以有先生也.」

【秦王】秦始皇 嬴政, 전국시대를 마감하고 중국을 통일하였다.
【先王】魏 襄王, 襄王은 그 동생을 成侯로 삼고 安陵을 封地로 주었다. 그래서
　　成侯를 安陵君이라 칭한 것. 340·367장 참조.
【唐且】앞 篇 註 참조.
【專諸刺王僚】春秋 말기 吳나라가 興起할 때 吳나라의 刺客. 당시 公子 光(뒤에
　　闔閭)이 吳王 僚를 죽이고 자립하려고 이에 專諸를 시켜 匕首를 구운 생선에
　　숨겨 찔러 죽이게 하였다. 그 자리에서 專諸는 일을 이루고 僚의 부하들에게
　　죽었다. ≪史記≫ 吳太伯世家 및 ≪左傳≫ 昭公 27년 참조.
【聶政刺韓傀】섭정은 韓의 軹 땅 사람으로 자객. 韓의 哀侯(B.C. 376~371년)의
　　寵臣 嚴仲子가 당시 재상 俠累(즉, 여기서의 韓傀)에게 미움을 받아 도망갔다가
　　그 복수를 위해 聶政을 사귀었다. 뒤에 결국 聶政은 약속대로 韓宮으로 숨어들어
　　韓傀(俠累)를 찔러 죽이고 자신도 자결하였다. ≪史記≫ 刺客列傳 및 韓策
　　417장 참조.
【要離刺慶忌】吳나라 公子 光이 이미 僚를 죽이고 자립한 후 다시 要離를
　　시켜 僚의 아들 慶忌를 죽인 일. 要離가 거짓으로 吳나라에 죄를 지어 그
　　妻子를 죽이게 하고 慶忌가 있는 衛나라로 피신, 詭言을 써서 慶忌에게 다시
　　吳나라로 가서 나라를 빼앗자고 유혹한 후 吳나라에 이르자 찔러 죽이고
　　자신도 죽었다. ≪吳越春秋≫ 卷3 참조.
【休祲降於天】'休'는 吉兆, '祲'은 凶兆를 뜻함.

1. 이 사건은 魏가 망한 직후, 혹은 망하는 과정에서 빚어진 일로 보인다.
대략 B.C. 225년 혹은 B.C. 224년쯤이다.

2. ≪說苑≫ 奉使篇

秦王以五百里地易鄢陵, 鄢陵君辭而不受, 使唐且謝秦王. 秦王曰:「秦破韓滅魏,
鄢陵君獨以五十里地存者, 吾豈畏其威哉? 吾多其義耳. 今寡人以十倍之地易之,
鄢陵君辭而不受, 是輕寡人也.」唐且避席對曰:「非如此也. 夫不以利害爲趣者
鄢陵君也. 夫鄢陵君受地於先君而守之. 雖復千里不得當. 豈獨五百里哉?」秦王
忿然作色, 怒曰:「公亦曾見天子之怒乎?」唐且曰:「王臣未曾見也.」秦王曰:
「天子一怒, 伏尸百萬, 流血千里.」唐且曰:「大王亦嘗見夫布衣韋帶之士怒乎?」
秦王曰:「布衣韋帶之士怒也, 解冠徒跣, 以頸顙地耳, 何難知者.」唐且曰:「此乃
匹夫愚人之怒耳, 非布衣韋帶之士怒也. 夫專諸刺王僚, 彗星襲月, 奔星晝出;
要離刺王子慶忌, 蒼隼擊於臺上; 聶政刺韓王之季父, 白虹貫日, 此三人皆布衣
韋帶之士怒矣. 與臣將四士, 含怒未發, 搢厲於天. 士無怒卽已, 一怒伏尸二人,
流血五步.」卽案七首起視秦王曰:「今將是矣.」秦王變色長跪曰:「先生就坐,
寡人喩矣. 秦破韓滅魏, 鄢陵獨以五十里地存者, 徒用先生之故耳.」

3. ≪太平御覽≫ 437에 이 글을 ≪新序≫에서 인용하였다고 했으나, 지금의
≪新序≫에는 없다.

4. 鮑本에서는 唐且(唐雎)와 이 사건의 의문점에 대해 이렇게 적고 있다.
『彪謂: 諸刺劫之士, 自曹沫以至荊軻, 皆不聞道, 惟若唐雎者可也. 爲其激而發,
不專志於此也. 正曰: 唐且之名, 見於策者不一. 秦策: 應侯遣唐且載金之武安,
散天下士. 魏安釐王十一年, 唐且說秦, 是時應侯始相, 雎老於魏, 不應復爲秦用,
又一唐且也. 且爲魏說秦時, 九十餘, 至與信陵君語, 相去十年, 已百歲. 爲安陵君
使秦, 有滅韓亡魏之言, 魏亡在始皇二十二年, 上去說秦凡四十二年, 決不存矣,
又一唐且也. 楚策: 唐且見春申君, 又一唐且也. 新序: 秦攻魏, 司馬唐且諫曰段干
木云云, 當文侯時, 又一唐且也. 愚謂, 此策文甚明, 而事多難言. 以始皇之兵威,
何憚於安陵而易以五百里地? 是特爲之辭而使之納地耳! 唐且之使愚矣. 雖抗言
不屈, 豈終能沮之乎? 荊軻之見也, 匿匕首於圖. 秦法, 侍者不得操兵, 此云「挺劍
而起」, 何也? 其辭固多誇矣!』

戰國策

권26 한책韓策 (一)

총25장(371~395)

한韓

　주周와 동성同姓인 희성姬姓이며 후작侯爵으로 한씨韓氏이다. 진후晉侯의 지족支族으로 대대로 진晉나라에서 경卿 벼슬을 역임하다가 주周 위열왕威烈王 때 조趙·위魏와 더불어 진晉나라를 삼분三分(B.C. 435년)하여 B.C. 403년에 드디어 한韓 경후景侯는 조趙 열후烈侯, 위魏 문후文侯와 함께 동시에 주왕周王으로부터 정식 책명冊命을 받아 제후가 되었다.

　전국 초기 한韓 무자武子가 의양宜陽(지금의 河南省 宜陽縣)으로 도읍을 정하였으나 다시 평양平陽(山西省 臨汾縣)으로 옮겼다가 경후景侯 때에 양적陽翟(河南省 禹縣)으로 옮겼다. 그러나 애후哀侯는 정鄭나라를 멸하고 다시 신정新鄭(河南省 新鄭縣)으로 근거지를 옮기는 등 여러 차례 도읍을 이동하였다. 신정新鄭과 낙양洛陽은 가장 중원이었다. 즉 서쪽 진秦, 동쪽 위魏, 남쪽 초楚, 북쪽 조趙나라 등에 둘러싸여 국제간의 모든 전투에 저절로 전장戰場의 역할을 할 수밖에 없는 소위 "사전지지四戰之地"의 위치였다.

　한나라는 소후昭侯 때 신불해申不害를 재상으로 삼아(B.C. 355년) 일련의 개혁정책을 단행, 국세를 떨치기도 했으나 그 뒤 곧바로 쇠락과 고통의 길로 들어서고 말았다. 그리하여 특히 진秦나라의 동진東進 정책에 직접 고통을 당하여 B.C. 335년부터는 국토의 많은 부분을 진나라에게 빼앗겼으며, 다시 B.C. 249년 진秦나라가 동주東周를 멸하고 한나라를 공격, 결국 한나라는 13개 성을 잃고 말았다. 이에 한韓나라는 B.C. 233년 한비韓非(韓非子)를 진나라에 파견하여 친진외교親秦外交로 존속을 꾀하였으나 그 한비마저 진나라에서 피살되고 즉시 진나라의 천하통일 전쟁의 제일 첫 희생 대상이 되어 내사內史 등騰의 총공세에 무너지고 말았다. 이 때 한왕韓王 안安은 포로가 되었으며 한나라 영토는 진秦나라의 영천군潁川郡이라는 일개 군으로 전락하여 174년 만에 그 명맥이 완전히 끊어지고 말았다.(B.C. 230년) 《사기史記》 한세가韓世家는 이 전국시대 한나라 역사를 기록한 것이다.

한편 포표鮑彪의 주에는 그 영역에 대해 이렇게 밝혔다.

"한韓나라는 분진分晉하여 남양南陽과 영천潁川의 부성父城·정양定襄·양성襄城·영음潁陰·장사長社·양적陽翟을 차지하였다. 그리하여 동쪽으로는 여남汝南, 서쪽으로는 홍농弘農과 접하게 되었으며, 신안新安·의양宜陽을 영토로 차지하게 되었고 뒤에 정나라를 멸하고 그 땅의 신정新鄭과 성고成皋·형양滎陽, 영천潁川의 숭고崇高·성양城陽을 영역으로 얻게 되었다."(韓: 分晉得南陽及潁川之父城·定襄·襄城·潁陰·長社·陽翟. 東接汝南, 西接弘農. 得新安·宜陽. 正曰: 鄭, 今河南之新鄭及成皋·滎陽, 潁川之崇高·城陽. 鮑引《漢·地理志》爲言, 鄭亦韓地, 而獨遺不取, 誤矣.)

371(26-1) 三晉已破智氏
돌만 많은 땅

한韓·위魏·조趙 세 나라가
이미 지씨智氏를 멸망시키고
그 땅을 나누어 가지려고 하였을
때였다. 단규段規가 한왕韓王
에게 일렀다.

"땅을 나눌 때 반드시 성고
成皐를 갖겠다고 하십시오."

한왕이 물었다.

"성고는 돌만 많은 땅, 별로
이익이 될 것 같지 않소."

〈二人長袖舞〉 畫像磚(東漢)

그러자 단규는 이렇게 설명하였다.

"그렇지 않습니다. 제가 들으니 1리밖에 안 되는 좁은 땅으로 1천
리를 다스릴 수 있는 것은 바로 지세의 이익 때문이요, 1만밖에 안
되는 적은 군대로 3군을 깨뜨릴 수 있는 것은 의표를 찌르는 방법으로
되는 것입니다. 왕께서 제 말을 들으시면 반드시 우리는 정鄭 땅까지도
차지할 수 있습니다."

왕이 허락하였다.

"좋소."

그리하여 성고를 갖게 되었고 뒤에 한나라가 정을 얻게 된 것은 바로
이 성고를 기반으로 하였기 때문이었다.

三晉己破智氏, 將分其地. 段規謂韓王曰:「分地必取成皐.」韓王曰:「成皐,
石溜之地也. 寡人無所用之.」段規曰:「不然, 臣聞一里之厚, 而動千里之權者,
地利也. 萬人之衆, 而破三軍者, 不意也. 王用臣言, 則韓必取鄭矣.」王曰:
「善.」果取成皐. 至韓之取鄭也, 果從成皐始.

【三晉已破智氏】"趙策"(一)을 참조할 것.

【段規】韓나라 康子의 謀臣. 223장 참조.

【韓王】당시는 아직 왕의 칭호가 아니었다. 여기서는 康子를 일컫는 말. 韓나라가 제후로 인정받은 것은 韓虔(景侯) 때(B.C. 403년)이며, 왕호를 세운 것은 宣惠王 10년(B.C. 323년)이다.

【成皐】虎牢라고도 하며, 춘추시대 鄭나라 땅. 전국시대에는 韓나라 땅이 되었으며 대대로 국제적 요충지였다. 지금의 河南省 氾水縣.

【三軍】周나라 제도에 천자는 6軍, 제후로서 大國은 3軍, 中國은 2軍, 小國은 1軍이었으며 매 軍은 1만 2천5백 명이었다고 한다.

【韓之取鄭】韓康子로부터 哀侯까지는 6대 79년, 周烈王 원년(B.C. 375년)에 鄭나라를 멸하였다.

372(26-2) 大成午從趙來
두 개의 큰 나라를 갖는 법

대성오大成午가 조趙나라로부터 한韓나라에 와서 신불해申不害에게 이렇게 말하였다.

"그대가 한나라의 힘을 빌어 저를 조나라에 중용되도록 해주시면, 대신 저는 우리 조나라의 힘으로 그대를 한나라에 중용되도록 해드리겠습니다. 이렇게 되면 그대는 두 개의 한나라를 갖는 셈이요, 저는 두 개의 조나라를 갖게 되는 셈입니다."

大成午從趙來, 謂申不害於韓曰:「子以韓重我於趙, 請以趙重子於韓, 是子有兩韓, 而我有兩趙也.」

【大成午】趙나라 신하.
【申不害】韓나라 재상을 지냈다. 法家로 이름난 인물. ≪史記≫ 老莊申韓列傳 참조.

참고 및 관련 자료

1. 申不害가 韓나라 재상이 된 것은 B.C. 351년이다. 따라서 본장은 申不害가 韓나라 재상이 되기 직전의 일로 여겨진다.
2. 鮑本의 평어
『補曰: 史: 申不害者, 荊人也. 故鄭之賤臣, 學術以干韓昭侯, 用爲相.』

373(26-3) 魏之圍邯鄲也
왕이 즐겨 하는 말

위魏나라가 조趙나라 한단邯鄲을 포위하고 있을 때, 신불해申不害는 바로 한왕韓王에게 신임을 받기 시작할 때였다. 그러나 신불해는 아직 왕의 의중을 충분히 파악하지 못하고 있었으므로 지신의 말이 왕의 의중에 빗나가면 어쩌나 늘 걱정스러웠다. 어느 날 왕이 먼저 신불해에게 이렇게 물었다.

"나는 누구와 더불어 국사를 의논할꼬?"

신불해는 이렇게 대답하였다.

"이는 국가 안위의 요체이며 나라의 대사이기도 합니다. 제가 청하건대 깊이 생각하시고 고려하셔야 할 줄 압니다."

그리고는 몰래 조탁趙卓과 한조韓鼂에게 이렇게 말하였다.

"그대들은 이 나라의 뛰어난 달변가들입니다. 남의 신하가 되어 그 언론이 어찌 가히 반드시 채용될 수 있으리오마는, 그러나 충성을 다해야 할 것입니다."

두 사람은 과연 각각 의견을 가지고 왕에게 찾아갔다. 신불해는 몰래 왕이 즐겨하는 말을 잘 살핀 다음, 그것으로써 왕에게 아뢰었다. 왕은 대단히 즐거워하였다.

魏之圍邯鄲也, 申不害始合於韓王, 然未知王之所欲也, 恐言而未必中於王也. 王問申子曰:「吾誰與而可?」對曰:「此安危之要, 國家之大事也. 臣請深惟而苦思之.」乃微謂趙卓・韓鼂曰:「子皆國之辯士也, 夫爲人臣者, 言可必用, 盡忠而已矣.」二人各進議於王以事. 申子微視王之所說以言於王, 王大說之.

【魏之圍邯鄲】이 사건은 B.C. 353년의 일이다. 335장 참조.
【申不害】韓나라 재상. 372장 참조.
【韓王】韓 昭侯.

【趙卓】 韓나라의 신하.
【韓鼂】 역시 韓나라의 신하.

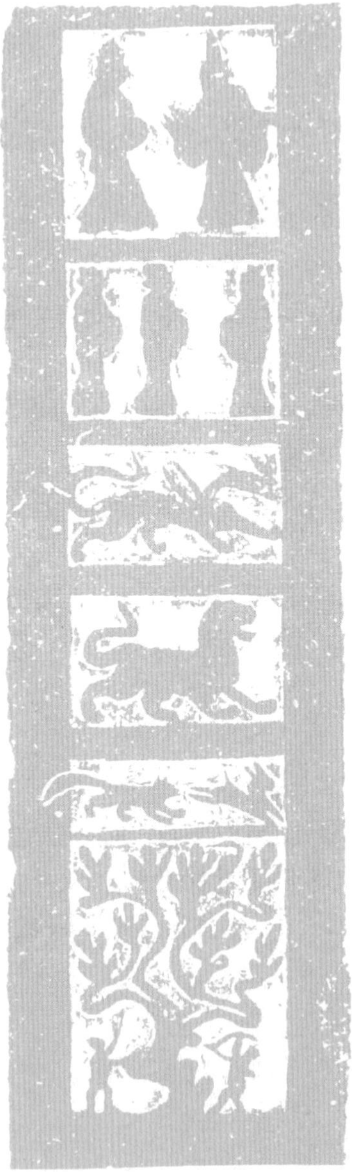

374(26-4) 申子請仕從兄官
학문을 훼멸할 수 없다

신불해申不害가 소후昭侯에게 자기의 종형從兄에게 관직을 달라고 부탁하였다. 그러나 소후는 허락하지 않았다. 신불해가 원망스러운 빛을 보이자 소후가 이렇게 말하였다.

"이는 그대가 말하던 학문에 위배되는 일입니다. 그대의 청탁을 내가 들어주면서 그대의 학문을 훼멸하라는 것입니까? 또는 그대의 학문을 지켜준다면서 그대의 청탁을 폐기하라는 것입니까? 그대는 일찍이 저에게 공론에 따르고, 순서를 살펴야 한다고 가르치셨지요. 그런데 지금 구하시는 바는 그에 어긋나니 내 어찌 이를 장차 들어 줄 수 있겠습니까?"

신불해는 이에 소후에게 죄를 빌면서 이렇게 말하였다.

"당신이야말로 저의 학문을 밝혀 주시는 바로 그런 사람입니다."

申子請仕其從兄官, 昭侯不許也. 申子有怨色. 昭侯曰:「非所謂學於子者也. 聽子之謁, 而廢子之道乎? 又亡其行子之術, 而廢子之謁(請)乎? 子嘗教寡人功勞, 視次第. 今有所求, 此我將奚聽乎?」申子乃辟舍請罪, 曰:「君眞其人也!」

【申不害】法家로 이름난 학자이기도 하다. 당시 韓나라의 재상. 《史記》 老莊申韓列傳 참조.
【昭侯】韓나라의 名君. 申不害를 등용하였다.
【亡其】'그것이 아니라면'의 뜻.
【辟舍】'避舍'와 같다. 正房을 떠나 別處에 거하며 잘못을 뉘우치는 것을 말한다. 367장 참조.

1. ≪**韓非子**≫ 外儲說左上

韓昭侯謂申子曰:「法度甚不易行也.」申子曰:「法者, 見功而與賞, 因能而受官. 今君設法度而聽左右之請, 此所以難行也.」昭侯曰:「吾自今以來知行法矣, 寡人奚聽矣.」一日, 申子請仕其從兄官. 昭侯曰:「非所學於子也. 聽子之謁, 敗子之道乎, 亡其用子之謁?」申子辟舍請罪.

375(26-5) 蘇秦爲楚合從說韓王
닭 주둥이가 될 지언정

소진蘇秦이 초(楚, 趙의 잘못)나라를 위하여 한왕韓王에게 합종을 유세하였다.

"한韓나라는 북쪽으로 공공鞏·낙洛·성고成皐의 험한 지형함이 있고, 서쪽으로는 의양宜陽·상판常阪의 요새가 있으며, 동으로는 완宛·양穰·유수洧水가 있고, 남쪽으로는 형산陘山의 험로가 있습니다. 국토는 1천 리에 대갑帶甲이 수십만, 천하의 강궁경노强弓勁弩가 모두 한韓나라에서 생산되고 있습니다. 계자谿子·소부少府·시력時力·거래距來와 같은 활은 모두 6백 보 이상 날아가며 한나라 군졸이 이를 밟고 당겨 쏘면, 백발이 연속으로 쉼 없이 쏘아져서 멀리는 적의 가슴에 이르고 가까이는 갑옷을 뚫고 심장을 찌를 수 있습니다.

또 한나라 병사가 쓰는 칼과 창은 모두 명산冥山·당계棠谿·묵양墨陽·합박合膊에서 산출되며, 등사鄧師·완풍宛馮·용연龍淵·태아太阿 등의 명검은 땅위에서는 소나 말을 벨 수 있을 정도이고, 물 속에서는 곡안鵠鴈을 칠 정도이며, 적을 맞닥뜨리면 견갑堅甲·둔패盾牌·피화皮靴·전회戰盔 및 어깨를 가리는 철의鐵衣, 가죽으로 만든 혁결革抉, 방패를 잇는 줄 등으로 맞아 싸우니 이처럼 완비되지 않은 것이 없습니다. 한나라 병사는 이처럼 날랜 데다가 견갑堅甲으로 몸을 싸고 강노强弩를 밟고 예리한 칼을 들었으니 일당백一當百은 더 말할 나위도 없습니다.

한나라처럼 강한 군대에 대왕처럼 현명한 임금이, 서쪽으로 진秦나라를 섬겨서 스스로 동번東蕃이라 칭하며 그를 위해 궁실을 짓고 관대제도冠帶制度를 받으며, 춘추제축春秋祭祝의 공물을 바치며 팔을 모으고 굴복하려 하시니 사직에 부끄럽고 천하에 웃음거리가 되는 일로 이보다 더한 것은 없습니다. 그러므로 대왕께서는 깊이 고려해 보시기를 원합니다.

대왕께서 진나라를 섬기겠다고 하면, 진나라는 틀림없이 의양宜陽·성고成皐를 할양해 달라고 할 것이요, 지금 그 요구를 들어주었다가는 명년에는 다시 더 많은 땅을 달라고 할 것입니다. 계속 들어주다 보면 나중에는 더 이상 줄 땅이 없어질 것이요, 거절하였다가는 이미 들어준 공은 무효가 되고 오히려 그 화만 뒤집어쓰게 될 것입니다. 대왕의 땅은 끝이 있지만 진나라의 요구는 한이 없습니다. 유한한 땅으로 무한한 요구를 맞이하다니 이것이 소위 '원한을 팔아 화를 사들이다'라는 것입니다. 싸워 보지도 못하고 땅만 깎이는 꼴이 됩니다.

제가 듣건대 속담에 '차라리 닭 주둥이가 될지언정 소 궁둥이는 되지 말라'라 하였습니다. 지금 대왕께서 손 한번 쓰지 못하고 서쪽의 진나라를 섬기는 것은 어찌 소 궁둥이가 되는 꼴과 다르겠습니까? 무릇 대왕의 현명함과 한나라의 강병을 갖고 있으면서도 '소 궁둥이'라는 이름을 갖는다니 정말 대왕께 수치스러운 일입니다."

한왕은 스스로의 분함을 참지 못하고 팔을 저어 칼을 만지면서 하늘을 우러러 한숨을 쉬었다.

"내 비록 죽는 한이 있어도 진나라를 섬기지는 않겠소. 지금 선생께서 초왕(楚王, 趙王의 잘못)의 가르침으로써 나에게 조칙을 내려 주시니 사직을 두고 맹세하여 따르겠소."

蘇秦爲楚(趙)合從說韓王曰:「韓北有鞏·洛·成皐之固, 西有宜陽·常(商)阪之塞, 東有宛·穰·洧水, 南有陘山, 地方千里, 帶甲數十萬. 天下之强弓勁弩, 皆自韓出. 谿子·少府·時力·距來, 皆射六百步之外. 韓卒超足而射, 百發不暇止, 遠者達胸, 近者掩心. 韓卒之劍戟, 皆出於冥山·棠谿·墨陽·合伯膊. 鄧師·宛馮·龍淵·大阿, 皆陸斷馬牛, 水擊鵠鴈, 當敵卽斬堅甲·盾·鞮鍪·鐵幕·革抉·呿芮, 無不畢具. 以韓卒之勇, 被堅甲, 蹠勁弩, 帶利劍, 一人當百, 不足言也. 夫以韓之勁, 與大王之賢, 乃欲西面事秦, 稱東藩, 築帝宮, 受冠帶, 祠春秋, 交臂用服焉. 夫羞社稷而爲天下笑, 無過此者矣. 是故願大王之熟計之也. 大王事秦, 秦必求宜陽·成皐. 今玆效之, 明年又益求割地. 與之, 卽無地以給之; 不與, 則棄前功而後更受其禍. 且夫大王之地有盡, 而秦之求無已. 夫以有盡之地, 而逆無已之求, 此所謂市怨而買禍者也, 不戰而地已削矣. 臣聞鄙語曰:『寧爲鷄口, 無爲牛後.』今大王西面交臂而臣事秦, 何以異於牛後乎? 夫以大王之賢, 挾强韓之兵, 而有牛後之名, 臣竊爲大王羞之.」

韓王忿然作色, 攘臂按劍, 仰天太息曰:「寡人雖死, 必不能事秦. 今主君以楚(趙)王之敎詔之, 敬奉社稷以從.」

【蘇秦爲楚合從】≪史記≫에는 "爲趙合從"으로 되어있다. 당시 아직 蘇秦이 楚나라에 가지 않았을 때이므로 趙나라 肅侯를 위하여 유세함이 맞다.

【韓王】宣惠王. 즉 宣王.

【鞏·洛·成皐】鞏洛은 河南省 鞏縣과 洛陽縣.

【宜陽·常阪】宜陽은 河南省 宜陽縣, 常阪은 商山 陝西省 商縣이며 商阪으로도 쓴다.

【宛·穰·洧水】宛은 河南省 南陽縣, 穰은 河南省 鄧縣, 그러나 이 두 읍은 韓의 남쪽에 있으며, 동쪽에 있는 것이 아니다. 洧水는 河南省 密縣에서 발원해서 潁水로 들어갔다.

【陘山】河南省 新鄭縣. 楚와 韓 사이의 요새.

【谿子·少府·時力·距來……】谿子·少府·時力·距來는 모두 큰 활(弩) 이름.

【超足而射】≪史記≫ 蘇秦傳 正義에 "超足, 齊足也. 夫放弩皆坐, 擧足踏弩, 兩手捧機, 然後發之"라 하였다.

【冥山·棠谿】冥山은 혹 石城山, 혹은 固城山, 지금의 河南省 信陽縣, 棠谿는 堂谿와 같으며, 河南省 遂平縣.

【墨陽·合伯膊·鄧師·宛馮·龍淵·太阿】모두 名劍의 이름. 合伯膊은 ≪史記≫에 合膊, 龍淵은 龍泉으로 되어있다.

【堅甲·盾·鞮鍪·鐵幕·革抉·芮……】堅甲은 皮革, 銅鐵로 만든 갑옷, 盾은 방패, 鞮는 皮靴, 鍪는 兜貞, 즉 戰盔, 鐵幕은 ≪史記≫ 索隱에 "幕一作貊, 劉氏云謂以鐵爲臂脛之衣, 言其劍皆能斬之"라 하였다. 革抉은 箭筒, 즉 射韝, 呋芮는 방패를 맨 끈.

【市怨而買禍】市는 '팔다'의 뜻.

【寧爲鷄口, 無爲牛後】牛後는 소의 꼬리라고도 하나 여기서는 궁둥이로 풀이하였다.

■ 참고 및 관련 자료

1. B.C. 334년 蘇秦은 燕王의 자금을 얻어 趙王을 설득하였고, 이듬해에는 趙 肅侯의 도움으로 韓·魏·齊·楚 등 여러 나라를 설득하여 끝내 六國 合縱을 성취시킨다. 그리고 자신은 6국의 相印을 차고 여섯 나라의 동시 재상이 된다.

2. ≪史記≫ 蘇秦列傳

於是說韓宣王曰:「韓北有鞏·成皐之固, 西有宜陽·商阪之塞, 東有宛·穰·洧水, 南有陘山, 地方九百餘里, 帶甲數十萬, 天下之彊弓勁弩皆從韓出. 谿子·少府時力·距來者, 皆射六百步之外. 韓卒超足而射, 百發不暇止, 遠者括蔽洞胸, 近者鏑弇心. 韓卒之劍戟皆出於冥山·棠谿·墨陽·合賻·鄧師·宛馮·龍淵·太阿, 皆陸斷牛馬, 水截鵠鴈, 當敵則斬堅甲鐵幕, 革抉·㕙芮, 無不畢具. 以韓卒之勇, 被堅甲, 蹠勁弩, 帶利劍, 一人當百, 不足言也. 夫以韓之勁與大王之賢, 乃西面事秦, 交臂而服, 羞社稷而爲天下笑, 無大於此者矣. 是故願大王孰計之.

大王事秦, 秦必求宜陽·成皐. 今玆效之, 明年又復求割地. 與則無地以給之, 不與則弃前功而受後禍. 且大王之地有盡而秦之求無已, 以有盡之地而逆無已之求, 此所謂市怨結禍者也, 不戰而地已削矣. 臣聞鄙諺曰:『寧爲雞口, 無爲牛後.』今西面交臂而臣事秦, 何異於牛後乎? 夫以大王之賢, 挾彊韓之兵, 而有牛後之名, 臣竊爲大王羞之.」

於是韓王勃然作色, 攘臂瞋目, 按劍仰天太息曰:「寡人雖不肖, 必不能事秦. 今主君詔以趙王之敎, 敬奉社稷以從.」

376(26-6) 張儀爲秦連橫說韓王
장의의 한나라 유세

장의張儀가 진秦나라를 위하여 한왕韓王에게 연횡설을 유세하였다.
"한韓나라 땅은 험악한 산중에 있어서 오곡이 난다고 해야 고작 보리
아니면 콩 정도, 백성이 먹는 것은 그저 콩밥 아니면 콩잎국 정도입니다.
한 해만 농사가 시원찮아도 백성은 조강糟糠도 배불리 못 먹는 형편.
국토는 사방 9백 리도 넘지 못하며 2년 먹을 식량도 비축하지 못하는
나라입니다. 대왕의 병력을 헤아려 보면 모두 합해 불과 30만을 넘지
않으며, 그것도 시도廝徒 부양負養을 합해서 그렇습니다. 거기에 요새와
보루堡壘를 지키며 수비하는 인원을 제하면 현역병은 20만을 넘지 못합니다.

그러나 진秦나라는 대갑帶甲 1백만에 병거는 1천 승乘이요, 기마는 1만
필이나 되며 호지지사虎摯之士, 도구과두跿跔科頭, 관이분극貫頤奮戟하는 자들
은 그 수를 헤아릴 수 없습니다. 진나라의 말은 양마良馬이고, 병졸은 많으며,
말의 뛰는 속도는 전후 말굽의 거리가 한 번 뛰면 세 길은 넘습니다. 그런
말이 수없이 있습니다. 산동 여러 나라 병졸은 싸울 때 갑주甲冑를 입고
싸우지만, 진나라 병사는 오히려 갑옷을 벗어버리고 맨몸으로 적에게 치달
아 왼쪽에는 적의 머리를 검어지고 오른손에는 포로를 휘어잡고 다닙니다.

무릇 진나라 사졸과 산동 각국을 비교하면 마치 맹분孟賁과 겁부怯夫의
싸움과 같고 힘으로 보면 오획烏獲이 어린아이 상대하는 것과 같습니다.
오획·맹분 같은 전사들로 하여금 약한 나라의 병졸을 공격하게 하는
것은, 마치 1천 균鈞이나 되는 쇳덩어리로 새알을 내리치는 것과 같습니다.
절대로 요행을 바랄 수는 없을 것입니다.

제후들은 자기 병력이 약하고 식량이 적은 줄은 모르고, 그저 합종을
주장하는 무리들의 감언이설에 속아 서로 친밀한 척 꾸미고 있습니다.
그들은 '내 말만 들으면 천하를 제패할 수 있다'라고 호언장담을 늘어놓아
국가의 장구한 이익은 돌아보지 못하게 하고, 일시적 공설空說로 임금들을
속이고 있으니 이보다 더 못된 이들은 없습니다. 만약 대왕이 진나라를
섬기지 아니하면 진나라는 곧 출병을 해서 의양宜陽을 점거할 것이며

귀국의 상당上黨과 분리시켜 버릴 것입니다. 이어서 동쪽으로 성고成皋, 의양宜陽을 점령하게 되면 홍대궁鴻臺宮과 상림원桑林苑은 더 이상 대왕의 소유가 될 수 없습니다. 성고가 봉쇄 당하고 상당이 끊어지면 대왕의 나라는 분할되는 겁니다. 그러니 곧 진나라를 섬기겠다고 먼저 나서서 복종하면 안전을 얻을 것이요, 복종치 않으면 위험해질 것입니다. 무릇 화를 만들면서 복을 구하고, 계획이 천박하여 원한이 깊어지는데도 진나라를 거역하고 초나라를 따라 합종을 밀고 나간다면, 비록 망하지 않기를 바란다 해도 불가능할 것입니다.

그러니 제가 권하건대 진나라를 섬기느니만 못합니다. 진나라가 가장 바라는 일은 바로 초나라를 약화시키는 것입니다. 그럴 수 있는 나라는 바로 귀국 한나라입니다. 이것은 결코 한나라가 초나라보다 강해서가 아니고, 다만 지리형세가 그렇게 되어 있습니다. 지금 대왕께서 서쪽으로 진나라를 섬기면서 초나라를 공격하십시오. 이렇게 되면 진왕이 틀림없이 기뻐할 것입니다. 초나라를 공격하여 그 땅을 사사로이 얻고 화를 돌려 진나라를 기쁘게 해주니, 이보다 훌륭한 계책은 더 이상 없습니다. 이로써 진왕이 저를 사신으로 보내어 대왕의 어사御史에게 헌책하노니 어서 결정하시기 바랍니다."

한왕이 말하였다.

"귀객이 다행히 와서 가르쳐 주시니 저는 나라를 그저 진나라의 한 군현郡縣처럼 여겨서 진왕을 위해 행궁行宮을 짓고 춘추春秋에 제사 용품을 올리며, 동쪽의 번속藩屬이라 자칭하겠습니다. 그리고 삼가 의양宜陽을 할양해 드리겠습니다."

張儀爲秦連橫說韓王曰:「韓地險惡, 山居, 五穀所生, 非麥而豆; 民之所食, 大抵豆飯藿羹; 一歲不收, 民不饜糟糠; 地方不滿九百里, 無二歲之所食. 料大王之卒, 悉之不過三十萬, 而廝徒負養在其中矣, 爲除守徼亭鄣塞, 見卒不過二十萬而已矣. 秦帶甲百餘萬, 車千乘, 騎萬匹, 虎摯之士, 跿跔科頭, 貫頤奮戟者, 至不可勝計也. 秦馬之良, 戎兵之衆, 探前趹後, 蹄間三尋者, 不可稱數也. 山東之卒, 被甲冒胄以會戰, 秦人捐甲徒裎以趨敵, 左挈人頭,右挾生虜. 夫秦卒之與山東之卒也, 猶孟賁之與怯夫也; 以重力相壓, 猶烏獲之與嬰兒也. 夫戰孟賁·烏獲之士, 以攻不服之弱國, 無以異於墮千鈞之重, 集於鳥卵之上, 必無幸矣. 諸侯不料兵之弱, 食之寡, 而聽從人之甘言好辭, 比周以相飾也, 皆言曰:「聽吾計則可以强霸天下.」夫不顧社稷之長利, 而聽須臾之說, 註誤人主者, 無過於此者矣. 大王不事秦, 秦下甲據宜陽, 斷絕韓之上地; 東取成皐·宜陽, 則鴻臺之宮, 桑林之苑, 非王之有已. 夫塞成皐, 絕上地, 則王之國分矣. 先事秦則安矣, 不事秦則危矣. 夫造禍而求福, 計淺而怨深, 逆秦而順楚, 雖欲無亡, 不可得也. 故爲大王計, 莫如事秦. 秦之所欲, 莫如弱楚, 而能弱楚者莫如韓. 非以韓能强於楚也, 其地勢然也. 今王西面而事秦以攻楚, 爲敝邑, 秦王必喜. 夫攻楚而私其地, 轉禍而說秦, 計無便於此者也. 是故秦王使使臣獻書大王御史, 須以決事.」

韓王曰:「客幸而敎之, 請比郡縣, 築帝宮, 祠春秋, 稱東藩, 效宜陽.」

【張儀爲秦連橫說韓王】張儀가 마침 楚나라에 갔을 때 蘇秦이 죽었다는 소식을 듣고 먼저 楚나라에서 連橫을 말한 다음, 오는 도중 韓나라에 들러 유세한 것. 당시 韓나라는 襄王(倉) 원년.

【五穀】異說이 있으나 ≪周禮≫ 天官篇 注에 "五穀: 麻·黍·稷·麥·豆也"라 하였다.

【廝徒·負養】말 먹이나 식량 운반을 하며 정식으로는 전투에 참가하지 않는 인원.

【徼亭鄣塞】변경의 망루에서 순시만 하는 守兵.

【虎摯】용사. ≪史記≫에는 '虎賁'으로 되어있다.

【跿跔科頭·貫頤奮戟】≪史記≫ 張儀列傳 集解에 "跿跔, 音徒俱, 跳躍也, 又云偏擧一足曰跿跔. 科頭, 謂不著兜鍪入敵"이라 하였고, 그 索隱에 "兩手捧頤而直入敵, 言其勇也. 又有執戟者奮怒而趨入敵陣也"라 하였다.

【孟賁】秦나라 武王 때의 力士, 鼎을 들다가 발을 부러뜨렸다.

【烏獲】역시 武王 때의 力士.

【千鈞】무거움을 말한다. 고대 1鈞은 30斤.

【上黨】韓나라 땅. 지금의 山西省 東南部 일대.

【鴻臺·桑林】鴻臺는 韓나라 宮 이름. 桑林은 사냥 및 놀이를 위한 苑林.

1. ≪史記≫ 張儀列傳에도 실려 있다. B.C. 311년 張儀는 蘇秦이 죽었다는
소식(B.C. 317년)을 듣고 連橫을 성공시키기 위해 차례로 楚(187장)·韓(376장)을
설복시키고 다시 齊(127장)·趙(241장), 최후에 燕(447장)까지 가서 마침내
이들이 秦나라에 복종하도록 만들었다.

2. ≪史記≫ 張儀列傳

張儀去楚, 因遂之韓, 說韓王曰:「韓地險惡山居, 五穀所生, 非菽而麥, 民之食大
抵(飯)菽(飯)藿羹. 一歲不收, 民不饜糟糠. 地不過九百里, 無二歲之食. 料大王
之卒, 悉之不過三十萬, 而廝徒負養在其中矣. 除守徼亭鄣塞, 見卒不過二十萬而
已矣. 秦帶甲百餘萬, 車千乘, 騎萬匹, 虎賁之士跿跔科頭貫頤奮戟者, 至不可勝計.
秦馬之良, 戎兵之衆, 探前趹後蹄間三尋騰者, 不可勝數. 山東之士被甲蒙冑以會戰,
秦人捐甲徒裼以趨敵, 左挈人頭, 右挾生虜. 夫秦卒與山東之卒, 猶孟賁之與怯夫;
以重力相壓, 猶烏獲之與嬰兒. 夫戰孟賁·烏獲之士以攻不服之弱國, 無異垂千
鈞之重於鳥卵之上, 必無幸矣.

夫羣臣諸侯不料地之寡, 而聽從人之甘言好辭, 比周以相飾也, 皆奮曰『聽吾計
可以彊霸天下』. 夫不顧社稷之長利而聽須臾之說, 詿誤人主, 無過此者.

大王不事秦, 秦下甲據宜陽, 斷韓之上地, 東取成皋·滎陽, 則鴻臺之宮·桑林之
苑非王之有也. 夫塞成皋, 絕上地, 則王之國分矣. 先事秦則安, 不事秦則危. 夫造
禍而求其福報, 計淺而怨深, 逆秦而順楚, 雖欲毋亡, 不可得也.

故爲大王計, 莫如爲秦. 秦之所欲莫如弱楚, 而能弱楚者莫如韓, 非以韓能彊於楚也,
其地勢然也. 今王西面而事秦以攻楚, 秦王必喜. 夫攻楚以利其地, 轉禍而說秦,
計無便於此者.」

韓王聽儀計. 張儀歸報, 秦惠王封儀五邑, 號曰武信君.

3. 鮑本의 평어

『虎謂: 橫人之辭, 眞所謂虛喝者. 韓之兵信弱, 食信寡矣, 獨不曰從合則能以弱爲强,
以寡爲多乎? 惜乎, 世主不少察於此也.』

377(26-7) 宣王謂摎留
두 사람을 함께 쓰면

선왕宣王이 규류摎留에게 물었다.

"내가 공중公仲·공숙公叔 두 사람을 함께 쓰고 싶은 데 어떻습니까?"

규류가 대답하였다.

"안 됩니다. 옛날 진晉나라는 육경六卿을 썼다가 나라가 분열되었고, 제齊나라 간공簡公은 전성자田成子와 감지監止를 함께 썼다가 간공 자신이 시해를 당하였습니다. 또 위魏나라는 서수犀首와 장의張儀를 함께 썼다가 서하西河 밖의 땅을 모두 잃었습니다. 그런데 왕께서 지금 두 사람을 함께 쓰면, 세력이 큰 자는 국내에 자기 당을 끌어 모아 세력을 키울 것이요, 힘이 모자라는 자는 외국의 힘을 빌어 이 나라를 흔들고자 할 것입니다. 여러 신하들이 안으로 자신의 당을 꾸며 임금을 휘두르거나 또는 밖으로 외세를 이용하기 위해 땅을 마구 찢어 준다면 이 나라는 틀림없이 위험해지고 말 것입니다."

宣王謂摎留曰:「吾欲兩用公仲·公叔, 其可乎?」對曰:「不可. 晉用六卿而國分, 簡公用田成·監(闞)止而簡公弑, 魏兩用犀首·張儀而西河之外亡. 今王兩用之, 其多力者內樹其黨, 其寡力者籍(藉)外權. 羣臣或內樹其黨以擅其主, 或外爲交以裂其地, 則王之國必危矣.」

【宣王】韓나라의 宣惠王.

【摎留】繆留, 樛鶩留라고도 보이며 韓나라 신하.

【公仲】韓나라 公仲佟.

【公叔】韓나라 韓公叔.

【六卿分晉】B.C. 558년 晉나라 景公이 范氏·中行氏·知(智)氏·韓氏·魏氏·趙氏 등을 卿으로 삼아 국사를 관장하게 하였다. 그러나 이들은 각각 세력을 키워 B.C. 458년에는 范氏·中行氏가 나머지 四家에게 병탄되고 다시 B.C. 453년에는 涇陽之戰(223장)을 거쳐 韓·魏·趙가 최강이었던 智伯을 멸하고 晉나라 땅을 三分한다. 이듬해 晉나라 出公이 楚나라로 망명하자 결국 三晉이

이를 瓜分하여 전국시대를 맞게 된다.

【簡公】 B.C. 485년 齊나라 悼公을 이어 즉위한 簡公은 여러 卿 중에 가장 세력이 컸던 田成(田成子·田常, 곧 田完의 후손)과 자신이 총애하던 監止(闞止·闞史)를 좌우의 재상으로 삼았다. 그러나 두 재상 사이에 권력 투쟁이 일어나 B.C. 481년에 田成子는 簡公을 감금하고 감지 일당을 없애 버린다. 그리고는 마침내 簡公까지 죽이고 간공의 동생 平公을 왕으로 삼은 사건이 있었다.

【犀首·張儀】 B.C. 322년 張儀가 쯥나라의 힘을 업고 魏나라 재상이 되었다. 그러자 犀首(公孫衍)는 그전의 魏나라 재상이었던 韓公叔과 짜고 張儀를 魏나라 재상 자리에서 몰아낸다.(B.C. 319년) 이리하여 犀首의 합종설과 張儀의 연횡설이 충돌, 국제관계가 복잡해지면서 魏나라는 결국 張儀의 연횡설에 굴복하여 자신의 西河 땅을 秦나라에게 할양하고 만다.(297·298장 참조)

참고 및 관련 자료

1. 《韓非子》 說林(上)에도 실려 있으며 韓 宣惠王이 公仲과 公叔을 재상으로 삼은 기간은 B.C. 322~319년이므로 이는 그때쯤의 일로 볼 수 있다.

2. 《韓非子》 說林上

韓宣王謂摎留曰:「吾欲兩用公仲·公叔, 其可乎?」對曰:「不可. 晉用六卿而國分, 簡公兩用田成·闞止而簡公殺, 魏兩用犀首·張儀而西河之外亡. 今王兩用之, 其多力者內樹其黨, 其寡力者借外權. 羣臣或內樹黨以驕主, 有外爲交以削地, 則王之國危矣.」

3. 鮑本의 평어

『彪謂: 此非天下之公議也, 顧所用如何耳. 使得人如周·召, 兩用之, 庸何傷? 若公仲·公叔也, 一之謂甚, 何必兩. 補曰: 胡氏管見, 謂摎留之論, 似是而非, 不可遂以爲法. 使所用而賢, 則一人而足, 不虞其專擅; 左右參副, 不虞其比黨. 使其不賢, 則一人足以喪國, 又況二三其衆乎! 意者留於仲·叔陰有所附, 欲國柄歸一而不分, 故危言以動其君耳. 大事記云: 韓雖兩用仲·叔, 以戰國策考之, 仲實專政, 叔亦間用事, 終不若仲之權寵也. 愚按: 鮑說有與胡氏合者, 而不得留之情, 故引以著之. 按此策, 宣惠欲兩用, 非已用也. 當時叔之事不著, 意其止於用仲, 而仲·叔竝用, 實襄王之世. 以其爭主幾瑟·公子咎知之也. 公仲卒不勝公叔, 則公叔又重矣. 二人爭權, 摎留之言遂驗. 是以帝王之要, 知人而後官人, 九經之序, 尊賢而後敬大臣, 則無患乎此矣.』

378(26-8) 張儀謂齊王
그대의 근심을 없애주겠소

(어떤 이가) 장의張儀에게 말하였다.

"저는 제왕齊王에게 이렇게 말하겠습니다. '왕께서는 한붕韓朋에게 부탁하여 장의를 위魏나라에서 쫓아내느니만 못합니다.' 그리고 나면 서수犀首가 위나라 재상이 될 것입니다. 결국 제齊·위 두 나라는 다시 한붕을 내쫓고, 한韓나라 재상으로 공숙公叔이 들어앉게 되어 진秦나라를 칠 것입니다. 공중公仲이 이를 알고 나면 틀림없이 제나라로는 들어가지 않을 것입니다. 공중은 결국 당신에게 의지하게 되고 그대에게는 근심이 없어지게 됩니다."

(謂)張儀(臣)謂:「齊王曰:『王不如資韓朋, 與之逐張儀於魏.』魏因相犀首, 因以齊·魏廢韓朋, 而相公叔以伐秦. 公仲聞之, 必不入於齊. 據公於魏, 是公無患.」

【張儀】당시 魏나라 재상으로 있을 때이다.(B.C. 322~319년)
【齊王】齊의 威王. ≪史記≫에는 閔王.
【韓朋】당시 韓나라의 재상인 公仲侈가 아닌가 한다.
【犀首】公孫衍. 魏나라의 재상. 張儀와 대립 관계였다.
【公叔】韓나라 韓公叔.
【公仲】公仲侈. 韓나라 公族.

> 참고 및 관련 자료

1. 내용이 매우 복잡하여 그 배경을 알기 어렵다.
2. 鮑注의 분석
『此土計, 非先逐張儀, 不能得衍合魏; 非合魏, 不能廢朋; 朋怒, 則復善儀矣. 於此, 然後知公仲之名朋也.』

379(26-9) 楚昭獻相韓
두 나라 결합을 굳게 믿고

초楚나라 소헌昭獻이 한韓나라 재상이 되자 진秦나라는 이를 못마땅히 여겨 장차 한나라를 공격하고자 하였다. 한나라는 결국 소헌을 파면하였다. 그러자 소헌은 얼른 사람을 시켜 공숙公叔에게 이렇게 전하도록 하였다.

"소헌을 잘 받들어 한·초 두 나라의 외교를 굳건히 하는 것만 같지 못합니다. 그러면 진나라는 초·한 두 나라가 굳게 결합된 것으로 믿고 한나라를 쳐들어오지 못할 것입니다."

楚昭獻相韓. 秦且攻韓, 韓廢昭獻. 昭獻令人謂公叔曰:「不如貴昭獻以固楚, 秦必曰楚·韓合矣.」

【昭獻】 楚나라 출신으로 韓나라 재상이 되었다. 006·382·397장 참조.
【公叔】 韓公叔. 昭獻의 뒤를 이어 재상이 되었을 가능성이 있다.

380(26-10) 秦攻陘
왕의 사사로운 창고

진秦나라가 한韓나라 형陘 땅을 공격하자 한나라에서는 급히 사람을 남양南陽 땅을 교환조건으로 내세웠다. 진나라는 남양 땅과 (자신의 땅을) 교환하고 나서도 계속 형 땅을 공격하는 것이었다. 한나라는 남양 땅을 아예 할양해 주었다. 진나라는 이 남양을 받고도 계속 형 땅을 공격하였다. 이에 진진陳軫이 진왕秦王에게 일렀다.

"지리 조건이 이롭지 못하였기 때문에 바꾼 것이며, 국교가 불리하기 때문에 땅을 할양한 것입니다. 지금 땅을 할양 받고도 국교가 친밀하지 못하고, 땅을 바꾸었는데도 계속해서 공격하시니, 그렇게 되면 산동山東의 그 어느 나라도 땅을 바꾸거나 토지를 할양하는 방법으로 왕을 섬기겠다고는 아니할까 두렵습니다. 게다가 대왕께서는 1백 금으로 삼천三川을 요구해도 얻지 못하면서, 한나라에게 1천 금이나 되는 돈을 하루아침에 준비하라고 독촉하고 있습니다. 지금 왕께서 한나라를 공격하는 것은 외교를 단절 하면서 왕의 사사로운 창고를 채우기 위한 것입니다. 제 생각으로 이는 대왕께서 하셔서는 안 될 일이라 봅니다."

秦攻陘, 韓使人馳南陽之地. 秦已馳, 又攻陘, 韓因割南陽之地. 秦受地, 又攻陘. 陳軫謂秦王曰:「國形不便故馳, 交不親故割. 今割矣而交不親, 馳矣而兵不止, 臣恐山東之無以馳割事王者矣. 且王求百金於三川而不可得, 求千金於韓一旦而具. 今王攻韓, 是絕上交而固私府也, 竊爲王弗取也.」

【陘】지금의 山西省 曲沃縣 서북.
【馳南陽】여기서의 馳는 음이 이(移)이며 '바꾸다(易)'의 뜻으로 보고있다. (王念孫)
【陳軫】유세객.
【秦王】秦의 昭王.
【三川】陘과 南陽을 포함한 지역.

381(26-11) 五國約而攻秦
다섯 나라가 진나라를 공격

다섯 나라가 맹약을 맺고 진秦나라를 공격할 때 초왕楚王이 합종의 우두머리가 되었다. 그러나 이 연합군은 진나라에게 크게 상처를 주지 못한 채 군대를 풀고 성고成皐에 머물고 있었다. 이때 위순魏順이 시구군市丘君에게 말하였다.

"다섯 나라가 진나라를 공격하다가 지쳐 있으니 틀림없이 귀하의 시구 땅을 공격하여, 소비하였던 군비를 보상받고자 할 것입니다. 귀하께서 저를 이용해 주시면 제가 귀하를 위하여 천하가 시구를 공격하는 일을 제지시켜 드리겠습니다."

시구군이 말하였다.

"좋습니다."

그리고는 위순을 초나라 왕에게 파견하였다. 위순은 남쪽 초나라 왕을 만나 이렇게 말하였다.

"왕께서는 다섯 나라를 연합시켜 서쪽으로 진나라를 쳤지만 상처를 주지 못하고 있습니다. 그 때문에 천하의 제후들은 왕을 가볍게 보고 진나라를 대단하다고 여기고 있습니다. 대왕께서는 어찌하여 외교의 판도를 점쳐 보지 않고 계십니까?"

초왕이 물었다.

"어떻게 점친다는 말이오?"

위순이 설명하였다.

"천하 제후들은 진나라에 대한 공격에 지쳐 있는 것을 알고, 틀림없이 시구를 공격하여 전쟁비용을 벌충하자 하고 있습니다. 이때 왕께서는 시구 공격을 제지해 보십시오. 다른 네 나라가 대왕을 중히 여긴다면 대왕을 말에 따라 시구를 공격하지 않을 것이요, 만약 대왕을 중히 여기지 않는다면 대왕의 말에 반대하여 시구를 공격할 것입니다. 그렇게 해보시면 대왕께서 경한지 중한지를 밝게 알 수 있는 것입니다."

이에 초왕은 네 나라와의 국교를 점쳐 보게 되었고 시구는 그대로 존속되었다.

五國約而攻秦, 楚王爲從長, 不能傷秦, 兵罷而留於成皐. 魏順謂市丘君曰:「五國罷, 必攻市丘, 以償兵費. 君資臣, 臣請爲君止天下之攻市丘.」市丘君曰:「善.」因遣之. 魏順南見楚王曰:「王約五國而西伐秦, 不能傷秦, 天下且以是輕王而重秦, 故王胡不卜交乎?」楚王曰:「奈何?」魏順曰:「天下罷, 必攻市丘以償兵費. 王令之勿攻市丘. 五(四)國重王, 且聽王之言而不攻市丘; 不重王, 且反王之言而攻市丘. 然則王之輕重必明矣.」故楚王卜交而市丘存.

【五國】韓·趙·魏·齊·楚 등 다섯 나라.
【楚王】楚나라 頃襄王.
【魏順】유세객인 듯하다.
【市丘君】市丘(韓나라의 속국으로 보이며, 그 지역은 자세치 않다)의 君長.
【五(四)國重王】본문에 五國으로 되어 있으나 四國이 맞을 듯하다. 그러나 모두 여섯 나라의 사건이므로 그대로 五國도 맞을 수 있다. 鮑本에 "五'當作四. 正曰: 是役本六國, 言五國重王, 則楚在外. 史·年表等書五國, 故因此稱五國" 이라 하였다.

┌─────────────────┐
│ 참고 및 관련 자료 │
└─────────────────┘

1. 五國 연합군이 成皐로 철수한 사건(270·272장)의 발단은 趙나라 奉陽君에 의해 이루어졌었다.(B.C. 288년)

382(26-12) 鄭彊載八百金入秦
한나라 태자 기슬

정강鄭彊이 8백 금을 싣고 진秦나라에 들어가 한韓나라를 토벌해 줄 것을 요청하였다. 그러자 영향泠向이 정강에게 이렇게 일러주었다.

"그대는 8백 금을 가지고 남의 동맹국을 공격해 달라고 진나라에 청하고 있지만, 진나라는 그대 말을 들어주지 않을 것입니다. 그러니 그대는 진나라로 하여금 한나라 공숙公叔을 의심토록 하느니만 못합니다."

정강이 물었다.

"무슨 뜻이오?"

영향은 이렇게 설명하였다.

"공숙이 초楚나라를 치는 것은 한나라 태자 기슬幾瑟이 초나라에 그대로 있기 때문입니다. 그래서 초나라를 치자고 한왕에게 조른 것입니다. 지금 초왕은 이미 기슬을 잘 받들어 수레 1백 승으로 한나라 양적陽翟으로 보내 주었으며, 게다가 초나라 신하 소헌昭獻으로 하여금 돌아와 기슬과 같이 있게 된 지가 거의 열흘이 넘었습니다. 진나라는 이미 이 사실을 알고 있습니다. 특히 기슬과 공숙은 원수지간이지만 소헌과 공숙은 친한 사이입니다. 진왕이 이 소식을 알면 틀림없이 공숙을 초나라 편이라고 의심을 하게 될 것입니다."

鄭彊載八百金入秦, 請以伐韓. 泠(冷)向謂鄭彊曰:「公以八百金請伐人之與國, 秦必不聽公. 公不如令秦王疑公叔」鄭彊曰:「何如?」曰:「公叔之攻楚也, 以幾瑟之存焉, 故言先(伐)楚也. 今已令楚王奉幾瑟以車百乘居陽翟, 令昭獻轉而與之處, 旬有餘, 彼已覺. 而幾瑟, 公叔之讎也; 而昭獻, 公叔之人也. 秦王聞之, 必疑公叔爲楚也.」

【鄭彊】 유세객. 303·383·405장 참조.
【泠向】 냉향(冷向)으로도 쓰며 유세객이다.
【公叔】 韓나라 重臣.

【幾瑟】韓나라 태자로 楚나라에 망명하고 있었다. '蟣虱', '蟣瑟'로도 쓴다.

【楚王】楚나라 懷王.

【陽翟】韓나라 땅. 지금의 河南省 禹縣.

【昭獻】楚나라 신하. 006・379・397장 참조.

【秦王】秦나라 昭王.

참고 및 관련 자료

1. 韓나라의 幾瑟이 楚나라로 망명(B.C. 302년쯤)하자 韓나라에서는 公子
嬰을 태자로 삼았다. 그러나 嬰이 3년만에 죽고 다시 公子 咎가 태자가 된다.
이 사건은 이 시기의 일로 여겨진다.

2. 鮑本의 평어

『幾瑟, 韓愛子, 而在楚, 秦固疑其合楚. 公叔與幾瑟讎, 故秦不疑. 今叔所善與之
處而禮均, 然則秦安得不疑其爲楚? 楚, 秦所惡也, 其伐韓不待請矣.』

383(26-13) 鄭彊之走張儀於秦
남을 쫓아내는 방법

정강鄭彊이 장의張儀를 진秦나라에서 쫓아내면서 말하였다.

"장의의 심부름꾼이 틀림없이 초楚나라로 갈 것이다."

그리고는 곧 초나라 태재太宰에게 이렇게 말하였다.

"귀하는 장의의 심부름꾼이 오거든 그를 붙들어 두십시오. 제가 서쪽 진나라에 가서 장의를 쫓아내어 주겠습니다."

그리고는 다시 서쪽 진나라로 가서 진왕秦王에게 말하였다.

"장의가 상용上庸 땅을 초나라에게 바치겠다고 심부름꾼을 보냈습니다. 그래서 초왕이 저를 보내어 대왕께 재배하여 알려 드리라고 하였습니다."

진왕이 노하자 장의는 그 길로 그대로 달아나 버렸다.

鄭彊之走張儀於秦, 曰:「儀之使者, 必之楚矣.」故謂大宰曰:「公留儀之使者, 彊請西圖儀於秦」故因而(西)請秦王曰:「張儀使人致上庸之地, 故使使臣再拜謁秦王.」秦王怒, 張儀走.

【鄭彊】 韓나라의 신하. 鮑本에 "鄭公族, 韓滅鄭, 故爲韓人. 補曰: 此人嘗請秦伐韓, 魏策亦有其人, 蓋游說秦·楚之間者. 此豈以爲韓而走儀, 故次之韓歟?"라 하였다.

【大宰】 太宰. 재상직에 해당되는 관직.

【上庸】 옛날의 楚地. 당시에는 秦나라가 소유하고 있었다. 지금의 湖北省 竹山縣 동남.

384(26-14) 宜陽之役
의양의 전투

의양宜陽 싸움에서 진秦나라 신하 양달楊達이 역시 진나라 신하인 공손현
公孫顯에게 말하였다.

"제가 5만 명의 병사로 그대를 위하여 서주西周를 공격하겠습니다.
이기면 구정九鼎을 얻게 될 것이며 이로써 감무甘茂를 제압할 수 있습니다.
만약 지더라도 진나라가 서주를 공격하게 되면 천하가 진나라에게 원한을
품고, 모두 나서서 한韓나라를 구하려들 것입니다. 그러면 한나라를 공격
하는 감무만 궁지에 몰리게 됩니다."

宜陽之役, 楊達謂公孫顯曰:「請爲公以五萬攻西周, 得之, 是以九鼎印
(市)甘茂也. 不然, 秦攻西周, 天下惡之, 其救韓必疾, 則茂事敗矣.」

【宜陽之役】B.C. 308년 秦나라 장수 甘茂가 韓나라의 宜陽을 친일. 1년만에
　결국 함락시켰다.
【楊達】秦나라 신하.
【公孫顯】秦나라 신하로 甘茂와는 적대관계였다. 061장 참조.
【九鼎】천자를 상징하는 寶器(001장 참조). 여기서는 九鼎을 얻어 甘茂의
　공을 압도하자는 뜻.
【印】鮑彪는 '抑'으로 보았다. 혹은 '市'로 보기도 한다.
【甘茂】秦나라 장수. 鮑本에 "顯, 與茂爭國者, 見惠王策. 抑, 按也. 正曰: 按惠王
　策李讎云云, 顯乃張儀讎, 無與茂爭國事"라 하였다.

┌─────────────────┐
│ 참고 및 관련 자료 │
└─────────────────┘

1. 齊나라가 燕나라의 내란을 틈타 燕나라를 대거 침입하는 사이(B.C. 314년,
450년) 진나라는 中原 진출을 노려 韓·魏 두 나라를 자신에게 끌어들인다.
그 뒤 秦나라는 韓나라와의 관계가 악화되어 B.C. 308년 甘茂를 장수로 삼아
韓나라 宜陽을 공격하게 된다.

2. 鮑本의 평어

『言攻而不勝, 亦足以敗茂. 原在韓策. 補曰: 鮑旣改從秦策, 今韓策仍出此章. '楊達'作'楊㢟', '印'作'市', 注亦異. 大事記所取鮑氏云'顯得'止'用顯', 亦今韓策注文. 高注此章, 無作'㢟'字者, 豈別本有之, 而鮑又重見於此乎? 宜陽之役, 策公孫衍, 史竝作公孫奭, 又有公孫顯·公孫郝·公孫赫. 其云'挾韓'而議云'善韓', 皆仕秦而黨韓者. 大事記謂: 郝·顯·奭(郝在奭音)爲一人. 愚謂, 赫卽郝也, 然其事亦多與衍類, 又恐衍卽顯之訛也. 今且當各從本文.』

385(26-15) 秦圍宜陽
땅과 인질을 맞바꾸시오

진秦나라가 한韓나라 의양宜陽을 포위하고 있었다. 이때 유등游騰이 한나라 재상 공중公仲에게 말하였다.

"그대는 어찌하여 한나라 인藺·이석離石·기祁 땅을 조趙나라에 떼어 주고 그 대신 인질을 받지 않습니까? 그리하여 한·조 두 나라 병사를 거두어 위魏나라에 다가서면, 누비樓鼻의 계획은 실패로 돌아갈 것입니다. 한나라와 조나라가 이처럼 하나로 뭉치면 위나라는 진나라를 배반할 것이요, 그러면 의양을 치고 있는 감무甘茂가 깨어질 것입니다. 그 다음에는 성양成陽 땅을 제나라의 적강翟强에게 주어 보십시오. 그러면 제·초 두 나라의 결합이 깨어질 것입니다. 그때는 진나라는 힘을 못 쓰게 되고, 진나라가 위나라를 잃으면 의양 함락이란 어림도 없는 일이 됩니다."

秦圍宜陽, 游騰謂公仲曰:「公何不與趙藺·離石·祁, 以質許地? 則樓緩必敗矣. 收韓·趙之兵以臨魏, 樓鼻必敗矣. 韓(趙)爲一, 魏必倍秦, 甘茂必敗矣. 以成陽資翟强於齊, 楚必敗之. 須秦必敗, 秦失魏, 宜陽必不拔矣.」

【宜陽之戰】B.C. 308~307년 甘茂가 韓나라 宜陽을 친 전쟁.
【游騰】周나라 신하. 031·196장 참조.
【公仲】韓나라의 재상.
【藺·離石·祁】모두 韓나라 땅. 藺은 지금의 山西省 離石縣 서쪽. 離石은 곧 離石縣. 祁는 역시 山西省 祁縣.
【樓緩】趙나라 신하. 095·132·321·348장 참조.
【樓鼻】魏나라 신하. 343·357장 참조.
【甘茂】秦나라 장수. 韓나라 宜陽을 함락시켰다.(B.C. 307년)
【成陽】지금의 河南省 息縣 서북. 韓나라 땅.
【翟强】魏나라 신하. 당시 齊나라에 있었던 듯 하다.
【楚必敗之】鮑本에 "'之'作'矣'. 齊, 楚敵也, 齊得地則益强, 可以敗楚, 時楚助秦, 故必敗. 正曰: 樓緩欲以趙合秦, 嘗勸趙割地事秦, 見趙策. 樓鼻爲魏合秦·楚外齊, 翟强爲魏合齊·秦外楚, 見魏策"이라 하였다.

386(26-16) 公仲以宜陽之故仇甘茂
돌고도는 의심

한韓나라 재상 공중公仲은 의양宜陽이 함락되었던 일로 감무甘茂와 원수 사이가 되고 말았다. 그러나 얼마 후 진秦나라는 무수武遂 땅을 한나라에게 돌려주었다. 그리고 시간이 흐른 후, 진왕은 감무가 공중과 화해를 하기 위하여 무수 땅을 한나라에게 돌려 준 것이라고 의심을 갖게 되었다. 이때 두혁杜赫, 杜聊이 공중을 위하여 진왕秦王에게 말하였다.

"공중韓朋 역시 감무를 통해 대왕을 섬기고 싶어합니다."

진왕은 이 소리를 듣고 감무에게 사실이구나 하고 크게 화를 내었다. 그러자 감무와 사이가 좋지 않았던 저리질樗里疾은 두혁을 좋아하게 되었다.

公仲以宜陽之故, 仇甘茂. 其後, 秦歸武遂於韓, 已而, 秦王固疑甘茂之以武遂解於公仲也. 杜赫(聊)爲公仲謂秦王曰:「明(朋)也願因茂以事王.」秦王大怒於甘茂, 故樗里疾大說杜聊.

【公仲】韓나라 재상. 韓朋.
【甘茂】宜陽을 쳐서 함락시킨 秦나라 장군.
【杜赫】유세객. '杜聊'로 표기된 판본도 있다.
【韓朋】公仲. 明은 朋의 잘못.
【樗里疾】秦나라 신하. 甘茂와 적대관계였다.

참고 및 관련 자료

1. ≪史記≫ 秦本紀에 의하면 甘茂는 昭王 元年(B.C. 306년), 즉 秦나라가 武遂 땅을 韓나라에게 되돌려 준 해에 秦나라를 떠나는 것으로 되어 있다. 389장 참조.
2. 이 사건은 의양이 함락된 직후의 일이다.

387(26-17) 秦韓戰於濁澤
일개 모신의 말

진秦·한韓 두 나라가 탁택濁澤에서 싸움이 붙어 한나라가 위급해졌다. 이때 공중公仲, 韓朋이 한왕韓王에게 헌책하였다.

"친하던 나라도 하나 믿을 게 없습니다. 지금 진나라의 욕심은 초楚나라에 있습니다. 대왕께서는 장의張儀를 통해서 진나라와 강화를 맺느니만 못합니다. 큰 도시 하나를 떼어 주고, 진나라와 더불어 초나라를 치는 겁니다. 이는 하나로써 둘과 바꾸는 계략입니다."

임금이 말하였다.

"좋습니다."

이에 공중을 시켜 서쪽 진나라에게 강화를 주선토록 보내었다.

이를 들은 초왕楚王은 크게 노하여 진진陳軫을 불러들였다. 진진이 해결책을 일러주었다.

"진나라가 우리를 공격하려고 꿈꾼 지는 오래입니다. 게다가 지금 한나라로부터 대도시를 하나 얻고, 그들의 군대와 합해 남쪽으로 우리를 공격하려던 꿈은 진나라가 오랫동안 묘사廟祠에서 기도하던 바입니다. 그 기회가 왔으니 초나라는 틀림없이 위험할 것입니다. 왕께서는 제 의견대로 하십시오. 나라 안에 널리 알려 정병을 모집하여 한나라를 구하러 나선다고 선포하십시오. 전차를 온 길에 가득 풀어 사신을 보내 수레를 꾸미고 선물을 가득 실어, 한나라로 하여금 자기를 구원하러 왔다는 것을 믿게 하십시오.

이렇게 하면 한나라는 비록 우리 말을 다 들어주지는 못한다 할지라도 왕의 은혜에 감격하여 틀림없이 진나라 군사와 합세해서, 기러기 진치듯 우리에게 쳐들어오지는 않을 것입니다. 이렇게 되면 진·한 두 나라가 흩어진 상태이기 때문에 진나라와 맞부딪친다 할지라도 그렇게 크게 다치지는 않을 것입니다.

나아가서 한나라가 만약 우리 말을 들어주어 진나라와 단교한다면 진나라는 크게 노하여 더욱 한나라에게 원망을 품게 될 것이요, 한나라는 초나라의 구원을 얻은 터라 진나라를 깔보게 됩니다. 진나라를 가볍게 보는 이상 그들을 공경할 리는 더욱 없겠지요. 이는 우리가 진·한 두 나라 군대를 피곤하게 해놓아 위험으로부터 벗어나게 되는 것입니다."

초왕은 크게 기뻤다. 그리하여 즉시 국내에 한나라를 구원한다고 널리 알려 정병을 뽑으며, 믿을 만한 신하를 가려 수레를 갖추고 선물을 실어 한나라에 가서 왕에게 일렀다.

"우리나라가 비록 작으나 이미 모든 준비를 갖추어 왔습니다. 대왕께서 계속 진나라와 버티어 주신다면 저희는 장차 초나라를 다 바쳐 죽음으로 귀국을 돕겠습니다."

한왕은 크게 기뻐하며 진나라로 보내려던 공중을 다시 불러 취소해 버렸다. 그러자 공중이 극력 반대하고 나섰다.

"안 됩니다. 무릇 겉으로 우리를 괴롭히는 자는 진나라요, 거짓으로 우리를 돕겠다고 나선 것은 초나라입니다. 초나라의 헛된 명분을 믿고 강적 진나라를 가벼이 하였다가는 반드시 천하의 웃음거리가 될 것입니다. 게다가 초·한 두 나라는 형제지국도 아니요, 본디부터 공동으로 진나라를 치자고 한 적도 없습니다. 진나라가 초나라를 치겠다고 나서자 그제야 병졸을 일으켜 한나라를 돕겠다고 떠들어 대고 있는 것입니다. 이는 틀림없이 진진의 계략일 것입니다. 또 이미 진나라에게 통지를 해놓고 지금 행하지 않는 것은 진나라를 속이는 꼴이 됩니다. 강적 진나라의 화를 가벼이 보고, 초나라 일개 모신의 말을 믿다가는 반드시 후회할 것입니다."

그래도 한왕은 듣지 않고 드디어 진나라와 단교해 버렸다. 진나라는 과연 크게 노하여 군대를 몰고 안문(岸門)에 이르러 격돌을 벌였다. 초나라 구원병은 오지 않고 한나라는 대패하였다. 한나라 병력이 약하기만 한 것도 아니요, 그 백성이 우매한 것도 아니건만 군대는 진나라에게 사로잡히고 지모는 초나라의 웃음거리가 되었으니 이는 진진의 말을 과신하였고, 한붕(韓朋, 公仲朋)의 계획을 듣지 않았기 때문이었다.

秦·韓戰於濁澤, 韓氏急. 公仲明(朋)謂韓王曰:「與國不可恃. 今秦之心欲伐楚, 王不如因張儀爲和於秦, 賂之以一名都, 與之伐楚. 此以一易二之計也.」韓王曰:「善.」乃儆公仲之行, 將西講於秦.

楚王聞之大恐, 召陳軫而告之. 陳軫曰:「秦之欲伐我久矣, 今又得韓之名都一而具甲, 秦·韓幷兵南鄕(向), 此秦所以廟祠而求也. 今已得之矣, 楚國必伐矣. 王聽臣, 爲之儆四境之內選師, 言救韓, 令戰車滿道路; 發信臣, 多其車, 重其幣, 使信王之救己也. 縱韓爲不能聽我, 韓必德王也, 必不爲鴈行以來. 是秦·韓不和, 兵雖至, 楚國不大病矣. 爲能聽我絶和於秦, 秦必大怒, 以厚怨於韓. 韓得楚救, 必輕秦. 輕秦, 其應秦必不敬. 是我困(因)秦·韓之兵, 而免楚國之患也.」楚王大說, 乃儆四境之內選師, 言救韓, 發信臣, 多其車, 重其幣. 謂韓王曰:「弊(敝)邑雖小, 已悉起之矣. 願大國遂肆意於秦, 弊邑將以楚殉韓.」

韓王大說, 乃止公仲. 公仲曰:「不可, 夫以實告(困)我者, 秦也; 以虛名救我者, 楚也. 恃楚之虛名, 輕絶强秦之敵, 必爲天下笑矣. 且楚·韓非兄弟之國也, 又非素約而謀伐秦矣. 秦欲伐楚, 楚因以起師言救韓, 此必陳軫之謀也. 且王以使人報於秦矣, 今弗行, 是欺秦也. 夫輕强秦之禍, 而信楚之謀臣, 王必悔之矣.」韓王弗聽, 遂絶和於秦. 秦果大怒, 興師與韓氏戰於岸門, 楚救不至, 韓氏大敗.

韓氏之兵非削弱也, 民非蒙愚也, 兵爲秦禽, 智爲楚笑, 過聽於陳軫, 失計於韓明(朋)也.

【濁澤】≪史記≫ 韓世家 正義에 '觀澤'이어야 한다고 하였다. ≪括地志≫에 "觀澤在魏州頓丘縣東十八里"라 하였다. 頓丘는 河南省 濬縣.
【公仲朋】公仲侈, 韓나라 公族. 당시 相國.
【韓王】惠王宣.
【楚王】楚 懷王.
【陳軫】楚나라 客卿으로 潁川侯에 오른다.
【鴈行】기러기 줄처럼 두 군대가 합쳐 진격함.
【岸門】地名. 山西省 河津縣.

참고 및 관련 자료

1. ≪韓非子≫ 十過篇

奚謂內不量力? 昔者秦之攻宜陽, 韓氏急. 公仲朋謂韓君曰:「與國不可恃也,
豈如因張儀爲和於秦哉! 因賂以名都而南與伐楚, 是患解於秦而害交於楚也.」
公曰:「善.」乃警公仲之行, 將西和秦. 楚王聞之, 懼, 召陳軫而告之曰:「韓朋將西
和秦, 今將奈何?」陳軫曰:「秦得韓之都一, 驅其練甲, 秦·韓爲一以南鄕楚, 此秦
王之所以廟祠而求也, 其爲楚害必矣. 王其趣發信臣, 多其車, 重其幣, 以奉韓曰:
「不穀之國雖小, 卒已悉起, 願大國之信意於秦也. 因願大國令使者入境, 視楚之
起卒也.」韓使人之楚, 楚王因發車騎, 陳之下路, 謂韓使者曰:「報韓君, 言弊邑之
兵今將入境矣.」使者還報韓君, 韓君大悅, 止公仲. 公仲曰:「不可. 夫以實告我者,
秦也; 以名救我者, 楚也. 聽楚之虛言而輕絶强秦之實禍, 則危國之本也.」韓君弗聽.
公仲怒而歸, 十日不朝. 宜陽益急, 韓君令使者趣卒於楚, 冠蓋相望而卒無至者.
宜陽果拔, 爲諸侯笑. 故曰: 內不量力, 外恃諸侯者, 則國削之患也.

2. ≪史記≫ 韓世家

十六年, 秦敗我脩魚, 虜得韓將鰓·申差於濁澤. 韓氏急, 公仲謂韓王曰:「與國非
可恃也. 今秦之欲伐楚久矣, 王不如因張儀爲和於秦, 賂以一名都, 具甲, 與之南
伐楚, 此以一易二之計也.」韓王曰:「善.」乃警公仲之行, 將西購於秦. 楚王聞之
大恐, 召陳軫告之. 陳軫曰:「秦之欲伐楚久矣, 今又得韓之名都一而具甲, 秦韓幷
兵而伐楚, 此秦所禱祀而求也. 今已得之矣, 楚國必伐矣. 王聽臣爲之警四境之內,
起師言救韓, 命戰車滿道路, 發信臣, 多其車, 重其幣, 使信王之救己也. 縱韓不能
聽我, 韓必德王也, 必不爲鴈行以來, 是秦韓不和也, 兵雖至, 楚不大病也. 爲能聽
我絶和於秦, 秦必大怒, 以厚怨韓. 韓之南交楚, 必輕秦; 輕秦, 其應秦必不敬;
是因秦·韓之兵而免楚國之患也.」楚王曰:「善.」乃警四境之內, 興師言救韓.
命戰車滿道路, 發信臣, 多其車, 重其幣. 謂韓王曰:「不穀國雖小, 已悉發之矣.
願大國遂肆志於秦, 不穀將以楚殉韓.」韓王聞之大說, 乃止公仲之行. 公仲曰:
「不可. 夫以實伐我者秦也, 以虛名救我者楚也. 王恃楚之虛名, 而輕絶彊秦之敵,
王必爲天下大笑. 且楚韓非兄弟之國也, 又非素約而謀伐秦也. 已有伐形, 因發兵
言救韓, 此必陳軫之謀也. 且王已使人報於秦矣, 今不行, 是欺秦也. 夫輕欺彊秦
而信楚之謀臣, 恐王必悔之.」韓王不聽, 遂絶於秦. 秦因大怒, 益甲伐韓, 大戰,
楚救不至韓. 十九年, 大破我岸門. 太子倉質於秦以和.

3. 鮑本의 평어

『彪謂: 二子皆億中之材也, 宣惠詚於其言, 惑於重幣, 雖有公仲之謀, 固難以入. 至於非兄弟, 非素約, 而以虛名救我, 此言豈不明著矣乎! 如之何弗聽也? 正曰: 鮑嘗謂陳軫少捭闔風氣, 故此以億中稱之, 此策非捭闔而何?』

388(26-18) 顔率見公仲
내 말이 겁이 나서

안율顔率이 공중公仲을 만나고자 하였지만 공중이 만나 주지 않았다. 그러자 안율이 그 알자謁者에게 이렇게 전하라고 하였다.

"공중이 틀림없이 내가 듣기 싫은 말을 할까 겁이 나서 나를 만나 주지 않는 것이다. 공중은 여색女色을 좋아하고, 나는 선비를 좋아한다. 또 공중은 재물에 인색하지만 나는 흩어 베풀기를 좋아한다. 공중은 행동에 절제가 없지만 나는 의義를 좋아한다. 이제부터 나는 사실만을 말할 것이다."

공중의 알자가 이를 전하자 공중은 급히 일어서서 안율을 만나 주었다.

顔率見公仲, 公仲不見. 顔率謂公仲之謁者曰:「公仲必以率爲陽也, 故不見率也. 公仲好內, 率曰好士; 仲嗇於財, 率曰散施; 公仲無行, 率曰好義. 自今以來, 率且正言之而已矣.」公仲之謁者以告公仲, 公仲遽起而見之.

【顔率】周나라 신하. 001장 참조.
【公仲】韓나라 재상. 公仲侈. 韓朋(明).

참고 및 관련 자료

1. 鮑本의 평어

『彪謂: 顔率此言, 可行公仲而已. 誠有是人, 雖陽言何益於德? 苟無是也, 正言之, 吾何懼? 以是知公仲非躬行者也.』

389(26-19) 韓公仲謂向壽
짐승도 궁지에 몰리면

한韓나라 공중치公仲侈가 소대蘇代를 시켜 상수向壽에게 말하도록 하였다. 소대는 대신 가서 따졌다.

"짐승도 궁지에 몰리면 수레를 엎어버립니다. 그대는 한나라를 깨뜨리고 공중치를 모욕하였지만 공중치는 그래도 나라를 다시 회복하여 진秦나라를 섬기면서, 안정시키면 스스로 다시 권력을 회복하여 봉지를 받으리라 기대하고 있습니다. 그대는 초楚나라와 화해하고 또 소령윤小令尹에게 두양杜陽 땅을 봉하도록 하였습니다. 그런데 진·초 두 나라가 합하여 다시 한나라를 공격하시려 하니 한나라는 망하고 말 것입니다. 그러나 공중치는 몸소 그 사병이라도 거느려 진나라에 대항하려 하고 있습니다. 원컨대 깊이 헤아려 보시기 바랍니다."

상수는 이렇게 설명하였다.

"내가 진·초 두 나라를 연합시키는 것은 한나라를 치기 위한 것이 아닙니다. 그대는 나 대신 공중치에게 가서 다음과 같이 말하시오. 즉 '진나라는 오히려 한나라와 결합하고 싶다'라구요."

소대는 이렇게 대답하였다.

"저도 그렇게 다시 와서 회답을 보고해 드릴 수 있기를 바랍니다. 속담에 '귀한 자를 귀하게 여겨야 자신도 귀함을 받는다'라 하였습니다. 지금 그대가 왕에게 사랑을 받고는 있지만 공손학公孫郝만은 못하고, 지혜나 수완은 감무甘茂만은 못합니다.

그런데도 그 둘은 능히 정치에 참여하지 못하고 있는데 그대만 홀로 왕과 더불어 국사를 주단主斷할 수 있는 것은, 그들이 진왕의 신임을 잃고 있기 때문입니다. 즉 공손학은 한나라와 친하고, 감무는 위나라와 친하기 때문에 왕이 믿지 않는 것입니다. 지금 진·초 두 나라가 다투고 있는 이 마당에 당신이 초나라와 친하다는 것을 알게 되면, 당신은 곧 공손학이나 감무와 같은 꼴이 됩니다. 무엇이 다르겠습니까? 사람들이 모두 초나라는 변화가 심한 나라라고 말들 합니다. 그런데도 그대는 초나라를 틀림없는 나라라 여기면서 스스로 그들에게 귀한 존재인 줄 알고 있습니다. 그러니 그대는 진왕과 초나라의 변화에 대처할 계획을 세워서 한나라와 더불어 그를 방비할 준비를 갖추느니만 못합니다. 이렇게만 하면 곧 화근은 사라집니다. 한나라는 전에 공손학에게 국정을 맡긴 일이 있고, 뒤에는 감무의 말을 들었습니다. 이런 까닭으로 그대와 한나라와는 원수처럼 된 것입니다. 그것을 다 아는 천하에 그대가 만약 한나라와 서로 친해서 초나라를 방비한다고 하면 이는 원수를 피하여 밖으로 들어내지 않는다는 미덕을 듣게 되는 것입니다."

상수는 다급해졌다.

"나는 정말 한나라와 결합하고 싶소."

소대가 다시 말을 이었다.

"감무가 장차 무수武遂 땅을 한공중에게 주어 의양宜陽에는 그 백성이 다시 돌아와 살게 하려 하는데, 그대는 도리어 이를 거두어들이려 하고 있으니 일이 심히 어렵습니다."

상수가 물었다.

"그러면 어쩌면 좋소? 그렇게 진나라는 끝내 무수는 차지하지 못하고 마는데요."

소대는 이렇게 설명하였다.

"당신은 어찌하여 진나라의 위세를 빌어 한나라를 위해 초나라에게 영천潁川을 달라고 하지 않습니까? 이는 본래 한나라 땅이었습니다. 당신이 요구해서 성공하면 이는 그대의 명령이 초나라에 들어 먹히는 것으로, 한나라는 크게 당신을 은혜롭게 여길 것이며, 요구가 성공치 못하면 이는 한나라와 초나라의 원한을 풀어놓지 않는 결과를 얻게 되어, 그들은 서로의 세력 다툼 끝에 경쟁하듯 진나라를 섬기려 들 것입니다. 진·초 두 나라가 다투는 지금에 초나라가 숙여 온다면 그대는 초나라를 나무라며 한나라를 공략하면 이는 바로 진나라에게 이익입니다."

상수가 다시 물었다.

"어떻게 그렇단 말이오?"

소대는 이렇게 설명해 주었다.

"이는 좋은 계기입니다. 감무는 위와 합쳐 제齊나라를 치고 싶어하고 공손학은 한나라와 더불어 제나라를 치려 합니다. 그런데 그대는 의양을 취한 것으로 이미 공을 세웠으며, 초·한 두 나라를 끌어들여 그들을 안정시키고 다시 제·위 두 나라의 잘못을 성토하십시오. 이렇게 하면 공손학이나 감무는 할 일이 없어지게 됩니다."

韓公仲謂向壽曰:「禽困覆車. 公破韓, 辱公仲, 公仲收國復事秦, 自以爲必可以封. 今公與楚解, 中封小令尹以桂(杜)陽. 秦·楚合, 復攻韓, 韓必亡. 公仲躬率其私徒以鬪於秦, 願公之熟計之也.」

向壽曰:「吾合秦·楚, 非以當韓也, 子爲我謁之公仲曰『秦·韓之交可合也.』」對曰:「願有復於公. 諺曰:『貴其所以貴者貴.』今王之愛習公也, 不如公孫郝(赫·奭); 其知能公也, 不如甘茂. 今二人者, 皆不得親於事矣, 而公獨與王主斷於國者, 彼有以失之也. 公孫郝黨於韓, 而甘戊(茂)黨於魏, 故王不信也. 今秦·楚爭强, 而公黨於楚, 是與公孫郝·甘茂同道也. 公何以異之? 人皆言楚之多變也, 而公必之, 是自爲貴也. 公不如與王謀其變也, 善韓以備之, 若此, 則無禍矣. 韓氏先以國從公孫郝, 而後委國於甘茂, 是韓, 公之讎也. 今公言善韓以備楚, 是外擧不辟讎也.」

向壽曰:「吾甚欲韓合.」對曰:「甘茂許公仲以武遂, 反宜陽之民, 今公徒令收之, 甚難.」向子曰:「然則奈何? 武遂終不可得已.」對曰:「公何不以秦爲韓求潁川於楚? 此乃韓之寄地也. 公求而得之, 是令行於楚而以其地德韓也. 公求而弗得, 是韓·楚之怨不解, 而交走秦也. 秦·楚爭强, 而公過楚以攻韓, 此利於秦.」向子曰:「奈何?」對曰:「此善事也. 甘茂欲以魏取齊, 公孫郝欲以韓取齊, 今公取宜陽以爲功, 收楚·韓以安之, 而誅齊·魏之罪, 是以公孫郝·甘茂之無事也.」

【韓公仲謂向壽】≪史記≫ 樗里子甘茂列傳에 "韓公仲使蘇代謂向壽曰"이라 하여 公仲侈가 직접 向壽에게 말한 것으로 되어있다.
【韓公仲】 즉 韓나라 相國 公仲侈.
【向壽】 秦나라 宣太后(昭王의 母)의 外族, 秦昭王에게 총애를 얻어 秦나라가

韓나라 宣陽을 점거하자 向壽를 파견하여 지키게 하였다. 그 후 다시 韓나라를
공격하려 하자 韓나라 公仲侈가 蘇代(蘇秦의 동생)를 시켜 向壽를 설득하였던
것이다.

【解中】≪史記≫ "公與楚解口地"의 索隱에 "解口, 秦地名, 近韓, 今將與楚"라
하였다. 즉 춘추시대의 解地이며 지금의 河南省 洛陽縣 남쪽이다. 그러나
'화해시키다'의 뜻으로도 보기도 한다.

【小令尹】副令尹, 楚나라 官名.

【杜陽】秦地. 陝西省 麟遊縣. 본문에는 桂陽으로 되어 있다.

【鬪於秦】≪史記≫에는 "關於秦"이라 하였고, 正義에 "公仲恐韓亡, 欲將私徒
往宜陽關向壽也"라 하였다.

【公孫郝】公孫衍. 원래 公孫郝은 '공손석'으로 읽게 되어있다. ≪秦策≫의
"公孫衍欲窮張儀"의 註 참고.

【甘茂】下蔡人, 秦惠王을 섬겨 將이 되었다. 武王 때에는 左丞相·昭王 때에는
참훼로 실각하였다.

【武遂】韓地, 山西省 臨汾縣. 秦武王 4년에 탈취하였다가 이듬해(昭王 元年)에
되돌려 주었다.

【潁川】河南省 許昌縣, 韓地였으나 楚나라에게 빼앗겼다.

<hr>

참고 및 관련 자료

1. ≪史記≫ 甘茂列傳

秦使向壽平宜陽, 而使樗里子·甘茂伐魏皮氏. 向壽者, 宣太后外族也, 而與昭王
少相長, 故任用. 向壽如楚, 楚聞秦之貴向壽, 而厚事向壽. 向壽爲秦守宜陽, 將以
伐韓. 韓公仲使蘇代謂向壽曰:「禽困覆車. 公破韓, 辱公仲, 公仲收國復事秦,
自以爲必可以封. 今公與楚解口地, 封小令尹以杜陽. 秦楚合, 復攻韓, 韓必亡.
韓亡, 公仲且躬率其私徒以關於秦. 願公孰慮之也.」向壽曰:「吾合秦楚非以當
韓也, 子爲壽謁之公仲, 曰秦韓之交可合也.」蘇代對曰:「願有謁於公. 人曰貴其
所以貴者貴. 王之愛習公也, 不如公孫奭; 其智能公也, 不如甘茂. 今二人者皆不
得親於秦事, 而公獨與王主斷於國者何? 彼有以失之也. 公孫奭黨於韓, 而甘茂
黨於魏, 故王不信也. 今秦楚爭彊而公黨於楚, 是與公孫奭·甘茂同道也, 公何以
異之? 人皆言楚之善變也, 而公必亡之, 是自爲責也. 公不如與王謀其變也, 善韓
以備楚, 如此則無患矣. 韓氏必先以國從公孫奭而後委國於甘茂. 韓, 公之讎也.

今公言善韓以備楚, 是外擧不僻讎也.」向壽曰:「然, 吾甚欲韓合.」對曰:「甘茂
許公仲以武遂, 反宜陽之民, 今公徒收之, 甚難.」向壽曰:「然則奈何? 武遂終不
可得也?」對曰:「公奚不以秦爲韓求潁川於楚? 此韓之寄地也. 公求而得之, 是令
行於楚而以其地德韓也. 公求而不得, 是韓楚之怨不解而交走秦也. 秦楚爭彊,
而公徐過楚以收韓, 此利於秦」向壽曰:「奈何?」對曰:「此善事也. 甘茂欲以魏
取齊, 公孫奭欲以韓取齊. 今公取宜陽以爲功, 收楚韓以安之, 而誅齊魏之罪, 是
以公孫奭・甘茂無事也.」

2. 鮑本의 평어

『言其失權. 正曰: 正義云: 二子不得合韓・魏以伐齊也. 補曰: 按史・甘茂列傳,
秦拔宜陽, 韓與秦平, 向壽爲秦守宜陽, 將伐韓, 公仲使蘇代謂壽云云, 甘茂竟言
昭王以武遂歸韓, 由是壽・奭怨讒茂.』

390(26-20) 或謂公仲曰
귀하를 원수로 여기고 있습니다

어떤 이가 공중公仲에게 말하였다.

"누구나 나라의 소문을 듣기를 좋아하되 꼭 귀한 사람의 말만을 듣기 좋아하는 것은 아닙니다. 그래서 옛 선왕들은 시중에 떠도는 말들을 챙겨서 들었던 것입니다. 원컨대 귀하는 저의 말을 들어주시기 바랍니다. 귀하는 진秦나라에게 이 한韓나라가 중립을 지키겠다고 하였지만 결국 허락을 얻지 못하였습니다. 그리고 공손학公孫郝을 잘 대해 주어 감무甘茂를 궁지에 몰아넣고는 제齊나라 군대를 불러 위魏나라의 군대를 저지시켰습니다. 이 때문에 초楚·조趙 두 나라는 모두가 귀하를 원수로 여기고 있습니다. 제가 걱정하기는 귀국 한나라가 이 때문에 큰 환난에 빠져 있다는 것입니다. 원컨대 귀하께서 다시 진나라에게 중립을 요구하는 것이 어떨는지요."

공중이 물었다.

"어떻게 하면 되겠소?"

그는 이렇게 일러주었다.

"진왕秦王은 지금 공손학을 귀하와 같은 편이라고 여겨 그가 어떤 말을 하든지 들어 주지 않겠다고 합니다. 그리고 감무甘茂는 귀하와 원수 사이이기 때문에 그대를 위해 좋은 말을 왕에게 해줄 리 없습니다. 그런데 어찌 귀하는 이런 상황에서 행원行願이라는 사람을 통해 귀하의 의견이 진나라 왕에게 전달되도록 하지 않습니까? 행원이라는 사람은 진왕의 신하 중에 역시 공정한 인물입니다. 저는 귀하를 위해 진왕에게 이렇게 전하겠습니다. '제·위 두 나라가 결합하거나 분리되는 것, 어느 것이 진나라에 유리합니까? 또 제·위 두 나라가 분리되거나 합해지는 것 중 어느 것이 진나라를 강하게 해줍니까?' 그러면 진왕은 반드시 이렇게 대답할 것입니다. '제·위 두 나라가 분리되면 우리 진나라는 중요한 위치가 되지만, 둘이 결합되면 우리는 중요한 위치를 누리지 못하지요. 또 제·위 두 나라가 떨어지면 진나라가 강해지지만 둘이 결합하면 우리 진나라는 약해지지요'라구요.

그때 저는 이렇게 말할 것입니다. '그러면 왕께서 공손학의 말을 듣고 한·진 두 나라를 묶어 제나라의 위나라 공격을 도와주시면, 위나라는 겁을 먹고 더 이상 싸우지 못하고 땅을 떼어 제나라에 주면서 제나라에 합해 버릴 것입니다. 이렇게 되면 진나라는 가벼워지지요. 제가 보기에 이런 결과는 공손학이 충성되지 못하기 때문에 생기는 것이라 여깁니다.

또 이번에는 감무의 말을 듣고 역시 한·진 두 나라가 합해 위나라를 근거로 하여 제나라를 치면, 제나라는 겁을 먹고 역시 땅을 떼어 위나라에 주면서 위·제 두 나라가 합해 버릴 것입니다. 이래도 진나라는 가벼워집니다. 이런 결과는 감무가 불충해서 생기게 되지요. 그래서 제가 보기에는 왕께서는 한나라로 하여금 중립을 지키도록 해놓고 제나라를 치느니만 못합니다. 그러면서 왕께서는 그 명분을, 위나라를 구하기 위해서라고 버티시면 됩니다. 제·위 두 나라는 서로의 말을 듣지 않고 오랫동안 분리되어 싸울 것입니다. 왕께서 원하시면 제나라에서 공손학을 믿게 하여 한나라를 위해 남양南陽을 되돌려 주도록 하여 곡천穀川과 바꾸어 거두어들이는 것입니다. 이는 귀국의 혜왕惠王께서 일찍이 바라던 바입니다. 또 왕께서 원하시면 위나라에게 감무를 믿도록 한 다음 한·진 두 나라의 군대를 합해 위나라를 근거지로 하여 제나라를 막아 주는 것입니다. 이는 귀국의 무왕武王이 원하던 바였습니다. 제 생각으로는 한나라로 하여금 중립을 지키게 하고 제나라를 공격하시는 것이 가장 급한 일이라 봅니다. 공손학은 제나라 편이므로 말을 하지 않으려 할 것이고, 감무는 기려지신羈旅之臣이니 감히 임금께 나타나지도 못할 것입니다. 이 두 사람은 왕께 있어서 두통거리입니다. 원컨대 왕께서는 깊이 헤아려 주시기 바랍니다'라구요."

或謂公仲曰:「聽者聽國, 非必聽實也. 故先王聽謗言於市, 願公之聽臣言也. 公求中立於秦, 而弗能得也, 善公孫郝以難甘茂, 勸(歡)齊兵以勸止魏, 楚·趙皆公之讎也. 臣恐國之以此爲患也, 願公之復求中立於秦也.」

公仲曰:「奈何?」對曰:「秦王以公孫郝(赫)爲黨於公而弗之聽, 甘茂不善於公而弗爲公言, 公何不因行願以與秦王語? 行願之爲秦王臣也公, 臣請爲公謂秦王曰:『齊·魏合與離, 於秦孰利? 齊·魏別與合, 於秦孰强?』秦王必曰:『齊·魏離, 則秦重; 合, 則秦輕. 齊·魏別, 則秦强; 合, 則秦弱.』臣卽曰:『今王聽公孫郝, 以韓·秦之兵應齊而攻魏, 魏不敢戰, 歸地而合於齊, 是秦輕也, 臣以公孫郝爲不忠. 今王聽甘茂, 以韓·秦之兵據魏而攻齊, 齊不敢戰, 不(亦)求割地而合於魏, 是秦輕也, 臣以甘茂爲不忠. 故王不如令韓中立以攻齊, 齊王言救魏以勁之, 齊·魏不能相聽, 久離兵史(交). 王欲, 則信公孫郝於齊, 爲韓取南陽, 易穀川以歸, 此惠王之願也. 王欲, 則信甘茂於魏, 以韓·秦之兵據魏以郄齊, 此武王之願也. 臣以爲令韓以中立以勁(攻)齊, 最秦之大急也. 公孫郝黨於齊而不肯言, 甘茂薄而不敢謁也, 此二人, 王之大患也. 願王之熟計之也.』」

【公仲】 韓나라 재상.
【公孫郝】 秦나라 신하.
【甘茂】 秦나라 장군.
【楚趙皆公之讎】 丹陽之戰으로 인해 楚·趙 두 나라는 모두 公仲을 미워하였다.
【行願】 秦나라의 重臣인 듯하다.
【秦王】 秦나라 昭王.
【南陽】 韓나라 故地. 河南省 獲縣의 북쪽.
【穀川】 역시 韓나라 故地.
【惠王】 昭王의 부친.
【武王】 昭王의 형.

1. 본장은 389장의 異傳이 아닌가 한다.

2. 鮑本의 분석

『茂, 羈旅之臣, 故言'薄'. 此欲攻齊, 故其辭與茂. 正曰: '薄', 卽上文'不善於公'. '薄'下或有缺字.』

391(26-21) 韓公仲相
음모를 꾸미지 않았나

한韓나라 공중公仲이 재상이 되었다. 그리고 제齊·초楚 두 나라의 관계가 아주 좋았다. 그런데 진秦·위魏 두 나라가 만나 회의를 하면서 장차 제나라에게 잘 해준다는 조건으로 제나라에게 대신 초나라와의 외교를 단절하라고 요구할 참이었다.

이때 초나라 왕은 경리景鯉를 진나라에 사신으로 보내게 되었는데, 앞의 사실을 모르던 경리가 초·위 두 나라의 회담에 같이 참석하게 되었다. 초왕은 경리에게 화를 냈다. 이유는 제나라가 초나라의 이번 일에 대해, 즉 몰래 진·위 두 나라의 회의에 참석하여 무슨 음모나 꾸미지 않았나 하는 오해를 할까 해서이다. 그리하여 곧 경리에게 죄를 내릴 판이었다. 이때 어떤 이가 초왕에게 말하였다.

"저는 경리가 그 회의에 참석한 것을 잘된 일이라 여깁니다. 진·위 두 나라가 만난 것은 장차 제·진 두 나라의 친선관계를 이용하여 제나라로 하여금 우리 초나라를 떼어낼 계획이었습니다. 그런데 지금 경리가 그 회의에 참석하자 제나라는 위나라와 진나라가 자신과 합쳐서 초나라를 공격하리라고는 믿지 않게 되었습니다. 도리어 제나라에서는 초나라가 몰래 진·위 두 나라와 합치지나 않을까 하고 두려워하게 되었습니다. 그래서 틀림없이 우리 초나라를 높여 줄 것입니다.

그러므로 경리가 이번 회의에 참석하게 된 것은 왕께 대단히 중요한 이익이 된 것입니다. 만약 지금 경리가 그 회의에 참석하지 않았더라면 위나라가 제나라에게 초나라를 끊으라고 할 것은 분명합니다. 제나라는 이를 믿고 틀림없이 왕을 경홀히 하였을 것입니다. 그러니 왕께서는 경리에게 죄를 씌운다는 것은 말도 되지 않습니다. 오히려 이를 이용하여 제나라에게 우리 초나라는 진·위 두 나라와 외교가 돈독함을 보이느니만 못합니다. 그러면 제나라는 틀림없이 우리 초나라를 중히 여길 것이요, 그렇게 되면 진·초 두 나라는 도리어 제나라를 의심하게 될 것입니다."

초왕이 말하였다.

"옳습니다."

그리고는 경리에게 죄를 내리지 않았을 뿐더러 오히려 그 벼슬을
높여 주었다.

韓公仲相. 齊‧楚之交善秦. 秦‧魏遇, 且以善齊而絶齊乎楚. (楚)王使景
鯉之秦, 鯉與於秦‧魏之遇. 楚王怒景鯉, 恐齊以楚遇爲有陰於秦‧魏也,
且罪景鯉. 爲謂楚王曰:「臣賀鯉之與於遇也. 秦‧魏之遇也, 將以合齊‧秦
而絶齊於楚也. 今鯉與於遇, 齊無以信魏之合己於秦而攻於楚也, 齊又畏楚
之有陰於秦‧魏也, 必重楚. 故鯉之與於遇, 王之大資也. 今鯉不與於遇,
魏之絶齊於楚(信)明矣. 齊‧楚信之, 必輕王, 故王不如無罪景鯉, 以視齊於
有秦‧魏, 齊必重楚, 而且疑秦, 魏於齊.」 王曰:「諾.」 因不罪而益其列.

【韓公仲相】 이는 衍文으로 보고 있다.
【楚王】 楚의 頃襄王.
【景鯉】 楚나라 신하. 098‧099‧136‧191‧197‧414장 참조.

┌─ 참고 및 관련 자료 ─┐

1. 이 사건은 098장의 異傳으로 보이며, 秦‧魏 두 나라의 회담은 B.C. 282년
新明에서 있었던 것으로 여겨진다. 그리고 내용상으로도 韓나라와는 관계가
없다. 이 때문에 '楚頃襄王'에 넣었으며 〈楚策〉에 들어갈 것이 여기에 잘못된
수록된 것이 아닌가 한다.

392(26-22) 王曰向也子
천하에 적이 없다

위왕魏王이 우경虞卿에게 말하였다.

"지난번 그대는 '천하에 적이 없다'라 하더니 지금은 '장차 연燕나라를 쳐야 합니다'라고 하니 무슨 뜻이오?"

(우경이) 대답하였다.

"지금 말馬을 평하면서 힘이 세다라고 하면 틀린 설명이 아닙니다. 그러나 이 말은 1천 균鈞을 실을 수 있다라고 하면 맞지 않습니다. 어찌하여 그렇겠습니까? 무릇 1천 균이란 무게는 말이 감당할 수 있는 무게가 아니기 때문입니다.

마찬가지로 초楚나라는 강하다라고 말하는 것은 가능하지만 조趙·위魏 두 나라의 땅을 건너뛰어 연燕나라와 싸운다라고 하면 그것이 초나라로서 될 수 있는 일입니까? 이는 초나라로서는 지리상 불가능합니다. 이를 초나라에게 하라고 하면 이는 초나라를 피폐시키겠다는 뜻입니다. 왕께서는 초나라를 강하게 해주는 것과 초나라를 피폐하게 해주는 것, 어느 것이 왕에게 유리합니까?"

王曰:「向也子曰:『天下無道(敵)』, 今也子曰:『乃且攻燕』者, 何也?」 對曰:「今謂馬多力則有矣, 若曰勝千鈞則不然者, 何也? 夫千鈞, 非馬之任也. 今謂楚強大則有矣, 若夫越趙·魏而鬪兵於燕, 則豈楚之任也哉? 且非楚之任, 而楚爲之, 是弊楚也. 强楚·弊楚, 其於王孰便也?」

【王】 내용상으로 魏의 安釐王이 우경에게 묻고 대답한 것이다. 221장 참조.

1. 본장은 221장의 魏의 安釐王의 질문에 虞卿이 대답한 최후 부분이다. 그래서 楚의 考烈王 편에 넣어야 맞다.

2. 鮑本의 설명

『正曰: 姚本凡九十七字, 在韓策自爲一章, 乃楚策·虞卿謂春申之文脫簡誤衍, 略有不同. 鮑於韓策旣刪去, 全不見其文; 而於此復不明言在楚策後章.』

3. 黃丕烈의 의견은 다음과 같다.

黃注:『丕烈案: 下文觀䩿謂春申曰'云云, 吳氏補曰: 今詳其文, 當屬楚, 其說是也. 當是自此策文'王曰向也'以下連'或謂魏王'云云, 皆本在楚策尾, 誤錯入韓策中也.』

393(26-23) 或謂魏王
열흘 내에 준비를 갖추라

어떤 사람이 위왕魏王에게 말하였다.

"왕께서는 일찍이 온 국내에 포고령을 내려 '나를 따를 자 열흘 이내에 모두 준비하라. 준비가 갖추어지지 않으면 사형에 처하리라'라고 총동원령을 내리셨지요. 그리고 왕께서는 배에 깃발을 달아매고 크게 알렸습니다. 저는 그때 대왕을 위해 초楚나라에 급히 다녀오라고 하셔서 떠났고 제가 돌아온 다음에 출병하려 하셨습니다."

초楚나라 춘신군春申君이 이를 듣고 그 사신에게 이렇게 말하였다.

"그대는 나를 위해 되돌아가게. 우리 초왕을 만날 필요도 없다. 열흘 안에 우리 초나라의 수만 군대가 위나라 국경으로 다가갈 것이다."

초나라에 있던 진秦나라 사신이 이 소식을 듣고는 즉시 자신의 진나라 왕에게 보고하자, 진왕은 사람을 위왕에게 보내어 이렇게 비꼬았다.

"귀국에 큰 뜻이 있나 보군요. 반드시 이루어야 한다면 귀국 군대로만 해도 이미 족합니다."

或謂魏王:「王徼四疆(彊)之內:『其從於王者, 十日之內, 備不具者死.』王因取其游之舟上擊(繫)之. 臣爲王之楚, 王骨臣反, 乃行.」春申君聞之, 謂使者曰:「子爲我反, 無見王矣. 十日之內, 數萬之衆, 今涉魏境」秦使聞之, 以告秦王. 秦王謂魏王曰:「大國有意, 必來, 以是而足矣.」

【魏王】魏나라 安釐王.
【春申君】黃歇. 戰國 四公子의 하나. 101·345·394장 참조.
【楚王】楚나라 考烈王.
【秦王】秦나라 昭王(?).

1. 이 사건은 내용으로 보아 〈魏策〉에 들어가야 옳다.

2. 鮑本의 분석

『秦恐楚, 魏合, 故言魏兵自足, 不待楚也. 今詳春申在時, 魏歲受秦兵, 惟此三十年,
無忌率五國攻秦, 可當此語.』

394(26-24) 觀鞅謂春申
싸움이 눈앞에 보이는 듯

관앙觀鞅이 춘신군春申君에게 말하였다.

"사람들은 모두 초楚나라가 강대하였었으나 귀하가 정권을 잡고부터 약해졌다고들 합니다. 그러나 저는 그렇게 생각하지 않습니다. 귀하가 재상을 지내기 전에 물론 20여년간 외환이 없었습니다. 지금 진秦나라는 민애澠隘의 요새를 넘어오려 하고 있습니다. 아직 군대를 출동시키지 않은 것은, 이주二周의 길을 빌려야 하고 한韓나라를 등지고 초나라를 쳐야 하는 것은 불가능하다고 보고 있었기 때문입니다. 그런데 지금은 그렇지 않습니다. 위魏나라가 오늘내일 망하려 하고 있습니다. 이때 그 위나라는 허許·언릉鄢陵, 그리고 오梧 땅까지는 아낌없이 진나라에 할양하고 있습니다. 이제 진나라와 이 초나라의 거리는 1백 60리밖에 안 됩니다. 저는 곧 진·초 두 나라 싸움이 벌어질 날이 눈앞에 훤히 보이는 것 같습니다."

觀(魏)鞅謂春申曰:「人皆以楚爲强, 而君用之弱, 其於鞅也不然. 先君者, 二十餘年未嘗見攻. 今秦欲踰兵於澠隘之塞, 不使(便); 假道兩周倍韓以攻楚, 不可. 今則不然, 魏且旦暮亡矣, 不能愛其許·鄢陵與梧, 割以予秦, (相)去百六十里. 臣之所見者, 秦·楚鬪之日也已.」

【觀鞅】魏鞅으로도 쓰며, 유세객. ≪史記≫에는 "觀津人朱英"으로 되어 있다. 鮑本에는 "正曰: 一本'觀鞅'. 史作'觀津人朱英', 見楚策. 史: 楚考烈王二十二年, 諸侯合從西伐秦, 楚王爲從長, 春申君用事. 至函谷關, 秦出兵攻, 諸侯兵皆敗走. 考烈王以咎春申君, 以此益疏. 客有云云. 於是去陳, 徙壽春"이라 하였고 黃注에는 "丕烈案: 觀, 觀津也, '鞅'卽'英'字, 作'魏'者穆. 鮑從之, 誤甚"이라 하였다.
【春申君】黃歇. 楚나라 재상. 전국사공자의 하나.
【做隘】楚나라의 요새.

1. 본장의 〈楚策〉에 들어가야 할 것이 錯簡된 것으로 본다. ≪史記≫ 春申君列傳
에도 비슷한 이야기가 있으나 내용의 出入이 심하다.

2. ≪史記≫ 春申君列傳

客有觀津人朱英, 謂春申君曰:「人皆以楚爲彊而君用之弱, 其於英不然. 先君時
善秦二十年而不攻楚, 何也? 秦踰黽隘之塞而攻楚, 不便; 假道於兩周, 背韓·魏
而攻楚, 不可. 今則不然, 魏旦暮亡, 不能愛許·鄢陵, 其許魏割以與秦. 秦兵去陳
百六十里, 臣之所觀者, 見秦·楚之日鬪也.」楚於是去陳徙壽春; 而秦徙衛野王,
作置東郡. 春申君由此就封於吳, 行相事.

395(26-25) 公仲數不信於諸侯
남을 믿으려 애쓰는 처지

공중公仲이 자주 제후들로부터 불신을 받아 결국 제후들은 더 이상 그를 상대하지 않게 되었다. 그래서 그는 남쪽의 초楚나라에게 나라를 의탁하려 하였지만 초왕도 이를 받아 주지 않았다. 이때 소대蘇代가 초왕에게 말하였다.

"그의 청을 들어주어 그의 배신에 방비하느니만 못합니다. 공중은 배신을 잘하는 놈입니다. 늘 조趙나라 힘을 업고 초나라를 배신하고, 제齊나라 힘을 믿고 진秦나라를 배신해 왔습니다. 지금 그 네 나라는 그를 상대도 하지 않고 있기 때문에 그는 어디 갈 곳이 없습니다. 그역시 이를 심히 걱정하고 있지요. 바로 지금 그는 미생尾生이 남의 믿음을 사려고 애쓰는 그러한 처지가 된 것입니다."

公仲數不信於諸侯, 諸侯錮之. 南委國於楚, 楚王弗聽. 蘇代爲(謂)楚王曰:「不若聽而備於其反也. 明(朋)之反也, 常仗趙而畔楚, 仗齊而畔秦. 今四國錮之, 而無所入矣, 亦甚患之. 此方其爲尾生之時也.」

【公仲】 韓나라 재상. 公仲佟. 韓朋(明).
【楚王】 楚나라 懷王.
【蘇代】 유세객. 蘇秦의 아우.
【尾生】 微生高로 보기도 한다. 魯나라 사람. 《論語》의 微生. 그러나 《莊子》盜跖篇, 《淮南子》 說林訓·凡論訓, 《史記》 蘇秦列傳 등에 고루 나오는 고사로 애인을 다리 밑에서 만나러 갔다가 비가 내려 물이 불어나자 끝까지 다리를 붙잡고 기다리다 죽었다는 이야기가 전한다. 본 《戰國策》 446·456장 등에도 나온다. 단 어느 경우에는 어리석은 사람으로, 또 어느 경우에는 신의가 있는 사람으로 평가되는 등 그 인용이 각각 다르다.

1. 鮑本의 평어

『言公仲自患其反之不利, 故欲爲信. 尾生, 再見燕策蘇代言, 名高. 蓋論語'微生'.
汎論訓亦云. 補曰: 莊子: '尾生與女子期於梁下, 水至不去, 抱梁柱而死'. 與燕策所
載同. 一本'微生'. 釋文引高誘註, 魯人. 今註本無. 或謂卽論語微生. 古今人表作
'尾生高'.』

戰國策

임동석(苗浦 林東錫)

慶北 榮州 上苗에서 출생. 忠北 丹陽 德尙골에서 성장. 丹陽初中 졸업. 京東高 서울
敎大 國際大 建國大 대학원 졸업. 雨田 辛鎬烈 선생에게 漢學 배움. 臺灣 國立臺灣師
範大學 國文硏究所(大學院) 博士班 졸업. 中華民國 國家文學博士(1983). 建國大學校
敎授. 文科大學長 역임. 成均館大 延世大 高麗大 外國語大 서울대 등 大學院 강의.
韓國中國言語學會 中國語文學硏究會 韓國中語中文學會 會長 역임. 저서에 《朝鮮譯
學考》(中文) 《中國學術槪論》 《中韓對比語文論》. 편역서에 《수레를 밀기 위해 내린
사람들》 《栗谷先生詩文選》. 역서에 《漢語音韻學講義》 《廣開土王碑硏究》 《東北民族
源流》 《龍鳳文化源流》 《論語心得》 〈漢語雙聲疊韻硏究〉 등 학술 논문 50여 편.

임동석중국사상100

전국책戰國策

劉向 編 / 林東錫 譯註
1판 1쇄 발행/2009년 12월 12일
5쇄 발행/2019년 6월 1일
발행인 고정일
발행처 동서문화사
창업 1956. 12. 12. 등록 16-3799
서울중구다산로12길6(신당동,4층) ☎546-0331~3 (FAX)545-0331
www.dongsuhbook.com
잘못 만들어진 책은 바꾸어 드립니다.

*

*

사업자등록번호 211-87-75330
ISBN 978-89-497-0559-0 04080
ISBN 978-89-497-0542-2 (세트)